21世纪高等教育计算机规划教材

COMPUTER

现代教育技术

Modern Educational Technology

黄映玲 徐苑 主编
陈丽霞 黄丹 童玲 副主编

人民邮电出版社
北京

图书在版编目（CIP）数据

现代教育技术 / 黄映玲，徐苑主编. -- 北京 : 人民邮电出版社，2013.9
21世纪高等教育计算机规划教材
ISBN 978-7-115-31994-4

Ⅰ. ①现… Ⅱ. ①黄… ②徐… Ⅲ. ①教育技术学－高等学校－教材 Ⅳ. ①G40-057

中国版本图书馆CIP数据核字(2013)第158027号

内容提要

教育技术能力作为现代教师必须具备的能力之一，一直是师范生学习和在职教师培训的重要内容。随着时代的发展，教育技术的内容也在不断地丰富，本书以《中小学教师教育技术能力标准（试行）》为依据，以教师教育专业化和新课程改革为背景，以满足职前和职后教师在实际教学工作中对教育技术能力的需求为目标进行编写。

全书分为四部分：基本理论篇、方法技术篇、综合创新篇和技能训练篇。内容涵盖教育技术的概述、教学设计、资源、素材的采集和利用、多媒体课件设计与制作、常规媒体的应用等，还包括13个实践训练项目训练学习者的教育技术技能。本教材以知识的先进性、实用性为宗旨，对教育技术的知识体系重新做了梳理，在编写上采取“模块+活动”的方式，形式新颖；内容阐述采用情景导入或案例分析，具有较强的可操作性。

本书主要作为师范生教育技术公共课教材使用，也可用于在职教师继续教育，还可以作为在职中小学教师教育技术技能培训以及教育技术专业学生的参考用书。

◆ 主　　编　黄映玲　徐　苑
副 主 编　陈丽霞　黄　丹　童　玲
责任编辑　武恩玉
责任印制　彭志环　杨林杰

◆ 人民邮电出版社出版发行　　北京市崇文区夕照寺街14号
邮编　100061　　电子邮件　315@ptpress.com.cn
网址　http://www.ptpress.com.cn
北京天宇星印刷厂印刷

◆ 开本：787×1092　1/16
印张：21.5　　　　2013年9月第1版
字数：596千字　　　　2013年9月北京第1次印刷

定价：45.00元

读者服务热线：(010)67170985　印装质量热线：(010)67129223
反盗版热线：(010)67171154

序 言

进入 21 世纪，以课程改革为突破口的我国基础教育改革正如火如荼。基础教育的成功很大程度上取决于教师的素质，正如《国家中长期教育改革和发展规划纲要（2010—2020 年）》中指出，我国教育改革和发展，需要“培养一支德才兼备的教师队伍”。而随着信息技术的发展，各种新的学术成果和先进的技术越来越多地被应用于教育，信息化已经引起教育思想、观念、内容、方法等方面的深刻变革，这就对教师提出了新的要求。《国家中长期教育改革和发展规划纲要（2010—2020 年）》明确指出要“提高教师应用信息技术水平，更新教学观念，改进教学方法，提高教学效果”。这就是说，要实现基础教育改革的可持续发展，关键在于不断培养具有先进的教育理念、具有较高信息素养、掌握现代教育技术的理论、方法和技能的中小学教师。教育部关于推进教师教育信息化建设的意见明确指出：“师范院校要开设信息技术和现代教育技术公共必修课，加强师范院校信息技术相关公共课程教育教学改革和教材建设。” 2004 年 12 月 25 日，国家教育部正式颁布了《中小学教师教育技术能力标准（试行）》。这是我国中小学教师的第一个专业能力标准，它明确指出了作为一个专业化的教师应该具有的教育技术能力，这为中小学教师的教育技术能力培养指明了方向，提供了依据。而“现代教育技术”课程作为教师教育的基础课程，对培养具有信息化教育的新思想和新观念，具有将技术融合到学科教学中的能力的新一代教师起着关键性作用。鉴于此，为了回应我国教育改革发展和新趋势，有必要遵循《中小学教师教育技术能力标准（试行）》，以新课程改革和教师教育专业化为背景，以满足职前和职后教师在实际教学工作中对教育技术能力的需求为目标而编写相关的《现代教育技术》教材，就成为许多教育技术工作者关注的一个热点问题。

本书是作为师范院校的公共必修课程“现代教育技术”的教材而编写的，其目的是培养具有信息化教育能力的中小学教师。参与编写的教师既有较好的教育技术专业素养，又有较为丰富的教学经验，因此，本书既注重学科研究成果，又强调理论与实践联系，主张学以致用。并且，本书体系合理、完整，重点突出，充分体现以学生为本的发展观念，这对于提高“现代教育技术”课程的教学质量无疑是有益的。同时本书也可作为中小学教师教育技术能力培养的培训教材和教师指导用书。

杨改学

2013 年 4 月

前 言

进入 21 世纪，信息科学与技术以不可阻挡之势迅猛发展，为教育改革创造了条件，提供了环境，促进教育的目的、内容、方式、主体、对象、价值、理念都发生了深刻的变革。

随着信息技术的发展，各种新的学术成果和先进的技术越来越多地应用于教育，极大地丰富了现代教育技术的内容，对教师应用现代教育技术于教育教学提出了更高的挑战。现代教育技术应用于教育教学中的关键在于教师，如何掌握和运用好现代教育技术已经成为广大教师必须面对的一个重要问题。

在信息化社会，现代教育技术能力也是每一个师范生应具备的基本能力。为了适应教育现代化改革的要求，使学生学有所得、学以致用，本书编写结合全国教育科学"十二五"规划课题"构建'三位一体'师范生教育技术能力培养模式的创新研究"（编号 DMA110314）和全国教育信息技术研究"十二五"规划重点课题"构建'院校协作共同体'的师范生教育技术能力培养模式"（编号 116220106）的相关研究成果，也是我们对"现代教育技术"公共课程多年教学改革的探索和实践的结果。

本书遵循《中小学教师教育技术能力标准（试行）》，以师范生的教育技术能力调查为依据，以教师教育专业化和新课程改革为背景，以满足职前和职后教师在实际教学工作中对教育技术能力的需求为目标组织编写。

全书内容分为四篇：第一篇为基础理论篇，内容涉及教育技术的定义、应用范围、对教学带来的影响、对教师专业发展影响、教学设计的理论基础和教学设计的基本过程；第二篇为方法技术篇，对现代教育技术实践性和支持性技术进行了研究，包括网络资源利用、多媒体素材采集、多媒体课件和各种媒体技术对教学的支持；第三篇为综合创新篇，介绍信息化环境下的教学设计；第四篇为技能训练篇，包括各种单项的媒体训练和多个综合设计项目训练。

本书力图做到在体系、结构和内容等方面充分反映时代发展的新特点，具体说，本书具有以下特点。

其一，注重编写形式的创新。

积极吸收《中小学教学人员教育技术能力培训大纲》的要求和 Intel 未来教育培训思路，采取"模块+活动"的方式编排学习内容，注重在教学时开展各种教学活动。

其二，知识内容丰富，具有实践应用价值。

在现代信息技术对教育乃至整个社会产生深刻影响的今天，本书尽量将现代信息技术与教育教学有机地整合，将教学情景和案例呈现给读者，通过对案例的分析、实践活动的设置引导学生深入了解教育技术的相关理念，并能有效地将其应用于自己今后的教学实践中，使学习者能迅速发展自己的教师专业技能。

其三，内容体系完整，理论与技术并重。

本书内容体系完整，理论和技术并重。理论教学时，注重发挥学生学习的主动性，让学生有更多机会在课堂上展示自己或小组的学习成果或作品；实践教学时，加强各种媒体和资源的实践训练，要求学生将技术能力充分应用于自己的信息化教学实践之中，具有较强的操作性和实用性。书中为学生提供有针对性的训练项目，且详细列出了操作过程，为学生进行实际操作提供了极大的便利。同时通过介绍信息技术与课程整合的案例，为师范生提供了模仿、创新的原型。

本书的编者都是长期从事教育技术教学与研究的教师，全书有机融合了作者们多年来在现代教育技术学科领域的教学及研究的经验和成果，能将学科理论紧密与教育实践相结合，集现代教育技术的基础理论、教学设计于一体。具体分工情况：模块 1、模块 3、模块 7 由黄映玲、童玲撰写，模块 2 由黄丹和黄映玲共同撰写，模块 4 由陈丽霞撰写，模块 5、模块 6 由徐苑撰写，模块 8 由徐苑和黄映玲共同撰写。由黄映玲负责整个编写工作的策划和组织，以及最后统稿。

本书在编写过程中参考、引用了大量专家、学者的著作、论文和网上资源，对于书中引用的资料，我们尽量注明出处，如有遗漏，恳请原谅，并对这些书刊的作者表示衷心的感谢。

鉴于编者经验和学识所限，加上时间仓促，错误和不足在所难免，在使用本书的过程中，恳请读者提出宝贵意见或建议。

编　者

2013 年 6 月

目 录

第一篇　基础理论篇

第二篇　技术方法篇

第三篇　综合创新篇

第四篇　技能训练篇

第一篇

基础理论篇

模块 1 认识教育技术

学习目标

1. 了解什么是教育技术。
2. 能够说出教育技术在教育教学中一些应用。
3. 描述教育技术对教育带来的影响。
4. 分析教育技术对教师提出的新要求。

知识导图

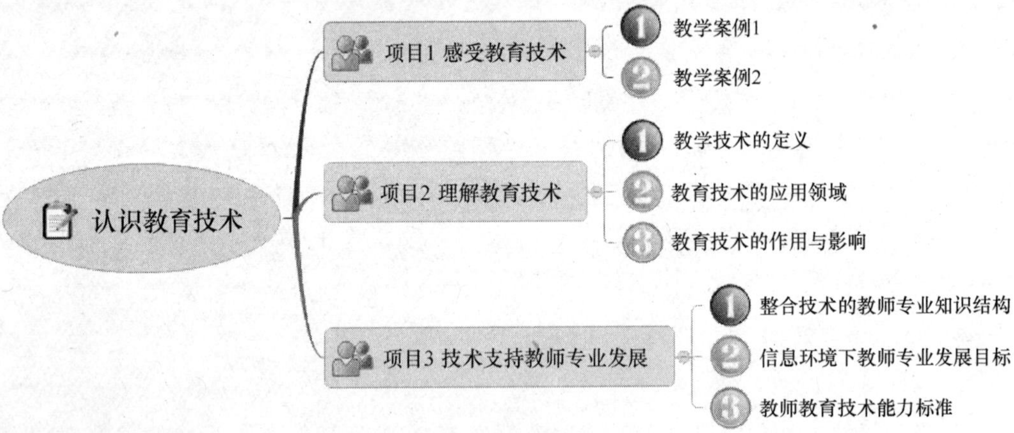

学习任务

1. 创建本课程的个人学习文件夹。
2. 思考教育技术给自己带来的影响。
3. 阅读书后两个附录：中小学教师教育技术能力标准与教育技术能力培训纲要，完成《中小学教师教育技术能力》各维度要求的记录表。

学习导入

人类社会经历漫长的文化积累和几次重大的科学技术革命之后，进入信息剧增、节奏变快的信息社会，在信息社会中，教育信息化已成为现代教育发展的必然趋势。竞争激烈的信息社会需要与之相适应的创新型人才，这种要求与传统的教育培养的知识应用型人才不同，这就对人才培养提出了更新的要求，1996 年联合国教科文组织的教育文件《教育——财富蕴藏其中》就指出：新一代的人才要具有“学会认知、学会做事、学会协作、学会生存”四大基本能力。学校是培养人才的重要基地，教育信息化对教师的教育教学理念、教育技术能力等诸多方面提出新的、更高的要求。

因此，具备一定的教育技术能力一方面是教师专业发展的内在需要，同时也是教育信息化的必然要求。为了提高广大中小学教师教育技术能力和水平，促进教师专业能力的发展，我国教育部于 2004 年 12 月颁布了《中小学教师教育技术能力标准（试行）》，成为我国建国之后的第一个教师专业能力标准；2005 年教育部决定启动实施全国中小学教师教育技术能力建设计划，制定了《中小学教学人员教育技术能力培训大纲》；2006 年教育部考试中心发布《全国中小学教师教育技术水平考试（教学人员）考试大纲》。教育技术能力标准的出台和教育技术能力建设计划的制定以及考试认证体系的建立，标志着全面提高教师教育技术应用能力建设计划已经开始实施。

项目 1　感受教育技术

现代教育技术为教学带来前所未有的改变，它是理念、是方法，是改变教与学方式的利器。如何有效应用技术来支持教师的“教”和学生的“学”将是现代教育技术探讨和解决的核心问题。观摩研讨教学案例，让我们与教育技术进行一次亲密接触。

当今世界正经历着一场信息革命，信息已成为人类赖以生存的重要资源。信息的处理离不开计算机，信息的流通离不开通信，计算机网络正是计算机技术与通信技术密切结合的产物。信息的社会化、网络化和全球经济的一体化，无不受到计算机网络技术的巨大影响。网络使人类的工作方式、学习方式乃至思维方式发生了深刻的变革。

教学案例

《清澈的湖水》

马老师是西部一座小城中一名普通的小学语文老师。今天，马老师要给她任教的小学一年级的孩子们讲《清澈的湖水》这一课。拿起课本，马老师不禁回想起以前讲这节课的情景：从没有见过湖水的学生们，很难理解课文中所描述的湖光山色，对课文中要掌握的十几个生字，只能机械记忆，课堂显得十分冗长、沉闷，对课文中“……像……”的句法难点很难掌握……

可是今天不同了，马老师在上课前，认真观看了 DVD 教学光盘中远在千里之外的东部某名牌小学的一名特级教师所讲授的《清澈的湖水》一课，马老师感觉从中学到了很多东西。“今天这节课学生们一定喜欢！”马老师胸有成竹地想。上课时间到了，马老师自信地站在讲台前，声音洪亮地说：“春天到了，我们大家都很想出去春游吧！让我们一起来看一段风光片吧！”说着，马老师按下了 DVD 机遥控器上的“播放”按钮。

一段风景秀丽、湖光山色的美丽画面出现在电视屏幕上：蓝天、白云、清澈的湖水、倒映的青山和在湖水中游来游去的小鱼。这时画面中出现了一家三口人，乘着一条小船在湖水中荡漾，全家人都陶醉在这美丽景色中。不远处，一位也坐在小船上的小朋友刚想把面包纸扔到湖里去，但她看到了清澈的湖水，不忍心打破美丽的湖面，就一直把面包纸带回了岸上，放到了该放的地方。

马老师按下了“暂停”按钮，问道：“同学们，大家刚才都看到了什么？哪位同学能告诉我？”同学们争先恐后地举起了小手：“美丽的湖水”、“漂亮的大山”……大家纷纷道出自己所观看到的景色。马老师问到：“大家想不想听听电视机里的小朋友们是怎么说的？”随着同学们急切的回答，马老师又按下了“播放”按钮。电视机里的小朋友们也是争先恐后地说：“我看到了蓝天白云映衬下的宁静的湖水”、“我看到了两岸的青山和它们在湖水中迷人的倒影。”……“大家想不想再说说，刚才看到了什么？”马老师启发道。

于是受到启发的孩子们给出了很多美妙的描述：“碧绿的湖水中一条银色的小鱼游来游去，像是在给大家表演。”“两岸的山峰有的像展翅的雄鹰，有的像可爱的小兔”……“大家想不想听听电视机里的老师怎么评价那里的小朋友的发言的？”马老师再次开始了放映……DVD 光盘中的特级教师简单点评之后，就开始朗读课文。这可是以前马老师最头疼的环节。说惯了地方方言的她，有些字发音始终有困难，因此一提到朗读课文就发憷。现在，听着电视机里老师标准而优美的发音，马老师让学生们一起跟读。读完课文，马老师把画面停到生词上，向同学们说道，“这些都是我们今天要认识的字。其中有些大家可能认识，能不能说说你是怎么认识的？”同学们给出了自己的答案。“大家想不想知道电视里的小朋友是怎么记住这些字的？”马老师又开始了播放……

仿佛一扇窗户隔开的两个班级，电视机里和电视机外远隔千山万水的两地小朋友们在一起学习和一起操练，仿佛他们真的在一起上课了。电视机里的老师读得标准，写得规范，教得高明；电视机外的老师，播得恰当，停得巧妙，教得实在。马老师不但用了 DVD 光盘中的美丽风光片做资源，用 DVD 光盘中规范的教学弥补自己的不足，而且还特意让学生注意学习 DVD 光盘中的学生们的学习方法。在这节课中，马老师还让 DVD 光盘中的小朋友们和自己班上的小朋友们开展竞争学习，他们比发音、比认字、比造句，好像一个班里的两个大组一样。

不知不觉下课的时间到了，马老师看到了学生们眼中那清澈、幸福的光芒。马老师开心地笑了。

——案例来源：农村中小学现代远程教育工程项目

案例分析

根据案例，请结合表 1-1 中所列的相关分析项目，进行自由讨论，并将结论填入表 1-1 中。

表 1-1 案例分析登记表

分析项目	分析结果
使用 DVD 光盘资源后，课堂教学发生了哪些变化	
DVD 光盘资源在课前有什么作用	
DVD 光盘资源在课中有什么作用	
DVD 光盘资源在课后有什么作用	
你对“教育技术在教学中能做什么”有何感想	

上面我们体会了一个农村小学语文教师应用媒体辅助教学的案例，下面我们再看看新技术给数学教学带来的变化。

教学案例

《身边的行程问题》

【情境】

节日即将来临，同学们可以结伴出游去南京、杭州或北京。你必须为你的假日旅行制订出一个计划。

【任务】

学习者通过单元活动，制订出自己的假日旅行路线和旅行计划，并说出理由。

通过本活动使得学习者：

（1）能利用“速度、时间、路程”的关系，解决日常生活中遇到的问题，感受数学与现实生活的密切联系；

（2）在活动中能用适当的方式提出数学问题，并掌握利用计算机、网络等多种方式探索解决问题的方法；

（3）能把活动的过程及结果用恰当的方式表达出来，充分培养学生应用数学知识，解决实际问题的能力，并培养学生互相协作的品质。

【过程】

（1）展示地图及 3 个城市的图片资料，也可以通过网站对这三个城市景点的介绍，让学生对所到之地的方位及特点有一个感性了解。

（2）组织讨论出行前要明确的问题。如去杭州、北京、南京各有多远？坐火车去还是坐飞机去？车票是多少？路上要花多少时间……

（3）明确本活动要解决的几个问题：

A. 你打算去什么地方？

B. 你打算选择什么交通工具去目的地？选择的理由是什么？

C. 请你用合适的方式对整个活动的过程及结果进行简要的整理。

（4）学生分组进行网络环境下的协作学习。学习中学生自行分工，有人查询路程，有人查询时刻表及票价，有人记录数据，有人进行数据整理、比较，并计算结果。

（5）选择经济、舒适，又适合自己的出行方式。

（6）同组整理数据，交流意见。了解本组同学查询到的各种信息，利用这些信息可以计算出什么，运用哪个数量关系？然后同组学生讨论解决本活动提出的 3 个问题。

（7）小组汇总对活动的发现及其他问题（可以在提供的软件中完成）。

A. 一份对本活动提出的三个问题的解决方案；

B. 一份对此次出游的目的及过程的简单描述；

C. 一份填满各种发现及问题的文件。

（8）全班同学进行交流汇总。学生在小组内探索、交流、思考后，提出了很多方案及想法，他们开始尝试，去南京的学生说为了节省时间可以走高速公路；去北京的学生说为了省钱可以乘火车；去杭州的学生则说可以乘轮船，一路上还可以领略京杭大运河的美景。学生分析得颇有见地，也较为合理。

（9）延伸：在这个活动过程中你还存在什么问题，或有什么发现想进一步进行探索研究的，请你（或和你的学习伙伴一起）继续完成。

【资源】

（1）软件：电子表格、绘图软件、文字处理软件、PowerPoint 等。

（2）网站：

A. 火车时刻、票价查询：

- http://train.chinamor.cn.net/
- http://www.china-holiday.com/asp/search/train.htm
- hhttp://www.shtlfj.com/time.html

B. 飞机时刻、票价查询：

- http://www.kuaidian.com.cn/kuaidianchufa.htm
- http://www.citypackclub.com/Service/flight.htm

C. 各城市交通图：

- http://202.119.36.47/ ~ lg/njmap/njmap.htm
- http://hangzhou.chinese.com/
- http://d-ok.com/gb/city/dq-beijing.htm

（3）搜索引擎：

谷歌　www.google.com

搜狐　dir.sohu.com

新浪搜索　search.sina.com.cn

中文雅虎　cn.yahoo.com

（4）到旅行社进行咨询，以获得更加具体的信息。

【评价】

对这个实践活动的评价本人认为可以从以下几方面着手：

（1）分析问题，提出解决问题的初步设想，形成解决方案的能力；

（2）运用各种途径（特别是多媒体网络）获得所必需的信息的能力；

（3）对信息进行整理、分析的能力（包括数学计算的能力）；

（4）随时发现数学问题、使用各种方式解决问题的能力；

（5）综合汇总、比较、评估的能力。

案例来源：惟存教育网 www.being.org.cn/webquest/jourey/journey.htm　小学数学 四年级以上年级适用（有修改）设计人：蒯红良

案例分析

根据案例，结合表 1-2 中所列的相关项目进行讨论，将讨论结果填入表中。

表 1-2　　　　　　　　案例《身边的行程问题》分析记录表

分析项目	分析结果
这种学习方式中，学生处于何种地位	
网络资源在这种学习方式中起何种作用	
这种学习方式与传统课堂教学的主要区别在哪里	
这种学习方式对学生的创新精神的培养起什么作用	
技术给整个学习带来哪些变化	
你对“教育技术在学习方面能做什么”有何看法	

项目 2　理解教育技术

从以上案例研习和教育技术概念剖析中，我们已经对教育技术在现代教育中的作用有了一个初步的认识。教育技术无论在教师的教学还是学生的学习中都发挥着巨大的作用。但是值得我们关注的问题是：是不是在教学中应用技术就意味着教师掌握了教育技术？正如英特尔公司首席执行官克瑞格·贝瑞特博士所言“如果教师不了解如何更加有效地运用技术，所有与教育有关的技术都将没有任何实际意义。计算机并不是什么神奇的魔法，而教师才是真正的魔术师。”通过本项目的学习，我们可以系统地了解以现代信息技术运用为核心的教育技术，理解教育技术基本概念、教育技术的实践领域，以及技术给教学带来的影响和对师生的挑战。

一、教育技术的概念

纵观历史和现实，人类在生产和生活实践中所进行的每一项活动都必须使用一定的方式和手段。教育作为一种有目的地培养人的社会实践活动，为了达到预定的教育目的，在教育活动过程中也总是伴随着一定的教育方式和教育手段。

教育技术是人类在教育、教学活动中所采用的技术与方法的总称。

教育技术作为专业名词，起源于美国。英文名称为“Educational Technology”。从字面上看，可以简单理解为“教育中的技术”。

教育技术是一门发展中的学科，不同阶段的教育技术中强调的技术着重点不同，同时现代科学技术和现代教育理念的发展，不断充实教育技术概念的内涵，因此，有关教育技术的定义在不同的历史时期、不同的国家有不同的表述。

实际上，教育技术这一概念是随着媒体技术的发展和理论观念的更新而逐渐形成的。

20 世纪初以来，视听教育、视听传播等概念被广泛应用于美国教育界，此后又相继出现了教育技术（Educational Technology）、教学技术（Instructional Technology）、学习技术（Learning Technology）等不同的名称。

1994 年，美国教育传播与技术协会（简称 AECT）发表了西尔斯（Seels）与里奇（Richey）合写的专著《教学技术：领域的定义与范畴》，书中给出的定义：教育技术是为了促进学习对学习过程和学习资源的设计、开发、利用、管理和评价的理论与实践（Instructional technology is the theory and practice of design，development，utilization，management，and evaluation of processes and resources for learning)。该定义在很大程度上反映了当时国际教育技术对教育技术的基本看法，因此，被广泛接受，影响深远。

我国教育技术的发展可以追溯到 20 世纪 20 年代。当时，国内教育界已经开始使用电影、幻灯等来支持教学，并在 30 年代确立了“电化教育”这一名称。电化教育对于我国的教育改革与发展作出了不可磨灭的贡献，尤其是自 20 世纪 70 年代末以来，国家在政策和经费等方面都给予了大力支持，为各级各类学校配置了大量视听教学设备，一批高等院校开设了电化教育专业，并在全国范围内开展了大规模的电化教育实验研究。

从 20 世纪 90 年代开始，由于学科的发展与国际沟通的需要，“教育技术”的概念开始取代“电化教育”而在我国普遍使用，其概念的界定大多吸纳了 AECT 94 定义的内涵。

2004 年中国教育技术协会根据我国对于教育技术研究的方向和实践情况，以及教育观念、文化底蕴、历史背景等原因，对我国的教育技术做了界定。

从本质来说，教育技术是人类在教育、教学活动中所采用的技术与方法的总称。

从实践应用来说，教育技术是在先进教育思想、理论的指导下，运用相关的技术和方法促进教育效果优化的实践活动。

2004 年 12 月 25 日，教育部印发了《中小学教师教育技术能力标准（试行）》，该标准对教育技术作了以下定义：

运用各种理论及技术，通过对教与学过程及相关资源的设计、开发、利用、管理和评价，实现教育教学优化的理论与实践。

该定义进一步明确了教育技术的目的是实现教育教学过程的优化。

20 世纪 90 年代后期，以计算机和网络为基础的现代信息技术开始在教育中广泛应用，我国政府提出了以教育信息化带动教育现代化的战略方针，并实施了一系列推进现代信息技术在教育中应用的重大项目，如普及中小学信息技术教育，实施“校校通”和现代远程教育工程等。技术的变化必然引起概念的变化，如文献中频繁出现并逐渐为人们所认同的“信息化教育”这一概念，是指以现代信息技术为支撑的教育方式或形态。还有一个与之密切相关的名词“教育信息化”，是指在教育教学的各个领域中，积极开发并充分应用信息技术和信息资源，促进教育现代化，以培养满足社会需求人才的过程。教育信息化的结果将促成一种全新的教育形态——信息化教育，也就是说，可以把教育信息化看做是追求信息化教育的过程。

2004 年 6 月，南国农先生在他主编的《信息化教育概论》中提出：现代教育技术和信息化教育、电化教育三者的目的和研究对象相同，它们名称虽然不同，但基本实质是一样的，都是“在现代教育思想、理论的指导下，运用现代信息技术，优化教育教学，提高教育教学的质量和效率”，因而可以互相换用。

知识卡片

AECT05 教育技术定义

近 10 年来，教育技术领域发生了重大变化，AECT 于 2005 年公布教育技术的新的定义，AECT05 定义认为，教育技术是通过创造、使用和管理合适的技术性的过程和资源，以促进学习和提高绩效的研究与符合伦理道德的实践（Educational technology is the study and ethical practice of facilitating learning and improving performance by creating、using、managing appropriate technological processes and resources.）。

根据 AECT05 定义，教育技术的研究对象是与技术相关的过程和资源，其中技术包括硬件和软件两方面的内容，即有形的物化设备、工具手段和无形的、非物质的观念形态的方法和技能。过程指的是为了达到预期的目标而采取的一系列步骤和活动，与技术相关的活动是教育技术的研究对象；资源指的是学习过程中可被学习者利用的一切要素，与技术相关的要素是教育技术的研究对象。

二、教育技术的应用领域

教育技术总的目的是促进学生的学习，但是由于教育对象不同，教学内容不同，采用的技术手段和操作方法也就不同，从而形成了4个主要的、相对独立的实践领域。

1. 课堂教学领域

学校教育是以课堂教学作为主要的教学形式，随着媒体技术的迅速发展并应用于传统的学校教育，逐渐形成课堂教育技术系统。

在课堂教育技术系统中，教学大纲、教学目标、教学计划都已经由上级教育主管部门确定好了。教师的主要工作是根据既定的教学目标，分析学生特征，确定教学内容，选择合适的媒体手段和教学策略，把教学内容有效地传递给学生，并进行相应的评价。

技术在这里是辅助教师教的一种手段。教育技术的应用没有改变教学过程的实质，但各种媒体技术的应用改变了整个课堂教学的方式，改变了教学过程的组织序列，改变了分析和处理教学内容的方法及评价方式。

2. 远程教学领域

随着社会发展的需要，终身学习要求的日益高涨，学校教育已无法满足这种需要。

随着广播电视技术、通信技术的发展和在社会生活中的普遍应用，作为教育技术重要手段的广播电视和网络技术被迅速运用于教育领域。远距离教学在扩大教育规模、更新教育观念、改变教学形式方面发挥了重要作用。远程教学系统作为教育技术的重要组成部分，从20世纪80年代以来得到了迅速的发展。

远程教育的决定性特征是教的行为和学的行为在时空上分离。因此，远程教育要解决的问题是在增加学习机会的同时，保证学习质量。在远程教学中，尽管教与学在时间、空间上发生了分离，但保证学生与教师之间的联系是必要的，宽带高速网络的发展和各种移动学习工具的出现使这个联系成为可能。

3. 自主学习领域

学生自主地、主动地学习是最有成效的学习方式。

教育技术为学生自主学习提供了方便、有利和有效的学习手段和学习条件。多媒体学习环境，天网（卫星电视广播系统、卫星数字通信系统、移动数字通信系统）、地网（计算机网络、有线电视网络、有线通信系统）合一的网络环境，可以把全世界的教育资源联结在一起，实现资源全球化。而且在网上可以建立虚拟教学环境：虚拟教室、虚拟实验室、虚拟学校等，使教学活动在很大程度上脱离物理空间的限制。虚拟教学环境和真实教学环境相结合，可以为学习者的自主学习创造更广阔的空间。学习者学习知识、训练技能、探讨问题、继续深造无需受时间和地域限制，极大地满足了学习者的兴趣和需求。学习者可以自主选择学习内容和把握学习进度，从而大大地提高了学习的效率和效益。

4. 在职人员培训领域

在美国，企业培训已经成为教育技术应用的一个重要领域，它按照企业的需求来运作和控制，目的是提升员工的工作业绩。

企业培训的对象是企业的职工，它让受培训的员工立足本职岗位，大量运用了教育技术手段，以最经济、最有效的手段去掌握有用的、可用于完成实际任务的各种知识和技能。

三、教育技术的作用及影响

随着人类社会的迅速发展，越来越多的科学技术成果进入教育、教学领域。联合国教科文组织曾经提出："从新的和更加广泛的意义上讲，'教育技术'是对教与学的全过程进行构思、实施和评估的系统方式，既包括技术的资源，又包括人的资源以及人机之间的交互关系，并以此来实现更有效的教育。"

在教育教学中应用教育技术，优化了教学过程，教育技术已经成为除教师、学生、教材等传统教学过程基本要素之外的第四要素。在国务院颁布的《国家中长期教育改革和发展规划纲要（2010—2020 年）》就提出信息技术对教育发展具有革命性影响，必须予以高度重视。可见，技术对于转变教育思想和观念，深化教育改革，提高教育质量和效益，培养创新人才具有深远意义。

1. 教育技术的作用

（1）促进实现终身教育和终身学习理念。

信息化社会是一个多变的社会。科学技术突飞猛进的发展，使产业结构发生了巨大的变化，新兴行业不断涌现，传统行业逐渐萎缩，人们不可能在最初的工作岗位上从一而终。其次，知识的增长和更新，使学校教育无法为学生提供满足终身需求的知识，初始教育只是就业之前的必要准备，只有不断的学习才能适应未来工作和生活。现代教育技术以其特有的功能为学习的终身化和个性化提供了有效实施的途径、方式和方法。以学习者个性化为基础的网络化课程为每个愿意学习的个体提供了"量体裁衣、按需所求"式的"自助精神餐厅"；不断持续发展的各种技术正在打造一个融"生活、学习、工作"为一体化的人类生存与发展的崭新格局。

（2）促进学习化社会的形成。

教育的终身化要求社会成员要不断接受教育，不断从事学习活动，学习变成一种社会化的活动。在信息化社会，以现代信息技术为支持的学习型家庭、学习化社区、学习化城市、学习型组织，正在逐渐营造一个社会处处有教育，学习随时随地可进行的学习化社会；广阔的学习课件和极为便利的学习条件，为各类社会成员提供多层次、多样化的教育服务，使社会化的学习不仅成为一种需要，而且成为一种可能。

（3）引发教育三大基石的嬗变。

在印刷时代，阅读、写作和计算被视为传统文化教育的三大基石，世界各国都把这三种能力的培养列为基础教育的首要任务。然而，技术给教育带来无限的机遇，也在这三大基石中引发一场深刻的变革。

① 阅读方式的变革。

- 从文本阅读走向超文本阅读。自从印刷技术产生以来，人类已习惯于阅读文本和从各种图书资料中查找所需信息的工作与生活方式。文本中知识与信息只能按线性结构来排列，因此阅读与检索的速度和效率有着不可逾越的界限。在电子书刊中，知识间的联结不再是线性的，而是网状的，可以有多种联结组合方式与检索方式，从而打破了传统文本单一的线性结构，向人们展示出全新、高效的超文本阅读与检索方式。
- 从单纯文字阅读发展到多媒体电子读物。传统阅读的材料是文字媒体，在电子读物中阅读的对象则从抽象化的文字扩展为图象、声音、三维动画等多种媒体。这就是信息时代的"超媒体"阅读。这种近乎"全息"的跨时空阅读方式，使阅读和感受、体验结合在一起，大大地提高了阅读的兴趣和效率。
- 同电子资料库对话中的高效率检索式阅读。

② 写作方式的变革。

- 从手写走向键盘输入、鼠标输入、扫描输入和语音输入。
- 图文并茂、声情并茂的多媒体写作方式。
- 超文本结构的构思与写作。
- 在与电子资料库对话中，阅读与写作的一体化，在远程交流中协作的协同化、群体化。

③ 计算方式的变革。

• 从数字计算走向用基于代码和二进制的数字化模拟及高速运算。

• 文字的数字化使计算机从语言上升为文化，并使传统文化教育的三大支柱（读、写、算）融为一体。

• 图像、声音、影视的数字化使人类进入了虚拟现实的计算机仿真世界，使数字化成为人类把握历史、现实与未来的一种重要文化方式、生存方式、教育模式。

• 多媒体数据库的设计与制作和人工智能技术的广泛运用，将创造出数字化生存环境中的各种新技能。

2. 教育技术给教学带来的影响

我国在新一轮《基础教育课程改革纲要》中提出要在教学中大力推广技术的普遍应用，要利用教育技术改变教学内容的呈现方式、学生的学习方式、教师的教学方式和师生的互动方式。现代教育技术的应用和实践，已成为教育发展和改革的强大动力，教育面临着有史以来最为深刻的变革。教育技术的运用导致了教学内容、教学模式、师生的角色定位等各个方面都发生根本性的变革。

（1）教育技术对教育内容的影响。

教育技术的应用对教育的影响，首当其冲的就是教育内容的变革，具体表现为以下几点。

① 知识来源的多渠道化。随着现代教学手段的发展，特别是多媒体技术、通信技术、网络技术等信息技术在教学中的应用，形成一个全球化的课堂。教师不再是唯一的教学信息来源，学生通过多种渠道更容易获得信息和知识，极大地扩展了学生的知识来源。

② 教材的多媒体化。教育技术的应用将过去传统的、静态的书本教材形式转变为由文本、图形图像、声音、视频、动画等构成的动态教材，多感官的参与活动对于学生知识的掌握、能力的形成都有很大的促进作用。

③ 内容呈现方式的多样化。教育技术的应用改变了教学内容的呈现方式，许多肉眼看不到的宏观世界和微观世界以及一些事物的运动规律都能展现在学生眼前，丰富学生的想象；可以把远方的东西，或是已经发生的事情，呈现在学生眼前，激发学生的学习兴趣；把复杂的东西变得简单，或是抽象的事物化为具体，活跃学生的思维，使学生容易理解和掌握事物的本质，促进了学生对知识的理解。

（2）教育技术对教学模式的影响。

教育技术的应用改变了传统单一的以课堂讲授为主的教学模式，使教学模式日趋多元化。基于课堂的多媒体教学模式、基于网络的资源型自主学习模式、教育网络的协作学习模式、基于仿真技术的人机教学模式等在教学过程中得到重视和应用。

根据教学需要，结合教学资源和环境，在教学过程中选择和运用不同的教学模式，或者创新和探索各种新型的教学模式，已成为教学改革的突破口。

（3）教育技术对教师的影响。

教育技术的运用对教师角色产生了深刻影响，研究和认识教育技术对教师角色所产生的这种影响，及时调整师生角色地位，将对各级各类学校教学的深化改革起到重要的作用。

① 教育技术的应用扩展了教师的概念。教育技术的应用，基于现代技术的各类电子教师正逐渐走进人们的生活，与普通教师共同担负着传播知识和思想观念的社会职能，电子教师延伸了教师的概念，使教师与学生的实体分离成为可能，使学生具有前所未有的自主选择教师和教学内容的权力。

② 教育技术改变了教师的角色。在传统教育中，教师主要角色是知识的传授者，随着各种媒体技术的应用，学生可以通过各种途径寻找自己想要的知识，教师在课堂内的权威地位因而受到直接的威胁。面对这种挑战，教师首先必须改变传统的角色定位，树立新的角色形象，实现角色

的多元化。首先，从教育的本质看，教师的基本角色特征并没有改变，他仍是知识的传授者、教育过程的组织者和管理者，是学生的榜样。现代教育技术使教师的这种角色扮演得更好，角色职能发挥得更充分。其次，从教育技术作为手段和工具的使用对教学过程的影响来看，教师还要扮演好其他的角色，如学生导航者、资源设计者、终身学习者、问题研究者等。

教育技术的发展对教师角色的影响，并不是使教师失去“主人”的地位而使其角色退化，而是对教师的要求更高、教师担负的角色职责更重。

（4）教育技术对学生的影响。

学生可能是教育技术发展的最大受益者。在传统教育中，学生的地位完全是被动的，教学内容、教学策略、教学方法、教学步骤等都由教师来安排。教育技术的发展则改变了学生对教师的这种依附状态，学生由于有现代化教育技术手段的支持，获得了从多渠道学习知识的机会，获得了学习的自由。这样，学生角色从被动学习者转变为积极的主动学习者，学生在学习过程中的主体地位得到了体现。

学生借助信息技术，通过积极参与，充分的感知信息，激活思维、想象，促使理解、内化、转化，产生意义建构，从而促进认知能力和创新能力的发展。

但是，学生角色在教育技术发展下的这种转变，不是必然的，也就是说，并不是有了现代化的教育技术设备和手段，学生就自然地表现出主动学习者的角色特征。学生借助现代教育技术手段进行积极的自主学习和自我教育，要求学生必须有独立自主学习的精神，有独立的自主学习能力，有良好的学习品质并能够掌握适合自己特点和学习要求的一系列方法。

（5）教育技术对评价体系的影响。

教学评价是获得反馈信息，检查是否达到预期的目标，以便及时调整教学活动或修正教学策略，对学生有导向和激励作用的重要教学环节。传统的教育评价重视教学的最终结果，采用一次性评价体系。教育技术的应用在重视最终结果评价的同时，更加注重学习过程的评价。教育技术的应用有利于建立全新的评价体系，使教师和学生能非常及时地获得反馈信息，非常有利于学生学习行为和教师教学行为的调整。

随着教育技术研究的深入，教育技术在教育教学中的应用会越来越广泛和深入。

知识卡片

美国教育技术十佳应用典范

2011 年，T&L 杂志回顾了近几年的教育技术应用，评出了美国中、小学推动技术应用的十佳典范。

1. 建立自己的视频服务

地点：南卡罗来纳州，默特尔比奇市，霍里县

特色：霍利县学区依靠本地资源自己开发制作教育视频节目，并把这些视频材料上传到他们自己的服务器，提供给教师们使用。比如最新的视频节目是一个科学类系列，叫做“永恒的荒野”。学区媒体服务协调专员戴维·贝尔说：“这有助于简化教学资料繁琐的分发过程，确保 DVD 和录影带已送达区内的 50 所学校”。流媒体可以为学区内需要进修的教师、回家学习的学生、家长，以及电话会议等提供服务。为此，他们支付一次费用 5000 美元购买了这套视频编码器。到目前为止，他们的网络视频项目运行良好，并一直在为教学服务。

2. 创建游戏设计课程

地点：弗吉尼亚州，汉普顿城市学校，菲伯斯高中

特色：当商业课程教师黛比·马丁看到社区学院提供的游戏设计课程时，她意识到如果她的学生学习到这种技能，这也许会帮助他们应对全球化的工作。于是，她引进视频游戏教学，并开设了这些课程，包括：了解计算机编程史，介绍 java 程序语言，培训游戏制作软件，讲授 Alice

(一种 3D 程序开发环境，由卡内基梅隆大学研究人员提供)。在最新的暑期培训后，黛比谈到，教学中，学生们反响积极且预计会有不错的效果；并感谢国家科学基金的赞助，以及两位计算机科学教授提供的教育用的 Alice 软件。

3. 坚持向 1∶1 计算发展

地点：南卡罗来纳州，克肖县学区

特色：当学区要升级过时的计算机硬件时，负责人哈尔波特·贝格提出 1∶1 计算作为新的解决方案。学区副主任艾格莉斯·莎拉曼说，为了在区内三所高中实施这一计划，他们必须跳过多重障碍，才能确保筹集到 800 万美元的资金。为此他们规范自己的资源，以节省大量已拨出资金；然后转向他们的社区以寻求额外的财政支持。当有了本地的资金保证后，克肖县学区与惠普公司签署四个电脑租用合同，每次约为 200 万美元。2005 年 1 月，800 多名九年级学生收到学区发放的笔记本电脑。虽然这个计划面临了不小的挑战，但克肖学区也看到了好的结果。从每个教师建立了一个 eChalk 网页张贴功课内容起，家长们更积极地参与孩子的学习。事实上，学区在线教育网站 eChalk 的单击量已由第一年的 30 787 增加到了去年 118 715。

4. 培训教师

地点：佛罗里达州，棕榈滩县学区

特色：约翰·隆为佛罗里达州棕榈滩县学区的 104 所小学提供技术培训和支持。在他的所有专业成就中，可能最知名的是他的“数字化讲故事”(digital storytelling)学院。在 2002 年，他组建了多媒体点播(Multimedia on Demand-MOD)小组，一个热心向教育工作者传播技术的团队。MOD 小组的工作开始于培训 50 名教师制作多媒体故事，并要求教师们教会自己的学生也会制作。在 2004 年秋，约翰和他的同伴创建了“技术大使”项目，在这个项目中，来自学区每所小学的两名教师将被训练成本校的技术指导。第一年的培训目标是基本的技术整合。在第 2～3 年则介绍更多高级项目，包括数字内容和数字课程的创建。在第四年，这 200 名技术大使转向 Web 2.0 领域，学习如何创建和分发播客。

5. 走向开源

地点：加利福尼亚州，索格斯学区

特色：在 2004 年，索格斯镇联合学区开始了他们最知名的项目：转向开源软件。虽然你可能认为节约经费是他们的主要动机，实际上渴望一套灵活的系统把全区 52 套系统从 Novell NetWare 转换到开源平台才是学区信息服务和技术主管吉姆·克莱因的真实想法。在 4 周的时间中，吉姆和他的团队采用了一套含有虚拟网络计算的系统。现在，吉姆自豪地说，索格斯学区拥有了一套由快速计算机组成的计算机网络，甚至最旧的电脑也能使用。并且 IT 技术职员也能更好地为教师、员工以及学生提供技术支持。在实施后的第一年，索格斯学区官方估计整个学区节约了 65 000 美元的软件授权费用，就因为使用了开源的桌面软件。学区下一个目标是提供开源的 Web 应用。

6. 使用软件进行创新教学

地点：内布拉斯加州，奥哈马公立学校

特色：莎拉有一个独特的想法，能给她的学生们带去阅读的兴奋——制作 flipbook(有翻页效果的电子书)。每位六年级的学生把一本普通的图画书转变成有声数码图画书，用到的工具和软件包括 GarageBand、iTunes、扫描仪以及 iMove。首先孩子们把自己最喜爱的童年图画书带到学校；然后莎拉上了一节关于表现形式的课，体现出阅读者的语气、音量和音调的变化是如何让一个故事变得更生动。当学生们能熟练的运用个性化的表达方式完成阅读后，莎拉向他们展示如何使用 GarageBand 录下自己的声音，然后听录音编辑错误，添加过门音乐和翻页效果。最后他们把这些个人的播客作品上传到学校的一个 iTune 频道，那里是二年级学生的收听中心。因此这个实践既能帮助年幼的学生训练流畅的听力，也能让年长的学生练习阅读的表现形式和学习如何使用软件创作。

7. 技术的回归

地点：密歇根州，海兰德尔路中学

特色：作为一名工艺技能课教师，卡洛尔·科尔伯恩希望她的学生们融入到社区，参加各种项目工作，从中体验学习和学会帮助别人。为此，卡洛尔和同伴克丽丝开发了一个学习项目，汇集来自不同班级的学生，旨在增加他们对 Habitat for Humanity 公益组织(人类家园国际组织，为世界各地穷人免费建筑房屋的世界最大的非营利性志愿团体）的认识。卡洛尔的学生们分析了利文斯顿的人类家园组织的网站，并设计创建了 PPT 演示，以促使观众加入志愿者行列或捐助经费。其中"通信艺术组"学生编写和导演了关于怎样的情形才需要公益组织提供房屋的情景短剧。而来自附近 3 所学校的"技术和艺术应用组"学生设计了模型屋和迷你家具反映出一所典型的公益房屋的外观和感觉。项目的最后，学生们用"对奖销售"的方法卖出房屋模型，且一共为利文斯顿人类家园组织募捐到 800 美元的经费。

8. 把 iTunes 作为评价工具

地点：加利福尼亚州，埃斯孔迪多学区

特色：以前在埃斯孔迪多联合学区，学生们总是在每节课前边嘟囔边把 iPod 收起来，而现在该区的 8 年级以下的学生可以在课堂上使用 iPod 等便携式媒体播放器了。这是学区技术媒体主管凯西·雪莉创建的一个独特的项目——IRead。该项目让学生使用 iPod 和第三方录音配件，录制自己流利的阅读和理解练习。学生仅需对着录音设备朗读短文，捕获的声音记录文件被传输到 iTune 创建一个数码记录，或者转换为电子档案袋中成为学生的成长记录。埃斯孔迪多学区的研究数据显示，IRead 项目是成功的；与原来相比，有 2～4 倍的学生在阅读的流利性和准确性方面大为提高，这归功于在教学中使用 iPod。第二语言学习者也受益于这个项目，学生能更轻松地练习复杂单词的正确发音。

9. 寻找技术经费

地点：犹他州，Tintic 学区

特色：五年前，当托马斯任学区技术主管时，犹他州改变了年度拨款中教育技术经费的比重，削减了 60%。Tintic 学区的信息技术预算被迫取消，使得这个乡村学区陷入困境。这个突如其来的变化难倒了不少人，但不包括托马斯。他立即开始寻找替代资金。托马斯第一笔成功筹资是来自向州府专项教育基金申请的 50000 美元建筑物改造款。这些钱被用于改造四所学校的老旧布线系统以升级其网络和电话通信。他还获得 E-rate 网际连接基金 25000 美元的资助，用来建立无线网络和升级学区的网站服务器。接着，托马斯注册到了 eMints 项目，这是联邦政府拨款"利用技术提升教育"（Enhancing Education Through Technology）项目下的一个专业发展资助计划。利用这笔拨款，学区内的四间教室获得了按生机比 2∶1 的电脑配置，另外，还有投影、数码相机以及教师笔记本电脑。他还找到附加经费——在线考试州专用基金，使学区能继续 eMints 项目，并新增加了 5 间教室加入这个项目。值得惊喜的是，去年犹他州恢复了学区教育技术拨款。Tintic 学区主管罗恩·巴罗指出，正因为托马斯的创新融资，使学区在没有拨款的年份中科技计划从没落下半拍。

10. 采用视频系统进行科学教育

地点：俄亥俄州，河滨高中

特色：卡罗尔·弗莱克不只是教授基本的科学课程。利用视频会议系统，她能教更多复杂的内容，如新型疾病、生物恐怖主义和法医学。她的当代生物科学和遗传学是一门开创性的课程，且是俄亥俄州同类学校中的唯一。利用视频会议系统，卡罗尔还使河滨高中与科特兰高中的教学同步进行。自 2001 年开始，已经实施了 1400 次视频同步教学，近 200 名学生参与其中。另外，卡罗尔意识到校际之间的协作是课程体验的重要组成。于是，让河滨高中学生和科特兰高中学生结对，使用视频会议、电话、传真、在线聊天和电子邮件交流创建作品——比如生物学 ppt 演示文档，这样使学生能在更广泛的社区分享学习成果。如此丰富的高科技体验自然把学生"钩"进科学和技术课程中。为此，2004 年，卡罗尔被评为俄亥俄州年度最佳技术教师。自然而然，她的许多学生也进入大学主修科学课程，其中包括一位因创建一种特色科学通信而出名的学生。

来源 http://www.etsupport.net/?p=3677

实践环节

本环节，请大家结合自己的学习经验，讨论技术给你学习带来哪些影响？怎样才能有效地利用技术促进自己的学习？将讨论结果填入表 1-3 中。

表 1-3　　技术给自己学习带来的影响

分析项目	分析结果
自己常用来学习的技术	
技术给自己学习带来哪些变化	
如何利用技术促进自己的学习	

项目 3　了解技术支持教师的专业发展

通过本活动学习，理解信息化环境下教师专业发展的价值取向，并理解教育技术与教师专业发展的关系，使学习者对技术支持下的教师专业发展有一个总体的认知。

在教育信息化的进程中，有多个方面的因素相互作用，它们像是紧紧缠绕在一起的，彼此发生作用，并且对教育信息化产生着共同的影响，其中教师的专业能力是关键要素。教师专业化发展已成为国际教师教育改革的趋势，受到许多国家的重视，那么，什么样的教师才是专业性的教师？目前的研究认为，教师的专业素养应当包括以下几个方面：一是教师的思想道德素养，二是教师的知识结构，三是教师的能力条件，四是教师的身心素质。20 世纪以来，由于信息技术的高速发展，经济全球化的速度日益加快，社会对教师工作质量和效率的要求空前提高。当前，随着教育整体水平的提高，特别是随着基础教育改革的不断深化，迫切需要教师不断更新基于理念，适应以学生发展为本的新观念，充分利用技术为基于和学习提供广阔的空间；增加理解学生和促进学生全面发展适应社会对人才的需求，这些都对教师职业提出特别的要求。

一、整合技术的教师专业知识结构

随着大量新技术引入教育领域，教师对技术的应用能力成为人们关注的焦点。人们也越来越认识到，要充分发挥技术对教育的作用，教师必须首先掌握技术，因此，技术成为当前教师专业知识中的一项重要内容。很多国家陆续出台了一系列面向中小学教师的技术标准，如美国的教育技术国际委员会（ISTE）早在 1993 年制定的《国家教育技术能力标准》，2008 年又对标准进行更新，明确规定学校管理者、教师、学生必须达到的教育技术能力标准要求（见附录 1）。美国的教师资格教育国家理事会（NCATE）也将技术纳入了对教师资格的认证标准之中。2002 年澳大利亚颁布了教育专业标准（Pilot 2002，Professional Standards for Teachers），这个专业标准共有 12 项，描述了教师为了个别学生和全体学生提供相关学习经历所必须具备的知识、技能和能力（见附录 2）。英国颁布的《教师信息技术能力标准》（The Use of Information and Communication Technology in Subject Teaching）是教师培训时信息技术能力标准（见附录 3）。新加坡和韩国等国家也都通过全国教育技术标准对教师学习技术提出明确的要求。2004 年我国教育部也制定了面向全国的《中小学教师的教育技术标准（试行）》。这些举措从某种程度上反映了技术进入教育对教师专业发展的影响，也就是说，随着现代教育环境技术化程度的不断提高，教师也必须将新技术纳入自身的专业知识结构之中，才能胜任现代教育环境下的教学工作。对此，国外有研究者提出一种将技术整合到教师专业知识结构中的新框架，即 TPCK（Technological Pedagogical Content Knowledge），国内学者称之为“整合技术的学科教学法知识”，如图 1-1 所示。

在 TPCK 的知识构成中，各成分既具有各自独特而重要的作用，又彼此之间密切关联、相互作用，形成一个复杂的综合性知识框架。

1．教师的基本知识结构

➢ CK（Content Knowledge）：即学科教师所教授的学科知识，主要包括该学科有关的概念、理论、观念、组织框架、证据和证明，以及获得学科发展的实践和途径等。它是教师从事特定学科教学的重要前提。

➢ PK（Pedagogical Knowledge）：即教学法知识，通常是为所有学科所共享的一般教学法，是教师对教学实践、过程、程序、策略以及教与学的方法的认识，也包括关于教学目标、教学评价以及对学习过程的知识。

➢ TK（Technological Knowledge）：即关于技术的知识，包括传统技术（如黑板、粉笔、教科书、投影器等低水平技术）和现代技术（如电视、广播以及计算机、网络等）。

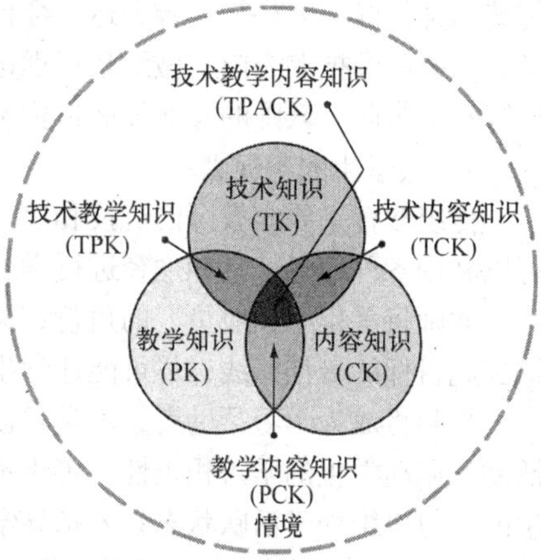

图 1-1 整合技术的学科教学法知识示意图

以上是构成 TPCK 知识的 3 种基本要素，它们各自具有独特的功能，对学科教师都是必不可少的，但是，更重要的是超越对三者孤立的掌握，对它们之间的相互关系的深刻认识与理解，并在此基础上形成以下几种综合性知识。

2. 教师的综合性知识结构

➢ PCK（Pedagogical Content Knowledge）：即学科教学法知识，由学科知识与教学法知识综合而成。PCK 涉及学科知识的重新组织与加工，并根据教学情景的需要进行传输与呈现，对学生学习中的困难或错误的诊断、分析与纠正，以及对学习进行合理的评价等。

➢ TCK（Technological Content Knowledge）：整合技术的学科知识，是由技术与特定的学科知识（或教学内容）相互作用产生的。技术与内容的相互作用包括两个方面：一是根据内容选择、设计恰当的技术，如广泛应用于数学、物理和化学教学的几何画板软件；二是利用技术所提供的更多的可能性拓展学习内容的来源与类型，如利用网络获取学科最新研究成果，利用动画模拟难得一见的物理现象或过程。

➢ TPK（Technological Pedagogical Knowledge）：整合技术的教学法知识，是由技术和一般教学法相互作用产生的。新技术不仅可以用于强化原有的教学方法，也可以产生新的教学方法，反之亦然，教师所采用的教学方法也会影响技术的选择与设计。例如，近几年来广为流行的 Webquest（基于网络的探究式学习）就是充分利用了网络在获取、交流、发布及共享信息方面的优势而发展起来的。又如，白板是一种功能类似于黑板但摆放位置更灵活、更便于书写的设备，如果教师只是把它当作一块便携式黑板，那么，它就只能强化传统的以教师为中心的教学，而如果用于"头脑风暴"、协作学习等活动中，将白板置于学生中间，由师生共同控制，白板则能够为学生的合作探究提供支持。

➢ TPCK（Technological Pedagogical Content Knowledge）：整合技术的学科教学法知识。TPCK 代表着教师能够根据具体的教学情景的需要，综合考虑学科知识、教学方法和技术支持，设计恰当的教学方案，换句话说，就是把技术转化为解决教学问题的方案的知识。

TPCK 的核心是技术、学科知识和教学法三者的动态平衡。其中一种要素发生变化，都会引起其他要素的变化，从而打破三者之间原有的平衡，通过三者之间的相互制约、相互建构，最终达到新的平衡。面向技术应用的教师专业发展的一个重要目的就是形成并发展教师的 TPCK。

二、信息环境下教师专业发展目标

影响教师专业发展的因素很多，主要包括职前教育与入职教育、教师个人环境、自主发展意识、在职发展机会、组织环境等。但在当前教育信息化的环境下，教师的专业发展已不再局限于传统的师德好、学科强、善表达、会评价、能反思，而是在更广阔的时代背景下，在更丰富的信息资源关系中把握方向，做到教育理论基础、学科专业水准、信息技术能力、艺术修养四者的和谐统一。为此，教师的专业发展目标至少应有以下几个价值指向。

1. 做学生的帮促者

传统教育主要靠教师的讲授和单一的教材，教师是知识之源。而信息化条件下的教育，学生可以利用各种信息工具和途径进行学习，网络上的信息及数字化学习资源十分丰富。

教师将承担“领航员”的角色，关注学生的学习过程，帮助学生确定适当的学习目标，找到达到此目标的最佳路线，尽可能让学生少走弯路。

教师将成为学习帮助者，为学习创设和营造良好的学习环境，提供丰富的学习资源、经验和活动，调动学生的学习积极性，善于不断激发学生的求知欲，通过创设情景促进交流会话，使学生的学习思维处于活跃状态；要指导学生形成良好的学习习惯，掌握学习策略，开发学生的元认知能力；传授学习技术，帮助学生把握学习的主动权；要向学生提供获取信息资源的工具和方法，善于利用技术支持下的各种教学模式，让学生在解决实际问题中积累知识，在学生自主学习中当好顾问和参谋。由于网上资源鱼龙混杂，教师更要帮助学生形成良好的信息道德，增强社会责任感和免疫力，理解并遵守与信息活动有关的法律法规和道德规范，负责任地、安全地、健康地使用信息技术，自觉抵制新技术带来的不利影响，在信息收集与处理中避免违法侵权等不良行为的发生。

2. 做乐于协作的研究者

在信息化条件下，教师的教育活动与科研活动日益紧密结合，教学与研究成为信息化教育中教师的重要职责。教师通过教学和科研实践不仅要造就富于创新精神的学生，还要造就不断创新与发展着的教师本身。因此，在教学研究或备课中，善于与其他教师乃至师生之间利用各种技术手段进行协作交流，敢于探究自身专业之外的领域，提升专业水平；善于和学习者共同参与研究活动，探索新知，并且成为知识建构共同体中的知识生产者，分享教学经验，甚至共同攻关。这就要求教师放弃以往的“单打独斗”，善于协作、乐于协作，把自己融入教学共同体中，奉献或吸纳最新研究成果，使自己伴随整个人类文明的进步与繁荣一起升华。

3. 做课程的开发者

课程开发是教师专业发展的重要内容。在教育信息化时代，教师必须了解社会需求和学科发展的前沿，把握课程建设和改革的方向，根据社会变革的需要，不断更新课程内容，适时调整课程体系，以保持课程的时代性、先进性。与此同时，教师过去做课件的个体行为应提升为跨学科、跨学校共同创建教学科研网站和教学资源的群体行为，从各自为政的封闭竞争转向以跨时空协作研究和专业网络课程开发为基础的多方位联合体，在信息化教育与管理新机制中奉献自己的聪明才智。

4. 做资源的设计组织者

教育信息化对教学的方式、效果和效率等方面不断提出新要求，教学资源的设计组织已成为教师专业发展的重要基本功，也是教师日常教学准备的基础工作。教师在精通学科内容的同时，要熟练掌握网络技术、多媒体技术，学会网站的建设与管理，学会制作网络课件，学会 WebQuest、Blog、wiki 等基于网络的教学设计和组织管理技术，乃至建立高度智能化、自动化、艺术化的作业习题库和案例库，并自如地驾驭网络平台，汇集专题资源，高效地组织教学。

5. 做终生的学习者

教师专业发展是一个随时代变迁永无止境的过程。由于知识的剧增和信息技术的不断更新，教师要树立终生学习的理念与意识，保持开放的心态，矢志不渝地追求真理，养成不断跟踪学科前沿的行为习惯。

综上所述，教师的专业性训练通过信息技术发展了自己的独立性人格；另外，通过信息化环境，教师获得了个人特有的知识结构，于是，知识经济时代的“创新就是财富”可能立即反映到教师的职业之中。此时的创新，就不是可望不可即的天边彩云，而是近在咫尺的“知识改变命运”——点燃教师自己，也点燃他的学生生命中那个辉煌的亮点。

知识经济时代的教师专业化，在外界信息化的环境中，就是教师的职业创新。并且，又是带领他的学生的创新，或者说培养出独具创新精神的学生。

知识卡片

21 世纪的核心技能

随着就业市场的变化，未来社会对就业人员的能力也提出了新的要求。针对这样的变化，一些教育家们尝试着勾勒出一组面向知识经济的技能描述，理查德（Richard Murnane）和弗兰克（Frank Levy）在 1996 年提出了“新的基本技能”，包括阅读能力、数学水平、解决半结构化问题能力、团队合作技能、有效交流技能以及使用计算机完成常规工作等技能。随后，不同的专家或团队又在职场需求分析和调研的基础上提出了 21 世纪公民所必备的技能，简称“21 世纪技能”。2007 年，詹尼斯（Janis Houston）提出的“21 世纪技能”包括六个方面，并为许多学者所认同。

现在说到的“21 世纪核心技能”，通常是指以下的 3 个方面。

一、学习和创新技能

1. 创造和革新能力

（1）在工作中展现创造和发明才能；

（2）提出和实施新的思想，并把新思想传播给他人；

（3）对新的、不同的观点持开放的心态并积极回应；

（4）实施有创意的想法，对发生革新的领域作出具体的、有益的贡献。

2. 批判性思维和解决问题的能力

（1）运用正确的推理来理解事物；

（2）做出复杂的选择和决定；

（3）理解系统之间的相互联系；

（4）确定并提出有意义的问题，以澄清各种观点，并得到更好的解决办法；

（5）界定、分析和综合信息，以便解决问题和回答问题。

3. 交流与合作

（1）能够以口头和书面的方式清楚有效地表达想法和观点；

（2）展现与不同团队有效地合作共事的能力；

（3）有灵活性，为了达到共同的目标愿意做出必要的妥协；

（4）为协同工作共同承担责任。

二、信息、媒体和技术技能

1. 信息素养

（1）能有效地获取有用信息，能批判性地评估信息，能准确且有创意地使用信息来处理面对的问题或事件；

（2）对信息获取和使用的道德/法律问题有基本的理解。

2. 媒体素养

（1）了解媒体传达信息的方法、目的、使用的工具、特点和惯例；

（2）研究如何以不同的方式解读信息，有正确的价值观看待信息而不被媒体等因素影响。

3. ICT（信息、通信和技术）素养

（1）合理使用数码技术、通信工具和用网络来访问、管理、整合、评估及创建信息，以便在知识经济中发挥功能；

（2）将技术作为一种工具用于研究、组织、评估和沟通信息，并且对围绕信息获取和使用的道德或法律问题有基本的理解。

三、生活和职业技能

1. 灵活性和适应性

（1）适应不同的角色和职责；

（2）在复杂和多变的环境中能有效地工作。

2. 主动性和自主性

（1）监控自己的理解和学习需求；

（2）不满足于对基本技能和课程的掌握，探索和扩大自己的学习和机会以获得专业知识；

（3）展现想要提高技能以达到专业水平的主动性；

（4）在没有直接监督的情况下，能（独立自主地）界定任务、确定其优先顺序，并完成任务；

（5）有效利用时间，合理安排学习；

（6）展现对于终身学习的信奉。

3. 社交及跨文化技能

（1）能与他人和谐高效地工作；

（2）适时地利用集体的智慧；

（3）接受文化差异，使用不同的视角，以提高创新性和工作质量。

4. 创造力和尽责

（1）设定并努力达到高标准、高目标，按时完成高质量的工作；

（2）展现勤奋和积极的工作态度（例如，准时和值得信赖）。

5. 领导力和责任心

（1）使用人际交往和解决问题的技能来影响和引导其他人朝着目标努力；

（2）利用他人之所长来实现一个共同的目标；

（3）展现诚信和道德的行为；

（4）行动富有责任心，铭记社会的总体利益。

三、中小学教师教育技术能力标准

1. 我国的中小学教师教育技术能力标准

2004 年 12 月 25 日，国家教育部正式颁布了《中小学教师教育技术能力标准（试行）》（以下简称《标准》，详见附录 4）。这是我国中小学教师的第一个专业能力标准，它明确指出了作为一个专业化的教师应该具有的教育技术能力。标准颁布后，教育部于 2005 年颁布《中小学教学人员（初级）教育技术能力培训大纲》（详见附录 5），正式启动全国中小学教师教育技术能力建设计划项目，进一步贯彻落实上述标准，以全面提高教师教育技术应用能力，促进技术在教学中的有效应用。2006 开启教师教育技术培训和认证考试，组织开展以信息技术与学科教学有效整合为主要内容的培训，如今中小学教师教育技术能力培养，从培训机制、考核机构、考核办法、考核方式和认证已建立一套全国性规范体系，全面提高广大教师实施素质教育的能力水平。

《标准》分为教学人员标准、管理人员标准、技术人员标准三类，“教学人员子标准”适用对象为：中小学学科教师，其主要职责：教学环境的设计与管理、教学资源的设计与管理、教学活动的组织与开展；“管理人员子标准”适用对象为：中小学教育教学管理人员，其主要职责：规划与决策、组织与应用、评估与发展、合作与交流；“技术人员子标准”适用对象为：基础教育系统中从事技术支持的人员，其主要职责：辅助教学人员的教学工作、辅助管理人员的管理工作、维护和管理校内的资源、提供技术支持与服务。

在 3 个子标准中，又划分为四大模块：意识与形态、知识与能力、应用与创新、社会责任，其中，“应用与创新”是整个《标准》的核心，“意识与形态”是“应用与创新”的前提，“知识与能力”是“应用与创新”的基础，而“社会责任”规范了教师使用教育技术的道德。随着这个标准的实施，必将极大地促进信息化背景下的教师专业化发展。

实践活动

请大家自主阅读《中小学教师教育技术能力标准（试行）》，重点关注教学人员标准，了解《标准》中所规定的学科教师必须掌握的教育技术能力要求，四个能力维度的基本要求，填写在表 1-4 中，存入你的个人学习文件夹。思考作为未来的教师的“我”要怎样做才能达到这些基本要求。

表 1-4　中小学教师教育技术能力要求记录表

维　度	基本要求
意识与态度	
知识与技能	
应用与创新	
社会责任	

2. 教师教育技术能力解读

请与同伴一起展开“头脑风暴”，讨论比较美国教师教育技术能力标准（见附录 1）和我国《中小学教师教育技术能力标准》的异同，并将讨论结果记录在表 1-5 中。

表 1-5　中美教师教育技术能力异同记录表

维度	中国	美国
相同		
差异		

不同国家在制定相应的教师教育技术能力标准时，往往会结合各自的国情特点和已有的教师教育实践经验，因此对于标准的制定，不同国家也许会从不同的出发点进行分析和阐述，内容也会各有侧重，然而各国标准的制定又都基于教育信息化这一相同的时代背景，因此，各国在制定相应的教师教育技术能力标准时，对信息化背景下的教师专业发展的考察和分析也都有许多的基本共识。纵观国内外现有的教师教育技术能力标准可以看出，标准体系的建构主要有下面 4 个维度。

（1）教师的基本的信息素养（理解技术和应用技术的能力）。

① 理解技术。理解各种技术的基本概念及其对当前社会生活的影响，理解当前的技术资源及其对教学的不同功能。

② 应用技术。即能够利用技术解决问题，包括：

- 了解并掌握技术及其工具的基本操作；
- 了解并掌握技术应用的社会伦理、法律和安全要求。

以掌握技术工具为前提，包括效能工具、交流/合作工具、研究工具与解决问题和决策工具。

效能工具：

- 使用技术工具提高效能，激发创造力；
- 使用工具开展合作，开发其他具有创作性的产品。

交流/合作工具：

- 利用技术与同伴、专家及其他读者合作，发布作品并进行交流；
- 采用各种媒体和方式把信息和观点有效地传播给广大受众。

研究工具：

- 使用技术从不同资源中查找、评价、收集信息；
- 使用技术工具处理数据、汇报成果；
- 根据特定任务的要求，评价与选择新的信息资源，进行技术革新。

问题解决与决策工具：

- 使用技术工具资源解决问题并作出明智的决策；
- 把技术应用在策略开发中，以解决现实生活中的问题。

（2）利用技术支持学生学习的知识和能力。

① 理解技术支持的教学。教师需要从整体上理解技术对社会的深远影响，特别是对教学带来的影响，包括信息社会对学生提出了新的学习要求，技术为学生创造了新的学习条件，技术为新的学习理论的实践提供了可能。

② 开展技术支持的教学。

- 技术赋予教师的角色转变；
- 采取多种多样的教学方法

（3）利用技术处理课程和资源的知识和能力。

① 理解信息化教学资源和环境的特征；

② 利用技术处理课程和资源。

（4）利用技术开展新的专业实践的知识和能力

① 理解技术条件下的专业实践。技术正在改变教师和学生之间的教育关系，技术使得远程的、分布式的、柔性的学习成为可能，教师需要具备一定的技术洞察力，理解技术所具有的潜力。

② 利用技术开展新的专业实践。技术能够以多种方式帮助教师开展各方面的教学工作，包括为日常专业实践提供帮助、提高专业发展、为教师新的学习和专业发展提供机会。

实践环节：管理你的学习

（1）创建个人学习文件夹。

在此活动中，你需要在 E 盘上创建一个以你的“学号姓名”命名的文件夹作为个人的学习档案。你还需要在该文件夹下创建子文件夹，主要可以对平时的学习结果以及最终的成果进行组织记录管理。所有与各模块相关的文档、资源作品和个人学习进度、学习反思等都有保存在该文件夹中的相应位置，以便于查找利用。

（2）将本章学习中所填写的表 1-1 ~ 表 1-4 保存在《学习心得》子文件夹中。

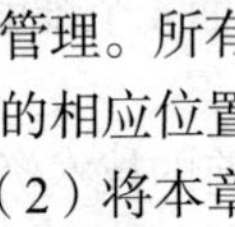

知识卡片

个人学习文件夹

个人学习文件夹，又称电子档案袋，是一种新型的教学评价方式。学生为达到某个学习目的，依托于信息技术所收集的相关资料的有组织呈现，通过这些资料或材料，可以展示事情的进展过程或者个人的成长经历。

学习者运用信息手段表现和展示学习者在学习过程中关于学习目的、学习活动、学习成果、学习业绩、学习付出、学业进步以及关于学习过程和学习结果进行反思的有关学习的一种集合体。旨在记录学生在特定领域内的努力、进步和成就，涵盖了一项任务从起始到完成阶段的整个跨度。

文件夹的制作不强求一致，可以根据自己的个性特征、爱好和特长，按照一定的规格自己设计富有个性的档案袋。

模块2
体验教学设计

学习目标

1. 介绍教学设计的理论基础，指出它们对教学设计活动的影响。
2. 展示按照系统化模式进行教学设计的步骤。
3. 描述正确分析学习者特征的方法。
4. 陈述教学目标的原则，能规范撰写教学目标。
5. 描述教学策略和学习资源的选用。
6. 陈述教学评价的内容和方法。

知识导图

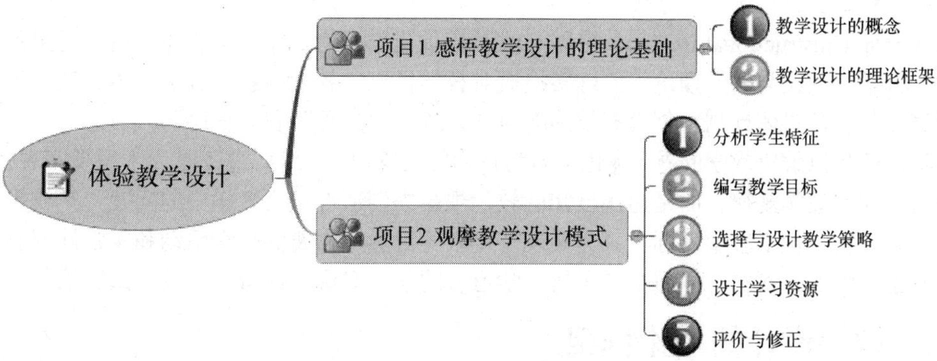

学习任务

1. 观摩所提供的教学设计方案，结合教学设计方法分析其优缺点。

2. 在自己所学的学科中，选择一个章节的内容，按教学设计的基本流程进行设计，参照本模块中提供的教学设计方案模板完成所选内容的教学设计方案。

3. 参考本模块提供的评价参考标准，在同学之间进行相互评价。

4. 基于小组成员的反馈意见，思考并修改自己的教学设计方案，将修改后的教学设计方案保存在自己的文件夹中。

情景导入

一个月前，小王成为了某中学一名数学教师。王老师非常热爱教师这个职业，以无比的热情投入工作。为了上好每一节课，他认真研读教材，并按照教学参考书的建议，组织教学活动。然而最近，王老师情绪却有些低落了，因为学生的学习效果并不理想。王老师想不通为什么他按照教学参考书精心准备的教学并不成功。

你能帮王老师分析一下为什么会出现这样的情况吗？能不能给王老师一些建议呢？

项目 1　感悟教学设计的理论基础

教学是一项有明确教学目标的人类活动，是教师教、学生学的统一活动。教学中涉及的因素是多方面的、变化的，因而教学问题也是很复杂的，只凭经验或直觉做出主观判断来制定教学计划，结果并不能解决所有的教学问题，使学生获得成功的学习。

每个文明社会都形成了正规的教育方法，这比人们通过日常生活中摸索更为有效。由于科学技术的发展，20 世纪 30 时代无线电广播的兴起及 50 年代电视的出现，这些大众媒体向更多的人提供视听教育的途径，个人以及相关的专业研究机构热衷于研究运用视觉和视听资源来丰富学习经验，传播概念和原理的引入，使广大专业工作者茅塞顿开，把眼光从仅仅关注媒体功能转向教学信息从教师传递到学生的整个传播过程，从而促进教育技术学这一领域的产生发展。20 世纪 60 年代，教学机器与程序教学的热潮席卷了教育技术领域，这些新的媒体手段给教育技术学注入新的血液，也使该领域发生了重大转变，教育技术领域原有的研究从视听技术扩展到了包括心理学技术在内的所有技术。到了 20 世纪 70 年代，受到系统科学方法一些新观点的启发，研究重心转向教学系统的设计，特别是教学方法的灵活运用。教学设计逐渐形成并发展起来，成为以解决教学问题为宗旨的一门实践性很强的新兴学科，是教育技术学领域中的一个重要分支。

一、教学设计的概念

教学设计（Instructional Design，简称 ID）是以促进学习者的学习为根本目的，运用系统科学的方法，将学习理论与教学理论等原理转换成对教学目标、教学内容、教学媒体、教学策略、教学评价等环节进行具体计划，创设有效的教与学系统的“过程”和“程序”。

教学设计是以解决教学问题、优化学习为目的的特殊设计活动。它不是为了发现客观存在的、尚不为人所知的教学规律，而是运用已知的教学规律去创造性解决教学中的问题。其成果或产物是教学实施方案，包括教学目标及其为实现一定教学目标所需要的教学活动和实施计划及其相关的支撑材料（例如，教材、学习指导手册、学习者的学习资源、评价手册及测试题等）。

二、教学设计的理论框架

理论基础就是在某一领域进行研究的基础。有理论技术意味着有历史，从理论基础既可以看到一个研究领域的过去，又可以展望它的未来。教学设计的总目的是促进和支持人类的学习与绩效，为了取得预期的结果，教学设计人员主要基于学习心理学和著名的有效传播理论，开发出若干教学设计模型和进行教学设计的一系列原则。这些模式表明，不同的教学方法和策略可能在不同情景下发挥作用。

由于教学设计原则的制定与心理学和人类的感知尤为相关。在教学设计过程中，不重视、不尊重学习者的学习规律和认知方法，是不能取得理想的设计效果的。有国外研究者使用一个工具箱来类比说明教学设计的设计原则的组织框架，如图 2-1 所示。在这个工具箱中，形象比喻了进行教学设计的框架，其中学习理论在最上层，因为只有认识学习的本质，了解人类是怎样学习，才能更好地设计教学过程，有效地应用包括技术

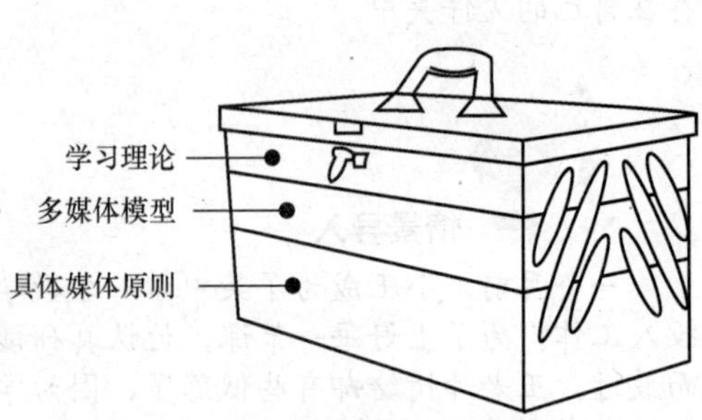

图 2-1　教学设计工具箱

和媒体在内的各种教学策略，来改善学生的学习。多媒体学习理论在中间层，媒体在教学中无处不在，但只有使用得当，媒体才能促进沟通和学习，教师需要了解人类的多媒体认知方式，知道多媒体呈现是如何促进有意义的学习，从而充分发挥媒体的作用。而关于文本、视觉、听觉、视频和动画等多媒体的指导准则在最底层，分析这些在教学中直接面向学习者的媒体形式，其主要的教学功能和呈现准则是如何影响学习者有效获得教学信息。

1．学习理论

教学设计理论及其相关方法是基于学习理论的，在学习是如何产生的和如何促进学习过程之间建立重要的联系。学习理论试图描述或解析什么是学习，人是如何学习的。教师如何看待技术和媒体在课堂教学中的作用取决于他们对人类学习的认识。过去的半个多世纪以来，人们形成了几种主要的学习理论，每一种观点都影响着教学过程，同时也在一定程度上影响技术在教学中的应用。我们简单回顾一下如图 2-2 所示的几种主要的理论，分析它们的影响。

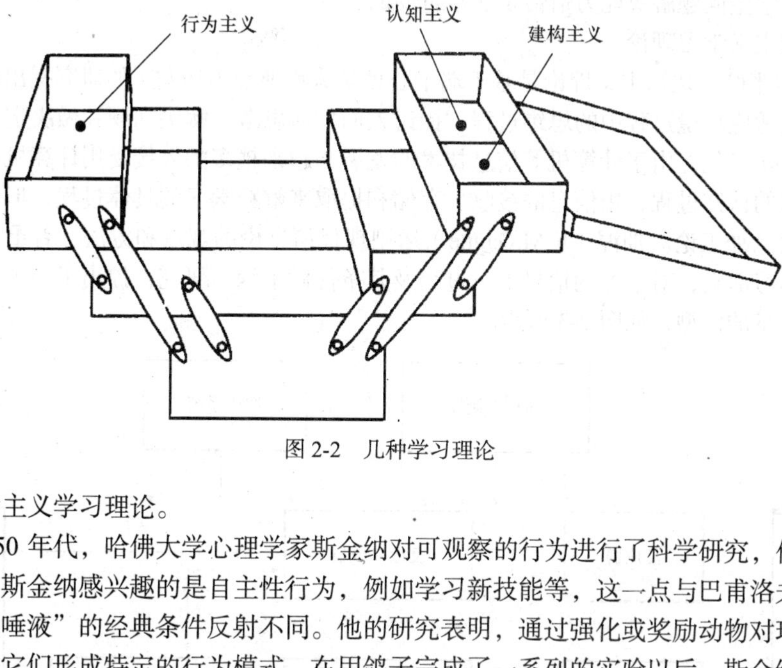

图 2-2　几种学习理论

（1）行为主义学习理论。

20 世纪 50 年代，哈佛大学心理学家斯金纳对可观察的行为进行了科学研究，他是行为主义的代表人物。斯金纳感兴趣的是自主性行为，例如学习新技能等，这一点与巴甫洛夫研究的“狗听到铃声分泌唾液”的经典条件反射不同。他的研究表明，通过强化或奖励动物对环境的某种反应，可以引导它们形成特定的行为模式。在用鸽子完成了一系列的实验以后，斯金纳建立了自己的学习理论，即著名的强化理论。他推理说，这套理论也同样适用于人类，教育就是塑造人的行为，有效的教学和训练的关键就是分析强化的效果以及设计精密的操纵过程，也就是建立特定的强化机制。

强化教学理论催生了程序化教学技术，这种技术通过引导学习者完成一系列的教学活动，以获得预期的技能。与早期的学习研究不同，斯金纳的工作设计严谨、合乎逻辑，对教学设计有直接的促进作用。斯金纳在大量实践的基础上形成了一系列程序教学设计原则。

① 积极的反应原则。以问题的形式，通过教学机器或教材给学生呈现知识，使学生对一个个问题作出积极的反应。

② 小步子原则。将教学内容按内在的联系分成若干小的步子编成程序。材料一步一步地呈现，步子由易到难排列，每步之间的难度通常是很小的。

③ 及时强化原则。每个学生作出反应后，必须立即告知学生结果，也就是对学生的反应给予及时强化。

④ 自定步调原则。以学习者为中心，不强求统一进度，使每一个学生能以自己最适宜的速度

进行学习。

⑤ 低错误率原则。要求在教学过程中尽量避免学生出现错误的反应，过多的错误会影响学习者的情绪和学习的速度。

在这个理论中，学习被看成是条件反射，伴随着某种强化物的行为会增加发生的频率或概率。根据该学习理论，教学内容是可以根据界定的特定结果而提前计划、组织和编排。程序教学提供了一个利用强化和反馈促进学习的教学方法范例。在程序教学中，对内容进行分析和预先规划，为学习者提供具体要学习内容的直接地图。教学机器和计算机辅助教学作为程序教学的后继者，在基于计算机的教学和基于网络的课程设计中广泛采用了行为主义的设计原则。

行为主义学习理论拒绝对学习者内在的学习过程进行推测，他们只研究外显的、可以观察到的行为。结果，他们只适合解释相对简单的学习活动。也正因为如此，在高级技能的教学设计活动中，行为主义的作用有限。例如，行为主义学习理论很难推断学习者是如何处理信息的，而这一点对于培养学生问题解决能力恰恰是非常重要的。

（2）认知主义学习理论。

20 世纪后半叶，认知主义理论是基于瑞士心理学家皮亚杰（1977）的研究提出的。认知心理学探讨个体在适应环境过程中的思维过程，探讨人们如何思考、解决问题和做决定。

20 世纪 50 年代，由于计算机等信息技术的发展，越来越多的人接受用计算机的信息处理过程来类比人脑的认知过程，用信息的接收、存储和提取来解释学习的具体过程，形成一种新的学习理论——信息加工论。加涅（R.M.Gagne）运用现代信息论的观点和方法，着重用信息加工的模式来解释学习活动，对学习的信息加工过程及其条件做了深入研究，提出了一个学习者接受、处理和加工信息的模型，如图 2-3 所示。

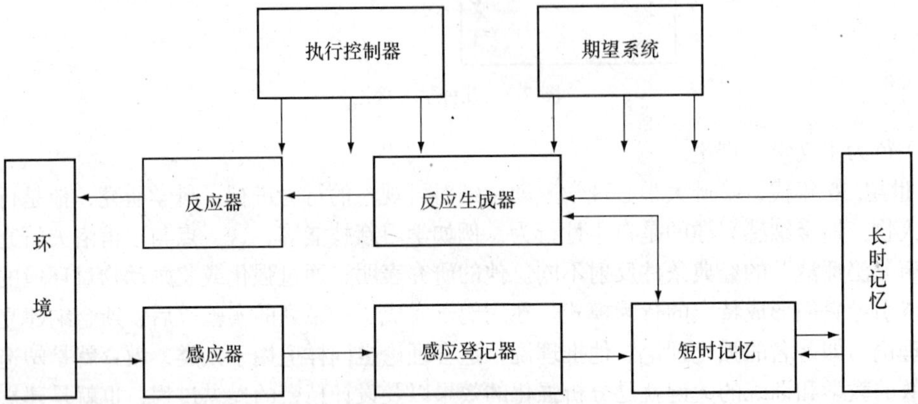

图 2-3　信息加工模式

从该模式中可以看到，来自外界环境的刺激通过学生的感应器，以映象的形式输入感应登记器，由于选择性注意和选择性知觉的缘故，有些信息被登记了，有些则很快消失了。被感觉记录的信息很快进入短时记忆，短时记忆是一个过渡性的记忆缓冲器，其容量有限，只能记录 7±2 个信息组块，且只能保持大约 15 ~ 30 秒。短时记忆的信息经过复述和编码过程转化为长时记忆，长时记忆是一个相当持久的容量极大的信息库。当需要使用信息时，从长时记忆中被提取的信息可以直接到达反应生成器；也可以回到短时记忆，与新的输入信息结合后进入反应生成器。反应生成器将信息转化成行动，激起反应器的活动，生成作用于环境的外显行为。

在这个模式中，执行控制和预期是两个重要的结构，它们可以激发或改变信息流的加工。前者是已有的经验对当前学习过程的影响，起调节作用；后者是动机系统对学习的影响，起定向作用，它们可以对整个信息加工过程起调节和监督的功能。

新信息首先保存在短时记忆中，在那里短时记忆被不断重复，直到被存储到长时记忆。短时记忆中的信息如果得不到重复，慢慢的就会从短时记忆中消失。学习者把长时记忆中的信息和技能联结起来形成认知策略，或者形成处理复杂任务的技能。

在这个观点下的学习理论把重点放在信息的组织上，通过对学习材料的分析和排序，通过从简单到复杂或按层级来组织，以促进学习者对信息的获得。奥苏泊尔的“有意义的接受学习”描述学习者的认知结构，认为“认知结构”影响学习和记忆，学习是把有意义的新材料同化进认知结构的过程。

从教学的角度来讲，教学过程围绕信息加工理论的组成部分和步骤来设计，达到将结构良好的信息投射给学习者。认知学派代表人物布鲁纳非常重视认知结构在学习中的作用，他强调，教学必须使学生形成良好的认知结构。认知结构就是人关于现实世界的内在的编码系统，是一系列相互关联的、非具体性的类目，它是人用以感知外界的分类模式，是新信息籍以加工的基本依据，也是人推理活动的参照框架。这种编码系统的一个重要特征，是对相关的类别做出层次性的结构安排，概括性水平较高的类别处于高层，而比较具体的类别处于低层，如图 2-4 所示。

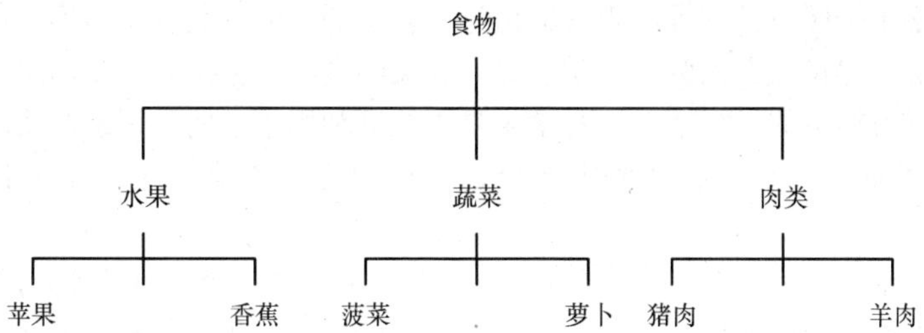

图 2-4　编码系统图示

与行为主义相比，认知主义对“学”的理解更全面。认知主义认为：学生很少依赖教师的帮助，他们更多的是利用各种学习资源，依靠自己的认知策略进行学习。根据认知主义，专家提出一系列的教学理念，也可以看成为教学设计的指导原则。

① 以直观的形式向学习者展示学科内容结构，让学习者了解教学内容中涉及的各类知识之间的关系。

② 学习材料的呈现应适合学习者的认知发展水平，按照由简到繁的原则来组织教学内容。

③ 学习力求理解才能有助于知识的持久和可迁移。

④ 学习者自定目标是学习的重要促进因素。

⑤ 学习材料应体现辩证冲突，适当的矛盾有助于引发学习者的高水平思维。

（3）建构主义学习理论。

建构主义是认知心理学派中的一个分支，是认知主义的进一步发展。也是一场完全超出了认知主义范畴的运动，其思想来源驳杂，流派纷呈，现代建构主义的直接先驱是皮亚杰和维果茨基的智力发展理论。

建构主义者认为，世界是客观存在的，但是对于世界的理解和赋予意义却是由每个人自己决定的。皮亚杰认为人类的学习是经验的重组，是认知结构的获得和建构过程。在他看来，知识既不是客观的东西（经验论），也不是主观的东西（活力论），而是个体在与环境交互作用的过程中逐渐建构的结果。

建构主义学习理论认为学习的本质是学生积极投入到有意义的学习过程中，学习不是被动地传递信息，而是一个积极地解决问题和发现的过程。

建构主义强调学习者自己建立对世界的解释。由于学习是在一定的情境即社会文化背景下，借助其他人的帮助即通过人际间的协作活动而实现的意义建构过程，因此建构主义学习理论认为

“情境”、“协作”、“会话”和“意义建构”是学习环境中的四大要素或四大属性。

“情境”：学习环境中的情境必须有利于学生对所学内容的意义建构。这就对教学设计提出了新的要求，也就是说，在建构主义学习环境下，教学设计不仅要考虑教学目标分析，还要考虑有利于学生建构意义的情境的创设问题，并把情境创设看作教学设计的最重要内容之一。

“协作”：协作发生在学习过程的始终。协作对学习资料的搜集与分析、假设的提出与验证、学习成果的评价直至意义的最终建构均有重要作用。

“会话”：会话是协作过程中的不可缺少环节。学习小组成员之间必须通过会话商讨如何完成规定的学习任务的计划；此外，协作学习过程也是会话过程，在此过程中，每个学习者的思维成果（智慧）为整个学习群体所共享，因此会话是达到意义建构的重要手段之一。

“意义建构”：这是整个学习过程的最终目标。所要建构的意义是指：事物的性质、规律以及事物之间的内在联系。在学习过程中帮助学生建构意义就是要帮助学生对当前学习内容所反映的事物的性质、规律以及该事物与其他事物之间的内在联系达到较深刻的理解。

建构主义认为，学生的学习是发生在个人经验的情景之中的，教育的目的不是教授信息，而是创建情景，让学生按照自己的理解来解释信息。教学的目的不是提供事实，而是为学生提供一种组织知识的方法。建构主义认为，当学生投入相关的真实任务中时，学习最有效，也就是在做中学。因此，对学习结果的最终测量是看学生是否能够利用学会的知识解决实际生活中的问题。

教学设计涉及如何在适当的环境中选择、安排和传递教学信息，设计学习者与信息交互的方式。

这三种学习理论对教育实践都有十分重要的意义。行为主义强调对外部行为的控制，而认知主义更看重对思维过程的内在控制。建构主义则看重情景下自我的“知识建构”。

行为主义者认为学生通过“做”来学习，也就是说，学习是一个不断尝试，通过对正确行为的不断强化，让学生保留那些符合教学目标的行为的过程。行为主义者详细描述了教学的行为（绩效）目标，教学活动限于是否有助于实现该行为目标。引入程序化教学技术以后，与目标无关的教学资料被小心地剔除。教学设计和教学媒体高度结构化。这种方法在讲授基本概念和基本技能的时候，非常成功。

与行为主义教学设计相比，认知心理学取向的教学设计结构要松散一些。在教学过程中，允许学生使用自己的认知策略，鼓励学生之间的交流、互动。解决问题、创造性行为和合作活动等学习任务，比较适合采用认知主义的教学方法。

与行为主义不同，认知心理学认为学习的定义不限于可观察的行为。他们认为学习者习得的知识和技能远远超过了直接的行为，学生在积极的记忆和运用他们已知的概念或原则的过程中不断地构建和丰富自己的思维图式。

与行为主义一样，建构主义认为，学习是一个积极活动的过程，但是，建构主义强调的是积极的思维活动。建构主义认为知识是建构在人的经验基础上，应给学习者提供了一种丰富的学习环境，让学习者自己创建意义和解释。利用多种多样的媒体和技术可以创造一个丰富的学习环境。

面对不同的学习理论，教师和教学设计专家需要采取一种折中的态度。我们不需要宣誓效忠某一种学习理论，我们只选择能够起作用的方法。如果我们发现在一个特定的学习环境中，适合采用行为主义的方法，我们就使用行为主义的技术。相反，如果学习环境适合认知主义或者建构主义，我们就应当采用认知主义或建构主义的教学技术。

受到各种心理学观点的启发，教学设计者已经为教学设计了很多功能强大的教学框架。实际上，成功的教学实践往往具有如下一些共同特点（这些特点同时得到多种教学理论的支持）。

- （学习者）积极参与

当学生积极投入教学任务中、思维与教学内容之间积极互动的时候，有效的学习发生。

• 练习

新知识或技能的学习，不是一蹴而就的。练习，尤其是在不同的情景下反复练习，可以提高记忆率，提高学生运用新知识、技能和态度的能力。

• 关注差异

学生在个性、基本能力、背景知识和其他很多因素方面存在差异。有效教学方法通常允许学生具有不同的学习进度，为他们提供不同的教学资料，在教学过程中，按照学生不同的特点组织不同的教学活动。

• （积极的）反馈

学生需要知道他们的想法是否正确。反馈可以有多种方式，如教学批改作业，计算机提供的电子信息、打分系统等。

• 真实的学习环境

我们最可能记住和运用的是那些我们从实践活动中学会的知识。死记硬背的是“没有活力的知识”——我们知道它，但是不会把它应用到实际的生活中。

• 社会交互

由同伴担任辅导者或者小组成员相互辅导，一方面，可以提供教学方面的帮助；另一方面，可以锻炼学生的社会交往能力。

学习理论之间虽然存在着激烈的冲突，但它们之间不是谁取代谁的问题，而是如何相辅相成的问题。对于各种学习理论，教师要站在折中主义立场，哪种理论有指导意义，就采用哪一种理论，合理地进行选择和综合应用。

实践环节

通过以上内容的学习，你应该对学习理论观点有一定的认识，请将你的学习反思填写在表 2-1 中，存入你的个人学习文件夹。

表 2-1　学习理论的主要观点

学习理论	代表性人物	学习的观点
行为主义		
认知主义		
建构主义		

2. 多媒体学习模型

多媒体学习认知理论是由美国当代著名教育心理学家、认知心理学家与实验心理学家理查德・E・迈耶（Richard E・Mayer）在其书《多媒体学习》中提出的。理查德・E・迈耶和他的同事开展了 100 多个实验，总结出多条设计关于多媒体学习的生成性理论。该理论不但有认知科学原理作基础，而且有大量的实证数据作支持，已成为利用多媒体进行学习和教学、设计数字学习材料的重要理论依据。

迈耶认为给学习者呈现教学信息时，设计者主要有两种可以利用的方式——语音和画面。他所定义的“多媒体”是指用语言和画面来共同呈现的材料，既包括一些科技含量比较低的环境中所采用的多媒体，比如说“粉笔+讲解”的呈现方式（教师一边在黑板上板书一边进行讲解），也包括新技术支持下各种媒体形式。这个定义范围很宽泛，涵盖从多媒体百科全书到使用传统课本的教学的各种情况。

迈耶认为“按照人的心理工作方式设计的多媒体信息比没有按照人的心理工作方式设计的多媒体信息更可能产生有意义学习”，基于此认识，迈耶研究了多媒体学习的认知规律，依据双通道假设、容量有限假设、主动加工假设的心理学原理提出了多媒体认知模型，并且提出了多媒体学习的七个原则。

（1）多媒体学习认知理论的 3 个假设。

理查德 · E · 迈耶认为，多媒体信息的设计应该建立在一个符合人类学习方式的理论基础上，尤其是应该建立在一个多媒体学习的认知理论基础上。他基于认知科学建立 3 个假设：双通道假设、容量有限假设和主动加工假设，这些假设见表 2-2。

表 2-2　多媒体学习认知理论的 3 个假设

假　设	描　述
双通道	人们拥有单独加工视觉和听觉信息的通道
有限容量	人们在每一通道中同时加工的信息数量是有限的
主动加工	人们进行主动学习，包括注意新进入的相关信息、将所选择的信息组织到一致的心理表征和将其他知识与心理表征进行整合

① 双通道假设。人类认知系统包含两个独立的表达和处理信息的通道：视觉图像通道和声音语言通道。通过眼睛进入认知系统的图像，以图像的表现形式在视觉图像通道中被处理和加工。口语语言通过耳朵进入人类认知系统，并在声音语言通道中被以词语（Verbal）的形式进行加工。

② 有限容量假设。人类认知系统中信息加工的各个通道保存和处理信息的容量是有限的。当大量的图片（或其他视觉材料）同时进入视觉图像通道时，就可能引起认知加工的超载。当大量口语词汇（或其他声音）同时进入声音听觉通道时，也可能引起信息超载。尽管存在个体差异，平均以及广度仍相当小——大约是 5～7 个组块。

③ 主动加工假设。当学习者积极主动参与信息通道的加工活动时，有意义的学习得以发生。这种参与包括：文字和图像信息的选择，把信息组织成关联的语言和视觉模型，把语言、视觉模型与先前相关知识相整合。当语言和图像信息同时进入工作记忆时，积极学习加工活动最有可能发生。

根据人类信息加工理论，结合 3 个假设，迈耶建立了一个多媒体学习的认知模型，如图 2-5 所示。图上面代表声音语言通道，图下面代表视觉图像通道。口语词汇通过耳朵进入认知加工系统，图片则通过眼睛进入。在文字选择阶段，某些文字引起学习者的注意，并在工作记忆中建构起这些词汇的语音。在图像选择认知加工阶段，学习者通过注意图像的某些特征，在工作记忆中建构一定的形象。在语言组织认知加工阶段，学习者把所选择的文字在工作记忆中组织成一个相关联的思维表述，可称之为语言模型。在图像组织认知加工阶段，学习者把选择的图像组织成一个图像模型。在认知整合阶段，学习者通过思维把语言模型、图像模型和长时记忆中相关的经验

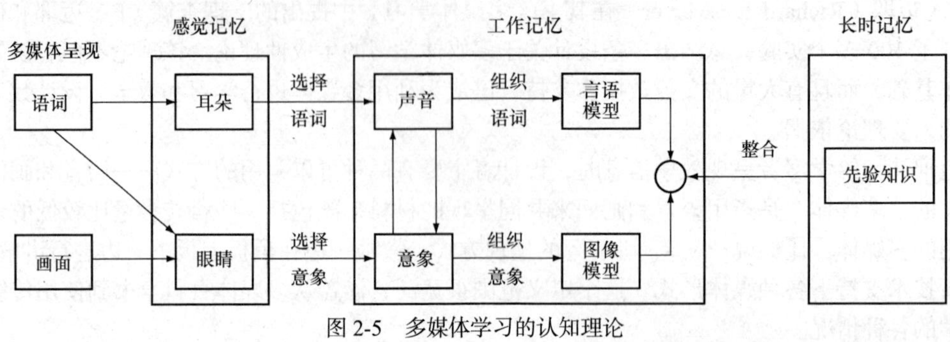

图 2-5　多媒体学习的认知理论

知识联结起来。视觉空间思维主要通过图像选择、图像组织、整和等认知过程参与知识的建构；语言思维主要通过文字选择、文字组织和整合等认知过程参与知识的建构。多媒体学习生成理论认为，只有当学习者在认知加工的各个阶段中积极进行思维参与时，有意义的学习才能得以发生。

（2）有关多媒体学习的七大原则。

① 多媒体原则（Multimedia Principle）。多媒体原则是指：学习者通过包含文字和图片的多媒体材料进行学习，其学习深度比单纯文字材料好。双通道假设认为，人有两个相对独立的信息加工通道：视觉通道和听觉通道。多媒体材料呈现的两种通道信息分别被不同的通道进行加工，因而并不会相互干扰而造成信息超载。相反，当语词和画面共同呈现时，学生有机会形成言词和图像的心理模型并在两者之间建立联系，两种通道呈现信息总体上增加了学习者信息的接受和处理数量，增加了对特定信息的处理深度，从而有利于对学习材料的深度理解。人们总是希望通过引进新技术而促进学生的学习，这种促进可能表现在知识回忆上，也可能表现在知识迁移上，或者表现在学生学习兴趣的激发上。

多媒体原则验证了媒体学习材料在促进学习深度上的有效性，为多媒体学习提供了依据。

② 空间邻近原则（Spatial Contiguity Principle）。空间邻近原则是指：书页或屏幕上的文字与其相对应的画面邻近呈现比隔开呈现能使学生学得更好，空间邻近原则主要适用于由静态图片和书写文字构成的多媒体材料。依据多媒体学习生成理论，当学生对重要的视觉和言语信息进行选择、组织和系统整合时，就发生了有意义学习。由于工作记忆的资源限制， 当视觉和言语信息邻近呈现而不是分离呈现时，学习者就不必使用认知资源在书页或屏幕上搜寻，文字和图片同时进入工作记忆中的概率就会提高，而这有利于在文字心理模型和图像心理模型之间建立心理联系（Mental Connections），从而促进学习。

根据邻近原则，可以将图像和相应的文字的位置尽可能彼此接近，有利于促进学习。例如，在图 2-6 左部的画面，描述空气运动的句子与描述空气运动的动画是分开呈现，文本在屏幕下面，画面与文本是相对分开。而右部的画面，将描述闪电形成的步骤的句子与描绘相同步骤的动画组合成一个整体，形成组合式的呈现。组合式呈现的学习迁移和学习保持效果比分离式呈现要好。

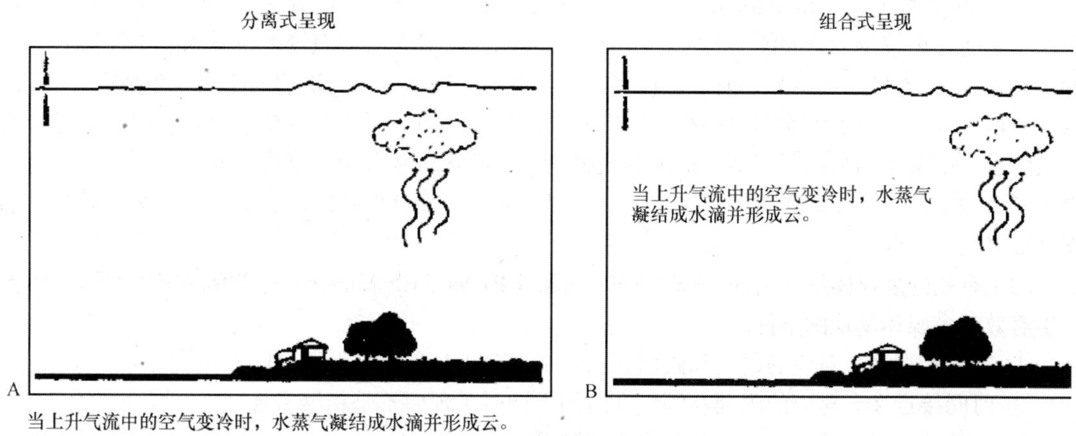

图 2-6　分离式和组合式呈现示例

③ 时间邻近原则（Temporal Contiguity Principle）。时间邻近原则是指：当多媒体材料中动画和对应的解说同时呈现时，学习者更可能在工作记忆中同时保持两种材料的心理表征，因此，更可能在言语表征和视觉表征之间建立心理联系。当听到解说和看到对应的动画的时间间隔较短时，学习者仍可能在语词和画面之间建立心理联系，因此，学习者使用解说和动画同时对应呈现的学习效果好于使用动画和解说分离呈现的学习材料。时间邻近原则主要适用于由动画和解说构成的

多媒体材料。

④ 一致性原则（Coherence Principle）。一致性原则是指在多媒体学习中，不含无关文字、声音、视频等要素的学习材料比包含无关要素的学习材料更能促进学习者的学习。一致性可分成三个相互补充的部分：当在多媒体呈现中加入有趣但无关的语词和画面时，学生的学习会受损害；当在多媒体呈现中加入有趣但无关的声音和音乐时，学生的学习会受到损害；当多媒体呈现中不必要的语词删掉时，学生的学习会得到促进。

一致性原则认为在学习材料中加入有趣但与教学内容不相关的内容可能引起加工通道超载，分散学生对重要材料的注意力，会干扰材料的组织加工，从而破坏以多种方式建构意义的过程。例如，当对一个具有因果关系的系统进行解释时，如果加入视频片段仅仅引起学习者注意其中吸引人的（Sensational）内容，而不是关注因果关系的解释，视频片段就会破坏因果关系的建立，因为视频分离了这种关系。

⑤ 多模态原则（Modality Principle）。多模态原则是指学生通过“动画+语音解说”学习材料进行学习的深度好于使用“动画+屏幕文字”形式的学习材料。多媒体学习生成理论认为，当学习者利用视觉认知资源同时阅读屏幕文字和观察动画时，视觉通道就可能超载。相反，当文字以语音解说形式呈现时，他们会在语音通道中被加工，这样就可以使视觉通道只关注动画信息的处理。

⑥ 冗余性原则（Redundancy Principle）。冗余性原则是指学生利用“动画+语音解说”形式的多媒体材料进行学习的深度大于利用“动画+语音解说+屏幕文字解说”形式的多媒体材料。同时以语音解说和屏幕文字来呈现解释信息看起来似乎可以满足不同学习风格学习者的需要，擅长于通过语音语言进行学习的学生就会注意语音解说，擅长于通过印刷文字进行学习的学习者就会注意屏幕上的解释。也就是说在学习材料中同时呈现语音解说和屏幕文字解说可以更好地满足不同风格学习者的需要。然而，按照多媒体学习生成理论，屏幕文字解说将与动画共同竞争视觉图像信息加工通道资源，也就是说，学生将不得不同时注意屏幕上的文字和动画，从而对两者的加工过程都有损害。因此，多媒体学习生成理论认为，在已有声音解说的情况下，增加屏幕解说反而会妨碍学习者对学习材料的理解。

⑦ 个体差异原则（Individual Differences Principle）。个体差异原则是指多媒体原则和邻近原则对于先前知识较少或空间能力较高的学习者比较明显，对先前知识较多或空间能力较低的学习者不明显。个体差异原则认为先前知识较多的学习者在阅读文本或听讲解时更善于生成心理表象，从而言语和视觉表征更可能同时存在于他们的短时记忆之中，因此某一领域的先前知识，能够弥补教学过程中文字和图像没有结合呈现的缺陷。对于低空间能力者，建构心理表征可能需要投入更多的认知资源，因而即使图像和文字结合呈现，他们也很难再有认知资源用于在文字与图像心理表征之间建立联系。

（3）有效的多媒体呈现条件。查德·E·迈耶（Richard E·Mayer）的研究确定了如下 5 种能产生有效的多媒体呈现的条件。

① 空间接近性。对应的语词和画面在书页或屏幕上接近呈现而不是隔开呈现。

② 时间接近性。对应的语词和画面在时间上同时呈现而不是相继呈现。

③ 一致性。无关的语词、声音和画面减到最少。

④ 多通道性。语词在多媒体呈现中以语言（声音）形式而不是文本的形式呈现。

⑤ 冗余性。语词在多媒体呈现中以语言（声音）形式而不是语言（声音）+文本的形式呈现。

实践环节

通过以上内容的学习，你应该对有效的多媒体呈现有一定的认识，请你结合一个本专业的多媒体学习课件，分析其设计是否符合多媒体学习原则，是否有可以改进的地方，将你的分析结果填写在表 2-3 中，存入你的个人学习文件夹。

表 2-3　　符合多媒体设计原则案例分析表

多媒体课件名称	符合多媒体设计原则	改进建议

3. **具体媒体呈现准则**

如图 2-7 所示，教学设计者认识到，在学习过程中，学习者直接面对的是各种不同的媒体信息，不同媒体呈现信息方式的表现力是各不相同的，因此，要了解不同类型媒体的信息呈现准则，才能进行适当的设计，才能有效地把教学内容传递给学生，促进学生的学习，支持教师的教学。

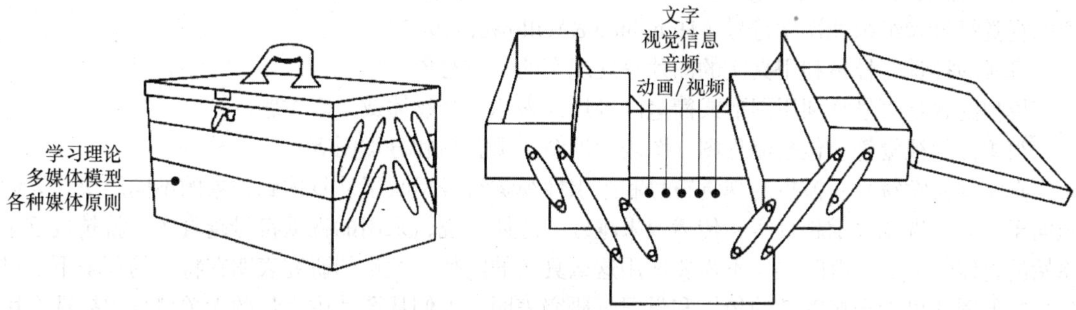

图 2-7　具体媒体的呈现准则

（1）文字类信息的呈现准则。文字信息一直是正规教育的主干。虽然人类历史中使用视觉类信息和口头语言要早于使用书面文字，但是文字的使用作为一种人类记忆的扩充，使教育获得了巨大的进步。多种形式的媒体教学只是在近百年才出现的，而文字的使用和发展已经经历了几千年。文字作为最常见的教学媒体，其呈现方式也是多种多样的，在教学中常以书本、投影片、黑板板书和计算机屏幕等形式显示。

① 文字类的认知框架。按照文字加工的观点，国外的一些研究者对文本类的呈现提出如下相关的建议。

- 使用读者熟悉的字词可以使读者致力于更高级别的信息加工。
- 使用熟悉的文本结构有助于文字材料的理解。
- 围绕熟悉的领域创建文本会减少解码能力不佳、语言技能缺乏的局限。
- 在选择词汇时，选择那些最熟悉且少歧义的文字。
- 文本的组织形式与文字本身一样，对理解其含义同样重要。
- 采用完整清晰的文字，读者只需较少的预备知识。

② 文字类信息的设计要求。

- 清晰易读。学习者只有看清楚文字，这些视觉符号才能发挥作用。但是这样简单的规则却常常被忽视。经常有教师将大量的文字写在演示文稿上，以至于坐在后面的学生埋怨看不清楚。所以不管是黑板或投影银幕，都要使最后一排的学生都能清楚看清每一个字。

以现在教学中常用的 PowerPoint 为例，常用的字号从 16 号到 40 号不等，不同的演示环境对字体的大小有一定的规范，选择字号的基本标准是在保证美观的前提下，使用该字号的文字要尽量清晰地表达展示页面信息。

• 结构明了。结构清晰的文本可以使学习者花更少的时间来理解信息的意义，为了达到这个目的，可以使文字信息的排版布局（字体风格、数量、颜色、字号、间距、排列方式、形状等）遵循一些基本原则，使学习者可以集中注意力去理解所传递的信息。

以行距为例，在 Word 文档中，规定行距为固定值 20 磅是最佳间距，这也是排版中最常用的行距。在 PowerPoint 中一般情况行距为 1.0，段前为 0.3，段后为 0.3。当然，这种规范不是一定的，而是为了更清晰明了的表现内容而设定。

• 增加对学习者的吸引力。在文字类信息的呈现上可以增加吸引注意力的因素，颜色和布局能抓住观众，使他们保持对画面的兴趣，如加上定向引导（特殊的纹理、色彩设计等）加强学习者的新奇感，引导学习者积极主动理解，学习文字所传递的信息。

（2）视觉类信息的呈现准则。视觉类信息通常被看作一种非语言的交流形式。多数的教学媒体（教材、图片、投影胶片、计算机课件）都包含视觉类信息，视觉画面既可以是黑板上的草图，书上的图表和插图，也可以是计算机屏幕中的图片。

① 视觉类信息的类型。作为一种学习资源，视觉类信息可以分成 3 类：真实的视觉符号、模拟的视觉符号和组织性视觉符号（Houghton &Willows，1987）。

真实的视觉符号是利用真实的图片呈现现实的学习对象。

模拟的视觉符号是利用图形或简笔画等形式表达一个物体或一个主题。

组织性的视觉符号包括流程图、图表、地图、示意图和分类图等。

真实的视觉符号、模拟的视觉符号和组织性视觉符号反映了从具体到抽象的不同层次。人们倾向于认为，视觉表示越真实，传播效果越好，总体来说，采用的视觉符号越真实，就越接近于原始的物体。但是，有时候，不需要使用这么真实的图片，大量的研究表明在特定的环境下，过分真实的图片可能干扰教学的传播和学习。研究表明，人们从图片中大量的无关信息中挑选有用信息的能力会随着年龄的增大而逐渐增强。所以，对于小孩子和第一次接触新领域知识的年长的学习者来说，细节过于丰富的图片反而会干扰他们的注意力，降低学习的效率。

杜威在研究中指出："在视觉符号中随意地增加刺激，学习者难以从丰富的背景刺激中找到主要的学习线索。"杜威指出，视觉符号的真实性和学习效果之间的关系不是简单的是与否的关系，它们之间的关系是一个正态分布的曲线关系，如图 2-8 所示，也就是说，在接近现实或者抽象的极端时，视觉表现能力都会降低，太真实或太不真实都可能影响学生的学习。例如在学习植物要学生认知花的基本结构时，让学生观察一朵真实的花或鲜花的照片的效果可能比不上如图 2-9 所示的花的结构示意图的效果好。

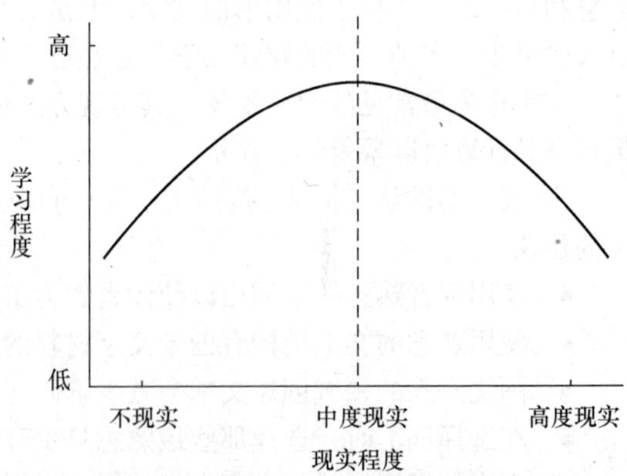

图 2-8 视觉符号的真实程度和学习效果之间的关系图

② 视觉类信息的设计指导原则。

• 图像——背景对比原则。在视觉类信息呈现时通过对比、形状、颜色和尺寸等，使主要信息和背景信息差异尽可能对比强烈，把重要信息分离出来。

• 组织性原则。人类更倾向于处理和记忆整块信息，这些信息按层次组织，流程图、箭头、示意图和分类表是视觉类信息中常用的建立层级的方法。排列方式和形状可以表明关系，对于同等状态的因素使用相同的颜色、大小和类型。尽可能将相似的条目放在一起，不相似的条目保持一定的距离。

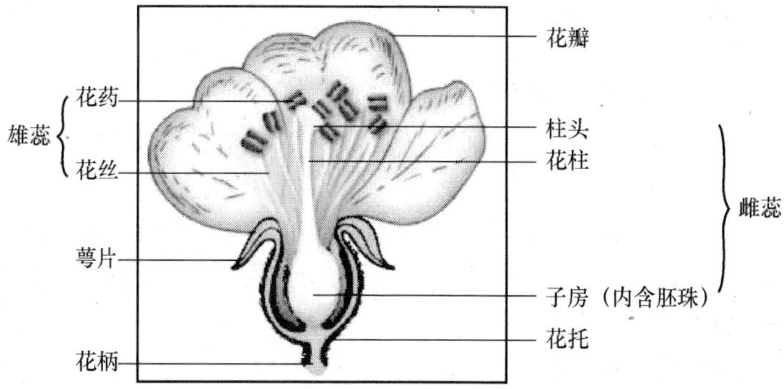

图 2-9　花的结构示意图

- 一致性原则。如果设计一系列的视觉画面，比如一组投影胶片、一个多页的手册或者一系列的计算机屏幕画面，在安排元素时，把同类元素放在相同的位置，使用相同的排版布局，使用相同的配色方案和背景，这样可以提高整个视觉设计的一致性，增加系列视觉画面的可读性，如图 2-10 所示。

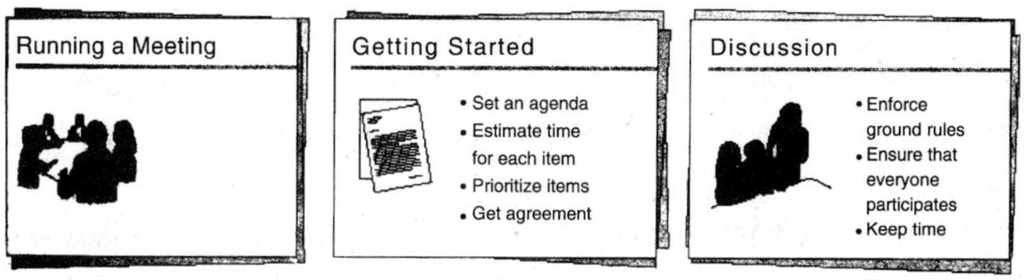

图 2-10　系列视觉画面的一致性示例

（3）音频类信息的呈现准则。

① 影响音频类信息的传递因素。学生上课时哪种学习活动占用比较长的时间？你可能你认为阅读或观看教学材料。但事实上，在学校教学中，学生会花大部分的时间听教师讲课，因此，我们不应低估音频类信息在教学中的重要性。

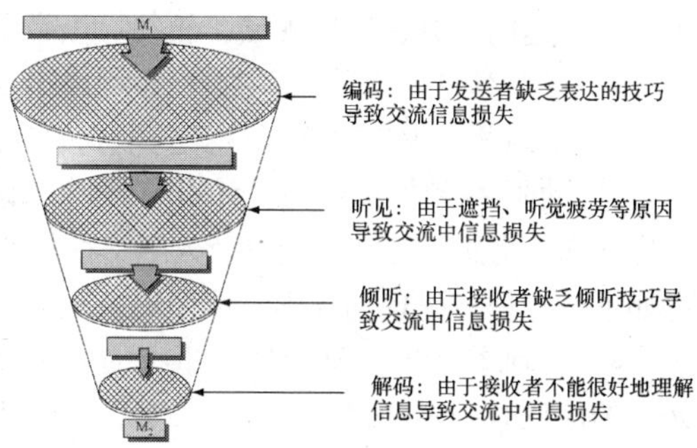

图 2-11　声音在传播过程中衰减的示意图

人类能够听到的所有声音都称之为音频。从信息传播角度分析，声音的传播也是一个交流和学习的过程。交流的有效性还受信息从发送者到接收者这个传播过程的影响。如图 2-11 所示，声音的衰减可能发生在传播过程中的任何一个环节：编码、听见、倾听和解码。其中 M1=发送者原本想要表达的意思；M2=接收者接收到和理解的意思。在声音的传播过程中，每一步的阻碍就像过滤器一样，将接收到的意义减少到原本想要表达的意义的一小部分。

声音信息编码的质量受到发送者表达能力的影响，发送者表达是否清晰、是否符合逻辑对信息编码的质量具有决定性的影响。信息的恰当编码依赖于发送者的组织和表达信息的技能。

声音受到接收者倾听能力的影响，接收者必须能够把注意力持续集中在一系列特定的声音上。在接收信息的过程中，学习者还必须具有“提前思考”的能力，即思考速度比听的速度快，利用这个时间差来组织和内化接收到的信息，以便全面地理解其中的内容，所以，如果接收者缺乏经验背景、先前知识会影响内化和理解信息，导致交流失败。

② 音频类信息的设计指导原则。为加强声音对学习的支持潜力，音频类信息的呈现应注意如下几点。

- 强调声音信息与先前知识的联系。
- 避免持续单调的声音引发的听觉疲劳。声音太高或太低都会影响音频的理解，而单调的声音则容易引发疲劳，对人失去吸引力。
- 增加交流帮助学习者加工信息。为了增加音频信息的学习效果，可以通过预先设定一些目标或问题引导学生倾听，要求学生倾听过程中记录要点或要求学生做一个口头报告概述要点，帮助学生对声音信息的理解。

（4）动画/视频类信息的呈现准则。

动画/视频是一连串连续变化的影像画面。动画/视频具有相似的特征，都是具有时间维度、运动或变化地以动态的方式呈现信息内容。当然，视频能更加真实地再现世界，动画能更好地模拟事物。

① 动画/视频类信息的特性。动画/视频的基本特性是可以对时间和空间进行特殊的处理，理解动画/视频的表达规则，有助于在教学中发挥重要的作用。

- 视频可以压缩和延长时间。视频可以压缩观察事物的时间。我们可以在屏幕上看到花朵静静绽放，可以观察到蝶蛹变成蝴蝶的过程。

利用慢镜头技术可以扩展观察事物的时间。许多事物稍纵即逝，很难被肉眼观察到，高速摄影拍下这些事物，再以正常速度传播，就能好好观察，弄清楚发生什么事，如例，运用高速摄影拍下昆虫的捕食过程，可以帮助我们观察到全过程。

- 视频可以放大或缩小空间。视频支持从微观和宏观角度观察现象，支持从极小或极大的距离来观察事物。学生可以从航天飞机观看地球（宏观视角），也可以从显微镜下观察细胞分裂（微观视角）。

视频直播使得教师和学生可以通过屏幕观察相距千里的事件。可以将学生带到那些现实生活中难以到达的地方，凭借视频，教师可以带学生探索亚马逊雨林或观察非洲野生动物。

- 视频可以再现历史事件。视频可以再现历史真实事件，使一个个历史人物或事件鲜活起来。
- 动画适合虚拟时空。计算机生成的动画可以以更简单的方式展现一些复杂、快速的过程。

② 动画/视频类信息的设计指导原则。动画/视频涉及的题材广泛、包罗万象，可以满足各类学生认知、情感、运动技能以及人际交往技能等各领域的学习需求。在使用动画/视频时，需要注意如下一些信息呈现的规则，以便更好地提高学习效率。

- 动画/视频非常适合展示事物的工作过程，不适合展示静止的现象。尽管在描述带有运动元素的信息时，视频带有明显的优势，但是当需要仔细研究静止的画面（比如地图、布线图、组织结构图等）时，视频显得不是很适合。
- 动画/视频比较适合技能学习，不适合抽象教学。通过动画/视频，学生可以反复观察运动技能或操作流程以进行模仿，不断改进。但是动画/视频很难表达抽象，不直观的信息，所以哲学或数学的逻辑等不太适合使用动画/视频。
- 动画/视频比较有利于情感学习，建立共识。视频节目有强烈的情感感召力，对人的情感有很强的潜在影响，所以在塑造人的态度和社会的态度过程中，能够发挥很大的作用。一同收到视频节目，有助于异质人群建立共同经验基础，方便进一步讨论问题。

小结：

虽然没有一个学习理论或者多媒体学习模型足以详细解释人的学习，但是上面介绍的理论和模型对设计教学有一定的帮助。通过一个三层工具箱比喻来指导教学设计中信息的呈现设计，理解第一层的学习理论，能帮助设计更清晰地理解第二层的多媒体认知模型，理解第二层的多媒体认知模型能更好地理解多媒体呈现准则，而媒体呈现是教学设计中最直接与学习者产生关系的因素。这三个层次之间的关系很有意思，将学习认知特征和多媒体交互过程有机联系起来，这些因素的整合，将有利设计出更加有效的学习。这样教学设计人员和教师可以结合不同的情景更清晰地做出相关教育决策，以促进有意义学习的发生。

项目 2　观摩教学设计模式

本项目我们将结合案例，学习教学设计的一般过程和具体设计方法。

想要保证教学的有效性，就离不开周密的计划。要保证学习的发生，就需要教师对教学过程的每一个步骤做出正确的决策。为了说明教学设计该做什么、如何做，在长期的实践探索过程中，教学设计出现过许多理论思考和操作模式，对各个实践环节也进行深入的研究和细致的分析，从目前研究的现状来看，教学设计过程应包括下列基本要素：学习者特征分析、教学目标分析、教学策略的选择与设计、学习资源设计、教学设计结果的评价。

模式是再现现实的一种理论性的简化形式，模式是一种参照性指导方略。在一个良好模式的指导下，有助于高效完成任务，有助于按照既定思路快速做出一个优良的设计方案，达到事半功倍的效果。教学设计模式是在教学设计的实践中逐步形成的。下面我们介绍在课堂教学环境下，教师从分析学生的特点、确定教学目标开始，完成系统化的教学设计的一般过程和主要步骤的设计方法。

教学设计模式

分析学生者特征

教学设计的第一步是弄清楚教学对象是谁。比如教学对象可能是在校学生、在职培训的人，也可能是参加假日兴趣班的成员。只有了解了教学对象，才能更好选择教学策略，选择最适合的媒体来实现教学目标。通常，我们从 3 个方面来分析学习者：（1）一般特征；（2）入门能力（知识、技能和态度等）；（3）学习风格。

编写教学目标

第二步是尽可能明确地陈述教学目标。教学目标可能来自课程大纲、教材参考书、课程标准，也可能是教师自己设计的。教学目标要描述清楚，作为教学的结果，学生能做什么。要明确指明，在什么样的条件下或何种程度上，学习者取得的特定的学习成果。

选择与设计教学策略

一旦确定学习者和教学目标，就明确了教学的起点（学习者当前的知识、技能和态度）和终点（教学目标）。教学设计的任务就是在起点和终点之间搭桥，也就是选择和设计合适的教学策略。选择设计师生之间的各种活动和使用的教学方法、技术和媒体等。

设计和使用学习资源

选好教学策略，还要设计如何使用相关的学习资源，以实施教学计划。学习资源的获得常用的途径：（1）选择现有的学习资源；（2）修改现有的学习资源；（3）设计新的学习资源。此外，还要准备好相关的设备、设施和环境。

评价与修正

正式教学完成以后,教师需要对教学的有效性以及学生的学习成绩做出评价。为了了解教学的总体情况，要对整个教学过程进行评价。学生是否达到了教学目标？所选择的教学方法、媒体和技术是否有助于学生达到教学目标？学习资源是否适合所有的学生？

设计方案和实施结果之间如果存在差距,就需要在下一轮教学中加以修正。

一、分析学习者特征

情景导入

阅读下面案例，你将了解到分析学习者特征对教学的重要性。案例中，涉及的知识点包括学习者特征分析的内容及方法。

今天是李老师接手初二（1）、（2）班的英语教学的第一天，李老师打算采用故事教学的教学方法，她把简单的句子和情景改编成一个短小的有情节的故事。今天早上，李老师满怀信心地开始尝试自己新的教学方法了。

（1）班的课是早上第一节。全班同学在李老师的引导下认真地听故事，积极地回答问题，课堂活跃而有序。一节课下来，李老师对同学们的表现及自己的尝试感到很满意。接下来是（2）班的课。出乎意料的是，同样的教学流程，学生们的反应和（1）班明显不同。故事讲完了，只有不到三分之一的学生有表情，其他的学生好像根本没有在听，到李老师提问题的时候，他们也犹如丈二和尚摸不着头脑。于是，李老师只得把故事又讲了一遍，还放慢了语速，这次，还是没有多大起色。下课铃响了，学生们依然没有掌握这节课的重点。带着遗憾和不解，李老师走出了教室。

回到办公室，李老师找出了两个班之前的成绩册及测验试卷，发现，两个班在入学时成绩接近，但经过了初一一年的学习之后出现明显差距,（2）班同学两极分化严重，基础也不如（1）班。为了弄清楚原因，第二天上课之前，李老师给两个班的学生各发了一份学习风格测试表（见表 2-4），并给学生五分钟的时间，完成测试。课后李老师回到办公室，很快统计出了结果（见表 2-5），她发现（1）班学生大部分都是听觉或者听动觉综合型的，只有不到三分之一的人是视觉型或者视听综合型的。而（2）班的学生中只有各约 10%是听觉型的或听动综合型的，大部分是视觉型或者是视动综合型的。不同类型的学生，需要采取不同的教学方法，或者在课堂上采用多种教学方法以适应不同类型的学生。比如在进行词汇教学时，对于听觉型和听-动觉型的学习者，教师要鼓励他们多听单词的录音、课本的录音、多听广播等。而对于视觉型、视动型的学生，教师要鼓励学生在学习单词时眼、手、脑、口等并用，可以边读边写、边看边想等。

在李老师的进一步调查中还发现以前的英语老师主要是带着学生读课文，让学生背课文，因此导致（1）班的学生英语程度比（2）班强，所以在对故事的理解和猜测上他们占了优势。

综合考虑了这么多因素，李老师觉得差不多已经发现了问题的症结所在，她决定要针对（2）班的情况设计适合他们的教学。

表 2-4　　学习风格测试表

项　目	经常	有时	很少
1 与阅读相比，我通过倾听能够记住更多的内容			
2 与口头指导相比，书面指导更有效			

续表

项　　目	经常	有时	很少
3 我喜欢写下内容或记笔记，以便日后复习			
4 通过使用钢笔或铅笔进行书写，能够帮助我加深对知识的记忆			
5 我需要对图表、图示、曲线图或其他视觉材料的口头解释			
6 我喜欢使用适当的工具			
7 我擅长并且喜欢开发或制作图表、曲线图和图示			
8 当两种声音混合在一起时，我可以辨别它们是否和谐			
9 把内容多写几遍可以让我记得更牢			
10 我可以轻松地理解和使用地图上的指示			
11 通过听课或听磁带我可以更好地掌握学科内容			
12 我经常玩弄口袋里的硬币、钥匙，或手上的东西			
13 在记单词时，反复大声朗读字母比在纸上反复书写效果更好			
14 与听收音机相比，读报纸能让我更好地理解新闻内容			
15 我喜欢在学习时嚼口香糖或吃零食			
16 我感觉最好的记忆方法是在脑海中想象一张图			
17 我通过描红学习写字			
18 与阅读书本材料相比，我更愿意听讲座或演讲			
19 我擅长解决难题，应对混乱局面			
20 我喜欢在学习过程中不断追求新的目标			
21 与读报纸相比，听收音机能让我更好地理解新闻内容			
22 我通过阅读相关材料获得感兴趣主题的相关信息			
23 在与他人接触、拥抱、握手时，我感觉很自然			
24 与书面说明相比，我更喜欢口头说明			

说明：请根据你的习惯，在每个项目后面选择适合你的选项。

表 2-5　　学习风格统分表

经常 = 5 分；有时 = 3 分；很少 = 1 分					
视觉		听觉		动觉	
编号	分值	编号	分值	编号	分值
2		1		4	
3		5		6	
7		8		9	
10		11		12	
14		13		15	
16		18		17	
20		21		19	
22		24		23	
视觉分值 =		听觉分值 =		动觉分值 =	

说明：根据下列相应的项目号，匹配您对以上问题的反馈。在项目号旁边填写分值。最后，在各栏填写分值，以获得各标题的偏好分数。例如，如果您对问题 1 的答案是“有时”，那么在中间一栏编号 1 后填上 3。

实践环节

本环节，请大家根据自己的学习习惯，填写表 2-4 和表 2-5，了解自己的学习风格，并将登记好的表 2-5 保存在自己的文件夹中。

作为学习活动的主体，学习者对教学内容的接受、理解、掌握以及对教学活动的参与都是与自身原有的特征密切相关的。因此，教学活动的设计、媒体的选择等是否与学习者的特征相匹配，是决定教学能否成功的关键。对学习者分析的目的是更好地了解学习者的学习准备与学习风格，为学习目标的确定、学习内容的选择和教学活动的设计等提供依据，从而使教学真正促进学习者的智力和能力的发展。

1. 学习者分析的主要内容

为了能设计出对学习者最合适的教学，应尽可能了解学习者各方面的特征，但在实践中不可能收集学习者的所有特征，也并不是所有收集到的信息都是有用的或者说具有设计意义，因此在进行学习者特征分析时，重在了解那些对当前教学设计产生直接、重要影响的因素，主要包括学习者初始能力、一般特征 、学习风格等。

（1）学习者初始能力分析。

了解学习者在从事特定学科内容的学习前已经具备的知识技能基础，以及对有关学习内容的认识与态度，确定教学起点。一般来说，初始能力分析包括下述 3 个方面。

① 对预备技能的分析，即了解学习者是否具备了进行新的学习所必须掌握的知识与技能，这是从事新学习的基础。

② 对目标技能的分析，即了解学习者是否已经掌握或部分掌握了教学目标中要求学会的知识与技能，这有助于在确定学习内容方面做得详略得当。

③ 学习者对所学内容的态度的分析，如是否存在偏爱或误解等。

（2）学生者的一般特征。

学生者的一般特征，是指他们具有与具体学科内容无关，但影响其学习的生理、心理和社会等方面的特点，包括年龄、性别、认知成熟度、学习动机、生活经验等内容。在教学设计过程中，分析学生的一般特征，以此作为制定教学策略、选择教学方法和媒体等工作的依据。

（3）学习者的学习风格。

学习风格由学习者特有的认知、情感和生理行为构成，它是反映学习者如何感知信息、如何与学习环境相互作用并对之做出反应的相对稳定的学习方式（Keefe，1979）。

学习风格涉及的方面很多，常表现为学习者喜欢的或经常使用的学习策略、学习方式或学习倾向。学习风格具有稳定性，很少因学习内容、学习情境等因素变化而变化。同时，学习风格具有个体差异性和独特性。

2. 分析学习者的方法

对于学习内容方面的能力，我们通常采用预测、作业分析法等方法来进行了解。通过平时的观察、调查问卷的方法我们可以获得学习者学习态度有关信息，了解学习者的一般特征。而对于学习风格的测定，通常则需要采用专门的“风格测定量表”来完成，如所罗门（B.A.Soloman）学习风格测量表（附录 6），可以从信息加工、感知、输入和理解 4 个方面对学习风格进行测试。

教学案例

中学数学

分析学习者特征

1. 一般特性

教学对象是 7 年级的学生，教学内容是普通数学，按照学生的平均水平进行教学设计。学生年龄在 12 ~ 14 岁。大多数学生的数学成绩良好，少数学生存在学习障碍。总体来说，学生举止良好，但是当采用书本、纸和笔作为主要的教学工具时，他们的学习会产生较多的问题。

2. 入门能力

7 年级的学生具备以下知识和技能。

- 在设计研究计划时，会使用学校的图书媒体中心选择、查找和利用合适的参考材料。
- 在使用图书和其他媒体时，能够查找和识别条形图、折线图和饼图。
- 能够正确识读和解释条形图、折线图和饼图的统计/数字信息。
- 给定一组数据，能够使用彩色铅笔/水笔、圆规、直尺和画图纸等工具，画出统计图（条形图、折线图和饼图）。
- 能够独立地（不依赖参考书和他人的帮助）理解和解释百分比、平均数、中值和类型的含义。
- 能够使用标准计算机键盘，利用计算机上的输入软件，打字速度达到每分钟 35 词。

3. 学习风格

学生们不喜欢数学课本上的作业，觉得乏味单调。这些作业通常是一些数学演算问题。单一使用印刷教材，让学生觉得数学很无聊。他们喜欢动手操作，带有一定操作的教学活动能够取得比较好的学习效果。使用计算机和网络教学能够激发学生的学习兴趣。此外，学生喜欢小组共同学习的方式，学生也不喜欢书面的考试方式。所以，在这一个教学单元中，教师拟采用其他的评价方式，如分组完成一个应用项目并写报告等。

案例来自（美）斯马尔蒂诺 等著《教学技术与媒体》

二、编写教学目标

教学是促进学习者朝着目标所规定的方向产生变化的过程，因此在教学设计中，教学目标是否明确、具体、规范，直接影响到教学是否能沿着预定的、正确的方向前进。

教学目标（从学生的角度而言也称为学习目标），是对学习者通过学习后应该表现出来的可见行为的具体、明确的表述，它是预先确定的、通过教学可以达到并且能够通过技术手段便于测试的教学结果。

1. 编写教学目标的要求

（1）教学目标表述的应该是学习者的学习结果，而不是说明教师将做什么。

（2）教学目标的表述应力求明确、具体、可以观察和测试，避免用含糊和不切实际的语言表达。

（3）编写的教学目标应体现学习结果的类型及其层次性。

2. 教学目标的编写方法

为了保证教学目标的可操作性，通常采用 ABCD 方法编写教学目标。所谓 ABCD 方法是指一个规范的学习目标包括了 A、B、C、D 四个要素。

A——对象 A（Audience），即指需要完成行为的学生、学习者或教学对象。

B——行为 B（Behavior），学生通过学习所能够完成的特定且可观察的行为。

C——条件 C（Condition），学生表现规定行为时所处的环境等因素。

D——标准 D（Degree），用来评鉴学生行为的标准。

例如：

小学一年级学生，能解一位数加法的题目，用心算，在一分钟内10道题中能答对8道。
A　B　C　D

初一学生，在15分钟内，能听写英语课文中的10个单词，正确率在90%以上。
A　C　B　D

虽然，教学目标的包括ABCD四个要素，但关键的要素是行为表述，强调用严格的、清晰的行为动词来描述所要达到的教学目标，力求体现不同类型、不同层次的教学目标。根据布卢姆（B.S.Bloom）的目标分类理论，教学目标可分为认知、情感和动作技能三大领域。每一领域又可根据目标要求高低不同划分为若干层次。表2-6～表2-8分别列出了认知领域、情感领域和动作技能领域教学目标的层次划分及各层次可供选用的行为动词。

表2-6　认知领域教学目标可供选用的行为动词

目标层次	目标特征	可参考选用的动词
知识	对信息的回忆	为……下定义、列举、说出……的名称、复述、排列、背诵、辨认、回忆、选择、描述、标明、指明
理解	用自己的语言解说信息	分类、叙述、解说、鉴别、选择、转换、区别、估计、引申、归纳、举例说明、猜测、摘要、改写
应用	将知识应用到新的情景	应用、计算、示范、改变、阐述、解说、说明、修改、订计划、制订……方案、解答
分析	将知识分解，找出各部分之间的联系	分析、分类、比较、对照、图示、区别、检查、指出、评析
综合	将知识各部分重新组合，形成一个新的整体	编写、写作、创造、设计、提出、组织、计划、综合、归纳、总结
评价	根据一定标准行为判断	鉴别、比较、判断、总结、证明、说出……价值

表2-7　情感领域教学目标可供选用的行为动词

目标层次	目标特征	可供选用的行为动词
接受（或注意）	愿意注意某事件或活动	听讲、知道、看出、注意、接受、赞同、容忍
反应	乐意以某种方式加入某事，以示做出反应	陈述、回答、完成、选择、列举、遵守、记录、听从、称赞、欢呼、表现、帮助
价值判断	对现象或行为作价值判断，以表示接受、追求某事，表现出一定的坚定性	接受、承认、参加、完成、决定、影响、支持、辩论、论证、判别、区别、解释、评价、继续
组织化	把许多不同的价值标准组成一个体系，并确定它们之间的相互关系，建立重要的和一般的价值	讨论、组织、判断、使联系、确定、建立、选择、比较、下定义、系统阐述、权衡、制订计划、决定
个性化	具有长期控制自己的行为以及发展个性化的价值体系	修正、改变、接受、判断、拒绝、相信、继续、解决、贯彻、要求、抵制、认为……一致、正规

表2-8　动作技能领域教学目标可供选用的行为动词

目标层次	目标特征	可供选用的行为动词
知觉能力	根据环境刺激做出调节	旋转、屈身、保持平衡、接住、踢、移动
体力	基本素质的提高	提高耐力、迅速反应、举重
技能动作	进行复杂的动作	演奏、使用、装配、操作、调节
有意交流	传递情感的动作	用动作表达感情、改变脸部表情、舞蹈

教学目标不是要限制学生应该学习什么，而是表示学生应达到的最低学习目标。教学目标的阐明为每一门课程、每一个教学单元或每一节课中教师、学生和教材之间的相互活动规定了明确的方向，在教学中具有关键性的作用。教学目标编写应考虑不同学科的特点，需要结合不同学科特点灵活运用。

教学案例

一、教材内容

要下雨了

小白兔弯着腰在山坡上割草。天气很闷，小白兔直起身子，伸了伸腰。

小燕子从他头上飞过。小白兔大声喊：“燕子，燕子，你为什么飞得这么低呀？”

燕子边飞边说：“要下雨了。空气很潮湿，虫子的翅膀沾了小水珠，飞不高，我正忙着捉虫子呢！”

是要下雨了吗？小白兔往前边池子里一看，小鱼都游到水面上来了。

小白兔跑过去，问：“小鱼，小鱼，今天怎么有空出来呀？”

小鱼说：“要下雨了。水里闷得很，我们到水面上来透透气。小白兔，你快回家吧，小心淋着雨。”

小白兔连忙挎起篮子往家跑。他看见路边有一大群蚂蚁，就把要下雨的消息告诉了蚂蚁。一只大蚂蚁说：“是要下雨了，我们正忙着搬东西呢！”

小白兔加快步子往家跑。他一边跑一边喊：“妈妈，妈妈，要下雨了！”

轰隆隆，天空响起了一阵雷声。哗，哗，哗，大雨真的下起来了。

说明：《要下雨了》是义务教育课程标准实验教科书小学语文一年级下册中的第 16 课。本课是一篇科学童话故事，用浅显的文字，生动、形象的语言形式描写了下雨前的一些自然现象。这篇课文的重点是让学生了解小白兔是怎么知道下雨了。

二、教学目标阐述

（1）认识 12 个生字，会写“吗”“吧”等 6 个生字，书写端正整洁，笔顺正确，间架结构规范。

（2）理解课文内容，能有感情地朗读课文。

（3）结合个人感受，自主创新写出小故事。

（4）初步了解燕子低飞、鱼浮出水面、蚂蚁搬家与下雨的关系，初步养成留心观察的好习惯。

（5）能够指出不认识的生字，进一步掌握和体验识字的方法。

（6）能够仔细倾听其他同学的发言，有将生字识记方法或对课文的理解感悟用语言表达出来与其他同学交流的愿望，体验合作学习的过程和方法。

案例分析

通过对教学目标相关知识的学习，你对如何明确陈述应有所理解，以《要下雨了》为例，给出了该课的教学目标，您认为有哪些可借鉴以及有待完善的地方？将您的分析结果保存在你的文件夹中。

教学案例

中学数学

陈述学习目标

这一节课的学习目标如下。

（1）给定一组条形图、折线图或者饼图，7 年级学生能够百分之百准确地说出图中表示的统计/数字信息。

（2）给定一组数据，7 年级学生要能够准确无误地用计算机软件画出它的图形（条形图、折线形或饼图）。

（3）由 3 ~ 4 名学生组成学习小组，小组的同学共同讨论确定小组研究的题目，其中包括数据收集的技术（调研、观察和访谈等），并把收集到的统计/数字信息用图形（条形图、折线形或饼图）表示出来。

（4）学习小组能写出他们的小组研究报告，包括他们使用的数据采集技术和最后的统计图形。从调查、观察记录或访谈提纲的质量、收集处理的步骤、数据采集技术的合理性等几个方面评价研究报告。

（5）学习小组向全班报告研究结果。按照内容的准确性、统计图形的使用、报告的主题思想是否明确等内容为小组评分。

案例来自（美）斯马尔蒂诺 等著《教学技术与媒体》

三、选择与设计教学策略

教学策略是指在不同的教学条件下，为达到不同的教学结果所采用的手段和谋略。这一环节是为了完成特定的教学目标而对教学顺序、教学活动程序、教学方法、教学组织形式、教学媒体等因素进行总体考虑，主要解决教师“如何教”和学生“如何学”的问题。教学策略的选择与设计是一项系统考虑教学诸要素，总体上择优的创造性工作，它是教学设计中的最核心环节，直接反映了设计者的教学思想与观念。

教学策略具有指示性和灵活性，不同的教学目标需要使用不同的教学策略。对于教学来说，没有任何单一的策略能够适用于所有的情况，需要依据具体的教学实际制定教学策略。

（1）从教学目标出发。

教学策略是对完成特定教学目标的总体考虑，因此有什么样的目标，就应当选择有利于实现该教学目标的策略。

（2）根据学习理论和教学理论。

教学策略是实现教学目标的手段，是促使教学成功、促进学生学习发生的方式方法。作为手段和方法，应当遵循教学和学习规律，以学习理论和教学理论为依据。

（3）要符合学习内容的客观要求。

教学内容要通过教学策略来实现，因此，应针对不同的教学内容选择不同的教学方法。

（4）要适合教学对象的特点。

处在不同身心发展阶段的学生，其学习特征各异，例如，思维水平、知识水平、理解能力存在差异。另外，学生的风格也会有所不同。因此，要充分考虑学生特征设计教学策略。

（5）考虑教师本身的素养条件。

教师在制定和设计教学策略和模式时，应考虑自身的素养条件。对自身的教学特点、知识结构、个性特征等方面的情况应有较深刻的把握，并根据自身的具体情况，选择适合自己的教学策略和模式。

（6）要考虑教学条件的可能性。

教学策略和模式的实施要受到教学条件（如教学设备、设施、教学资源、教学管理等）的制约。因此，在制定教学策略时要根据现有条件来选择。

教学策略设计的成果往往体现在教学过程结构中，教学过程结构可以使用文字、表格的形式进行表述，也可以使用教学流程图的形式加以说明。

教学过程流程图是用简明的几何图形表示师生的活动及媒体的使用情况，用线段、箭头连接表示进程关系，不仅形象直观，而且一目了然。为此，我们规定几种符号的意义，如表 2-9 所示。

表 2-9 教学过程流程图符号意义

符号	意义
	教学内容和教师的活动
	学生的活动
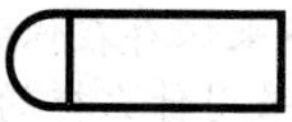	媒体的应用
	教师进行逻辑判断

教学案例

《田忌赛马》

五年级六班的江老师要上一节小组合作学习课，授课内容为《田忌赛马》，这是一篇精读课文，主要讲述了战国时期齐国大将田忌与齐威王赛马，最后在孙膑的帮助下转败为胜的故事。江老师将课文的重难点定在了第二次赛马为何能转败为胜上，期望通过小组讨论，使学生养成认真观察分析的态度和科学的思维方法，体会孙膑的足智多谋。

课堂上，江老师的整体思路比较清楚，学生的参与也比较积极，小组合作学习的应用在本节课中有这样一个片段：江老师向学生提出问题“孙膑献的什么策？”后，学生组成小组开始讨论。前排学生扭向后面，与后排学生组成了四人的合作小组。因为有以前小组合作的基础，所以进行得比较顺利，四五分钟后，江老师询问学生：“谁能上来在黑板上摆摆这几匹马，看看孙膑献的计谋究竟是怎样的？”江老师没有强调以小组为单位来汇报，于是学生争抢着举手回答，场面十分热闹。最后他叫一名女生上台来摆，并要求其他学生仔细看她摆得是否正确，那个女生很快就摆好了，而且摆得很正确。江老师接着让大家讨论一下：“为什么马是一样的，只是调换了一下出场顺序，却有了不同的结果呢？”学生和前次一样进行讨论，江老师巡视。接着学生以小组为单位进行汇报，有同组学生起来补充的现象，最后江老师对学生的汇报进行了总结和评价。

这次授课结束后，年级组语文教师进行了教研讨论。大家觉得江老师的课还是值得称道的，也尽量体现了小组合作学习，但在具体实施中，还存在一些问题。老师们认为，学习是满足个体内部需要的过程。从合作学习的意义上说，合作学习必须建立在“我要合作”的基础上，也就是说，应该在学生的确需要合作的时候进行合作学习。一句话：合作必须有其合作的价值，应该有一定的难度，时机也要准确。江老师选择的合作问题似乎没有太多合作价值。如果合作问题学生不用讨论就可以答出，那么合作学习就成为一种形式了。

另外，江老师将合作学习定位在讨论合作上，《田忌赛马》这篇课文讲述了谋略与运用谋略的人的伟大，学生对于这类文章很感兴趣，课前老师也让学生准备了小纸马，那么老师是否可以把小纸马的作用定位在重演孙膑的派马方式上呢？如：教师可以根据需要，让学生在小组内分别扮演齐威王和孙膑，来一个对抗赛，让学生在摆一摆、议一议的合作中真正领略孙膑的足智多谋和敢于打破常规的思想方法。

经过第一次的授课和研讨后，江老师对第一次授课做了认真的总结和反思，并准备了第二次课。这次，江老师在问题的设计上做了一些改进。其中有这样两幕：江老师问学生：“第一次比赛后，田忌、孙膑、齐威王分别是怎样的？你能在文中划出相关的词句吗？”学生经过独立思考后，找出了相关词句，纷纷要求举手发言。江老师见状，对学生说：“看样子大家都找出来了，那么你们能在小组内分角色把这些句子读一读吗？并且说一说，你为什么这样读？”学生在小组内饶有兴致地朗读起来，并纷纷表述自己把握角色的理由。后来江老师指定两个小组学生朗读。学生都十分踊跃，有的学生不仅读出了语气，还刻意模仿了声音、配上了表情和动作。后来江老师提出："田忌真了不得，仅仅只是更换马的出场顺序，居然就让第二次比赛反败为胜！那么马的出场顺序只有前后这两种方式吗？咱们小组内议议摆摆，比一比，哪组摆的最多？记录员要及时把本组摆放的方式记录下来。"学生便开始热烈的讨论分析，并动手试摆，记录员及时记录了摆马方式。

案例分析

阅读案例《田忌赛马》，请你思考下面问题，并将你的思考结果记录下来保存在你的文件夹中。

（1）你认为江老师第一次授课采用的分组策略有什么优点和缺点？采用什么样的分组策略能够发挥小组合作学习的最大优势？

（2）你认为第一次授课时，江老师设计的课堂讨论问题好不好？为什么？

（3）第二次授课在问题设计上比第一次授课好吗？好在哪里？

（4）什么样的问题比较适合于小组讨论呢 ？在设计小组讨论问题时要注意哪些问题？

四、设计学习资源

为了实现教学策略，必须选择、设计开发相应的教学媒体与学习环境。依据表现形态的不同，学习资源可以分为硬件资源和软件资源两大类。硬件资源是指学习进行过程中所需要的机器、设施、场所等物化设备，在此我们主要介绍教学媒体的选择与设计。

1. 教学媒体的选择与设计

选择媒体一般要考虑各种教学媒体的功能特征和教学的实际需要，将两个方面结合起来加以分析，进行取舍。

（1）选择教学媒体的依据。

① 依据教学目标。为了达到不同的教学目标，常需使用不同的媒体去传递教学信息。例如在外语教学中，让学生知道各种语法规则与使学生能就某个题材进行会话是两种不同的教学目标。前者往往采用教师讲解，辅以板书或投影材料，使学生在井井有条的内容安排中形成清晰的语法规则；后者往往采用角色扮演，并辅以视听资料，使学生在情景交融的环境中掌握正确的语言技能。

② 依据教学内容。各门学科的性质不同，与之相适应的教学媒体会有所区别；同一学科内各章节内容不同，对教学媒体也有不同要求。如在语文学科中讲读那些带有文艺性的记叙文，最好配合直观形象，应通过能提供某些情境的媒体，使学生有亲临其境的感受，以唤起他们对课文中的人物、景象和情节的想象，使之加深理解和体会。

③ 依据教学对象特征。不同的教学对象其兴趣爱好、学习能力、学习态度都不一样，甚至他们所处的环境、群体的规模等因素，都影响着媒体的选择与运用。例如，小学生的认知特点是偏重于直观形象思维，注意力不容易持久保持，为此，对他们可以较多地使用计算机课件、录像。课件要生动形象、重点突出、色彩鲜艳，能活动的地方力求活动；使用录像也宜选用短片，动画镜头可以多一些。

④ 依据教学条件。教学中能否选用某种媒体，还要看具体条件，包括资源、环境状况、经济能力、教师技能、时间、使用环境和管理水平等因素。比如录像教学具有视听结合、文理皆宜的优点，但符合特定课题需要的录像片不一定随手可得。语言实验室是一种很有效的外语教学媒体，但并非每个学校都能具备，每堂课都能用上。

（2）媒体的选择方法。

在选择和运用媒体的大量实践中，人们总结出一些方法、程序和模型，使媒体的选择更为客观和准确。这里介绍肯普（J.E.Kemp）在《教学设计的过程》提出的较有影响的媒体选择流程图。

流程图把选择媒体的过程分解成一系列步骤，每个步骤都设有一个问题，由选择者回答“是”或“否”，然后按逻辑被引入不同的分支，回答完最后一个问题，就得到一种或一组被认为是最适合于特定教学情境的媒体。图 2-12 所示为集体授课的教学媒体选择流程图。

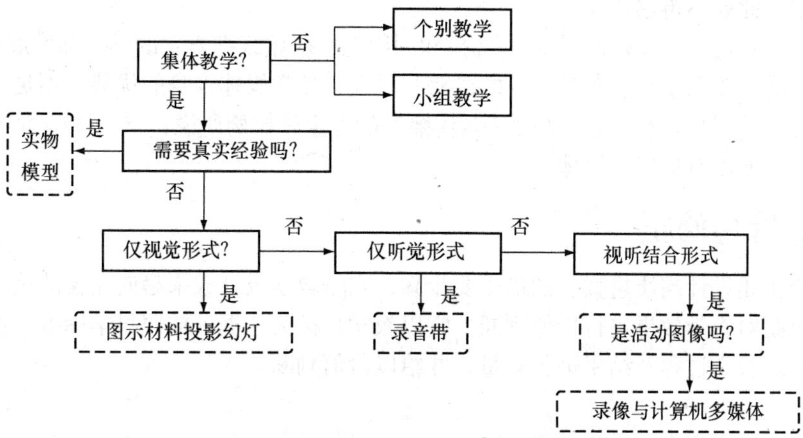

图 2-12　集体授课的教学媒体选择流程图

（3）媒体运用说明。

教学媒体选择的最终目的在于教学实践中有效运用，因此，在选择适宜媒体之后，要考虑如何运用媒体才能真正发挥其应有的作用。

具体做法是填写“教学媒体运用说明一览表”，如表 2-10 所示。把教师在选择媒体的过程中考虑到的有关媒体与知识点、学习水平之间的关系，以及对媒体运用方式的设想表达出来，作为运用媒体时的参考。

表 2-10　　教学媒体运用说明一览表

知识点	目标水平	选择媒体	媒体内容要点	媒体作用	媒体在教学中的作用	使用时间	媒体来源
1	识记	词卡	12 个生字（标有拼音）	复习生字字音	复习巩固	1′	购置
		黑板	沉、线、止、然、量	显示书写规范	边讲边板演	2′	自编
2							

其中，媒体在教学中的作用分为：A.提供事实，建立经验；B.创设情境，引发动机；C.举例验证，建立概念；D.提供示范，正确操作；E.呈现过程，形成表象；F.演绎原理，启发思维；G.设难置疑，引起思辨；H.展示事例，开阔视野；I.欣赏审美，陶冶情操；J.归纳总结，复习巩固；K.其他。

媒体的使用方式包括：A.设疑—播放—讲解；B.设疑—播放—讨论；C.讲解—播放—概括；D.讲解—播放—举例；E.播放—提问—讲解；F.播放—讨论—总结；G.边播放、边讲解；H.其他。

教师可以从中选出适合自己教学需要的类型填写。当教师按照表中的各个项目填好以后，拟定的媒体在某一课程中各个知识点的运用情况也就一目了然。

2. 软件资源的选择、设计与开发

软件资源则指各种媒体化的学习材料和支持学习活动的工具性软件。在信息化环境下，软件资源通常是经过数字化处理、可以在多媒体计算机上或网络环境下运行的、可被学习者利用的多媒体资料。

信息化学习资源包括数字视频、数字音频、多媒体软件、学习网站、数据库等多种形式，可以通过教师开发、学生创作、市场购买、网络下载等方式获取。而其设计、开发在本书相关章节已有详细介绍，此处不再累述。

综上所述，我们在教学媒体/资源的选择和利用上，应始终把学生的学习和发展放在首位上，统筹考虑学生的需要和水平、教学目标的范畴和层次、教学媒体本身的优势与不足、教学的任务和要求等各方面的因素。事实上，正如著名传播学的专家施拉姆所说："对于教学活动来说，只有最恰当的媒体，而没有最好的媒体。"

五、评价与修正

评价和修正是设计高质量教学的最重要步骤，它是教学设计成果趋向完善的重要环节。

教学评价是对教学效果进行价值判断。它以教学目标为依据，按照科学标准，运用一切有效的技术手段，对教学过程及结果进行测量，并给以价值判断。

1．评价

通过评价可以实现多种教学功能。

（1）教学评价的功能。

① 诊断功能。评价是对教学结果及其成因的分析过程，籍此了解到各方面的情况，从而判断它的成效和缺陷、矛盾和问题。教学评价如同体格检查，是对教学现状进行一次严谨的科学诊断，以便为教学的决策或改进指明方向。

② 激励功能。通过评价可以反映出教师的教学效果和学生的学习效果。研究表明，在一定限度内，经常进行记录成绩的测验对学生的学习动机具有很大的激励作用。

③ 调控功能。评价的结果是一种反馈信息，可以使教师及时知道自己的教学情况，也可以使学生得到学习成功和失败的情况，从而为师生调整教与学的行为提供客观依据。

④ 导向功能。评价对评价对象具有指导方向的作用，能找出被评对象与目标的差距，引导被评价对象朝向目标方向发展。

（2）教学评价的种类。

根据不同的分类标准，教学评价可以有不同分类，如依据评价基准不同，分为相对评价、绝对评价和自身评价；依据评价方法不同，分为定量评价和定性评价，依据评价功能不同分为诊断性评价、形成性评价和总结性评价。

① 诊断性评价。诊断性评价也称前置评价。一般是在某项教学活动开展之前，对学生的知识、技能、智力和体力等状况进行摸底测试，了解学生的实际水平和准备状况，判断其是否具有完成新教学目标所必需的基本条件，为教学决策提供依据，使教学活动适合学生的需要和背景。例如，教学开始前，教师需要测量学生特征，保证所采用的学习资料和教学方法适合学生的能力水平。另外，教学资料在使用前，也需要进行评估。

② 形成性评价。形成性评价是在某项教学活动的过程中，为使活动效果更好而不断进行的评价。它能及时了解阶段教学的结果和学生学习的进展情况、存在的问题等，以便及时反馈、及时调整和改进教学工作。

在教学过程中，可以采用学生练习反馈、小测验和自评的方法来评价学习效果。教学过程中的评价，主要起到诊断检查的作用，可以检测和纠正学与教中存在的问题，尽早发现影响学生成绩的问题所在。

③ 总结性评价。总结性评价又称后置评价，它注重的是教与学的结果，借以对被评价者进行

全面鉴定，区分等级和对整个教学方案的有效性做出价值判断。

由于 3 种评价的目的不同，所采用的评价技术也有很大差异，尤其是形成性评价，由于强调对学习过程的测量，就必须使用一些反映过程特征的测量手段，如学习包或作业分析法、观察法和学习档案袋等，而总结性评价一般以测试、考试等量化方式进行。

（3）教学设计的评价。

教学设计的根本目的是解决教学中的问题，形成优化教学的方案，并在实施中取得最好的效果。因此，评价不是教学过程的终结，而是下一个有效教学循环周期的开始。教学设计活动中进行的评价内容包括对设计方案的评价、对学生学习结果的评价、对教学媒体和教学方法的评价和对教师教学的评价。

① 教学设计方案的评价。教学设计方案是教学设计过程中各要素分析和设计的外化成果，通常包括课程标题和概述、教学目标阐述、学习者特征分析、教学策略选择、教学资源和工具的设计、教学过程设计、学习评价与反馈设计、总结与帮助等内容。对教学设计方案的评价有助于设计人员反思自己的设计过程，尽可能避免一些由于设计上的疏漏而导致试用效果不理想的问题。教学设计方案的评价可以从教学设计方案的完整性和规范性、可实施性、创新性等几个方面来进行（见附录 7）。

- 完整性和规范性。一份规范的教学设计方案必须体现一个完整的教学设计过程，所有必需的环节应明确写出，而且要前后一致。同时教学设计方案必须是一个整体的解决问题方案，而不是各个要素的简单堆砌。

- 可实施性。评价一个教学设计方案的优劣，还应从时间、环境、师生条件等方面来考虑其是否具有较强的可操作性。

- 创新性。一份好的教学设计教案应既能发挥教师的主导作用，又能体现学生的主体地位；教法上有创新，能激发学生的兴趣；有利于促进学生高级思维能力的培养；体现新理念、新方法和新技术的有效应用。

② 对学生学习结果的评价。教学过程中最大的问题就是学生是否学会了预定的学习内容。他们是否能表现出教学目标所描述的技能？为了回答这个问题，就要查看教学目标描述中所包含的那些绩效标准。设计评估任务的时候，要从教学目标出发，引导学生表现出教学目标中描述的行为。对照教学目标描述中的评估标准，检查学生是否显示出了相应的能力。教学目标中的绩效指标，是我们设计对单个学生或者一组学生的绩效评价的出发点。如果所描述的教学目标只能通过书面考试去评价学生对事实和信息的掌握程度，那么，教师可能需要重新修改教学目标。

评估过程应当与教学目标一致。新课程标准要求从知识和技能、过程与方法以及情感态度三个维度对学生的投入程度以及教学目标的达成情况进行评价。前者主要描述学习的过程性状态，后者则描述学习的结果，前者是后者实现的基础。

具体的评估方法依赖于特定的学习目标。有些学习目标只涉及一些简单的认知技能，例如，回忆欧姆定律，区分形容词和副词，描述公司的请假制度等，这类目标适合采用常见的笔试或口试。有些学习目标涉及过程性行为，例如，演奏音乐、在平衡木上前滚翻，操作金属车床，求解二次方程等。有些教学目标涉及对创作作品的评价，例如对雕塑、作文、多媒体课件、档案袋等的评估。还有的教学目标要求学习者能够显示出一定的态度，例如容纳不同的意见，欣赏表现派的油画，遵守装配线的安全操作规程，对公益慈善事业的贡献等。态度被认为是最难评估的，需要经过长期的观察，才能确定教学目标是否达成，所以在日常教学过程中，我们只能依据当时的观察来做出判断。在教学过程中，我们应结合具体教学目标，选择不同的评价方法，可以是口头测试和书面测试，也可以观察、调查、演示报告或档案袋等来记录学生的学生结果。

实用小工具

《班主任管理大师》是一款功能强大而实用的班主任工作管理系统，功能强大、完全免费。软件紧密结合班主任工作实际，提供了丰富的班级工作管理模块，并具备强大而易用的智能化功能，适合各级各类学校的班主任使用。

它能通过学籍管理（支持照片）、成绩管理（精心设计，可以与专业成绩处理软件相媲美）、评语管理（轻轻一点，即可轻松完成）、考勤记录和奖惩记录、健康记录、家庭成员记录、学生作业管理、学生行为记录、个别教育记录、后进生管理（支持语音文件管理）、班级班务管理、班级工作计划、班会教案及班费收支登记、班级工作日志、课程表、座位表和班主任自身的课程教案管理（新课标教案）、听课记录、假期通知书、班主任通信录、文章收集归类管理、出差培训记录及定时提醒（学生生日、课程、值日提醒）、试卷题库管理、试卷生成系统、友好的通讯录、方便快捷的座位表设计、一目了然的相片管理等丰富的功能，全面完整地记载班级的各种信息，使班主任工作真正得以"减负"！

更重要的是强大易用的智能功能：考勤汇总，班费统计，学生奖惩汇总，学生变动汇总，Excel 成绩导入，Excel 学籍导入，学生成绩分析统计，学生综合素质汇总，家庭报告书制作，数据备份（自动备份），恢复，学期转结，试卷题库管理，试卷生成系统，学生生日、课程、值日提醒等。

软件独有的"学期结转"功能可将上一学期的学生数据转入下一学期或下一年度，可大大降低班主任数据录入的负担。

"新课标教案"可使教师在新课标教学改革中对教案的处理得心应手，其强大的编辑和导出到 Word 的功能，完全能满足教师对教案编辑的需求。

"假期通知书"则是为学期结束后处理学生该学期学习成绩报告单而精心设计的，它能自动打印班级所有学生的学习成绩报告单。

软件支持多班级同时管理，这一点尤其适合一个老师任多个班级教学任务的情况，系统提供了多用户权限管理，对每位用户进入系统的各种操作均有详细日志可查。

既能全面记录班级信息，又能将各种信息以融会贯通、浑然一体的面貌集中地呈现出来，使用户对班级情况一目了然、一览无遗！同时具备强大灵活的数据备份和数据恢复功能，能根据需要随时备份当前系统数据，为恢复丢失的数据提供有力的保障。

③ 对方法和媒体的评价。在教学设计中评价也包括对教学媒体和教学方法的评估。以下问题是教学媒体和教学方法评估中，教师经常要问的：

- 教学素材是否有效？
- 教学效果是否还可以提高？
- 与学生取得的成绩相比，制作媒体的成本是否值得？
- 媒体是否帮助学生完成了学习的目标？
- 在唤起学生兴趣方面，选择的媒体是否有效？
- 是否为学生提供了有效的参与机会？

尤其是在第一次使用以后，要对教学资料进行评价，以确定将来是否还用这些教学资料，是否需要做一些修改等。评价结果应该输入选择量规，供今后教学参考。

课堂讨论、个别谈话、学生行为观察等方法都可以用来评价教学媒体和教学技术的效果。与学生的交流能够让教师了解自己的表现，帮助教师在下一次教学中选择合适的教学媒体和教学方法。

与其他教师或专家进行讨论，可以帮助教师反思其教学策略是否需要改进，提高未来教学的效果。

④ 对教师的评价。教师是教学系统中最重要的因素，是教学方案的设计和执行者。与教学系统其他组成部分一样，教师的表现也需要评价。评价是教师改进教学的主要途径。教师评价的类型主要有 4 种：自评、学生评价、同行评价和管理者评价。

自评的时候，教师对自己的讲课进行录音或录像，事后重放，记录自己的意见。

现在很多学校也会设计评价表格让学生对教师进行评价，提出教学建议等，对教师同样具有一定的参考价值。

教师也可以请同事听课，观察整个教学过程，教师可以为观察者提供设计好的评价表格（可参考附录 8），让同事对教师的教学方案提出意见或改进建议。

在很多学校，管理者每年或每学期，都会按照一定的安排“看课”。校长或其他管理者一般会定期地观察教师上课的整个教学过程。学校准备有标准表格，供校长记录观察结果和提供反馈建议。教师也可以自己特别设计一个表格，请校长就某个方面观察课堂教学过程。

2. 修正

教学设计的最后一个步骤是坐下来，分析评价数据，整理形成评价结果。教师设计的教学目标和实际达到的目标之间，存在哪些差距？学生是否在一个或多个教学目标上有落后的表现？学生对使用的教学媒体和教学方法反应如何？作为教师，你对所选媒体的作用是否满意？你对教学方案的执行效果是否满意？教师当对整个课程和课程的每一个步骤进行反思。上完课后，教师应该马上做笔记，下一次教学前一定要查看这些记录。如果评价数据表明某些方面存在缺陷，一定要找到问题所在，加以修正。只有当教师持之以恒地按照教学设计模式的引导，不断改善教学，教学质量才能不断地提高。

当然，教学设计不是一个严格的线性过程，它就像我们的思考过程一样，会不断地对早期观点的修正和完善。

教学案例

小学社会研究

Brad Strucker 想给学生们介绍巴拿马运河。它是学生期末考核中的一项主题。许多学生从未见过它。他希望给学生展示巴拿马运河到底是什么样子，因此选择了视频材料。

1. 分析学习者

（1）一般特性。这是一个市区小学 5 年级学生，班上共有 29 名学生（16 个女孩，13 个男孩）。平均年龄 11 岁，平均阅读水平为 4 级。

（2）学生的入门能力。学生对巴拿马运河所知甚少。在关于拉丁美洲的讨论中，不经提醒，学生只知道尼加拉瓜和巴西萨尔瓦多。由于镇北有一条老的驳船运河，大部分的学生知道运河是人工修筑的水道，但他们并不了解它的用途。

（3）学习风格。班级学生的学习风格多种多样。大部分学生不喜欢阅读，在阅读时理解得很慢。他们喜欢观看视频，很容易记住自己的所见所闻，同时有良好的人际交往技能，喜欢讨论。

2. 陈述教学目标

本节社会研究学生需要完成以下工作。

（1）在关于北美和拉丁美洲的挂图上找到巴拿马运河。

（2）解释巴拿马运河作为沟通大西洋和太平洋捷径的主要好处。

（3）实地观察一条运河，与其他水道进行比较。

（4）讨论巴拿马运河的历史意义，至少涉及它在经济和军事上的贡献，以及克服困难、完成建设方面的成就。

（5）积极参加小组活动，展示在巴拿马运河建设过程中体现出的合作精神。

3. 选择教学策略和学习资源应用

Strucker 先生决定首先大组讨论，然后播放影片，接下来再开展小组讨论和合作完成项目。他翻阅相关的教学电影和视频，发现关于这个话题只有 4 个视频节目看起来可能满足要求。在预览了这些视频节目以后，他选定了一部，因为它不论是内容还是词汇都接近学生的水平。注意到影片中关于巴拿马运河的政治描述已经不再准确，他准备了一些评语来纠正它们。

由于事先预料到激发学生的兴趣比较困难，Strucker 先生首先向学生展示了北美和拉丁美洲的挂图，问学生在飞机和汽车发明以前，旅行者如何能够从纽约到达旧金山，以激发学生的好奇心。如果你是一位商人，在 1898 年的淘金热中，你打算把工具和工作服运送给阿拉斯加的采矿者，你会怎么做？如果你是一位舰队司令，想要迅速将舰队从大西洋转移到太平洋，你又会怎么做？

明确了这些问题之后，Strucker 先生告诉学生，在接下来放映的影片中，他们将看到 20 世纪人们的答案，他还在投影屏幕上列举了几个主要的问题。

Strucker 先生让学生轮流读了这些问题，他要求学生带着问题观看影片，边观看边寻找问题的答案。然后，他选择了与问题有关的部分，为学生播放了 15 分钟的视频节目。

看完影片之后，他把学生们分成了 3 个小组来讨论问题。每个小组选出一名记录员，负责记录小组讨论后的答案。

几分钟讨论之后，Strucker 先生把全班集中起来，要求这 3 个记录员回答问题 1，全班同学仔细聆听，做出评价。对每一个问题他都重复这一过程。

最后他回到问题 3 进行总结，着重关注运河的建设者们是怎样周密计划，排除万难，最终获得成功的。如果要创作一部视频短片，讲述巴拿马运河的故事，我们应该采取什么样的步骤？哪些内容应该体现在我们的短片中？靠着这类问题，Strucker 先生不仅激发了学生制作短片的兴趣，还帮助学生制定了进度表，分好了组。学生将以组为单位，通力合作，完成视频制作的作业。

4. 评价与修正

Strucker 先生收集了记录员们写下的记录，并检查答案是否准确。他还记了一些测试题目，这些测试题目与年底的标准化考试内容密切相关。当学生们为了短片项目而忙碌的时候，他可以检查视频中有关信息的准确性，同时考虑到情感学习方面的教学目标，他可能还需要在各个工作小组之间转一转，评价大家在工作中展现出的热情。

案例来自（美）斯马尔蒂诺 等著《教学技术与媒体》

实践环节

（1）观摩《小学社会研究》教学案例，领悟教学设计的基本流程。

（2）选择与自己专业相关的基础教育课程的一节课，规划设计自己的教案，思考教学对象是谁？教学目标是什么？教学和学生将采用哪些教学方法、教学媒体和教学资料？教师和学生如何最好地利用这些资料？如何评价学生和教学？

（3）按教学设计模版（附录 9）设计一个教学方案，并保存在你的文件夹中。

（4）在小组内参照课堂教学设计方案的评价（见附录 7）评价成员的教学设计方案，推选小组最佳作品。

第二篇

技术方法篇

模块3

创建个人信息化教学资源中心

学习目标

1. 介绍常用的网络教育资源的检索技巧。
2. 学会利用网络高效地获取各种教学资源，为教学选择合适的素材资源。
3. 通过建立个人信息化教学资源中心，有效地管理教学信息。
4. 能够利用网络工具来保存、管理个人教学资源。
5. 学会利用网络工具来进行交流协作（博客、维基）。

知识导图

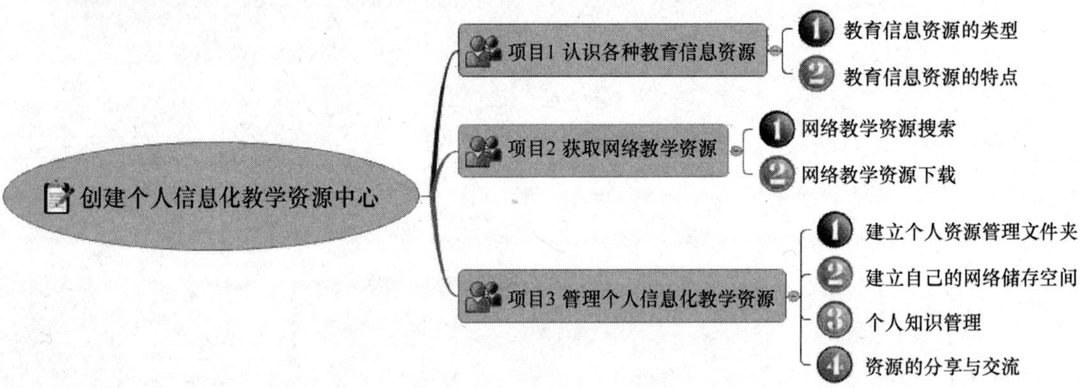

学习任务

1. 建立一个结构合理的个人信息化教学资源中心。

2. 为自己设计的教学方案获取各种相关的教学信息素材，为后续的多媒体课件开发提供合格的原材料。为每一个素材起一个有意义的名字，以方便日后使用。

3. 利用网络同步工具保存为自己的教学资源进行备份。

4. 绘制你的信息化教学资源管理的思维导图。

学习导入

由于工作中和社会中的知识往往是零散而容易被忽视的，广大的教育工作者普遍面临着一个突出的矛盾：一方面是浩如烟海的教育信息资源，另一方面却是面对海量信息不能高效、便捷地获取、转化为自身专业知识得以有效利用的尴尬。用一句时下网络上很流行的话来说，就是“我们生活在信息的海洋里，却忍受着知识的饥渴”，因此我们每一位教师都需要很好地进行我们的信息化教学资源管理。一方面，要不断积累，努力学习；另一方面，由于每个人的知识结构都各有长短，因此，还需要有意识地与他人交流，在分享和使用知识的过程中实现知识的创新。作为未来即将走上教师工作岗位的师范生，这一要求只会有增无减。

项目 1　认识各种教育信息资源

头脑风暴

在这个活动中，请与同伴一起展开“头脑风暴”，讨论教育信息资源都有哪些形式，不同类型资源的作用有什么不同，并将结果记录在表 3-1 中。

表 3-1　信息化教学资源的常见类型及教学作用

序　号	类　型	教学中的作用

一、教育信息资源的类型

教育资源是指支持学习的资源，包括支持教与学的系统、教学材料和环境。

教育信息资源是指在以网络和计算机为主要特征的信息技术环境下，为教学目的而专门设计的或者能被用于为教育目的服务的各种资源，包括教育环境资源、教育人力资源和教育信息资源。由于资源众多，其分类方法有多种多样。

1．按资源主要使用对象分类

（1）学习资源。指供学习者使用的各学科的电子讲稿、网上教程、课程资料、学习论坛、讨论组、试题库、教学软件等。

（2）备课资源。指供教师备课使用的各种课程资料、教学软件、教案、指导刊物、学术会议资料、交流心得等。教师在教学准备过程中，需要搜集大量的资料，网络为教师制作各种类型的教材提供了丰富的教学资源，有利于优化教学设计，提高备课效率。

（3）科研资源。指供教育科研人员，以及学习者使用的各学科的专业文献资料、各种政策法规、各种教育新闻、教育统计信息等。

（4）管理资源。指供教育管理人员对各类教育信息资源及各类教学活动进行统一管理的数据库管理系统。学习资源、备课资源和科研资源的正常组织与使用都离不开管理资源，否则教学活动过程将变得凌乱无序。

2．按资源的组织形式分类

（1）媒体素材。媒体素材是承载教学信息的载体，构成各种资源的基础，也是传播教学信息的基本材料单元，主要分为文本、图形、图像、音频、动画、视频等类型。

（2）试题。测试中使用的问题、选项、正确答案、得分点和输出结果等的集合。试题是评价学生知识掌握情况的依据，它也是教学过程中必不可少的一种教学资料。试题没有固定的存储格式，通常是以试卷或题库的形式存储。

（3）课件。对一个或几个知识点，体现教学策略，实施相对完整教学的软件。根据运行平台划分，可分为网络版的课件和单机运行的课件，网络版的课件需要能在标准浏览器中运行，并且能通过网络教学环境被大家共享。单机运行的课件可通过网络下载后在本地计算机上运行。

（4）教学案例。由各种媒体元素组合表现的有现实指导意义和教学意义的代表性事件或现象。简单地说，案例是对某一事件的过程与结果的描述，以及对原因和效果的分析。教学案例通常是在教授某理论、原理或规律时作为典型实例提供给学生的，它能够启发和促进学生对教学内容的掌握。

（5）网络课程。通过网络表现的某门学科的教学内容及实施的教学活动的总和，它包括两个组成部分：按一定的教学目标、教学策略组织起来的教学内容和网络教学管理系统。

（6）网络教学支撑环境。网络教学支撑环境是网络教学正常开展的保障，可分别为网上教育的实施者和学习者提供完整的教学辅助、教学管理与学习指导工具，包括网络课件制作工具、多媒体素材集成软件、网上答疑、网上讨论、在线测试等系统软件、工具软件及应用软件等。

（7）教学资源管理系统。教学资源管理系统是通过对教学资源产生、教学资源分类、教学资源使用、教学资源评价的动态循环管理，对原始数据（如视频，音频、动画、图片等）、半成品（如课件）、成品（如教案）等形式的教学资源进行全面整合，从而能实现校内资源管理、区域管理、Web 资源管理、教师评估管理和资源共建共享管理的多层次、全方位的管理功能。

（8）文献资料。文献资料是指各学科的相关专业文献，有关教育方面的政策、法规、条例、规章制度，及重大事件的记录、重要文章、书籍等。

（9）常见问题解答。常见问题解答是针对某一具体领域，如某一学科中某一个具体的知识点最常出现的问题给出全面的解答。

（10）资源目录索引。资源目录索引列出某一领域中相关的网络资源地址链接和非网络资源的索引。

知识卡片

三类网络教育资源

一般来说，我们将网络中与教育相关的部分都称为网络教育资源。网络教育资源包括网络环境资源、网络信息资源和网络人力资源。

（1）网络教育环境资源

指构成网络教育空间的各种物理器件和硬件设备、软件系统等，如计算机设备、网络设备、通信设备及形成网络正常运行空间的各类系统软件和应用软件。

（2）网络教育信息资源

指在网络上蕴藏着的各种形式的与教育相关的知识、资料、情报和消息等的集合。

（3）网络教育人力资源

指具备开发、建设或应用各种网络教育资源能力的个体。

基于网络的学习资源非常丰富，能提供给学生更多的选择，而且，与传统的图书馆和资料室不同，网络上的教育资源的获取非常方便，学习者不再需要前往图书馆查阅资料，在家里或办公室等很多场所，只要有网络随时随地都可以获得所需信息资源。

二、教育信息资源的特点

与传统的媒介相比，教育信息资源作为一种信息资源除了具备一般信息资源的属性，如知识性、媒介性、共享性、传递性、增值性、应用性等外，由于其具有多媒体、超文本、友好交互、虚拟仿真、远程共享等信息技术和通信技术的特性，因此，教育信息资源还表现出以下几个特点。

1. 信息形式的多样性

网络上的教育信息资源是以超媒体形式组织的，超媒体的组织方式不仅可以通过网络的超链接直接得到与主题相关的教学资源，还包括精美的画面、优美的音乐、逼真的动画和视频图像，极大地丰富了信息内容的表现力，有助于人们认识结构的更新和重构。

2. 信息获取的便捷性

网络上的教育信息资源检索简单、快捷、方便，可通过网络终端随时随地获取，这就避免了其他媒体信息在查找时所受到的时间、空间等因素的限制。例如我们可以通过互联网查询各在线图书馆的图书资料信息，免去了奔波于图书馆，特别是外地图书馆之间的时间和资金的浪费。

3. 信息资源的共享性

互联网上的教育信息资源除了具备一般意义上的信息资源的共享性外，还表现为一个网页可供所有的上网用户随时访问，不存在传统媒体信息由于复本数量的限制所产生的信息不能获取现象。网络还提供了大量的免费检索工具、免费下载软件、免费信息资料等。

4. 信息传播的时效性

网络信息的时效性远远超过其他任何一种信息，网络媒体的信息传播速度及影响范围使得信息的时效性增强。同时网络信息增长速度快、更新频率高也是其他媒体信息所不能比的。因此，在教育信息资源的开发利用过程中，查找最新信息资料，网络是首选。

5. 信息传递的互动性

交互性是网络的主要特点之一。网络教育信息资源一改以往书籍等印刷信息以及广播电视等电子信息的单向传递方式，具备同步与异步双向传递功能，用户在接收相关的信息后可针对该信息随时向该信源提供反馈,网络用户既是网络教育信息资源的使用者也可以是网络信息的发布者。

6. 信息内容的广泛性

网络教育信息资源内容丰富广泛，可为各个学科领域的师生提供参考。例如，最新的教学大纲与构思、教学资料、众多模式的教学软件、网上教程，丰富的课程参考文献、课程开发工具和图像资料、一线教师的教学经验，以及世界各地的各级学校的概况、世界各地教育管理部门的各种教育政策、措施、研究项目、网上期刊、各级印刷物以及各种动态性信息和每日新闻、快讯、动态报道、会议通知、各种消息等。

7. 信息资源的创造性

数字化教育信息资源具有切合实际、及时可信的特点，可用于多层次的探究，可以通过计算机网络工具对其直接进行操纵处理，富有创造性。

项目 2 获取网络教学资源

Internet（因特网）是国际计算机互联网络，它将全世界不同国家、不同地区、不同部门和机构的不同类型的计算机及其网络通过互联设备高速连接，从而使世界范围内各个领域的信息资源融为一体，供全世界的网上用户共享。有人称因特网为信息的海洋，如果你想从这个海洋里获取所需要的信息和资源，就必须走近它、了解它，并掌握一定的信息技能。如若不然，你就可能在这个浩瀚的海洋里迷失方向。

头脑风暴

在这个环节中，请利用如下 3 种方法搜索一篇关于“探究性学习教学设计”的文章，并将结果保存在自己的文件夹中。根据搜索的结果，与你的小组讨论这 3 种搜索方式各有什么优缺点，并将结果记录在表 3-2 中。

（1）谷歌：http://www.google.com.hk。

（2）百度：http://www.baidu.com。

（3）中国期刊全文数据库。

表 3-2　　3 种搜索方式优缺点比较

序号	工具	优点	缺点
1	谷歌		
2	百度		
3	中国期刊全文数据库		

一、教学资源的搜索

网络的广泛应用和发展，使世界范围内的信息交流、信息资源共享成为现实，它打破了时空的限制，拓展了人类信息空间。网络信息资源主要包括 WWW 信息资源（如 Web 网页）、FTP 信息资源（如远程计算机上的文件夹）、Blog 信息资源（如博客、播客等）、Telenet 信息资源（直接调用远程主机）、BBS 、新闻组信息资源（相当于论坛信息）、P2P 信息资源（私人计算机上的信息资源）、数据库和收费网站等。网络信息资源具有信息量大、传播广泛；信息类型多样、内容丰富；信息时效性强、变化频繁；信息分散无序，但关联程度高等特点，但由于信息缺乏统一的组织和管理、良莠不齐，所以在网络信息检索中，我们常常要借助于搜索引擎来帮助我们从“大海里捞针”。

搜索引擎是一个为用户提供信息“检索”服务的网站，它使用某些程序把因特网上的所有信息归类以帮助人们在茫茫网海中搜寻到所需要的信息。

1．两类搜索引擎的代表

（1）以网页搜索为主的搜索引擎：百度、Google、Yahoo 等。

（2）以 FTP 和 P2P 资源搜索为主的搜索引擎：迅雷、天网 Maze 等。

2．网页搜索引擎

使用搜索引擎检索时，无需对类目、归属判断，使用比较方便。另外，搜索引擎也存在一些缺陷，例如由于人工干预过少，使其准确性较差，检索结果中可能会有很多冗余信息。为了加快获取信息的速度，避免或减少在信息检索过程中所走的弯路，应该掌握一定的网上信息检索的策略和技巧。下面以 Baidu（百度）为例，介绍一些检索技巧，提高网络资源的获取效率。

（1）百度检索技巧。

① 提炼搜索关键词。学会从复杂搜索意图中提炼出最具代表性和指示性的关键词，对提高信息查询效率至关重要，这方面的技巧是搜索技巧的基础。例如，搜索与秦朝历史文化有关的资料，可提炼关键词：“秦始皇”、“兵马俑”。

② 细化搜索条件。搜索条件越具体，搜索引擎返回的结果就越精确，有时多输入一两个关键词效果就完全不同，这是搜索的基本技巧之一。例如，要了解中国戏剧中京剧的服饰及脸谱知识，搜索条件可为“京剧”、“脸谱”。

③ 用好逻辑符号。搜索逻辑符号通常是指“AND”、“OR”、“NOT”及与之对应的“+”、“-”等。用好这些符号可使我们日常搜索应用达到事半功倍的效果。

④ 强制搜索。将关键词加上双引号进行强制搜索，可以使搜索结果更加精确。

（2）百度搜索特色功能介绍。

① 专业文档搜索。很多有价值的资料，在互联网上并非是普通的网页，而是以 Word、

PowerPoint、PDF 等格式存在。百度支持对 Office 文档（包括 Word、Excel、Powerpoint）、Adobe PDF 文档、RTF 文档进行全文搜索。要搜索这类文档，很简单，在普通的查询词后面，加一个“filetype:”文档类型限定。“Filetype:”后可以跟以下文件格式：DOC、XLS、PPT、PDF、RTF、ALL。其中，ALL 表示搜索所有这些文件类型。例如，查找张五常关于交易费用方面的经济学论文。“交易费用 张五常 filetype:doc”单击结果标题，直接下载该文档，也可以单击标题后的“HTML 版”快速查看该文档的网页格式内容。也可以通过百度文档搜索界面 http://file.baidu.com，直接使用专业文档搜索功能。

② 高级搜索语法。

- 把搜索范围限定在网页标题中——intitle。网页标题通常是对网页内容提纲挈领式的归纳。把查询内容范围限定在网页标题中，有时能获得良好的效果。使用的方式，是把查询内容中特别关键的部分用“intitle:”领起来。例如，要找×××的生平，就可以这样查询：“生平 intitle: ×××”。

注意

intitle：和后面的关键词之间，不要有空格。

- 把搜索范围限定在特定站点中——site。有时候，您如果知道某个站点中有自己需要找的东西，就可以把搜索范围限定在这个站点中，提高查询效率。使用的方式，是在查询内容的后面，加上“site:站点域名”。例如：在天空网下载 MSN 软件，可以这样查询：msn site: skycn.com。

注意

“site:”后面跟的站点域名，不要带“http://”；另外，site:和站点名之间，不要带空格。

- 把搜索范围限定在 url 链接中——inurl。网页 url 中的某些信息，常常有某种有价值的含义。如果对搜索结果的 url 做某种限定，就可以获得良好的效果。实现的方式，是用“inurl:”，后跟需要在 url 中出现的关键词。例如：找关于 photoshop 的使用技巧，可以这样查询：photoshop inurl:jiqiao。

上面这个查询串中的“photoshop”，是可以出现在网页的任何位置，而“jiqiao”则必须出现在网页 url 中。注意，inurl:语法和后面所跟的关键词，不要有空格。

- 精确匹配——双引号和书名号。如果输入的查询词很长，百度在经过分析后，给出的搜索结果中的查询词，可能是拆分的。如果您对这种情况不满意，可以尝试让百度不拆分查询词。给查询词加上双引号，就可以达到这种效果。例如，搜索鲁迅的文章《为了忘却的纪念》，如果不加双引号或书名号，搜索结果被拆分，效果不是很好，但加上双引号后，“为了忘却的纪念”，获得的结果就全是符合要求的了。

在百度，中文书名号是可被查询的。加上书名号的查询词，有两层特殊功能，一是书名号会出现在搜索结果中；二是被书名号扩起来的内容，不会被拆分。书名号在某些情况下特别有效果，例如，查名字很通俗和常用的那些电影或者小说。例如，查电影“手机”，如果不加书名号，很多情况下出来的是通信工具——手机，而加上书名号后，《手机》结果就都是关于电影方面的了。

- 要求搜索结果中不含特定查询词。如果您发现搜索结果中，有某一类网页是您不希望看见的，而且，这些网页都包含特定的关键词，那么用减号语法，就可以去除所有这些含有特定关键词的网页。

例如：搜红楼梦，希望是关于文学小说方面的内容，而不是电视剧方面的，那么就可以这样查询：红楼梦-电视剧

注意

前一个关键词和减号之间必须有空格，否则，减号会被当成连字符处理，而失去减号语法功能。减号和后一个关键词之间，有无空格均可。

知识卡片

Google 搜索的技巧

（1）利用 Google 搜索《Google 搜索从入门到精通 V4.0》这个网页，全文阅读，对照练习，可以大大提高信息检索质量与效率。

（2）阅读 Google 的帮助文件，对于改进你的搜索行为是非常有帮助的。Google 帮助中提供的有关搜索的技巧，应该是 Google 搜索最权威的资料。

（3）在 Google 首页搜索框下面，有个“手气不错”的按钮。在检索你想要找到的信息时候，单击这个“手气不错”按钮，Google 会找到和你的需求最匹配的网页，并自动地跳转到那个网页上去。

（4）学习 Google 的基本搜索语法和高级搜索语法，是掌握 Google 搜索的第一步。引号、+、-、*通配符等，这些基本搜索语法，可以大大提高你的搜索效率。

（5）按要搜索的文件类型搜索，是非常重要的搜索技巧。

（6）关键词是搜索引擎的精髓。关键词的选择在搜索中起到决定性的作用。在真正开始搜索之前，明白无误地知道自己究竟要找什么是至关重要的。也就是说，你必须将你想要的东西用关键词描述出来。所有搜索技巧中，关键词选择是最基本也是最有效的。

（7）Google 分类搜索非常实用。如网页搜索、图片搜索、图书搜索、学术搜索等。

（8）Google 不是唯一的搜索引擎。除了 Google,百度、必应（Bing）、Cuil，都是不错的搜索引擎。

3. FTP 或 P2P 搜索引擎

（1）什么是 FTP 资源。FTP 是在 Internet 网上使用最广泛的一种服务，使用 FTP 几乎可以传送任何类型的文件：如文本文件、二进制的可执行程序、科学论文、图像文件、压缩文件、声音文件等。因此有大量有价值的信息资源存储在 Internet 网上的 FTP 服务器上，获取这些资源也是信息检索的一项内容。

（2）什么是 P2P。P2P 是英文 Peer-to-Peer（对等）的简称，又被称为“点对点”。“对等”技术，是一种网络新技术，依赖网络中参与者的计算能力和带宽，而不是把依赖都聚集在较少的几台服务器上。P2P 还是英文 Point to Point（点对点）的简称。它是下载术语，意思是在你自己下载的同时，自己的电脑还要继续做主机上传，这种下载方式，人越多速度越快，但缺点是对硬盘损伤比较大（在写的同时还要读），还有对内存占用较多，影响整机速度。

P2P 使得网络上的沟通变得容易、更直接共享和交互，真正地消除“中间商”。P2P 就是人可以直接连接到其他用户的计算机、交换文件，而不是像过去那样连接到服务器去浏览与下载。

从 FTP 和 P2P 的工作方式可以看出，它们都不是传统意义上的 www 网站，而是直接在两台计算机之间进行的远程通信和文件传输。所以象百度和谷歌这类搜索引擎对这两种信息资源的搜索往往不能奏效，这就需要新的类型的搜索引擎。

（3）迅雷在线搜索引擎。

迅雷是一款免费下载工具，界面如图 3-1 所示。“迅雷”立足于为全球互联网提供最好的多媒

体下载服务，依靠领先的技术和良好的使用体验，迅雷已经成为“高速下载”的代名词，并发展成为全球最大的下载引擎。目前用户突破 1.2 亿，每天超过 5000 万次的下载，服务来自全球 50 多个国家。迅雷，已经成为中国互联网最流行的应用服务软件之一。任何人都可以将自己在因特网搜索到的资源再次在迅雷上发布，成为迅雷的“雷友”，拥有自己的迅雷博客。这样，迅雷就可以通过对雷友博客的搜索，提供更多的信息资源。

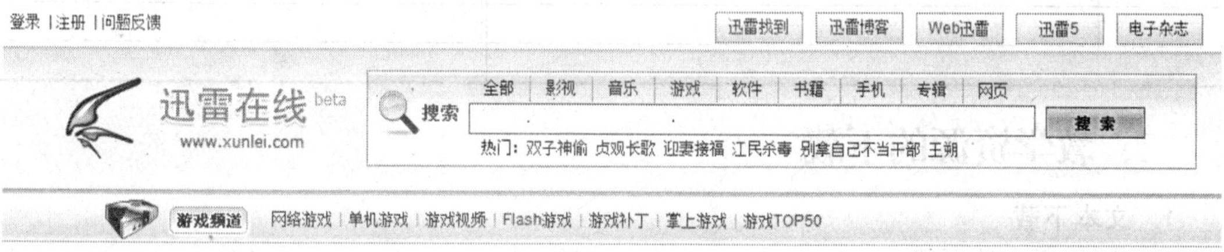

图 3-1　迅雷在线搜索界面

（4）其他 P2P 搜索引擎

① 易载 ezpeer。易载 ezPeer 简体中文版，免费注册使用，ezPeer 是一个革命性的 P2P（点对点）文件共享软件。

② 酷狗（KuGoo）。“KuGoo”是酷狗的简称，是基于中文平台专业的 P2P 音乐及文件传输软件。通过 KuGoo，用户可以方便、快捷、安全地实现国内最大的音乐搜索查找。

③ BT。说到 P2P，就不能不提 BT，这个被人戏称为“变态”的词几乎在大多数人感觉中与 P2P 成了对等的一组概念，而它也将 P2P 技术发展到了近乎完美的地步。实际上 BitTorrent（中文全称比特流，简称 BT）原先是指一个多点下载的 P2P 软件。它不象 FTP 那样只有一个发送源，BT 有多个发送点，当你在下载时，同时也在上传，使大家都处在同步传送的状态。应该说，BT 是当今 P2P 最为成功的一个应用。

④ 电驴。电驴是一个完全免费且开放源代码的 P2P 资源下载和分享软件，利用电驴可以将全世界所有的计算机和服务器整合成一个巨大的资源分享网络。用户既可以在这个电驴网络中搜索到海量的优秀资源，又可以从网络中的多点同时下载需要的文件，以达到最佳的下载速度，用户也可使用电驴快速上传分享文件，达到最优的上传速度和资源发布效率。

电驴的资源文件网络是由数亿驴友分享发布的文件汇聚一起而组成的巨大资源文件分享网络，使用 VeryCD 电驴你可以方便地查看到其他驴友的分享文件列表，当你对驴友的其他更多资源文件分享非常感兴趣的时候，只需要利用电驴的"查看驴友共享"功能就可以直接获得驴友的更多文件下载链接后开始下载，最终获取成为你也喜欢并拥有的本地资源文件。

⑤ 电骡。eMule 是一个开源免费的 P2P 文件共享软件，根据 eMule 官方网站的简体中文版说法，“eMule”译为“电骡”，他们的目标是将电驴的优点保留下来，加入新的功能，并使图形界面变得更好。与电驴客户端相比，eMule 能够连接 eDonkey 和 Kad 两个网络，有较快的下载损坏数据恢复功能，有奖励频繁上传用户的积分系统。另外，eMule 以 zlib 压缩格式传输数据以节约带宽。

头脑风暴

请与同伴一起展开“头脑风暴”，讨论利用网络收集资源的方法？越多越好，并将结果记录在表 3-3 中。

表 3-3　　　　　　　　利用网络搜集信息化教学资源的方法

序号	利用网络搜集教学资源方法	技　巧

二、教学资源的下载

1. 文本下载

（1）网页文本的下载。

① 全文下载。想将网页文本信息全部下载，只需把网页另存为文本文件即可。

② 局部下载。浏览包含教学文本资源的网页，选取需下载的文本（在拟选取文本的起点位置按住左键不放，拖动鼠标至拟选定文本之终点，松开鼠标，被选中文本将反相显示），复制所选中的文本至剪贴板。

启动记事本，将剪贴版中的内容粘贴到记事本中，将文本保存为记事本文件（执行菜单命令“文件/另存为”），将文件保存在个人资源中心内适当的文件夹中。

下载完成后最好检查一下，方法是：启动“资源管理器”找到所保存的文件夹，单击该文件夹的图标使其处于被打开状态，在“资源管理器”右窗格中找到所保存的记事本文件，双击该文件的图标，即可启动记事本来查看所下载的结果，并可进一步编辑、整理。

由于是通过 Windows 的剪贴板进行粘贴和保存，所以实际上可以将内容粘贴到任何可以接受文本信息的应用程序中，如 Word、PowerPoint 等，但由于记事本文件占据存储空间较小，一般建议用这种格式单独保存。

教你一招

网页上的文字无法选择复制时，可通过下面几种方式来获取。

方法 1：通过网页上的菜单栏“文件/另存为”，在保存网页的对话框中，将保存类型选择为“txt”，即可保存网页上的文字。

方法 2：通过“工具/internet 选项”，在“安全”标签卡中“自定义级别”中，将所有的项目“禁用”，然后刷新网页，即可复制网页上的文字。注意复制所需的文字后，恢复“启用”网页的其他选项。

方法 3：通过“工具/查看源文件”，在源文件里选择所需的文字片段，复制即可。

（2）PDF 格式的下载和复制。

网上有些文本资源是以 PDF 文件格式出现，.pdf 是 Adobe 公司创造的文本格式。采用 Acrobat Reader 作为浏览器（http：//www.Chinapdf.com/download.htm 可免费下载）。

在 IE、NetScape 等支持插件的浏览器中都可以利用 AcrobatReader 来浏览 PDF 文件，使用上与浏览 HTML 网页相似，只是在界面中增加了一排 AcrobatReader 中特有的工具栏。

用 Acrobat Reader 打开 PDF 文档，PDF 文档的扩展名通常是.pdf，或者双击文件的图标打开，需要复制 PDF 文件中的文本内容及图形，单击工具栏中“文本选择工具”按钮，鼠标变为“I”字型，选定当前页中欲复制的文本内容，选“复制”项，进行选定文本的复制操作。

实用小工具

Solid Converter PDF

如果你想快速转换 PDF 为其他格式的话，你可以试试 Solid Converter PDF 软件，界面如图 3-2 所示，它将允许你转换 PDF 文档为 Word、Excel、Html、Text 格式。

图 3-2　Solid Converter PDF 的主界面

Solid Converter PDF 这款软件的功能十分的强大，无需安装，还具有功能强大 WYSIWYG（所见即所得）用户界面，只要你轻点鼠标和快捷键，立刻就可以将 PDF 文件中选定的页面变成 Word 文件。软件还支持直接将 Word 文档转换成 PDF 格式和 Excel 格式，该操作非常简单，仅仅按照主界面上的说明仅需几个步骤就可以完成，估计一般的用户都应该没问题。

① 软件功能如图 3-3 所示。

② 软件界面语言设置如图 3-4 所示。

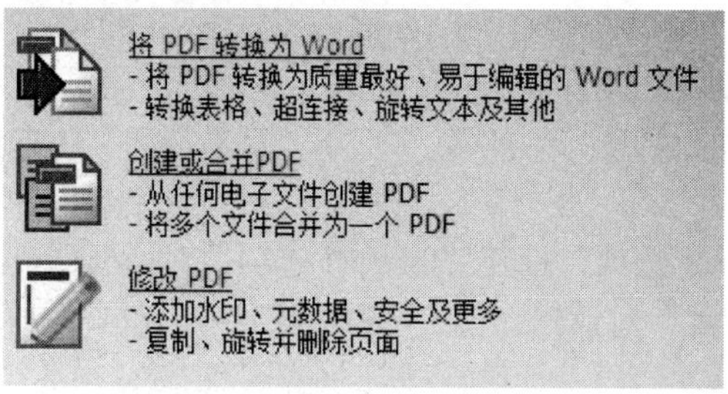

图 3-3　软件的功能选择界面

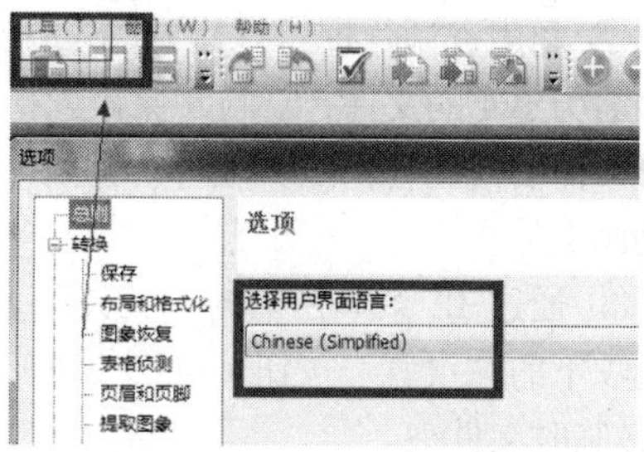

图 3-4　软件界面语言设置界面

2. 网上图片下载

打开包含要下载图片的网页，在待下载的图片上右击，单击快捷菜单“图片另存为”命令，在弹出的“保存图片”对话框中，选择适当的位置，必要时修改文件名称，单击“保存”按钮即可完成下载任务。图片下载后也应及时检查，认真核查所下载的文件是否正确、清晰可用。

3. 网上下载音乐

在百度、谷歌获新浪等很多网站都有专门下载音乐的板块，如在进入百度首页，选择“音乐”，就可以进人音乐搜索页面，如图 3-5 所示。在搜索框内输入歌名或歌手名字，然后进行搜索，就能打开一个有相关信息的窗口，选择喜欢的歌曲，单击“链接”就能将歌曲下载在计算机上。

此外，利用 QQ 音乐、千千静听、酷我音乐盒、酷狗音乐等音乐播放器，都可以播放音乐和下载音乐。

图 3-5　百度音乐搜索界面

4. 网上 Flash 动画下载

与从网上下载其他文件不同，Flash 动画不支持鼠标右键弹出菜单直接保存，也不能通过浏览器保存。但它有个独有的特点，当用户通过 Internet 浏览时，它就已经被自动保存在用户的 IE 或 Netscape 缓存中，只是用户没有察觉而已。如果用户为临时 Web 页所分配的缓存或所创建的磁盘空间足够大时，即使用户退出该网页或关闭浏览器，甚至关机后，该 Flash 动画也不会自动删除。如果用户使用 IE 浏览器，则它保存在默认的 Internet 临时文件夹“C:\WINDOWS\Temporary Internet Files”中。可以通过单击 Internet Explorer 的“工具/Internet 选项/常规/设置/移动文件夹”来改变默认路径。这就是用户能够搜集并保存网络上大量能看到，但却不提供下载链接的 Flash 动画的真正原因。

（1）手动查找下载。

① 依次单击“开始”、“查找”、“文件”，在随后弹出的“查找所有文件”的对话框的名称栏里填上“*.swf”，搜索栏中填“C:\WINDOWS\Temporary Internet Files”，单击“开始查找”，找到后，可将文件复制到指定位置。此方法简单、快捷、方便，不需借助其他工具软件，查找效率高，且不会遗漏动画文件。

② 利用资源管理器打开 Internet 临时文件夹“C:\WINDOWS\Temporary Internet Files”，选择后缀名为 swf 的文件，复制并保存到指定的位置即可。对于结构简单的网页，该方法简单、快捷，而且不需要借助任何工具软件。但对于结构复杂的网页，此方法效率低下，且易遗漏某些有价值的动画文件。

③ 通过 IE 菜单栏中的“工具”下的“Internet 选项”打开“Internet 选项”对话框，单击常规选项下的“设置”按钮（见图 3-6），弹出“设置”对话框，单击“查看文件”（见图 3-7），打开 IE 临时文件夹。

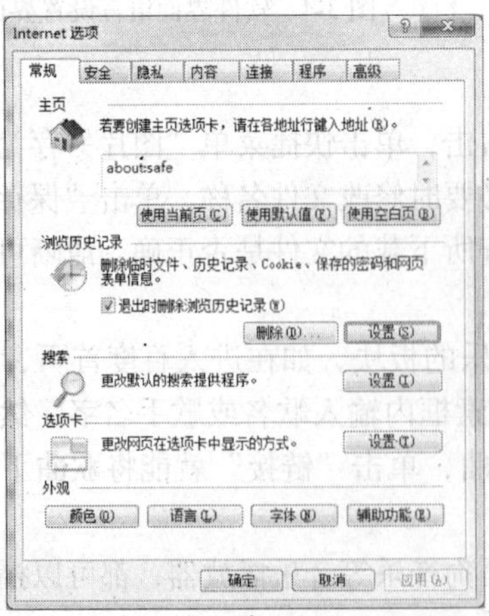

图 3-6　Internet 选项对话框

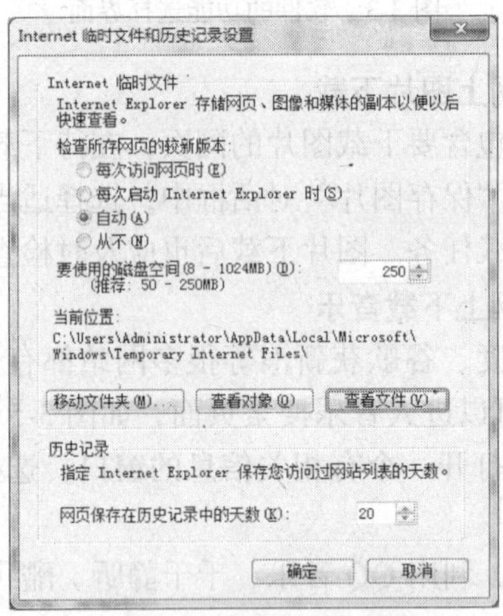

图 3-7　设置对话框

在空白处右击，选“查看”下的“详细信息”，再点“类型”列中的“类型”按钮，再找到后缀名为 SWF 的文件。

（2）查看源代码法。

当浏览网页的 Flash 时，如若 Flash 没有在页面上给出全屏或下载链接，这时可打开 IE 菜单上的“查看”→源文件→编辑→查找→在弹出的对话框中输入“.swf”→点“查找下一个”。即可查找到 Flash 的 swf 文件，获得 swf 的源地址。这里要看是绝对链接还是相对链接（http://开头，.swf 结尾是绝对链接，缺少 http://开头，只有.swf 结尾的是相对链接）。一般来说用户看到的大多是相对链接的地址，如（UpFlash/11/76574567456756.swf），“/”代表上一层目录。如果用户浏览的网站是（http://flash8.com/FlashPlay.aspx?id=7534）那么这个 Flash 的绝对链接地址应是（http://flash8.com/ UpFlash/11/76574567456756.swf）。将其贴到 IE 地址栏按回车键就可以全屏欣赏了。再用网际快车下载既可。

（3）“迅雷”智能探测法。

前提是安装了迅雷，打开“配置”选项，在“监视”中“浏览器”项中选“flash 和流媒体文件上显示下载图标”和“网页智能分析”项，然后打开相应的 flash 网站，只要将鼠标放在 flash 动画上，便会出“下载”按钮，单击“下载”就行了。

（4）利用工具下载。

可用利用 flash 下载工具，如网络猎手 Internet Hunter for Flash、FlashSver、Flash Hunter 、FlashCap、FlashGet、Flash Catcher 等进行下载。

我们以安装 Flash Catcher 为例说明。下载安装后，我们可以在 IE“工具”中找到“Flash Catcher”工具，在 IE 打开的网页上如果有 flash 动画，打开“Flash Catcher”就可以看到“flash list”，如图 3-8 所示。单击列表中选项，就能看到 flash 播放预览，选中动画，单击“保存”按钮，选择好存储路径就可以将 flash 保存到计算机中。

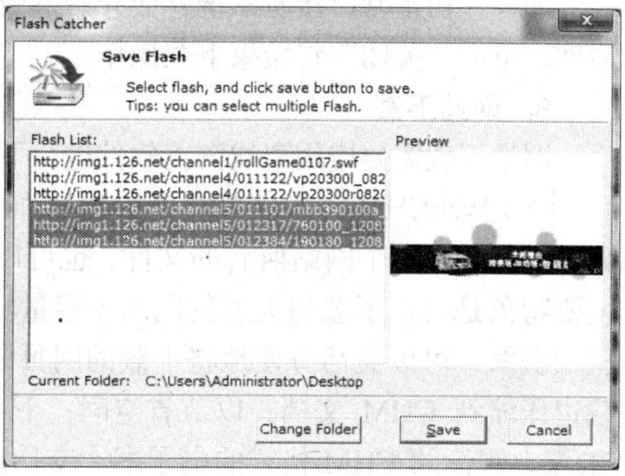

图 3-8　Flash Catcher 的界面

5. 网上视频下载

（1）利用 Internet 临时文件夹下载。

需先把要看的视频先缓冲完，当然看完一遍也可以。通过 IE 菜单栏中的“工具”下的“Internet 选项”打开“Internet 选项”对话框，单击常规选项下的“设置”按钮（见图 3-6），弹出“设置”对话框，点“查看文件”（见图 3-7），打开 IE 临时文件夹。单击鼠标右键按大小排列，由于视频文件比较大，会排在最前面。找到视频文件，直接拉到桌面上或复制粘贴到另建的文件夹里就行了。

（2）利用软件下载。

常用的下载工具如迅雷、快车、超级旋风、RealPlayer 等都具备此功能，只要打开在线视频的播放页面，下载工具将会自动监视页面上的视频文件，并将会在播放的视频上显示下载的图标，只要单击图标即可进行下载。

6. 网页下载

浏览要下载的网页，在浏览器中执行菜单命令“文件/另存为”，出现“保存 Web 页”对话框，选择合适的保存位置，必要时还可以修改文件名，单击“保存”按钮，即可保存当前网页中全部的信息（注意，除网页直接保存在指定位置外，图片等会保存在“[网页标题]. Files”子文件夹中）。

下载后，还应在“资源管理器”中检查结果。

7. 网上文件下载

FTP 是为了在特定主机之间“传输”文件而开发的协议，在使用匿名 FTP 服务器中的下载站点，任何人都可以登录到 FTP 服务器下载文件。这里简单介绍一下 FTP 文件检索下载。

① 进入 FTP 搜索引擎主页：如“天网”（http://maze.tianwang.com/），如图 3-9 所示。它是一个专业的资源检索网站，提供网页和 FTP 文件两套搜索引擎。

图 3-9 天网界面

② 输入检索关键词进行检索。

③ 下载指定文件。

浏览检索结果，在相应的文件名图标上右击，单击“目标另为”命令，出现“另存为”对话框，选择合适的文件夹，必要时可修改文件名，然后保存。

如果一切正常，接着系统就会开始下载并报告下载进度，下载结束后出现“下载完毕”的对话框，单击“关闭”将结束下载操作。

8. 网站下载

网站下载需要应用离线浏览软件进行下载，下面介绍几个常用的网站下载工具。

（1）WebCHM。WebCHM 是中国最强大的多线程离线浏览软件，专业的下载大型网站的工具。可以下载整个网站所有的文件，也可以只下载同一个目录的文件，还可以下载指定的层次。主要特色是可以下载超大型的网站（容量>10GB，文件数目>100 万的网站），并且内置了 CHM 压缩引擎，可以灵活方便地将下载的网页制作成 CHM 压缩文档。下载大型网站时，可以边下载边压缩到 CHM 文档，以节省空间；下载几百篇文章的小说时，可以下载后再制作成可以在 PDA 上阅读的 CHM 格式的电子书。支持断点续传、在线升级、分类管理等功能，操作方便，体贴用户。

（2）WebZip。WebZip 把一个网站下载并压缩到一个单独的 ZIP 文件中，可以帮您将某个站台全部或部份之资料以 ZIP 格式压缩起来，可供你日后快速浏览这个网站。

（3）Offline Explorer。Offline Explorer 是相当方便使用的离线浏览工具，可排定抓取时间、设定 Proxy，也可选择抓取的项目及大小，可自设下载的存放位置及存放的空间限制。它内置浏览程序，可直接浏览或是使用自己喜欢的浏览器来浏览且更可直接以全浏览窗切换来作网上浏览，另外，它对于抓取的网站更有 MAP 的提供，可更清楚整个网站的连结及目录结构。

（4）SuperBot。SuperBot 是个全自动的离线浏览软件，不需要做太多的设定，便可以将自己想看的网站给整个搬回家!SuperBot 与一般的离线浏览软件最大的不同处在于它的操作使用相当简单，只要设定好想要下载的网站路径以及下载网页存放的路径，SuperBot 便可以自动进行网页下载。

实践环节

在本活动中，根据自己的学科，从 Google（www.google.com）、百度（www.baidu.com）或其他你熟悉的搜过引擎中搜索出和自己学科相关的网站，并浏览其网站，将你认为比较有价值的网站填写在表 3-4 中，介绍给其他同学。

表 3-4　推荐教学网站介绍

序号	网站名称	地　址	网站介绍

根据模块 2 中自己设计的教学方案，下载相关的文本、图片、音频、视频和动画等资源，与同伴一起分享下载策略。

项目 3　管理个人的信息化教学资源

随着时间的推移，积累的素材、资料会越来越多，为了日后查找使用方便,对下载的资源要做好管理工作。建一个结构合理、层次清晰的文件夹系统则是一种比较好的方法,图 3-10 所示就是一个学科教师所建的资源管理文件夹系统，可供参考。这样，当在网络上发现一个比较好的素材或其他资源时,或者设计了一份教学设计，编了一套试题或写了一篇论文时，就可将之以紧扣内容主题的文件名来命名，分门别类放入相应的文件夹中。

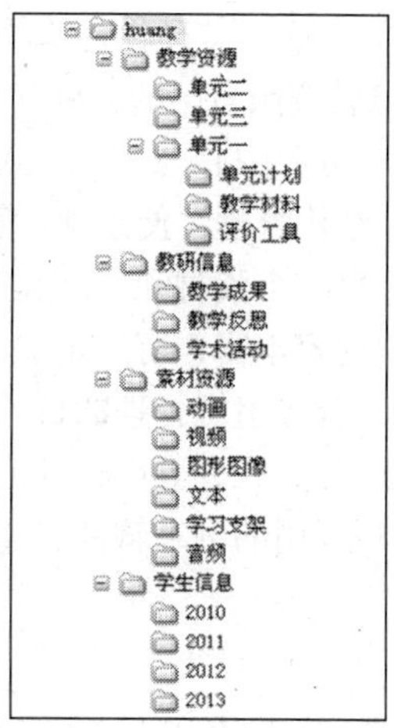

图 3-10　黄老师“信息化教学资源中心”

一、建立个人资源管理文件夹

由于教学资源形式的多样性和数量的无限性，我们检索和下载网络资源，为了充分有效地利用这些资源，要对资源进行及时评估、分类和保存。

为了提高工作效率和方便利用，学习者应有目的的创建个人教学资源中心，教学资源中心的存储目录要有清晰的分层结构，对于下载的信息资源能分门别类地存放到相应的文件夹下，确保资源有序存放，切忌随意乱存，以保证在需要时可进行高效的检索和提取。

头脑风暴

在这个活动中，请与同伴一起观摩讨论图 3-10 中黄老师的“信息化教学资源中心”，一同分析一下黄老师是如何组织和管理自己的信息化教学资源的。通过观摩和分析，请与你的同伴一起思考并讨论这种管理方法的优点及缺陷，并尝试与同伴们一起创设你们认为更加合理高效的管理方法，并请将你们的思考结果记录在表 3-5 中。

表 3-5 信息化教学资源中心的优点和缺点

优　点	缺　点

从黄老师的“信息化教学资源中心”里，我们看到了黄老师对于教师工作的用心、倾情。在这些资源中，有教学过程中即时生成的信息，也有各种各样丰富多彩的素材性信息，这样的一个资源中心，不仅是黄老师多年工作经验、反思及不断学习与发展的积累与积淀，更是黄老师宝贵的教育教学宝库及专业发展的坚实基石。

实践环节

在这个环节中，你需要在 E:\盘下，按照图 3-10 给出的文件夹样例，创建自己的个人信息化教学资源中心，整理你之前的文件夹，将之前的保存的文件进行分门别类。在你今后的学习过程中，你可以按照自己的喜好和分类习惯进一步去发展和完善该中心。这将是专属于你的第一个“信息化教学资源中心”，检查你的文件夹，确保你的信息化教学资源中心达到：

① 结构合理，便于搜索管理；

② 每一个素材和作品起一个有意义的名字，以方便日后使用；

③ 内容丰富，有一定的容量。

教学资源组织管理的目的是为了更方便地加以利用。所以当我们获取了各种多媒体素材及其他信息资源之后，可以将其记录在光盘上，方便随时随地调用。刻录光盘的软件众多，下面介绍一个小巧好用的刻录软件。

实用小工具

小巧好用的光盘刻录软件 imgBurn

要将教学资料或学生的信息、作业刻录成光盘，就要找个刻录软件，Nero 和 Alcohol 等都是专门刻录软件，功能虽然比较全面，但体积也都很“强大”，如果不是经常使用，安装起来有些浪费，因此可以选择了个小巧的 imgBurn，如图 3-11 所示。ImgBurn 旨在提供最迷你、最实用的免费刻录解决方案，使用起来非常顺手。它支持所有主流刻录机和所有主流光存储媒介，可刻录几乎所有常见的光盘镜像，ImgBurn 可以将光盘中的内容抓取成镜像文件，也可以刻录镜像文件到光盘。能够方便地进行各种光盘刻录，包括数据光盘，VCD/DVD 以及音乐光盘等。而且还支持诸多先进的防刻死和刻坏盘特性，从 Windows XP 到最新的 Windows 7 均能正常使用。它不仅使用简单，而且免费、高效、兼容性好。

需要注意的是，ImgBurn 默认语言是英文的，你需要另外下载中文包（在文章完结处）。把中文包复制到 language 目录下，在 tools-setting 的 language 列表中，把语言改成中文就可以了，如图 3-12 所示。

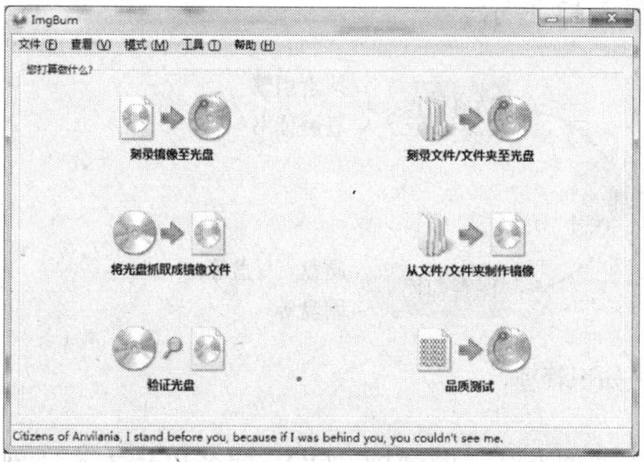

图 3-11　ImgBurn 的主界面

图 3-12　ImgBurn 的设置界面

二、建立自己的网络储存空间

当我们积累了大量的教学资源后，就需要将它们合理保存，保存的目的是在使用的时候能够最快速和准确地查询到相关内容。除了保存在自己计算机或刻录光盘外，为了方便使用，还可以申请网络硬盘进行在线存储。保存在本地的好处是较为安全，断网的时候也能查看，保存在网络的好处是只要能上网就能查看，分享更为方便。

网盘，又称网络 U 盘、网络硬盘，是一些网络公司推出的在线存储服务。向用户提供文件的存储、访问、备份、共享等文件管理功能，使用起来十分方便。不花钱的移动硬盘。用户可以把网盘看成一个放在网络上的硬盘或 U 盘，不管你是在家中、单位或其他任何地方，只要你连接到因特网，就可以管理、编辑网盘里的文件。不需要随身携带，更不怕丢失。

知识卡片

我国常见的网盘

目前我国常见的网盘有：金山快盘、联想网盘、华为网盘（原 DBank 网盘）、千军万马网盘、115 网盘、百度网盘、酷盘、新浪微盘、360 云盘、共享盘、T 盘（金山网络出品）、云诺（YUNIO）、EverBox（盛大网盘）、微软 skydrive、迅载网盘、网丫场、PocketDisk 启明网盘、抽屉网盘、网易网盘、iBoxFile、WebDisk、126 网盘、139 邮箱网盘、网盘卡卡网盘、16 密盘、永硕 E 盘、QQ 随身盘、265 网络硬盘 vdisk、纳米盘、同步盘、TOM 网盘、uc 网盘、51 网盘、99 盘、速度盘、凯备份等，有些是完全免费的，有些是收费兼免费的，用户可根据需要选用。

用户在选用网盘时应当慎重，因为一些免费网盘的存活期比较短。用户重要的文件资料最好不要放在网盘里，以免网盘提供商停止服务后，造成用户文件永久性的丢失。

实践环节

在这个环节中，你可以给自己申请一个网盘，并将你的现有的信息化教学资源上传，利用同步工具进行素材备份。

三、个人的知识管理

个人知识管理（Personal Knowledge Management）的概念一般指个人通过工具建立知识体系

并不断完善，进行知识的收集、消化吸收和创新的过程。总体来说，个人知识管理工具软件可以是网络版或单机版，每个人可以根据自己的实际需要和习惯选择相应的工具进行学习、保存、分享和使用知识，做到对自己知识的有效管理，如图 3-13 所示。

图 3-13　个人知识管理

前面我们介绍了搜索引擎的技巧和资源的保存管理方法，而微博、QQ、博客也是大家所熟悉的。下面我们将主要介绍思维导图来启发表达发射性思维，开发大脑潜能。

思维导图是有效的思维模式，是表达发射性思维的有效的图形思维工具，是应用于记忆、学习、思考等的思维“地图”，有利于人脑的发散性思维的展开。

思维导图是一种将放射性思考具体化的方法，运用图文并重的技巧，把各级主题的关系用相互隶属与相关的层级图表现出来，把主题关键词与图像、颜色等建立记忆链接，思维导图充分运用左右脑的机能，利用记忆、阅读、思维的规律，协助人们在科学与艺术、逻辑与想象之间平衡发展，从而开启人类大脑的无限潜能，思维导图因此具有人类思维的强大功能。

知识卡片

思维导图

它是英国人托尼·巴赞创造的一种笔记方法，英国教育学家东尼·巴赞（Tony Buzan）在大学时代，在遇到信息吸收、整理及记忆的困难时，前往图书馆寻求协助，却惊讶地发现没有教导如何正确有效使用大脑的相关书籍资料，于是开始思索和寻找新的思想或方法来解决。

英国著名心理学家东尼·博赞在研究大脑的力量和潜能过程中，发现伟大的艺术家达·芬奇在他的笔记中使用了许多图画、代号和连线。他意识到，这正是达芬奇拥有超级头脑的秘密所在。在此基础上，博赞于 19 世纪 60 年代形成了发射性思考（Radiant Thinking）和思维导图法（Mind Mapping）的概念。发明了思维导图这一风靡世界的思维工具。和传统的直线记录方法完全不同，思维导图以直观形象的图示建立起各个概念之间的联系，利用色彩、图画、代码和多维度等图文并茂的形式来增强记忆效果，使人们关注的焦点清晰地集中在中央图形上。思维导图允许学习者产生无限制的联想，这使思维过程更具创造性。

随着人们对思维导图的认识和掌握，思维导图可以应用于生活和工作的各个方面，包括学习、写作、沟通、演讲、管理、会议等。

思维导图在英国、美国、澳大利亚、新加坡等国家的教育领域也有广泛应用，在提高教学效果方面成效显著。有些国家从小学就开始展开思维导图的教育。

实践环节

在这个环节中，与你的小组成员讨论，你们认为思维导图具有哪些用途，将你们小组的讨论结果绘制成一张思维导图，并与其他同学分享。

你只需准备好下面提到的东西，就可以开始画了。思维导图诞生的初期，完全是手绘作品。

通过手绘思维导图，可以促进左脑和右脑的合理应用，促进大脑的潜能开发，在提高记忆力，促进知识的整理、消化和吸收等方面效果卓越。通过不断手绘可以创造出属于自己的、独具特色的作品。绘制思维导图并不像你想象的那样复杂。

制作工具：①A4 或 A3 白纸一张；②几只彩色水笔；③1 支标准钢笔。

1. 绘制思维导图的步骤

（1）从一张白纸的中心开始绘制，周围留出空白。

我们以前作的笔记，都会把最大的主题写在笔记本纸面上最顶格的中间。而思维导图则把主题体现在整张纸的中心，并且以图形的形式体现出来。我们称之为中央图。

（2）用一幅图像或图画表达中心思想。

一幅图画抵得上 1 000 个词汇，它能帮助你运用想象力。图画越有趣越能使你精神贯注，也越能使大脑兴奋!在白纸的中心画上中心主题如图 3-14 所示。

图 3-14　绘制中心主题

（3）在绘制过程中使用颜色。

每条分支要用不同的颜色，每条分支用不同颜色可以让你对不同主题的相关信息一目了然。

（4）建立中心图像和几级连接。

将中心图像和主要分支连接起来，然后把主要分支和二级分支连接起来，再把三级分支和二级分支连接起来，依此类推。

大脑是通过联想来思维的。如果把分支连接起来，人会更容易地理解和记住许多东西。把主要分支连接起来，关键知识点之间的连接线会引导你进行积极主动思考，同时也创建了你思维的基本结构，加快系统的整合知识，为你的知识融会贯通创造了极其有利的条件。

（5）让思维导图的分支自然弯曲而不是像一条直线。

曲线和分支，就像大树的枝丫一样更能吸引人的眼球。用不同颜色绘制不同的分支曲线，如图 3-15 所示。

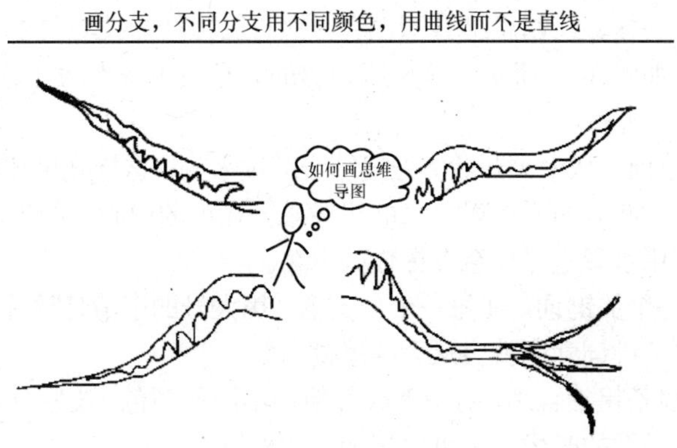

图 3-15　绘制分支曲线

（6）在每条线上使用一个关键词。

重要的内容要由关键词来表达，而不是让这些关键词埋没在一大堆相对不重要的词汇之中，阻碍了大脑对各关键概念之间作出合适的联想。为分支写上关键词，如图 3-16 所示。

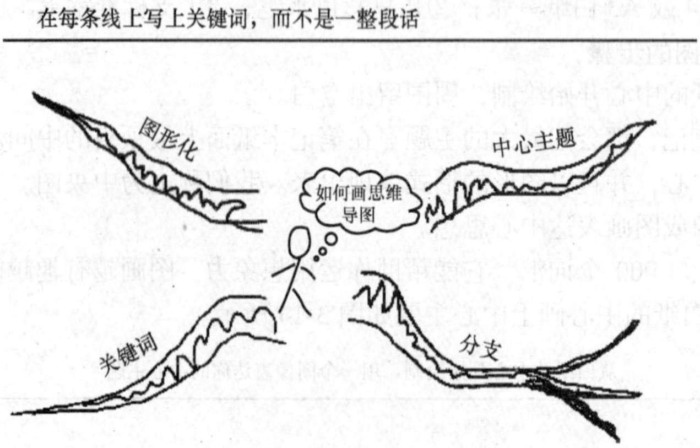

图 3-16　绘制分支关键词

（7）自始至终使用图形。

图像的使用加深了我们的记忆，思维导图是一种非常有用的思维工具，它是一种将思想图像化的技巧，也是将知识结构图像化的过程。尽量以图形的形式体现出来，如图 3-17 所示。

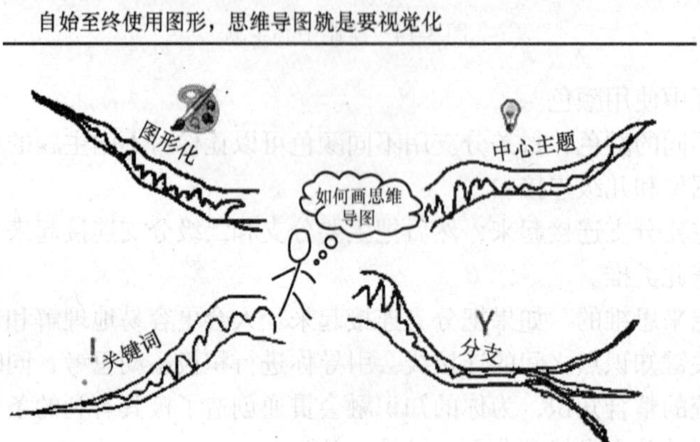

图 3-17　视觉化思维导图

2. 思维地图的绘制技巧

就像画画需要技巧一样，绘制思维导图也有一些自己独特的技巧要求。人们在绘制思维导图时形成一些绘制规则，如图 3-18 所示，这里所列出的只是最为基本的几点。

（1）清晰明白。

① 让纸张横放在桌前，从中央开始。先把纸张横过来放，这样宽度比较大一些。绘画时，应先从图形中心开始，画一些向四周放射出来的粗线条。在纸的中心，画出能够代表你心目中的主体形象的中心图像。再用水彩笔尽任意发挥你的思路。

② 每条线上只写一个关键词。在每一个分支上，用大号的字清楚地标上关键词，这样，当你想到这个概念时，这些关键词立刻就会从大脑里跳出来。

③ 同级别主题的线条粗细合理。每一条线都使用不同的颜色，这些分支代表关于你的主体的主要思想。在绘制思维导图的时候，你可以添加无数根线。

④ 间隔要安排合理，边界要能“接受”分支概要。

（2）突出重点。

① 一定要用中央图，次主题 3 ~ 7 个。

② 尽可能用色彩丰富的图形。

③ 中央图形上要用 3 种或者更多的颜色。

④ 图形要有层次感，可以用 3D 图。

⑤ 字体、线条和图形尽量多一些变化。

（3）使用联想。

根据你联想到的事物，从每一个关键词上发散出更多的连线。连线的数量取决于你所想到的东西的数量——当然，这可能有无数个。要善于运用你的想象力，改进你的思维导图。

① 在分支之间进行连接时，可使用箭头。

② 在每一个关键词旁边，画一个能够代表它、解释它的图形。

③ 使用各种相关的色彩，图示、符号。

（4）形成个人风格。

① 布局合理，层次分明。

② 条理顺序，使用数字。

③ 图形简洁，清楚易懂。

④ 夸张手法、有趣。

⑤ 颜色搭配和谐，总体效果好。

思维导图可以应用于生活和工作的各个方面，包括学习、写作、沟通、演讲、管理、会议等，随着你对思维导图的认识和掌握，将能提高你的知识使用和管理能力。

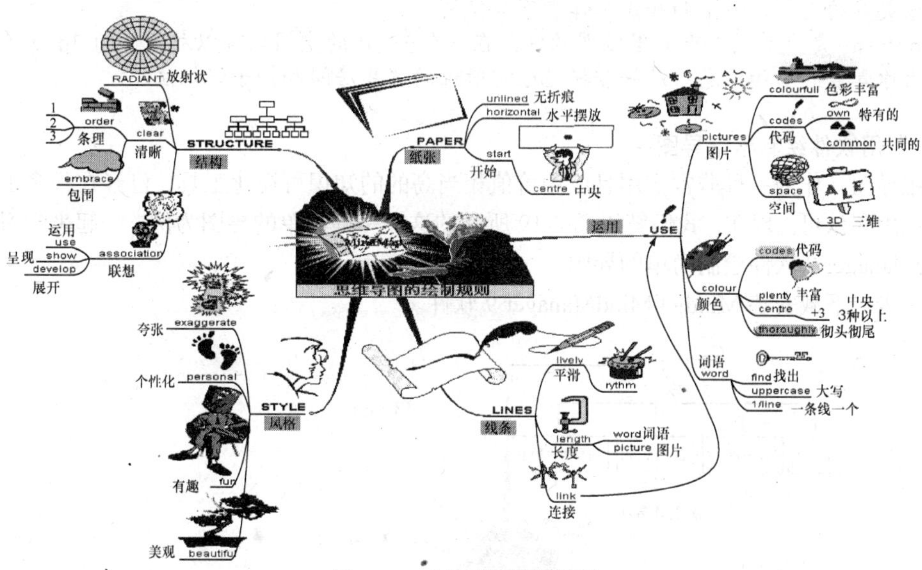

图 3-18　思维导图绘制规则

知识卡片

思维导图的相关软件

由于思维导图具有这样强大的思维功能，许多软件开发人员先后开发出形形色色的思维导图制作软件来帮助人们更好管理自己的思想。

mindmapper 严格地遵守托尼巴贡的制图法则，关键字都是放在延伸手臂上。能够提供 xml 的输出能与微软办公软件沟通，还有最妙的时间线进度。快捷键是最好用的，无需点鼠标就可以建立新节点。

Mindmanager 由美国 Mindjet 公司开发，界面可视化，有着直观、友好的用户界面和丰富的功能，可使使用者有序地组织思维、资源和项目进程，同时它是高效的项目管理软件，能很好地提高项目组的工作效率和小组成员之间的协作性。它作为一个组织资源和管理项目的方法，可从思维导图的核心分支派生出各种关联的想法和信息：与同类思维导图软件相比最大的优势，是软件同 Microsoft 软件无缝集成，快速将数据导入或导出到 MicrosoftWord、PowerPoint、Excel、Outlook、Project 和 Visio 中，使之在职场中有极高的使用人群，也越来越多受到职场人士青睐，并作为很多思维导图培训机构的首选软件。

iMindMate 是简单、易用、灵巧心智图软件，基于数据库，支持中、日、英 3 种语言。

FreeMind 是一款跨平台的、基于 GPL 协议的免费软件，用 Java 编写，是一个用来绘制思维导图的软件。其产生的文件格式后缀为.mm，它可用来作为：管理项目（包括子任务的管理，子任务的状态，时间记录，资源链接管理）；笔记或知识库；文章写作或者头脑风暴；结构化的存储小型数据库。

XMIND 跨平台的思维导图软件，支持多国语言，可以运行在 Windows、Mac OS X 和 Linux 三大操作系统上。XMind 是一款易用性很强的软件，通过 XMind 可以随时开展头脑风暴，帮助人们快速理清思路。在 Windows 下的安装包 14MB，安装后 27MB，体积尚算小巧。它的界面比此前使用的 FreeMind 要美观很多，绘制出的思维导图也更加漂亮，功能也更加丰富。加上它兼容 FreeMind 和 MindManager 数据格式，并且不仅可以绘制思维导图，还能绘制鱼骨图、二维图、树形图、逻辑图、组织结构图，可以帮助人们在学习和工作中提高效率。

Keystone Concept Map（概念图），是一款国产的图像式思考辅助工具软件，可以帮助您进行概念分析、相关性分析，整理知识点的相互关系，构建基于图像的可视化知识表征，更好地帮助我们理解和记忆，可用在知识管理、思维整理、教育教学等领域。Keystone Concept Map 是免费的，鼓励更多的老师、学生和知识工作者下载使用。

Mindscene 是目前最直观的思维图软件，在一个全 3d 的空间里可以放上你的 3d 房子，在房子里放上你喜爱的书和信息。最符合托尼巴贡所说的罗马房间和钩子记忆法。

3. 利用软件绘制思维导图

思维导图，作为一种非常实用且应用价值相当高的的知识可视化工具，已经在很多工作中得到普遍应用和认可。现在，我们就以图 3-19 所示的这样一幅简单的导图为例，一起来学习如何利用 MindManager 9 软件绘制简单的导图。

第一步：下载安装 Mindjet MindManager 9 软件。

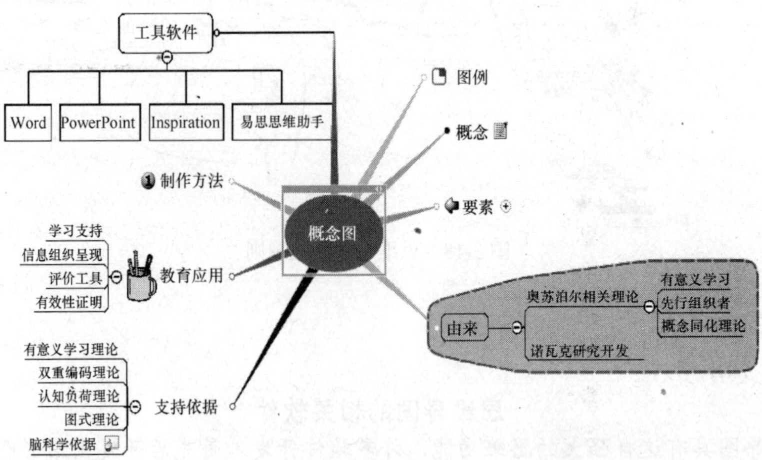

图 3-19　利用 MindManager 绘制思维导图

第二步：双击 Mindjet MindManager 9 的桌面图标，启动该软件，进入界面，如图 3-20 所示。

第三步：新建文件，单击文件——新建，新建文件界面如图 3-21 所示。

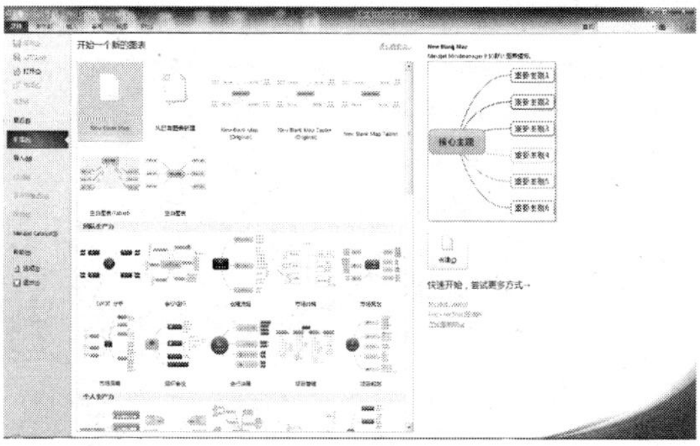

图 3-20　MindManager 9 主界面

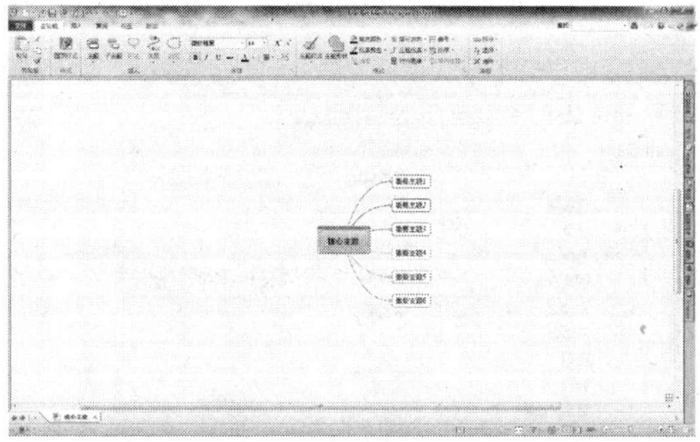

图 3-21　MindManager 9 新建文件界面

第四步：在所示的图形图像中输入相应的文字如图 3-22 所示。具体操作时可以一次性把所有主题列出，也可以一个一个地画，根据个人习惯而定。操作时按下“Enter”键，添加一级节点，按下“Enter”键，添加一级节点，再次按下“Enter”键，添加下一个一级节点，依次类推，直到添加最后一个一级节点。最后，调整一级节点与主题节点的位置，建立初步的思维导图结构。

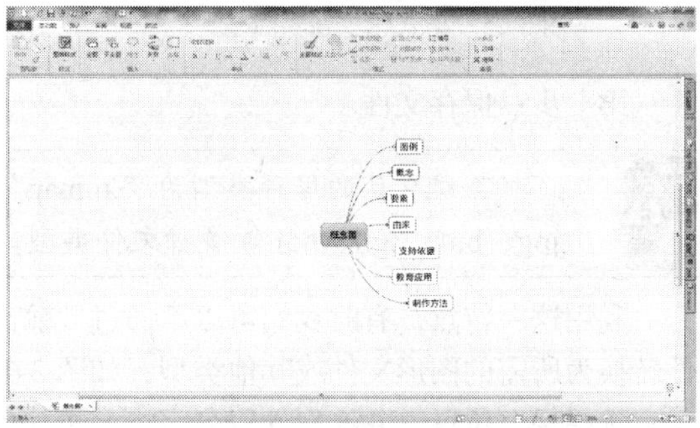

图 3-22　输入主题词

第五步：插入次要主题。

这里我们可以将中心标题作为父主题，也即最高级，那么主题就是一级内容，而次要主题就是二级、三级、四级……内容了。根据设计内容，插入多个次要主题，这也是思维导图中所说的树型结构。当选中一个子主题时，按“Insert”键，则会在此子主题下，新出现一个下级子主题，如图 3-23 所示。添加其他内容，大致完成绘制，图 3-24 所示。

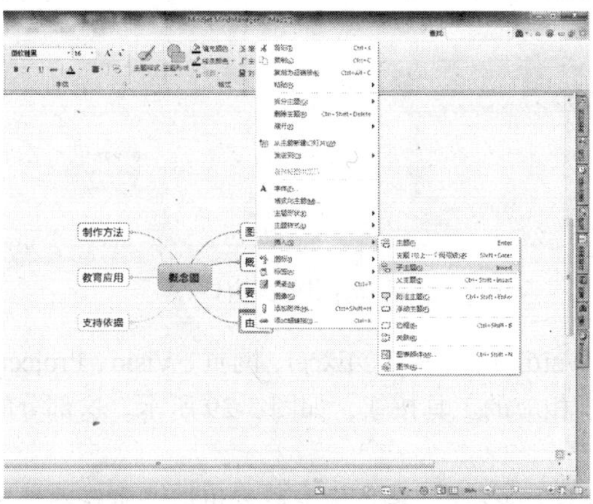

图 3-23　插入子主题

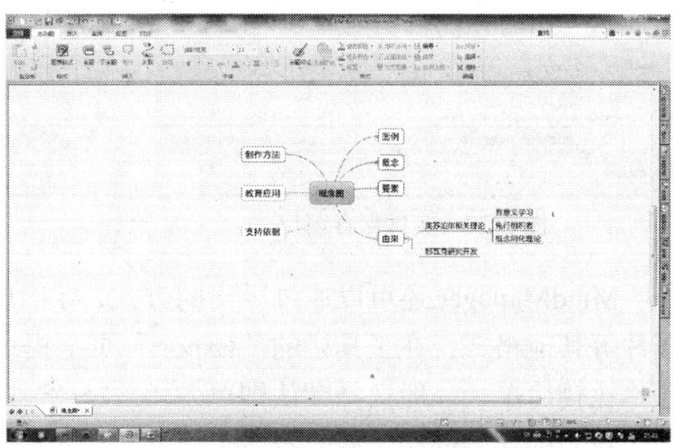

图 3-24　绘制导图结构

第六步：美化工作。

可以通过样式进行思维导图美化，各个主题和次要主题的位置都是可以任意移动的，通过字体可以对字体进行字体、字形、大小、颜色进行设计。通过格式化主题可以对主线条及填充颜色、图片与文字排列、尺寸、子主题的布局、线条样式等进行设计调整，如图 3-25 所示。

也可以利用右边任务窗口中的标记、图库等为主题加上视觉符号，如图 3-26 所示。且可以利用连接线表示它们之间的关联，为主题及各级结构加上边框等。

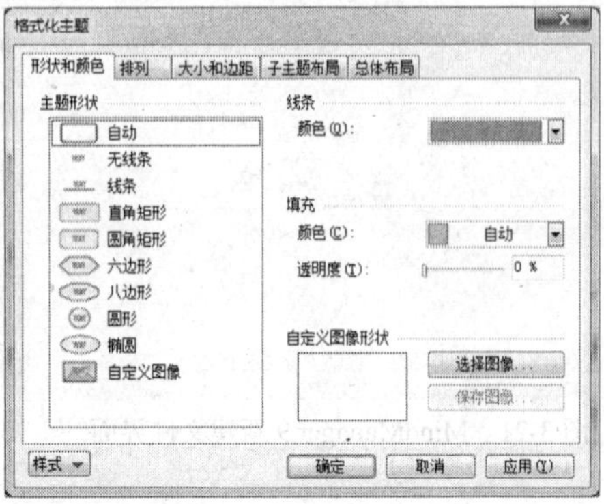

图 3-25　格式化主题界面

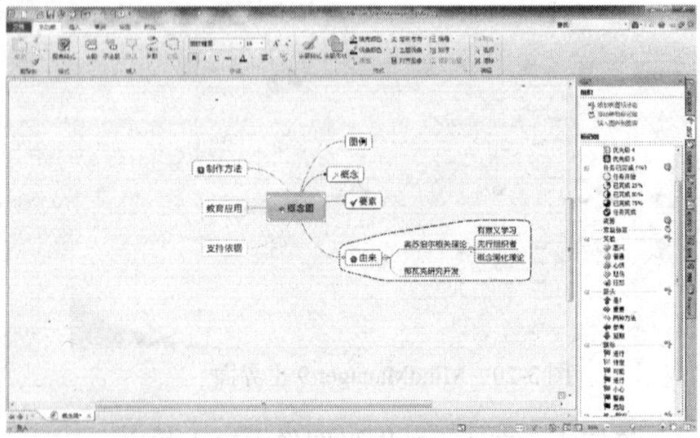

图 3-26　标记任务窗口

第七步：保存文件。

注意　系统默认的保存类型为“.mmap”文件，但它支持的保存类型有许多种，包括 doc、jpg、bmp、gif、pdf 等多种文件类型。

利用这一特点，有时我们可以不通过“输出”命令，而直接利用保存（或另存为）功能将文件转换为所需的图形文件或其他类型，如图 3-27 所示。

选择保存位置，并给文件取名字，一幅简单的导图已经制作完成了。

第八步：保存为其他文件。

MindManager 能够将思维导图保存为其他格式，如图 3-28 所示。

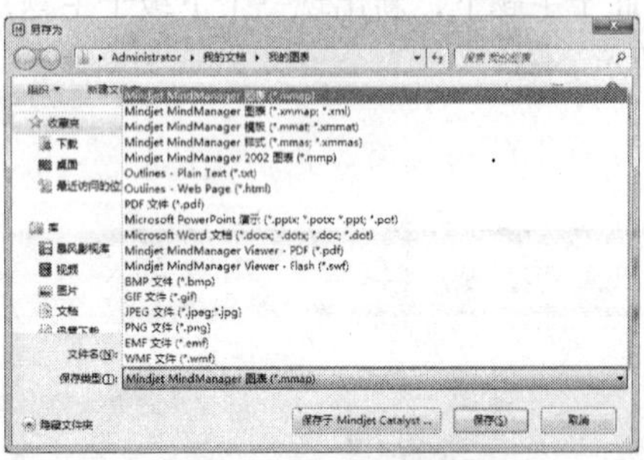

图 3-27　文件保存窗口

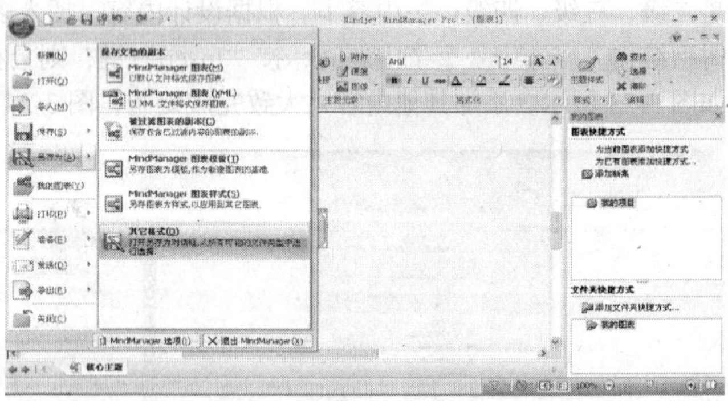

图 3-28　另存为其格式窗口

MindManager 还可以通过导出的方式，导出成 Word、Pdf、PPT、Excel、网页、Visio、Project、图片等其他格式，在工具栏的“Export”页上提供了相应的工具按钮，如图 3-29 所示。这部分的操作比较简单，一般选择默认即可。

我们的导图创作之旅暂告一个段落，经过这一阶段的学习，相信大家已经可以非常娴熟地利用 MMP 软件工具辅助完成相关的文稿构思、整理工作思路、制作演示文稿等工作，当然，我们这里只介绍了 MMP 软件工具最简单、最常用的操作技巧，还有很多其他的功能，有待大家在以后的应用过程中慢慢探索，不断尝试与总结。如果你在应用中有什么新的收获和好的体悟，别忘了和我们分享！

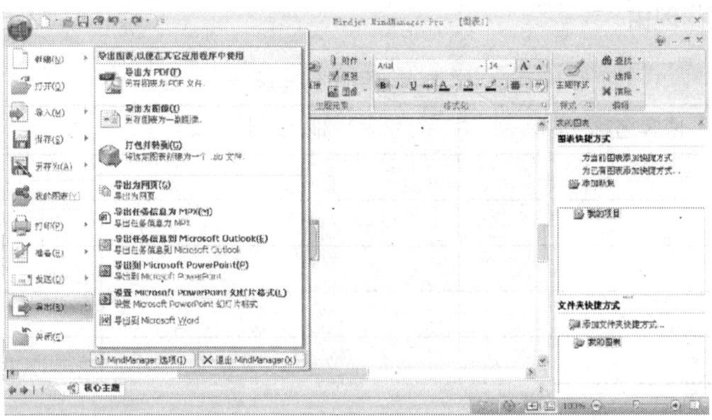

图 3-29　导出窗口

实践环节

在这个环节中，请你依据自己教学设计方案选择的主题，尝试利用思维导图软件绘制成一张思维导图，领会该工具的基本操作技术，并与给其他同学分享。

四、资源的分享与交流

除了管理好自己的教学信息资源外，教师还应更新观念，树立开放、协作与交互的观念，特别是通过网络加强分享和协作。

1. 博客及教育中的应用

中文“博客”一词，源于英文单词 Blog/Blogger。Blog，是 Weblog 的简称。Weblog，其实是 Web 和 Log 的组合词。Web，指 World Wide Web，当然是指互联网了；Log 的原义则是“航海日志”，后指任何类型的流水记录。合在一起来理解，Weblog 就是在网络上的一种流水记录形式或者简称“网络日志”。Blogger 或 Weblogger，是指习惯于日常记录并使用 Weblog 工具的人。

Blog 究竟是什么？说白了一个 Blog 就是一个网页，它通常是由简短且经常更新的帖子（Post）所构成，这些张贴的文章都按照年份和日期倒序排列。撰写这些 Weblog 或 Blog 的人就叫做 Blogger 或 Blog writer。

博客存在的方式，一般分为 3 种类型：一是托管博客，无需自己注册域名、租用空间和编制网页，博客们只要去免费注册申请即可拥有自己的博客空间，是最“多快好省”的方式。二是自建独立网站的博客，有自己的域名、空间和页面风格，需要一定的条件。三是附属博客，将自己的博客作为某一个网站的一部分（如一个栏目、一个频道或者一个地址）。这三类之间可以演变，甚至可以兼得，一人拥有多种博客网站。

能申请个人博客的网站比较多，新浪、网易、搜狐、百度、51、Q-zone、MSN、QQ 都有自己的博客空间，此外，还有中国博客、博客大巴等专门的博客网站可以申请个人的博客。学习者可以根据自己的上网习惯和网络人际交流习惯建立自己的博客天地，利用博客来记叙、反思自己的教育、学习活动，方便相互交流与学习。

实践环节

在这个环节中，请通过搜索浏览来网罗优秀的教育博客，直观了解优秀教育博客的特点和应用。在搜索观察中，与你的小组成员讨论，将你们认为比较优秀教育博客推荐给其他同学，在表

3-6中填写地址和推荐理由。

表3-6　　优秀的教育博客推荐表

序号	博客名称	地　址	推荐理由

2. 网络环境下卓越的协作工具——维基百科（Wikipedia）

（1）维基百科（Wikipedia）。

Wikipedia是Web 2.0的代表性应用，常被译为“维基”，指的是一种面向社群的协作式写作的超文本系统。Wiki一词来源于夏威夷语的“wee kee wee kee”，发音wiki，原本是“快点快点”的意思，被译为“维基”或“维客”。作为一种多人协作的写作编辑工具，网民可以任意选择匿名或实名方式编辑或添加内容。

（2）Wikipedia的特点。

维基百科（Wikipedia）是一个基于Wiki技术的全球性多语言百科全书协作计划，同时也是一部用不同语言写成的网络百科全书，其目标及宗旨是为全人类提供自由的百科全书——用他们所选择的语言来书写而成的，是一个动态的、可自由访问和编辑的全球知识体。

维基百科全书，自2001年1月15日正式成立，由维基媒体基金会负责维持。截至2012年1月，维基百科条目数第一的英文维基百科已有385万个条目，而全球所有282种语言的独立运作版本共突破2100万个条目，总登记用户也超越3200万人，而总编辑次数更是超越12亿次。大部分页面都可以由任何人使用浏览器进行阅览和修改，英文维基百科的普及也促成了其他计划，例如，维基新闻、维基教科书等计划的产生，虽然也造成对这些所有人都可以编辑的内容准确性的争议，但如果所列出的资料来源可以被审查及确认，则其内容也会受到一定的肯定。

中文维基百科（http://zh.wikipedia.org/）于2002年10月24日正式成立。截至2012年1月，中文维基百科已拥有40万个条目，此外尚有其他汉语系语言维基百科，包括闽南语维基百科、粤语维基百科、文言文维基百科、吴语维基百科、闽东语维基百科、赣语维基百科及客家语维基百科等，皆是众多不同语言维基百科的成员之一。与博客、论坛等常见系统相比，维基百科有以下特点。

① 使用方便。维护快速：快速创建、更改网站各个页面内容。

格式简单：基础内容通过文本编辑方式就可以完成，使用少量简单的控制符还可以加强文章显示效果。

链接方便：通过简单的“[[条目名称]]”，可以直接产生内部链接。外部链接的引用也很方便。

② 自组织。自组织的：同页面的内容一样，整个超文本的相互关联关系也可以不断修改、优化。

可汇聚的：系统内多个内容重复的页面可以被汇聚于其中的某个，相应的链接结构也随之改变。

③ 可增长。可增长：页面的链接目标可以尚未存在，通过点选链接，我们可以创建这些页面，

使系统得以增长。

修订历史：记录页面的修订历史，页面的各个版本都可以被取得。

④ 开放性。开放的：社群内的成员可以任意创建、修改或删除页面。

⑤ 可观察。系统内页面的变动可以被来访者清楚观察得到。

Wiki 支持面向社群的协作式写作，同时也包括一组支持这种写作的辅助工具。有人认为，Wiki 系统属于一种人类知识的网络系统，我们可以在 Web 的基础上对 Wiki 文本进行浏览、创建、更改，而且这种创建、更改及发布的代价远比 HTML 文本小；与此同时 Wiki 系统还支持那些面向社群的协作式写作，为协作式写作提供了必要的帮助；最后，Wiki 的写作者自然构成了一个社群，Wiki 系统为这个社群提供了简单的交流工具。与其他超文本系统相比，Wiki 有使用简便且开放的优点，所以 Wiki 系统可以帮助我们在一个社群内共享某个领域的知识。

由于 Wiki 的自主性，可增长以及可观察的特点，使 Wiki 本身也成为一个网络研究的对象。对 Wiki 的研究也许能够让人们对网络的认识更加深入。

另外，因为 Wiki 是一个群体协作的平台，所以它还有平等、共享的特点。

（3）Wiki 的教育应用。

维基的精神是：自由开放、共建共享。维基百科无疑是传承这种精神最成功的范例。维基百科，也被称为自由的百科全书，目前其内容条目的容量已经超过大英百科全书，而其内容的权威和准确性也与其相当。不过与大英百科全书不同的是，维基百科的条目内容由数目庞大的普通人义务参与编写，这也正是它快速成长和吸引众多访问者的原因。虽然维基百科发展风波不断，不过在许多专家看来，Wiki 和 Blog 是未来互联网应用的方向。随着内容越具丰富、维基百科以及其他维基媒体项目（维基词典、维基教科书等）已经成为互联网上最大的、开放的教育资源库。

头脑风暴

在这个活动中，请与同伴一起浏览观摩几个典型的 Wiki 在教育中的应用案例，并与你的同伴一起讨论：在教育中可以利用 Wiki 来做什么，将讨论结果填写在表 3-7 中。

表 3-7　Wiki 的教育应用

序号	Wiki 名称	地　址	具有功能

精彩案例

① 先得教育维客（http://wiki.nsjy.net）

“先得教育维客”是先得教育联盟最新推出的应用 Wiki 技术搭建的教育精品资源专题网站，所有的资源均来自于互联网上，本站所有文字内容由网络共产主义者集体义务撰写，自由版权。目的是将散落在互联网知识大海中的珍珠用课程标准的知识网络串接起来，方便于大家在最短的时间内找到最精华的网上资源。“各尽所能，各取所取，共建网络大同世界。”

网站特别关注适用于新课改的精品网上资源、我国正在全面实施的新课程标准、新课改国家级实验区的经验、Wiki 教育应用等内容。

② High School Online Collaborative Writing

这是一个支持高中学生的在线协作创作的一个 Wiki 平台 http://schools.wikicities.com/。这个项目开展得非常成功，包括的主题非常广泛，里面的文章也各具特色，精彩不断。这或许是在传统的学生作文刊物中看不到的情形：学生自由的写作，不限题材和主题，一些有特点的文章也不会因为编辑的原因而被阻限。这才是真正具有创造力的地方！

③ Wikiville（http://www.wikiville.org.uk）项目是由英国的 John Bidder 建立，目的是让孩子们从自己的角度和用自己的语言描述自己的家乡。这是一个非常精彩的项目，今年 2 月 13 日才上线，它鼓励世界各地的学生和教师参与进去，中国以及中国香港、中国台湾地区的学生也是计划的一部分。目前一些英语国家的学生已经开始在网站上发布内容了。21 世纪的学生正在用他们家乡的生活构造一个全球化的故事，Wikiville 正在给他们这个机会。

3. 其他的共享网站

实践环节

在这个活动中，请与你的小组成员讨论，还有哪些网站提供信息共享交流，将你们认为比较有特点的共享网络推荐给其他同学，并填写在表 3-8 中。

表 3-8　　共享交流网站推荐表

序号	网站名称	地　址	共享方式、特点

精彩案例

http://72ren.com

72 人拜师网中国首创的真人拜师学艺社区，取意于孔夫子的思想“三人行，必有我师”和“弟子三千，达者七十二人”。拜师网致力于树立个人的互联网形象，分享专业知识和才艺，以此营造出一个独特的东方式人际关系圈。其中有特殊技能的老师可以通过开馆收徒和远程互动来完成知识的传播交易。

72 人的核心平台是给每位用户一个“学馆”，玩法相当简单，就是每个老师就在网上“开馆”作为自己的主页。

核心产品是“课本”，即用户发表有趣味或有实用价值的图文技术贴（可以是连环画形式的生活、科技博客；原创的视频、音频内容），来达到知识分享和人际互动的目的。我们推荐有用的和有趣的知识“课本”，任何精彩内容的发布，都将非常有助于增进您在网络的知名度，吸引大量“门人弟子”的关注。

用户将学术养料、专业知识、生活百科和实用技巧向 72 人发布。广大的网友就可以通过这个平台和明细的分类分享这些知识，并且通过您发布的趣味作业、课外活动或网上聊天来热情互动。

在收获更多朋友和弟子的同时，也有利于加大您在所攻专业、生意或者任何爱好领域的影响。同时您发布的内容迅速进入 Google、Baidu 的搜索引擎，不同的是，72 人更关注发布者本身的影响力，以人为中心，利用 sns 系统很好地为您收集对您最感兴趣那群网友之间的互动。

72 人拜师网力求吸引专业的、有创意的、有出众才华的精英人物加入，做一定深度、垂直专业的探讨和有价值的内容积累。为此，一批艺术工作者和生活领域方方面面的专家或者达人、各个群落的意见领袖正有意加入。

皮克西：身在纽约的摄影艺术硕士，专攻彩色摄影。每篇课本介绍一个摄影主题分类，详细的阐述摄影师与他们照片的不解之缘。

莎拉村妇：村妇本人生活在美国郊区身兼数职。每日一篇趣味故事课本，和莎拉村妇一起学习地道的美国口语和美国文化。

物理达人：中学物理教学达人，从事高中物理循环教学 12 年，被誉为“中学物理的教学达人”，上课形式多样，语言风趣幽默，深受学生的家长一致好评。

“好看簿” http://www.haokanbu.com 是一个图文并茂的博客网站，是一个帮助您用照片记录生活的图片博客，它以图片故事形式展示，用户可以图文并茂的分享自己的图片故事。它具有上传、记录、分享、保持联系、隐私保护、浏览等功能，一部分老师通过“好看簿”进行基于互联网的教学研究、交流和协作，并取得一定的效果。

唐晓勇的好看簿（http://sztxy.haokanbu.com）

唐晓勇，广东省教师工作室主持人，全球创新教师大赛第三名获得者（2009 巴西萨尔瓦多）。中央电教馆“技术启迪智慧”项目专家、全国中小学计算机研究中心兼职教研员。致力于技术支持的学习变革的实践与研究，关注儿童阅读、教师阅读、项目型学习、综合实践活动课程的开发与实践。

xiuli.zhuang 的好看簿（http://sociallearn.haokanbu.com）

庄秀丽，任教于北京师范大学教育技术学院，她是“教育大发现”（SocialLearnLab）社区的合伙发起人。担任“好看教研”（全称：基于好看簿之社会化教学活动设计）项目负责人工作。她个人兴趣与教学工作的着力点，都围绕社会性互联新技术的研究与应用，包括具体社会性软件工具的媒体特性研究、如何将社会性媒体工具应用于教学的方法策略研究以及社会性软件工具应用于教育教学的作用效果评价研究。

实践环节

（1）对 E 盘中自己的文件夹进行管理，建立结构合理的个人信息化教学资源中心，并在以后的学习中不断丰富内容，形成有一定容量的个人信息化资源中心。

（2）结合你设计的教学设计方案，搜索并下载与此教学方案有关各种教学资源，并保存在合适位置。

（3）画出反映这个单元的知识内容的思维导图并保存在合适位置。

（4）与同学之间相互浏览彼此的“信息化教学资源中心”，相互评点，找出存在问题，提出修改意见和建议。在互评观察中，请思考以下问题：

① 同伴针对我的“信息化教学资源中心”通常的问题是什么？

② 他们给我的建议是什么？

③ 为了进一步改善我的“信息化教学资源中心”，我的措施什么？

模块4 采集与制作多媒体素材

学习目标

1. 了解多媒体素材的类型、相关定义及常见文件格式。
2. 能够应用多种工具与方法获取多媒体素材。
3. 能够对收集的文本、图片、声音、视频、动画等资源素材进行简单的加工与处理。

知识导图

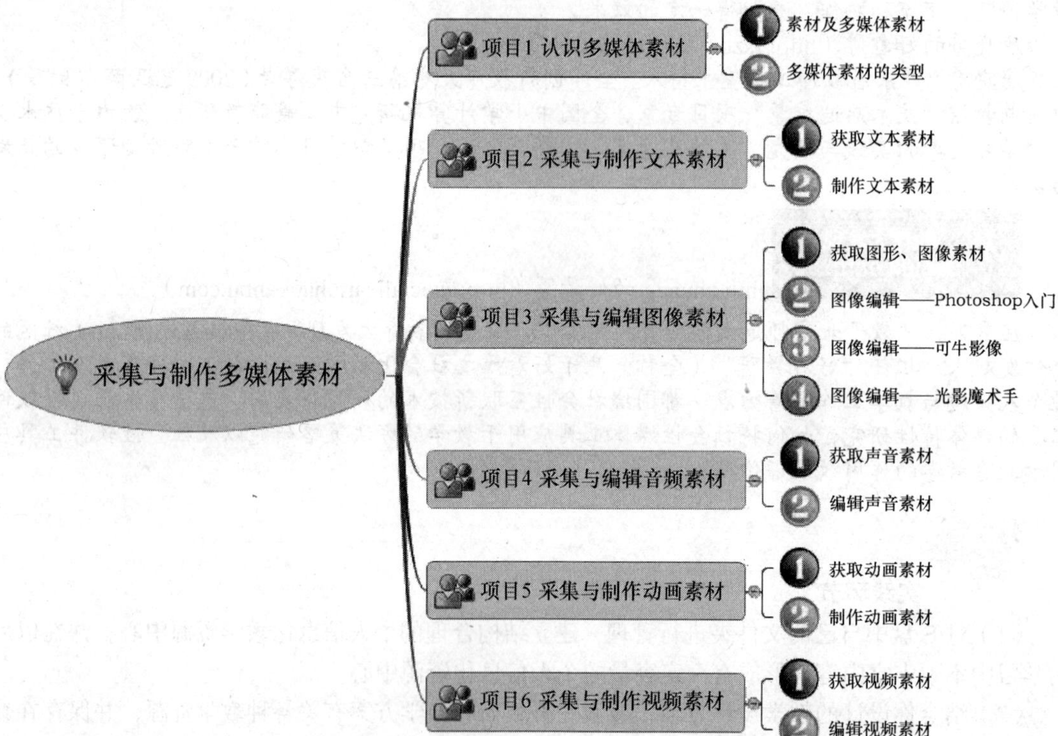

学习任务

1. 运用收集资源的方法，基于自己的教学设计，选择、收集所要使用的各类资源。
2. 运用文字处理工具对收集的文本资源素材进行简单的加工处理。
3. 运用图片处理工具对收集的图片资源进行必要的截取、调整和合成等简单的加工处理。
4. 运用音频处理工具对收集的声音资源进行截取、增补、去噪音等简单的加工处理。
5. 运用视频处理工具对收集的视频资源进行截取、合成等简单的加工处理。
6. 运用网络下载工具将动画下载到本地机。
7. 能够将收集和处理的相关资源合理保存到自己的信息化资源中心。

学习导入

多媒体课件具有丰富的表现力及良好的交互性，在教学中的应用促进了教学内容、教学方法、教学过程的全面优化，大大提高了教学效果。课件中需要用到文字、图形、图像、声音、动画和视频等多种形式的媒体素材，合理使用这些素材可以为您的信息化教学增光添彩。其中多媒体素材的采集和制作是课件制作中耗时最多、最繁琐的一项工作。目前，互联网上有各种各样的素材资源，内容十分丰富，利用互联网采集素材是一种省时省力的办法，但是这种直接采集的素材不一定适合我们的需要，能直接应用于课件中的也较少。因此，制作多媒体素材便成为了课件制作中的一项重要工作。

项目 1　认识多媒体素材

头脑风暴

在这个活动中，请与同伴一起展开“头脑风暴”，讨论多媒体素材的类型及常见文件格式，并将结果记录在表 4-1 中。

表 4-1　多媒体素材的类型及常见文件格式

序号	类　型	常见格式

一、素材及多媒体素材

素材是指教学过程中用于呈现教学内容的各种数据。多媒体素材是多媒体课件的基本组成元素，是承载教学信息的基本单位。

二、多媒体素材的类型

根据素材在磁盘上存放的文件格式不同，可将多媒体素材划分为文本、图形、图像、音频、动画、视频等多种类型。

（一）文本素材

1. 什么是文本素材

文本素材是指以文字为媒介的素材，是承载和传递教学信息的主要方式，主要包括字母、数字和符号等形式，在课件中主要用于呈现标题、按钮名称、菜单名称以及教学内容等。学习内容的表达，如概念、定义、原理的阐述、问题的表述等，都离不开文本。与其他素材相比，文本是最容易处理、占用存储空间最少、最方便利用计算机输入和存储的，在教学课件中适当地使用文本，可以更加精确地表达相应的教学信息。文本一般可分为纯文本（文本）和图形文本。

纯文本：就是没有添加任何文本修饰的、直接在系统创作环境中输入文本内容，或是通过外部文本编辑软件（如 WPS、Word 等）制作的文本文件。

图形文本：从严格意义上讲，这种类型的文件实际上应归属于图形类。图形文本可以进行特殊效果处理，如透明字、立体字、渐变字等。图形文本可以在画笔或 Photoshop 等软件中制作。

2. 文本素材常见的文件类型

文本素材的文件类型有多种，使用不同的编辑工具可获得不同格式的文本。因而，文本的扩展名也就不相同，常见的有 TXT、DOC、RTF、WPS 等。

（1）TXT 格式。这是微软公司在操作系统中附带的一种文本格式，是最常见的一种文件格式。这类文件中除硬回车外，不包括任何控制符和格式化信息，属于最原始的文本格式。

（2）DOC 格式。这类文件是 Microsoft Word 2007 以下版本专用的文档格式。

（3）WPS。这类文件是中文字处理软件 WPS 特有的文件格式。

（4）RTF 文件。RTF 是 Rich Text Format 的缩写，意思是丰富的文本格式，主要用于各种文字处理软件之间的文本交换。

除此之外，还有一些需用通过专门阅读器才能阅读的文本文件，如 CAJ、PDF 等。

（二）图形、图像素材

1. 什么是图形、图像素材

图形、图像是多媒体素材中不可或缺的一部分，其特性与文本素材存在很多不同之处。文本素材倾向于抽象表述、说明或解析，需要学习者以一定的文字识别和处理能力作为基础，对学习者的影响是间接的，取决于学习者个体的理解与想象。图形、图像素材则不同，它可以形象、生动、直观地表现教学信息，帮助学习者分析、理解教学内容，能对学习者产生快速的、直接的影响，表达方式倾向于外露。利用图形、图像的这种特性可以弥补文本素材在信息表达上的不足。

（1）图形。严格来说，图形与图像有着很大的区别。图形由被称为矢量的数学对象定义的线条和曲线组成，主要由计算机软件制作而成，矢量根据图形的几何特性对图形进行描述，因此也称为矢量图形。矢量图形的优点是文件较小，分辨率完全独立，移动、缩放或更改颜色都不会影响图像的质量。缺点是图像色彩显示比较单调，图像看上去比较生硬，不够柔和、逼真。

（2）图像。图像是实际景物的映像，一般是借助数码相机、摄像机和扫描仪等获取，经过模/数转换后成为一组平面阵列的数字信息，阵列中的各项数字用来描述构成图像的各个点（像素）的信息，因此也称为位图图像。位图图像的优点是色彩显示自然、柔和、逼真。缺点是分辨率固定，图像在放大或缩小的转换过程中会产生失真，文件容量较大。

图 4-1　矢量和位图放大对比

2. 图形、图像素材常见的文件类型

（1）BMP 格式。BMP 是 Windows 中的标准图像文件格式，它以独立于设备的方法描述位图，可用非压缩格式存储图像数据，解码速度快，支持多种图像的存储，常见的各种 PC 图形图像软件都能对其进行处理。

（2）GIF 格式。GIF 由 Compuserve 公司创建，是在各种平台的各种图形处理软件上均能够交流使用的一种文件格式。它的优点是网上传输速度要比其他图像文件格式快得多，一个 GIF 文件中既可以存放一幅图像，也可以将多幅图像存成一个文件，从而形成动画效果。另外，允许用户为图像设置背景的透明属性，这是制作多媒体课件的过程中一个非常好用的属性。最大缺点是最多只能处理 256 种色彩，故不能用于存储真彩色的图像文件。

（3）JPEG 格式。JPEG 文件格式采用有损压缩，压缩比极高，肉眼难以觉察到压缩过程丢失的图像信息，为数字摄影和网络图像所广泛采用，其文件扩展名为 JPG 或 JPE。目前，JPEG 文件为极大多数的图形处理软件所支持。

（4）PNG 格式。PNG 是一种能存储 32 位信息的位图文件格式，其图像质量远胜过 GIF 文件，是目前保证最不失真的格式，对网络图像的传送极为有利。

（5）PSD 和 PDD 格式。PSD 和 PDD 是 Photoshop 软件专用的格式，其最大的特点是支持多层和通道，能保存图像数据的每一个细小部分，包括像素信息、颜色模式信息、图层信息、通道信息、蒙版信息，该格式的文件特别大，多数的多媒体创作工具都不支持它。经 Photoshop 处理的图像要供其他软件使用，一般应“另存为”其他软件能识别的文件格式。

（6）TIFF 格式。TIFF 是由 Aldus 和 Microsoft 公司共同开发的一种文件格式，最早用于扫描仪和印刷出版业，现在 Windows 上主流的图像应用程序都支持该格式。其特点是：存储的图像质量高，细微层次的信息较多。但占用的存储空间也非常大，其大小是相应*.gif 图像的 3 倍，*.jpeg 图像的 10 倍。

（7）WMF 格式。WMF 是 Microsoft Windows 中常见的一种图元文件格式，它具有文件短小、图案造型化的特点，整个图形常由各个独立的组成部分拼接而成，但其图形往往较粗糙，并且只能在 Microsoft Office 中调用编辑。Windows 中许多剪贴画图像就是以该格式存储的。

（三）音频素材

1. 什么是音频素材

音频素材是多媒体课件的重要组成元素，主要包括解说词、音乐和音效。音频在信息化教学中的作用主要有两个，一是通过语音信息直接、清晰地表达思想；二是通过适当地运用音乐声与效果声来烘托画面内容。

2. 音频素材常见的文件类型

（1）WAV 格式。WAV 源自于 WAVE 一词，意谓“波”。WAV 波形声音文件格式在 Windows 操作系统中被广泛应用，它是对实际声音的采样，通常以话筒、录音机等为输入设备，再经过计算机中的声卡的采样、量化及编码后存储在计算机中。WAV 文件在电脑中得到了很好的支持，有很多播放软件可供选择。但由于文件的容量较大，播放一分钟声音的 WAV 文件，大小在 10MB 左右，因此，它不适合于长时间记录高质量的声音。

（2）MP3 格式。MP3 是目前最流行的声音文件格式之一，它是采用 MPEG Layer3 压缩标准对波形文件进行压缩而生产的文件形式，因其压缩率大，往往只有 WAV 文件的 1/10，在网上音乐、网络可视电话等方面应用十分广泛。在电脑中，可以播放 MP3 的软件有许多种，其中以 Winamp 最出色。MP3 文件也可以用专门的 MP3 随身听来播放，有些多功能的台式 VCD 也可用来播放 MP3 文件。

（3）MID 格式。MID 文件格式是由“MIDI”继承而来，“MIDI”是 Musical Instrument Digital Interface（乐器数字接口）缩写，文件扩展名为 mid。与波形文件不一样，MIDI 文件记录的不是数字化的声音，而是描述乐曲演奏过程中的指令，它将乐器弹奏的每个音符表示为一串数字，用来代表音符的声调、力度、长短等信息。播放 MIDI 文件时，指令信息传递给具有 MIDI 接口的乐器，指挥乐器再现音乐，在计算机上，MIDI 文件经过声卡上的合成器模拟乐器播放出音乐。与 WAV 文件相比，MID 文件容量要小得多，因此在多媒体课件中的应用广泛。它的主要缺陷是表达能力有限，无法重现自然声音和语音；其次是 MIDI 文件只能记录有限的几种乐器的组合，比如许多中国民族乐器的乐声就不能记录。

（4）CDA 格式。CDA 即是音乐 CD 唱片所采用的文件格式，其扩展名为 cda。它记录的是声音的波形流，音质纯正，缺点是无法编辑且文件太大。

（5）RA 格式。“RA”是“Real Audio”的缩写，其扩展名为 ra。这种文件具有很高的压缩比，失真极小。与 MP3 相同，是为解决网络传输而设计的，主要考虑是压缩比和容错性，然后才是音质。RA 音频属流媒体，需要特殊的播放器，如 Realplayer。

（四）动画素材

1. 什么是动画素材

在教学中对过程事实的描述只依赖于文本信息或图形图像信息是不够的，为达到更好的描述效果，需要利用动画素材。动画可以用来模拟一些现实生活中难以捕捉到的场景和事物变化的过程，具有较强的动态表现力。利用动画既可以丰富教学内容的表现形式，使静态与动态相结合，避免了形式上的单调，同时动画能更直观、更翔实地表现事物的变化过程，弥补了一些教学内容难以用文字或静态图形、图像表现出来的不足。

在网上我们常常可以看到一些有趣的 Flash 动画，也可以搜索到一些优秀的 Flash 动画教学软件，我们可以充分利用这些动画素材，充实我们的教学。

2. 动画素材常见的文件类型

（1）GIF 格式。GIF 是由 Compuserve 公司开发的图像格式，其文件扩展名为 gif，是 Internet 上常见的一种动画格式。在一个 GIF 文件中可以存多幅 GIF 格式的图像，多幅图像连续显示构成一种简单的动画。特点是存储空间小，制作容易。目前大多数网上浏览器直接支持 GIF 格式的动画。

（2）SWF 格式。SWF 动画是 Macromedia 公司的动画设计软件 Flash 的专用格式，swf 文件通常也被称为 Flash 文件。是一种支持矢量和点阵图形的动画文件格式，其文件扩展名为 swf。这种文件具有缩放不失真、文件体积小等特点，由于它采用了流媒体技术，可以一边下载一边播放，所以目前被广泛应用于网页设计、动画制作等领域，目前大多数网络浏览器安装 Flash 插件后都可播放 SWF 格式的动画。

（3）FLC 格式。FLC 动画是由 Autodesk 公司开发的动画格式，其文件扩展名为 flc。它主要由 Animator pro 和 3DS MAX 软件生成。播放 FLC 动画需要相应的驱动程序。

（五）视频素材

1. 什么是视频素材

视频由一连串连续变化的影像画面组成，视频的主要特征是声音与动态影像画面保持同步。数字化的视频信息是多媒体教学中表现力最强的媒体素材，在多媒体课件中能够以生动形象的表达方式活跃教学气氛，提高学生的学习兴趣，寓教于乐，为学习者乐于接受。更重要的是视频素材具有二维以及三维的连续显示特性，因此可以清楚地表达一些比较抽象的专业概念，特别是对于一些具有动态连续变化过程的概念和内容，仅靠文本、声音、静态图象难以表达其全部意义，利用视频素材有利于学生对有关内容的理解和掌握，达到事半功倍的效果。

2. 视频素材常见的文件类型

（1）AVI 格式。AVI 格式是较为流行的 Windows 标准视频文件格式，其文件扩展名为 avi，它将视频和音频信号交错存储在一起，音频和视频都没有经过压缩，播放还原效果很好，一般常用的视频播放工具也都支持这种格式。由于没有压缩，AVI 格式的视频文件很大，一般情况下，平均 1 秒的视频图像要占用近 2MB 的空间。

（2）MPG 格式。MPG 格式是按照全活动视频图像压缩标准压缩的文件，其文件扩展名为 mpg。这种文件具有很高的压缩比、极快的帧速率和较好的图像声音质量，在影视作品方面得到广泛应用。一般用 Windows 自带的媒体播放器（Windows Media Player）即可播放，另外，像超级解霸、金山影霸等多媒体播放软件也都具有良好的播放支持功能。

（3）MOV 格式。MOV 是“MOVIE”的缩写，是苹果计算机 Macintosh 所使用的数字视频文件，其文件扩展名为 mov。它将视频和音频信号交错在一起进行存放，有很高的图像和声音质量，其文件大小与 AVI 文件大小差不多，在 PC 机上要播放 MOV 格式的文件需要安装 QuickTime 的驱动程序和播放器。

（4）DAT 格式。DAT 格式是 VCD 专用数据文件格式，其文件扩展名为 dat。其图像效果与 AVI 差不多。超级解霸、金山影霸等多媒体播放软件及 Windows 自带的媒体播放器一般都支持 DAT 格式的文件播放。

（5）RM 格式。RM 格式作为一种较为流行的流媒体格式，它是由 Real Networks 公司开发的，主要用于在低速率的网上实时传输音频和视频，可以根据网络数据传输速率的不同而采用不同的压缩比率，从而实现影像的实时传输和实时播放，其文件扩展名为 rm。这种文件最佳的播放支持软件是 RealPlayer 或 RealOnePlayer，但在高版本的超级解霸、金山影霸等多媒体播放软件中也具有支持 RM 格式视频播放的功能。

项目 2　采集与制作文本素材

一、获取文本素材

1. 通过“扫描”获取文本

当需要大量获取印刷品上已有的文字资料时，人们一般会利用扫描仪将印刷文稿转化为图像，再利用光学字符识别（OCR）技术，对扫描到的图像进行分析，将图像中的文字影像识别出来，转化为可编辑处理的文本文件并保存在计算机中，同时可对识别不正确的文本进行编辑修改。目前，OCR 的英文识别率可达 90%以上，中文识别率可达 85%以上。这种方法省时省力，与人工键盘录入相比，可以节约时间；缺点是不能建立新文本，因而必须有原文稿，最后还要靠人工进行核对编辑。

2. 通过“网上下载”获取文本

网络是一个丰富的资源库，通过互联网我们可以方便地找到所需的文本素材，在不侵犯版权的情况下，我们可以直接将搜索到的内容保存为文本文件或是将所需文字直接复制到文字编辑软件中进行编辑处理。从互联网的 html 页面上获取部分文本的方法是：首先拖动鼠标选取有用的文本，单击鼠标右键，在弹出的快捷菜单中选择“复制”命令，将其粘贴在文字处理软件（如 Word）中即可进行编辑处理。（注意：有些 pdf、caj 格式的文件，出于版权的考虑，不允许选取复制。）

3. 通过“光盘调取”获取文本

市场上有大量的资源光盘，里面承载着各式各样的教学资源，如百科全书等，在不侵犯版权的情况下，通过直接复制光盘中的资源，也可以帮助我们获取需要的文本素材。

4. 将 PDF 文档转化为 Word 文档

网上有很多文档是 PDF 格式的，只能浏览，不能复制，不利于资源的二次利用。只要我们在计算机中安装 PDF to Word Converter 软件，便可解决这个问题。安装 PDF to Word Converter 后在桌面上会生成快捷图标，双击该图标运行软件，出现如图 4-2 所示的界面。

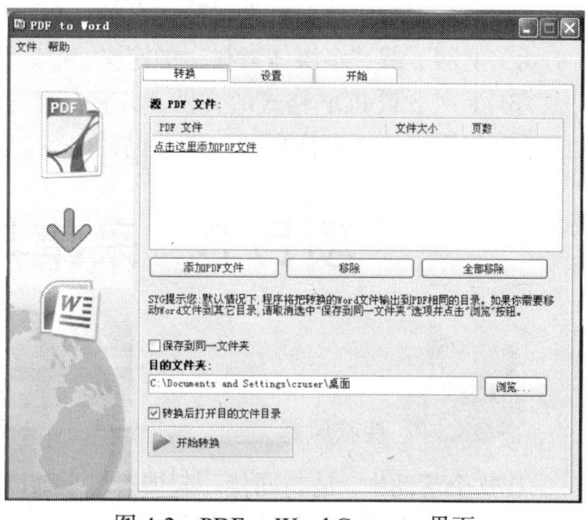

图 4-2　PDF to Word Converte 界面

添加 PDF 文件后单击窗口最下方“开始转换”按钮，便可完成 PDF 文档到 Word 文档的转换。

二、制作文本素材

1. 利用“文字处理软件”制作文本

这种方式就是利用文本编辑软件，利用键盘将文字直接输入计算机。目前常用的文字处理软件有 Word、WPS、记事本等。这种方法的优点是输入出错率低、容易修改以及不需要任何附加录入设备。

2. 利用多媒体开发工具制作文本

一般的多媒体开发工具（如 Powerpoint、Authorware 等）都包含有文字制作工具，利用这些工具可直接制作文本。

3. 利用图像处理软件制作图形文本

在图形文本软件中输入文本，可以将文本做成图形格式。其优点是可以对文字进行特殊效果处理，如渐变字、透视字、变形字、立体字等。教学信息资源开发时运用图形文本，显示时可以不受字库、文本样式等因素的制约。常用的图形文本处理软件有 Coreldraw、Photoshop、Firework、画笔等。

知识卡片

文本素材编辑的主要内容如下：

（1）内容编辑。对文本的内容进行增加、修改以及删除操作以获得正确的文本内容。

（2）属性设置。对文字设置相应的格式，包括对文字的定位（左齐、居中、右齐等）、设置文字的属性（字体、字号、斜体、下划线、颜色等）以获得所需的文字显示格式。

（3）版面设置。对版面的整体布局（包括行数、字间距、行间距、页脚、页眉等）进行设置以获得相应的版式。

（4）文本的保存。文本的格式类型很多，在选择文本素材的保存格式时要考虑多媒体开发软件是否能支持这些格式，以避免准备的文本素材无法插入多媒体开发软件中，纯文本文件格式（*.txt）可以被任何多媒体开发软件识别。

实践环节

在这个环节中，结合本活动学到的相关知识，请完成下面内容：

① 请利用扫描仪扫描教材第 1 页的内容，并对扫描文字进行识别之后加以保存。

② 上网下载“多媒体素材”的定义。

③ 上网下载 PDF 格式的文件，并将其转化为 Word 文档。

④ 根据模块 2 中你自己的教学设计内容，收集教学设计中所要使用的文本素材。

项目 3　采集与编辑图像素材

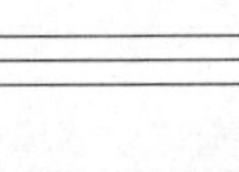

头脑风暴

在这个活动中，请与同伴一起展开“头脑风暴”，讨论在你日常中利用过什么图像处理软件，对比不同软件在处理图像方面的特征，并将其记录在表 4-2 中。

表 4-2　　图像处理软件对比

序号	工具（方法）	优　点	缺　点

一、获取图形、图像素材

1. 利用绘图软件获取

利用绘图软件，如 Windows 的 PaintBrush（画笔）、Painter、Photoshop 等都可以用于绘制各种图形图像，也可以对图形图像进行加工处理。还有一些专用的图形创作软件，如 AutoCAD 用于三维造型，CorelDraw、Freehand 等用于绘制矢量图形等。

2. 利用“Print Screen”获取

在 Windows 系统中，标准的键盘上都有一个“Print Screen”按键，在一般情况下，直接按下此键，Windows 将整个屏幕上的内容捕捉到的剪贴板中；若同时按下“Alt+PrintScreen”组合键，可将当前活动窗口的内容捕捉到剪贴板中。想要保存剪贴板中的图像，可以打开一个图形图像处理软件，然后用“编辑”菜单下的“粘贴”命令把剪贴板中的图像粘贴下来，把它保存成图像文件就可以。

3. 利用 WinSnap 捕获

（1）运行 WinSnap 3.57，出现如图 4-3 所示窗口。

（2）单击“捕获”菜单，从下拉列表中可选择捕获的范围，包括全屏幕、应用程序、窗口、对象、区域等选项，如图 4-4 所示。

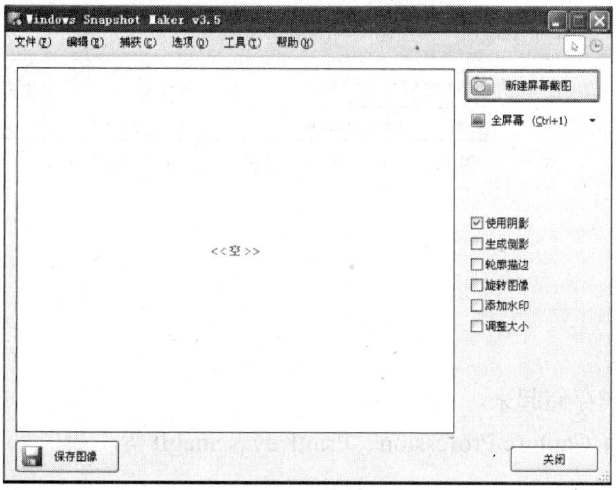

图 4-3　WinSnap 的界面

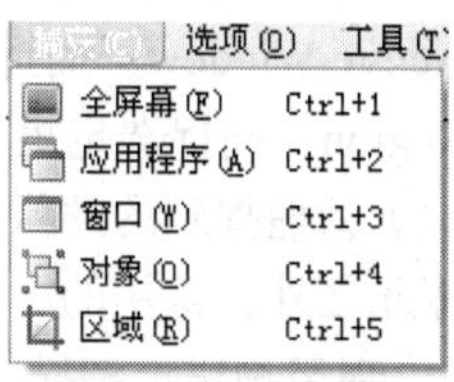

图 4-4　“捕获”菜单

（3）同时打开两个网页，选择“捕获”——“应用程序”，可获得如图 4-4 所示图像。

选择“捕获”——“窗口”，可获得如图 4-6 所示图像。

（4）在窗口右侧可选择图像所需的特效，包括“阴影”、“倒影”、“描边”、“旋转”、“添加水印”及“调整大小”等。单击窗口下方“保存图像”可将当前图像保存。

4. 利用 HyperSnap-DX 获取

利用 HyperSnap-DX 可以实现自由抓取大小可选、形状可选的图像。

图 4-5 WinSnap 的捕获——应用程序界面

图 4-6 WinSnap 的捕获——窗口界面

（1）下载并安装 HyperSnap-DX。

（2）从“开始”菜单中运行 HyperSnap-DX，界面如图 4-7 所示。

（3）单击菜单“Capture”，出现下拉列表，如图 4-8 所示，选择相应项目即可对当前屏幕内容进行捕捉，当然也可以使用快捷键完成抓图。

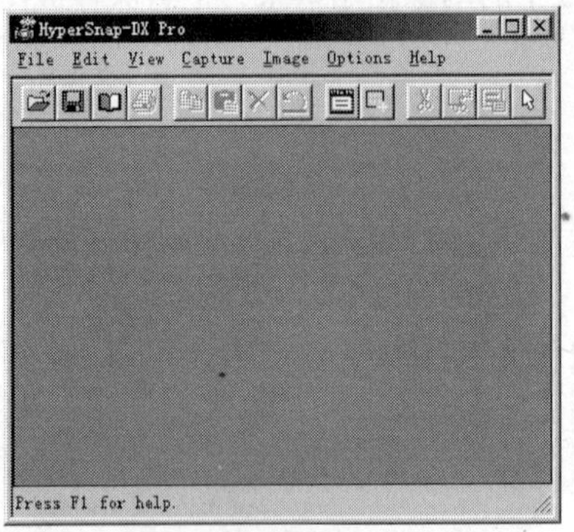

图 4-7 HyperSnap-DX 的主界面

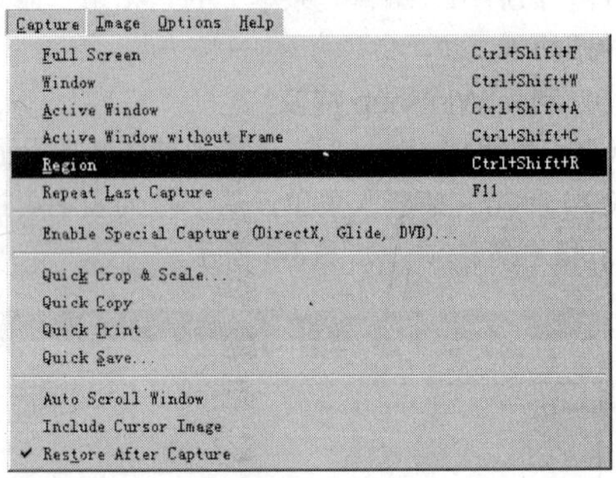

图 4-8 HyperSnap-DX“Capture”的下拉列表

Full Screen：捕捉全屏幕。

Window：捕捉一个窗口。

Active Window：捕捉活动窗口。

Region：捕捉选定矩形区域。

（4）为捕捉到的图像选择合适的格式存储起来。

除此之外，常用的屏幕抓图软件还有 Capture Profession、PrintKey、SnagIt 等。

5. 利用扫描仪扫描

扫描仪能将照片、图片等变换成数字图像输入到计算机中，这是获取数字图像的一种比较简单的办法。高分辨率的扫描仪可以得到高质量的图像，但其文件也会相应增大。扫描下来的图像还可以运用图像处理软件进行编辑处理，不过扫描只能读取平面图像。

（1）扫描前计算机显示器的调整。

要保证扫描所获得的图像在所有显示器上都能真实、准确地显示，必须在扫描前对计算机显示器作调整。几乎所有扫描仪所带的支持软件都含有显示器的调整程序，可以按调整程序的要求对显示器进行调整。

（2）选择扫描图像的深度。

大多数扫描仪在扫描彩色图像时，都会将图像深度设置成 24 位真彩色（RGB）。事实上，扫描仪也支持黑白、灰度等非彩色图像的扫描。当欲获取高质量的图像时，图像深度宜设置得大一些，但图像深度越大，图像文件所占的磁盘空间也就越大，图像的调用时间也越长。解决这一矛盾可采用“大深度获取，效果满意后再减小深度保存”的办法。

（3）扫描图像尺寸的调整。

调整扫描分辨率或调整扫描比例均可对图像的尺寸进行调整。需要注意的是，虽然大多数图像处理软件可以对扫描出来的图像进行缩放，但相对于在扫描时就建立大小合适的图像来讲，效果会差一些。因为图像处理软件在放大或缩小图像时采用的算法可能会使原图中的一些信息丢失，影响图像的显示效果，而扫描过程是直接使用原图中的信息来建立位图的。

6. 利用数码照相机拍摄

利用数码照相机可以把看到的现象、景物转化为数字信号，直接输入到计算机中，这是获得图像的一种重要途径。

7. 从已有动画中提取

利用 WinSWF Extractor 软件可以从 Flash 中直接提取。动画是一种常见的教学资源，一个动画文件中既有图片又有声音，有时我们只需要动画文件中的一张或者是几张图像而已，那么可以通过这个软件直接提取。

（1）下载并安装 WinSWF Extractor。

（2）运行 WinSWF Extractor，打开动画文件，WinSWF Extractor 会将动画中所包含的图片和声音全部分离出来，选中文件单击鼠标右键进行保存，如图 4-9 所示。

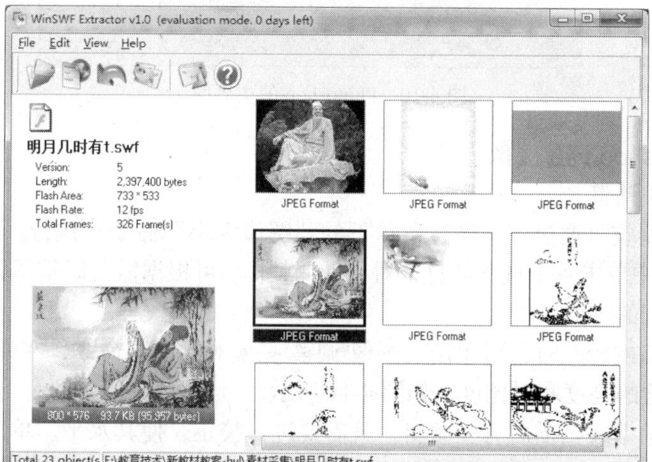

图 4-9　WinSWF Extractor 界面

8. 从网上下载

网上有海量的信息资源，是我们获取图像的最有效途径。直接在图片上单击鼠标右键，选择“图片另存为”即可将选中图片保存下来。

获取数字化图像之后，不一定就适合直接应用，有些还需要进行相应的处理。所谓图像处理，是指利用图像处理软件在图像上做各种处理，如放大、缩小、旋转等，或进行色彩矫正、明暗调整、去除斑点处理等，以及将几幅图像合成等，最终使图像达到表现信息所需的最佳效果。

处理图像可以利用专门的图像编辑软件，如 Photoshop、可牛影像、光影魔术手、ACDSee、我形我速、美图秀秀、CorelDRAW 等，下面简单介绍 Photoshop、可牛影像及光影魔术手。

教你一招

利用QQ截图：QQ是一种常用的聊天工具，“挂Q”也成了很多人的一种习惯，若是登录了QQ，也可以直接按Ctrl+Alt+A组合按键进行截图，无需另外安装截图软件，既快速又方便，不失为截取图片的一种好方法。

二、图像编辑——Photoshop入门

1. 初识Photoshop

启动Photoshop进入主界面，如图4-10所示。

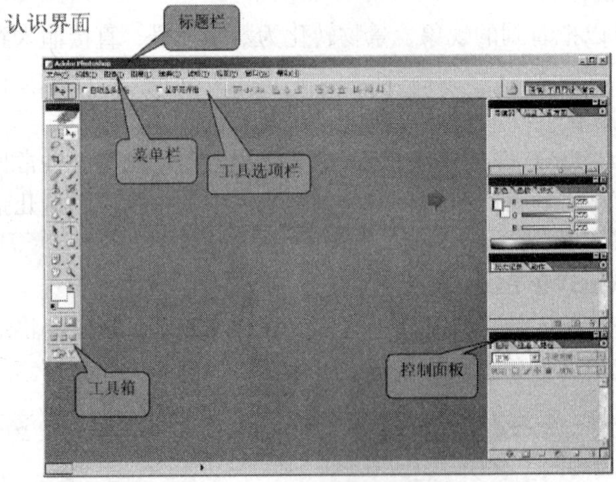

图4-10　Photoshop的主界面

2. 使用Photoshop调整图像

（1）图像的大小调整。

对图像大小的调整可通过“图像”菜单下的“图像大小”命令来执行。另外，单击“图像\调整”，在下拉菜单中单击各个选项能打开对应的调整框，可根据需要调整图像的亮度、色彩、影调等，使之符合我们的需要。

例如当图像较暗或较亮时，可单击“图像\调整\亮度对比度”命令，在弹出的调整框中，左右拖动滑块调至合适的亮度和对比度，如图4-11所示。

又如，图像在拍摄或扫描后有些倾斜，就需要进行校正，使其水平。单击“图像\旋转画布\任意角度”，出现对话框，输入恰当数值，将图像调整成水平，如图4-12所示。

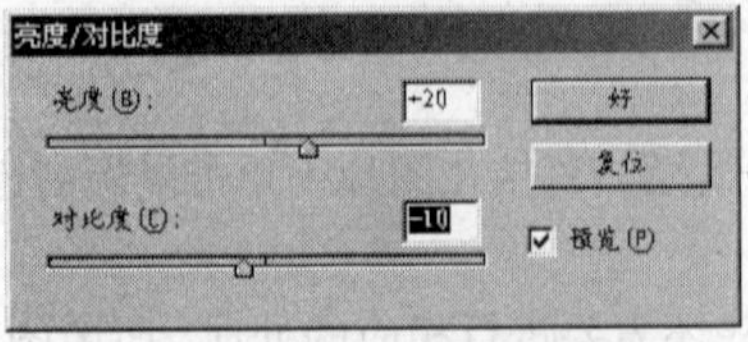

图4-11　亮度和对比度调整框

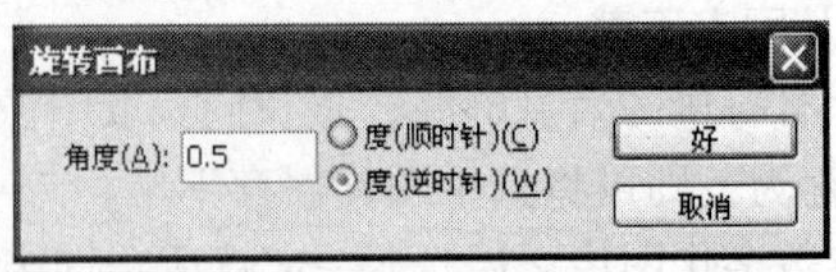

图4-12　旋转画布调整框

（2）裁剪图像。

启动Photoshop程序，打开需要裁剪的文件，在工具箱中选择裁剪工具，在图像上拖动鼠标指针，框选要保留的图像部分。松开鼠标左键时，裁切选框显示为有角手柄和边手柄的定界框，

按 Enter（回车）键，或在选框内双击，即可剪裁照片。另外，选中裁剪工具中的“透视”选项，可以纠正倾斜现象。

3. 使用 Photoshop 对图像进行艺术处理

Photoshop 的特色工具之一是 Filter（滤镜），充分而适度地利用好滤镜进行各种风格化艺术处理，不仅可以改善图像效果、掩盖缺陷，还可以在原有图像的基础上产生许多特殊炫目的效果。各个滤镜的应用操作类似，基本上都是先选中要处理的区域，然后选择滤镜类型，在弹出的对话框中，进行参数设置或调整，得到想要的效果。

例如打开要处理的文件，单击“滤镜\像素化\马赛克”，在弹出的对话框中进行设置，通过预览窗口观看调整效果，如图 4-13 所示。

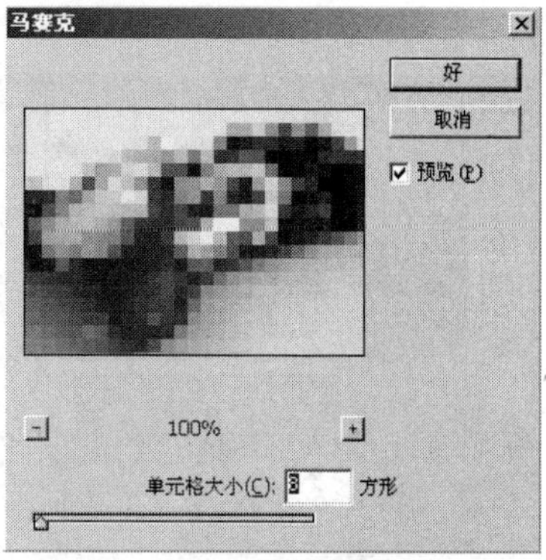

图 4-13　马赛克效果对话框

4. 使用 Photoshop 合成图像

合成图像即将不同的图像经过重新组合之后成为一体，形成一幅新的图像。对图像的合成需要用到多种不同的工具，Photoshop 为我们提供了选择类工具（矩形选框工具、套索工具、魔棒工具），绘图类工具（喷枪工具、画笔工具、铅笔工具、擦除工具、渐变工具等），编辑类工具（图章工具、模糊工具、锐化工具、海绵工具等），还有一些其他工具，如移动工具、文字工具等。下面以“添加蓝天白云”为例介绍图像合成的基本方法。

（1）在 Photoshop 中同时打开需要编辑的图片及一幅带有蓝天白云的图片，如图 4-14 所示。

（2）用矩形选框工具选择蓝天白云部分，拷贝并粘贴（或移动）到要修饰的相片中（如图 4-15 所示），如果大小不合适可按“Ctrl+T”组合键进行调整。在图层面板中将图层 1（即蓝天白云）的图层混合模式设为“正片叠底”并调整不透明度。

图 4-14　Photoshop 打开文件界面

图 4-15　图像初步合并界面

（3）选择模糊工具，在拼接的地方进行涂抹，直到效果满意为止，如图 4-16 所示。

（4）添加文字，利用“文字工具”为图像加上一些说明文字。在工具栏中，选择文字工具，在画面合适的地方单击鼠标，输入“小桥流水”四个字，选中文字并为其设置合适的字体、大小、对齐方式、文字颜色及样式等，如图 4-17 所示。

（5）编辑文字，如果觉得文字显示的效果不满意，可以再次选中文字，重新进行设置，并利用移动工具将文字移动到合适位置，或是为文字设置相应的图层样式（如外发光），如图 4-18 所示。调整好相应的参数即可获得满意的效果。

图 4-16　图像合成效果界面

图 4-17　输入文字画面

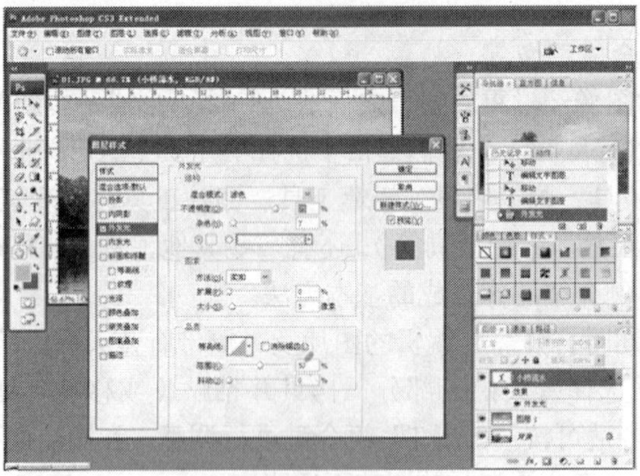

图 4-18　图层样式面板

（6）合并图层，选择“图层/合并图层”，使编辑的各个图层合并为一个图层。这样，一幅新的图像便生成了。

（7）通过“文件”菜单下面的“保存”按钮即可将新的图像保存为我们所需要的文件格式。

三、图像编辑——可牛影像

1. 去水印

安装并运行“可牛影像”，找到一张带有水印的图片，如图 4-19 所示。

图 4-19　可牛影像的界面

单击左边的“去水印”按钮，弹出如图 4-19 所示窗口。

选择图 4-20 左边“水印选区”下方第一选项“矩形区域”，按下鼠标左键在有水印的区域进行拖曳，将该水印选中，如图 4-21 所示。

图 4-20　可牛影像去水印功能界面

再单击图 4-22 所示窗口内左边的“开始去水印”按钮，效果如图 4-23 所示，即可将水印去掉。

图 4-21　选择图像中的水印区

图 4-22　单击运行可牛影像“开始去水印”功能按键

图 4-23　去水印后的效果图

2. 人像美容

在“可牛影像”中打开一张图片，单击“美容”按钮，如图 4-24 所示。

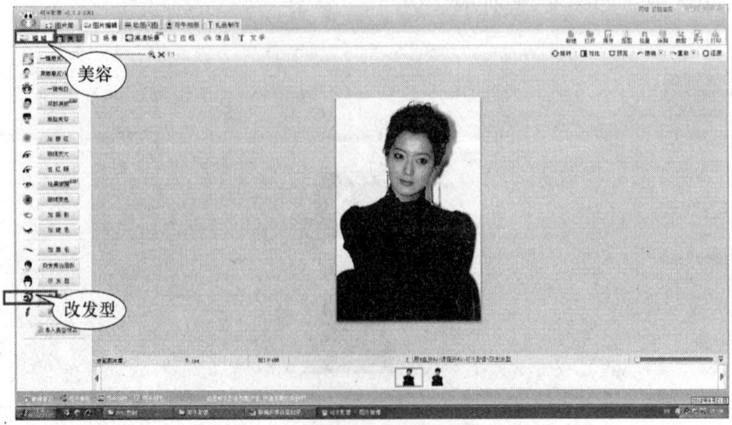

图 4-24　可牛影像美容功能界面

在左边可以选择进行美容的方式，下面以“改发型”为例，简单介绍其操作方法。在当前状态下，单击选择“改发型”，出现图 4-25 所示界面。

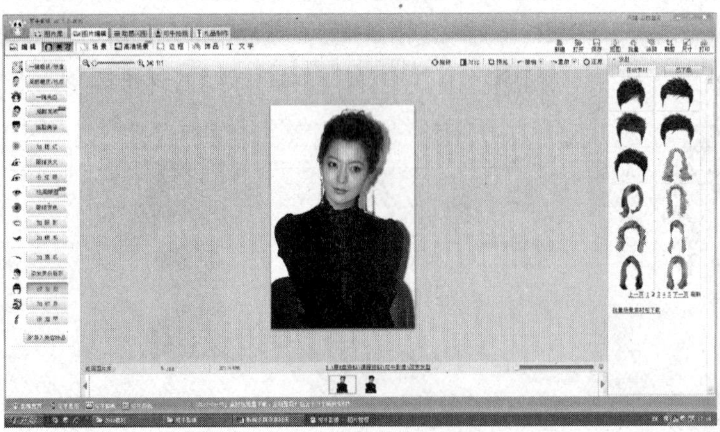

图 4-25　可牛影像美容改发型功能界面

在右侧选择想要替换的发型，单击选中，出现如图 4-26 所示界面。

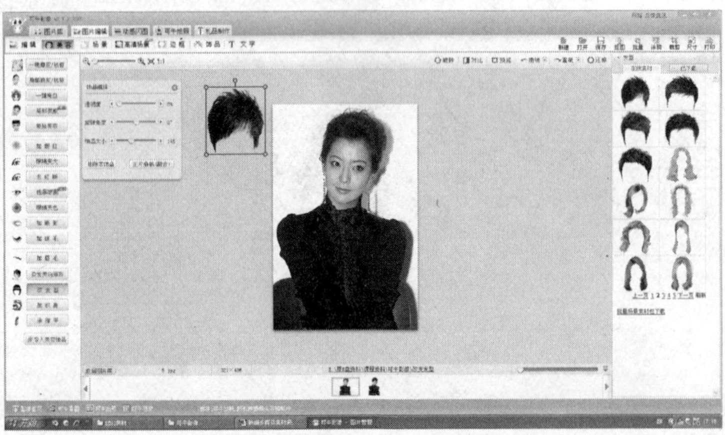

图 4-26　可牛影像美容选发型效果界面

将发型移动到合适的位置，调整其大小及角度后，单击图 4-27 所示的“正片叠底（融合）”按钮，完成发型的更换，效果如图 4-28 所示。

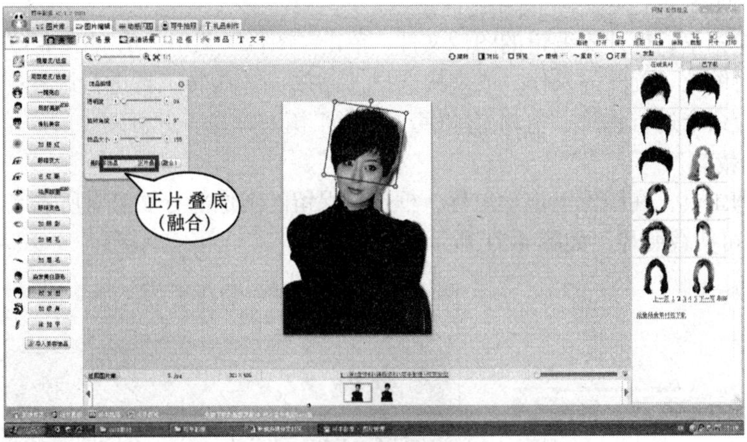

图 4-27　可牛影像美容改发型操作界面

图 4-28　可牛影像美容改发型效果界面

为了比较换发型前后的效果，可单击“对比”按钮，即显示对比效果。再次单击该按钮可取消对比。经过修改后发型的前后对比如图 4-29 所示。

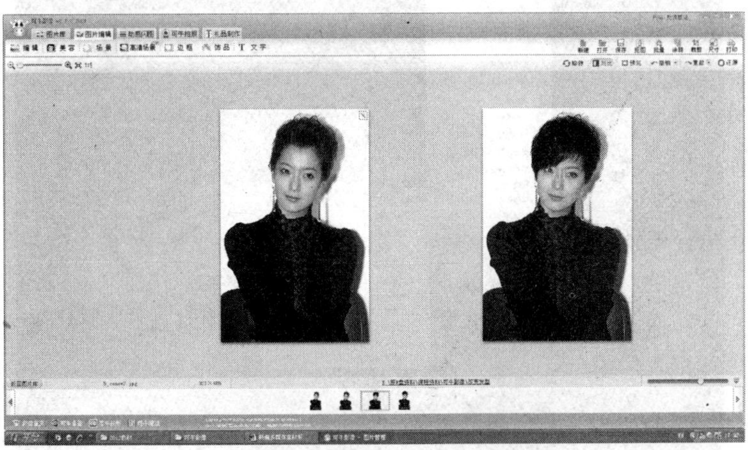

图 4-29　修改后发型的前后对比图

四、图像编辑——光影魔术手

1. 图像的调整

运行光影魔术手，打开要编辑的图像文件，单击“图像”菜单，出现图 4-30 所示画面，可以对当前图片进行缩放、旋转等操作，或直接选择缩放、旋转工具进行调整；单击“调整”菜单，可选择相应命令进行色阶、色相/饱和度、色彩平衡及曝光等进行调整。

2. 图像的裁剪

选择裁剪工具，在图像上拖动鼠标，框选要保留的图像部分。可对所选区域进行调整，按“确定”按钮即可剪裁照片，如图 4-31 所示。

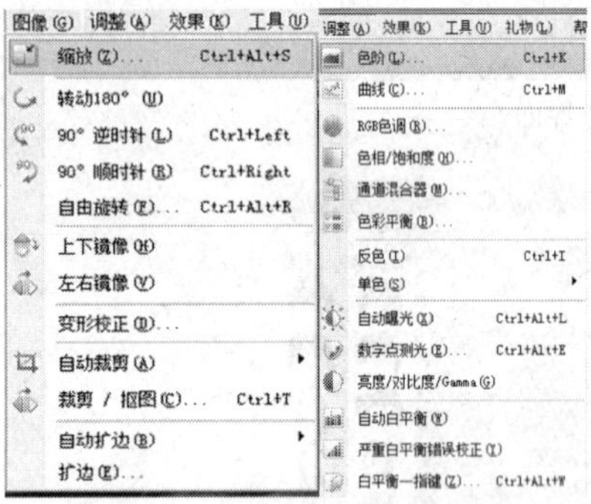

图 4-30　光影魔术手的菜单选项

图 4-31　裁剪对话框

3. 艺术处理

光影魔术手为我们提供了多种艺术处理的功能，不仅可以改善图像效果，还可以在原有图像的基础上产生许多特殊炫目的艺术效果。单击“效果”菜单，选择其中一种效果，根据提示做相应调整即可，如图 4-32 所示。

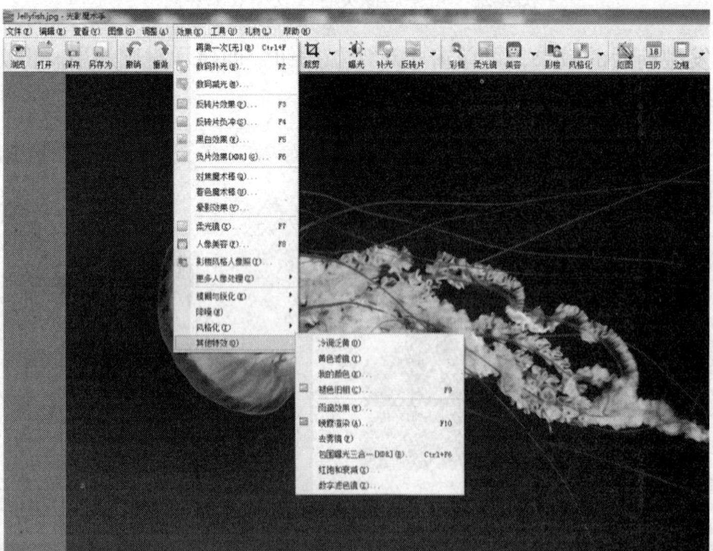

图 4-32　效果对话框

4. **应用模板**

在如图 4-33 所示的工具菜单中，还为我们提供了日历及多种花样边框，可以让图像变得更加生动有趣，如图 4-34 所示。

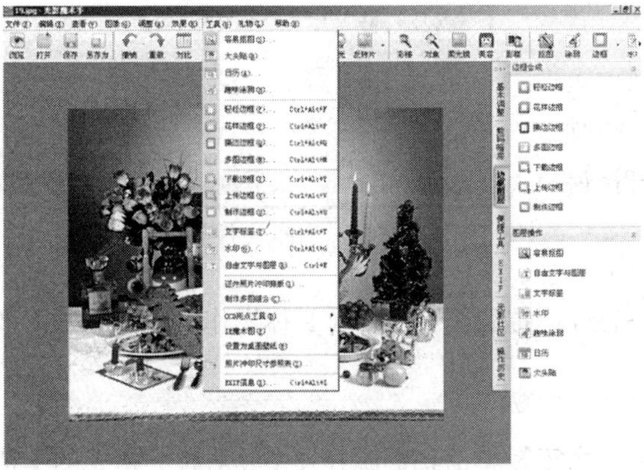

图 4-33　工具菜单栏

图 4-34　日历效果对话框

实践环节

① 在这个环节中，请利用本活动中所介绍的各方法获取图像，并为你教学设计的内容，搜集和处理相关图像，使其符合教学需要，并将其保存在你的文件中的适当位置。

② 进行训练项目 1 的训练活动，完成训练报告，将其保存在你的文件夹中并提交给教师。

项目 4　采集与编辑音频素材

音频信息是多媒体作品的一个重要组成部分，学习音频素材的获取与加工，有助于我们进行多媒体作品的创作。

一、获取声音素材

1. **直接从网上下载**

例如，使用百度搜索，选中“音乐”，在搜索栏中输入要查找的音频文件名称，单击“百度一下”进行搜索，如图 4-35 所示。

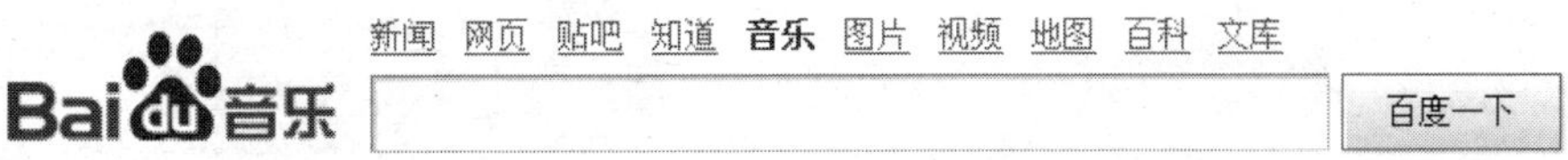

图 4-35　百度的音乐搜索界面

对于搜索到的音频素材，可根据其提供的链接直接下载。

2. **从专门的音频素材库中直接调取**

对于一些难以通过其他途径获取的音频素材，我们可以直接购买现成的音频素材库，这些素材库能为我们提供大量的音乐和效果声，这是获取音频素材最直接、最方便的方法。

3. 利用 MP3 文件剪切器剪切

MP3 是一种常见的音频文件格式，在网上可以直接下载。但有些情况下我们只需要整个 MP3 文件中的一个片段，这个时候可以借助 MP3 剪切器来帮助我们完成这个任务。安装运行 MP3 文件剪切器，出现如图 4-36 所示的窗口。

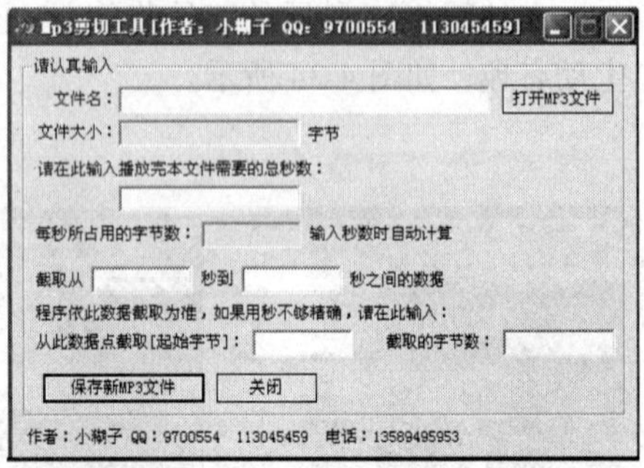

图 4-36　MP3 文件剪切工具界面

打开需要剪切的 mp3 文件，窗口中将自动显示出当前文件的详细信息，在“截取从　　　秒到　　　秒之间的数据”中输入相应的数值，直接保存新 mp3 文件便可。

4. 从已有动画中提取

具体操作同利用 WinSWF Extractor 软件从 Flash 中提取图像一样（具体操作过程详见“图像的获取”）。

5. 对现有音频进行格式转换

现有的 CD、VCD 节目中有大量的音频素材，由于教学信息资源开发工具对音频格式的支持存在差异，为了得到符合要求的格式，常要利用工具进行转换。常用的音频格式转换软件有“格式工厂”、“MIDI To MP3 Maker”、“AVI MPEG WMV RM to MP3 Converter”、超级音频解霸的 MP3 格式转换工具等。

MIDI To MP3 Maker 是一款简单易用、能将 MIDI 文件转换为高质 MP3 文件的工具，使用非常方便。

AVI MPEG WMV RM to MP3 Converter 是一个强大的音频转换工具，可以将所有的视频和音频文件转换成 MP3、WAV、WMA 等格式，支持 AVI、MPEG、RM/RMVB、WMV/ASF、MOV 的视频和音频格式。对于想从视频文件中抓取音频和想把 RM 格式转换成 MP3/WAV 格式的人来说，非常有用。该工具还支持分割音频流，内建一个小的播放器，你可以在预听的时候设置开始和结束时间，用户界面非常友好易用。

下面以“格式工厂”为例，简单介绍音频素材格式转换的操作方法。

（1）安装并运行“格式工厂”，出现如图 4-37 所示的界面。

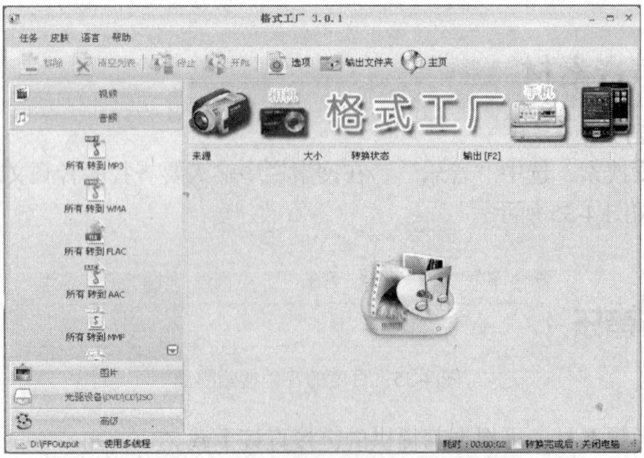

图 4-37　格式工厂界面

（2）添加要转换格式的音频文件。以将其他格式的音频文件转化为 MP3 为例，在工作窗口左边选择“音频”——“所有转到 MP3”，出现如图 4-38 所示的窗口。

单击“添加文件”按钮，选择要进行格式转换的音频文件，并单击“浏览”选择合适的“输出文件夹”，如图 4-39 所示。

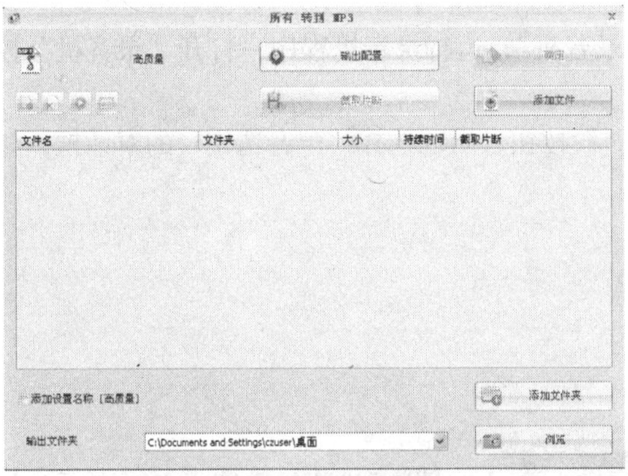

图 4-38　格式工厂转 MP3 界面

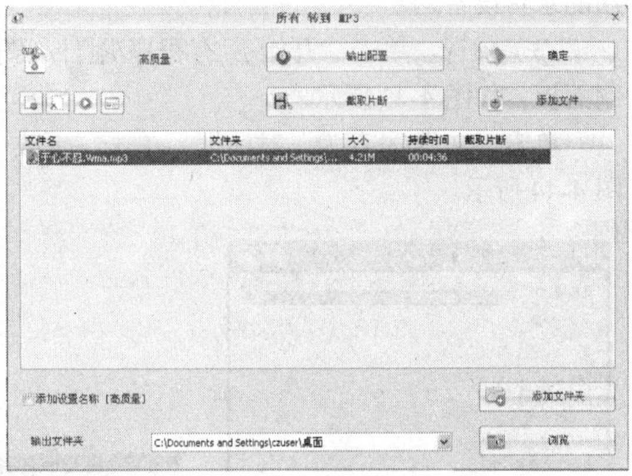

图 4-39　添加需转变的文件

（3）格式转换。单击窗口上方的“确定”按钮，弹出如图 4-40 所示的窗口，单击“点击开始”按钮可即刻进行格式转换。

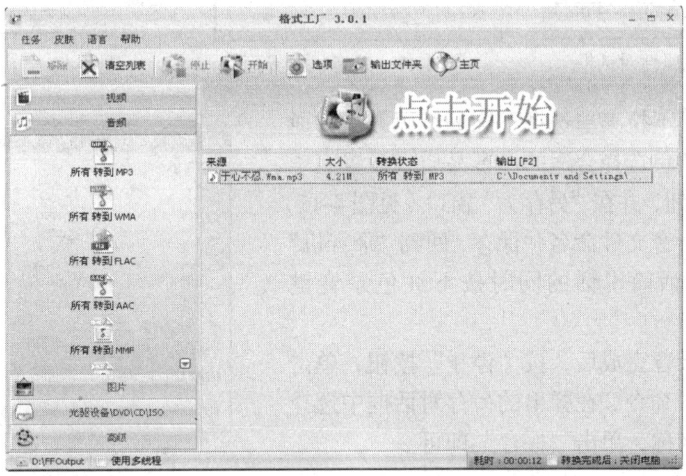

图 4-40　文件的格式转换窗口

若是在转换格式的同时对音频文件进行截取，可在“添加要转换格式的音频文件”后单击窗口上方的“截取片段”按钮，便可弹出如图 4-41 所示的窗口。

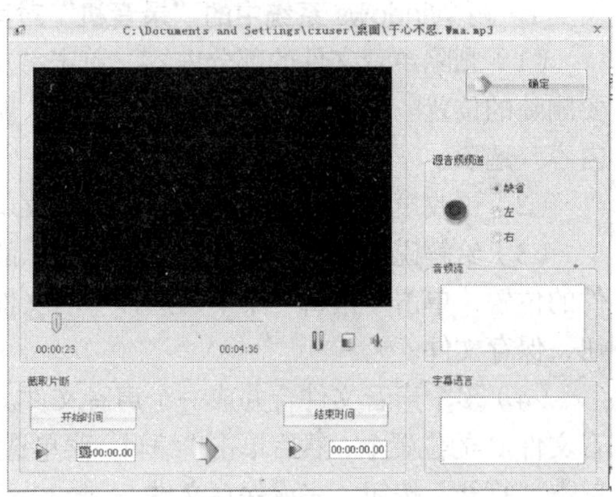

图 4-41　声音文件的截取窗口

设定好“开始时间”和“结束时间”后单击“确定”按钮，后续操作与“开始格式转换”相同。

6. 用 Windows 系统中的“录音机”录制声音

（1）将麦克风与计算机的“MIC”接口相连接。

（2）选定录音的通道。声卡提供了多路声

音输入通道，录音前必须正确选择。双击桌面右下角状态栏中的喇叭图标，打开“音量控制”，选择“选项”——“属性”菜单，在“调节音量”框内选择“录音”，如图4-42所示，并选中要使用的录音设备。

（3）录音。单击“开始/所有程序/附件/娱乐/录音机”，运行录音机程序，打开“录音机”控制面板，如图4-43所示。

单击“文件/另存为”对话框，单击“更改……”按钮，出现选择“声音选定”的对话框，如图4-44所示。

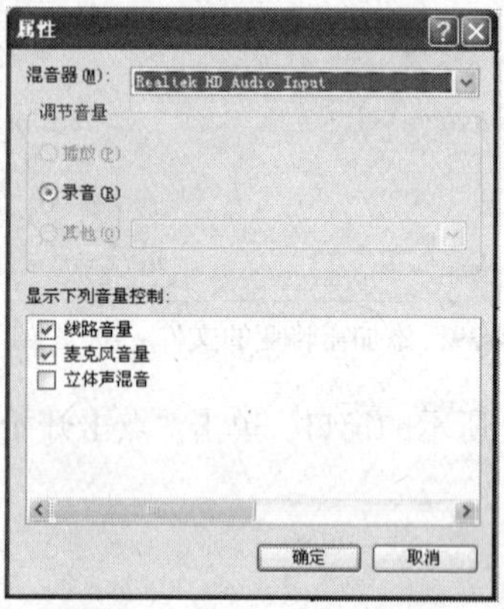

图4-42　录音机属性对话框

图4-43　录音机的界面

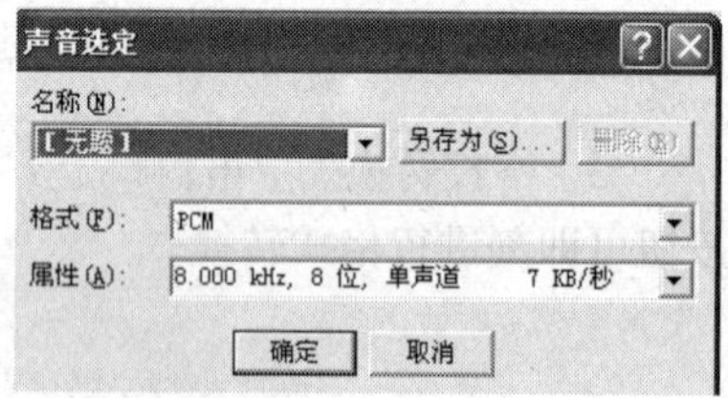

图4-44　“声音选定”对话框

通过“格式”下拉菜单选择不同的编码方法，通过“属性”下拉菜单选择合适的声音品质，设置完毕后单击“确定”按钮，并在“另存为”窗口（见图4-45）中为将要录制的声音文件命名并保存，回到“录音机”控制面板，对着话筒说话的同时按下红色录音键 ，开始录音。

（4）保存。录音完成后，按“停止”按钮，单击选择“文件/保存”命令，在弹出的另存对话框中选择路径，输入文件名称，单击“保存”即可。

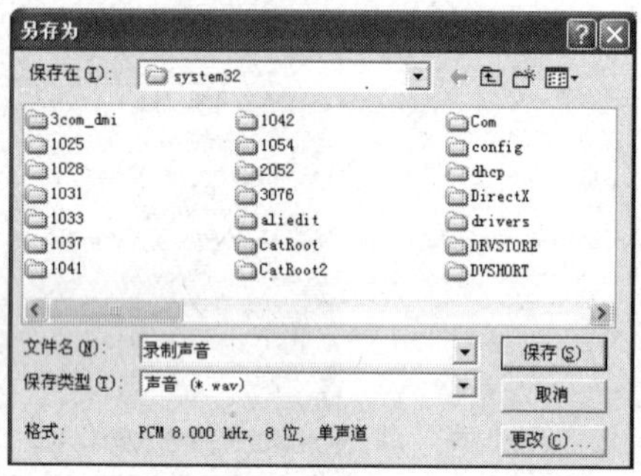

图4-45　录音机的文件另存窗口

二、编辑声音素材

1. 用Windows系统中的“录音机”对声音进行编辑

（1）删除声音文件的部分内容。单击“文件/打开”，打开要编辑的声音文件，移动滑动钮到要删除的位置。单击“编辑”菜单，选择“删除当前位置之前”的内容或“删除当前位置之后的内容”选项。

（2）更改声音的音量。单击“效果”菜单，选择“提高音量”或“降低音量”选项。

（3）给解说加背景音乐。打开背景音乐的声音文件，移动滑动钮到要混入另一个解说声音文件的位置，单击“编辑”菜单，选择“与文件混合”命令，选定解说声音文件，单击“打开”按钮，保存文件。

（4）多个声音文件合并成一个声音文件。打开声音文件A，将滑块移动到要插入到下一个声音文件B的位置上，然后单击“编辑”菜单选择“插入文件”，在弹出对话框中，选定声音文件B，单击“打开”按钮，完成保存文件。

（5）给声音文件添加回音效果。单击“效果”菜单选择“添加回音”选项。

（6）更改放音速度。单击“效果”菜单中的“加速”或“减速”选项。

（7）将 WAV 文件转为 MP3 文件。WAV 文件与 MIDI 或 MP3 等格式的声音文件相比较，所占的空间要大得多。“录音机”这个程序可以在基本上不影响声音质量的前提下，将 WAV 存储容量大大缩小。

① 首先用“录音机”打开一个 WAV 文件。

② 然后选择“文件”——“另存为”。

③ 在弹出对话框下方，选择“更改”按钮。

④ 弹出选择声音对话框，如图 4-46 所示，在格式中选择“MPGE Layer-3”，在“属性”列表框中选择适当的选项，可以选择较低的采样位数、频率和声道，如 8 位、8000Hz、单声道，使生成的文件较小。

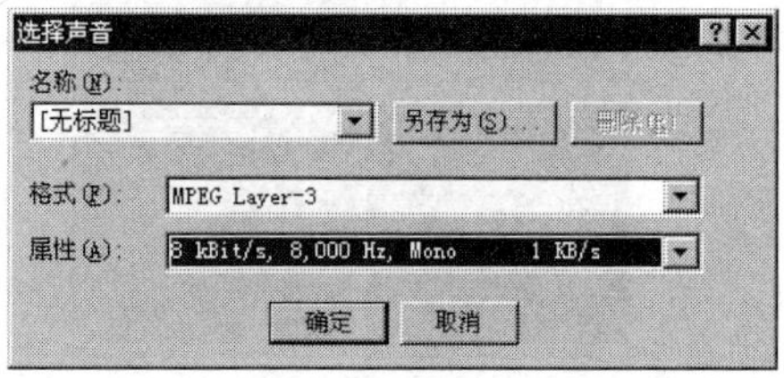

图 4-46　声音格式属性设置

（8）延长录音时间。Windows 的默认录音时间只有 60 秒钟，但在录音过程中可以通过“先单击停止键，再单击录音键”的方式，延长录音时间。

2. 利用 Gold Wave 录制和编辑声音

Windows 所带的“录音机”小巧易用，但是对声音的编辑功能很有限，因此在声音的制作过程中不能发挥太大的作用。如需要专业的声音录制和强大的编辑功能，可以选择专业的音频编辑软件，如 Cool Edit、Sound Forge、Wave Edit、Gold Wave 等。

Gold Wave 是一个操作简单、功能实用的音频编辑软件，它支持多种声音格式，不但可以编辑扩展名是 WAV、MP3、AU、VOC、AU、AVI、MPEG、MOV、RAW、SDS 等格式的声音文件，还可以编辑 Apple 电脑所使用的声音文件，可以很容易地制作出所需要的声音。在网上可以下载它的共享版。

（1）利用 Gold Wave 进行录音。

① 启动 Gold Wave 程序。安装完成以后，桌面上会有一个 Gold Wave 的图标，双击运行。

② 新建录音文件。进入操作界面以后，单击“新建”命令，打开“新建声音”对话框，进行新建声音的音质设置，可根据实际需要设定“声道”和“采样频率”，录音时间也可以自由设定。单击“确定”按钮，完成设置。这样就会初始化一个声音文件，如图 4-47 所示。

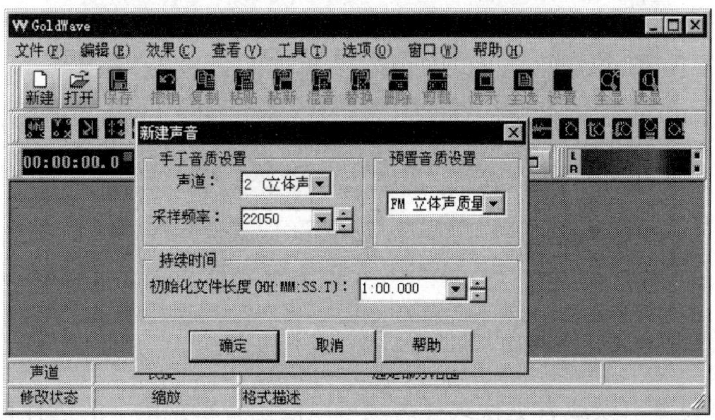

图 4-47　Gold Wave 新建文件设置

③ 设备属性设置。单击菜单栏中的“工具/设备控制”命令，打开设备控制器，如图 4-48 所示。

单击设备控制器面板中的属性按钮，打开声音“控制器属性”面板，在声音“控制器属性”面板中选择“音量”标签，选择“Microphone”（麦克风音量）并调整至适当位置，如图 4-49 所示。单击“确定”按钮，返回设备控制器面板。

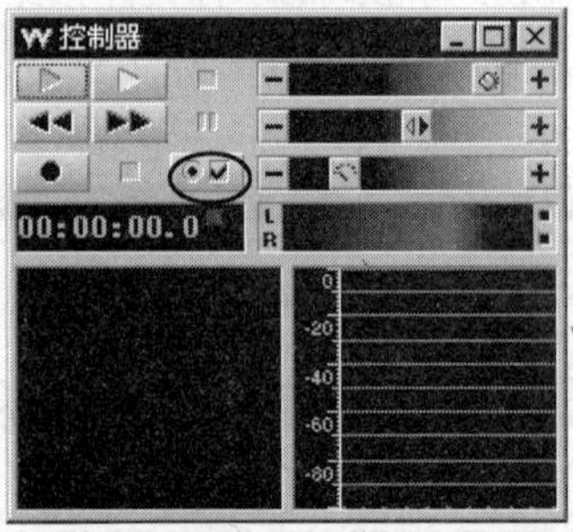

图 4-48　Gold Wave 的控制器

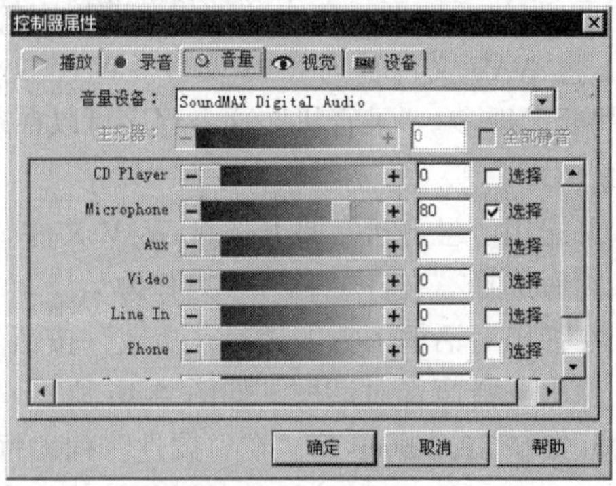

图 4-49　Gold Wave 控制器属性设置

④ 录音。单击“控制器”上的“录音”按钮进行录音，按“停止”按钮结束录音。

⑤ 保存录音文件。录制完成以后，单击“文件/另存为”命令，在“另存为”对话框中，设置保存路径、名称、格式和属性后，单击保存完成声音录制。

（2）利用 Gold Wave 编辑录音。

① 打开声音文件。打开音频文件后的 Gold Wave 软件的界面，整个主界面从上到下被分为 3 个大部分，最上面是菜单命令和快捷工具栏，中间是波形显示，下面是文件属性。主要操作集中在占屏幕比例最大的波形显示区域内，如果是立体声文件则分为上下两个声道，可以分别或统一对它们进行操作。

② 选择音频事件。要对文件进行各种音频处理之前，必须先选择要加工处理的一段出来（选择的部分称为一段音频事件）。在声音波形显示窗口中适当位置单击鼠标左键，按播放键试听，单击鼠标左键确定起始点，在终点时刻单击鼠标右键就确定了选择部分的终止点，被选中的区域就将以高亮度显示，所有操作都只会对这个高亮度区域进行，其他的阴影部分不会受到影响，如图 4-50 所示。

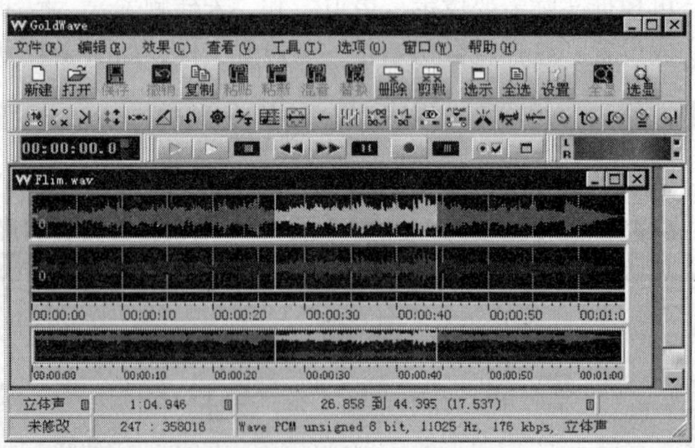

图 4-50　Gold Wave 的编辑界面

当然如果选择位置有误或者更换选择区域可以使用编辑菜单下的选择查看命令（或使用快捷键 Ctrl+W），然后再重新进行音频事件的选择。

③ 声音的剪切、复制、粘贴、删除。确定选区后，利用编辑工具就可以进行剪切、复制、粘贴、删除等命令。要进行一段音频事件的剪切，首先要对剪切的部分进行选择，然后按 Ctrl+X 组合键就行了，稍微等待之后这段高亮度的选择部分就消失了，只剩下其他未被选择的阴影部分。用选择查看命令并重新设定指针的位置到将要粘贴的地方，用 Ctrl+V 组合键就能将刚

才剪掉的部分还原出来；用 Ctrl+C 组合键进行复制、用 Del 进行删除。如果在删除或其他操作中出现了失误，用 Ctrl+Z 组合键就能够进行恢复。为使不同粘贴段之间自然过渡，还可以利用淡入淡出等命令。

④ 声音的合成。对于立体声音频文件来说，有时在编辑中只想对其中一个声道进行处理，另一个声道要保持原样不变化。使用“编辑/声道”命令，直接选择将要进行作用的声道就行了（上方表示左声道，下方表示右声道），如图 4-51 所示。

这时所有操作只会对这个选择的声道起作用，而另一个声道会以深色表示并不受到任何影响。通过对左右声道的编辑可以将音乐和语音合成在一起。

⑤ GoldWave 其他实用功能。GoldWave 除了提供音频编辑制作功能外，还提供了 CD 抓音轨、批量格式转换、多种媒体格式支持等非常实用的功能。

- CD 抓音轨

如果要编辑的音频素材在 CD 中，将 CD 唱片放入光驱，在 GoldWave 程序的菜单栏中选择“工具/CD 读取曲”命令，弹出 CD 读取曲对话框，选择想要抓取的 CD 曲目，可同时选择多个曲目，如图 4-52 所示。

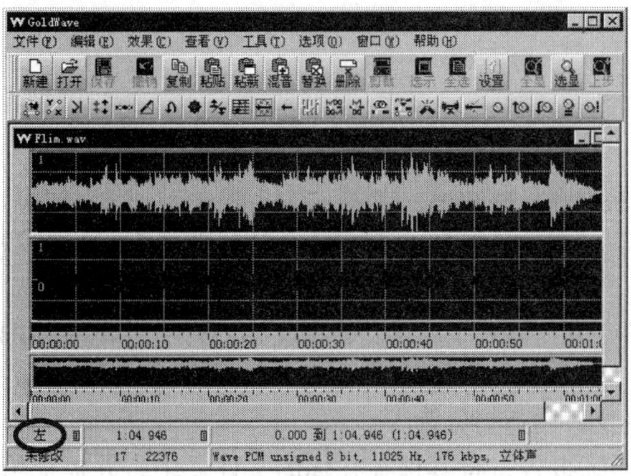

图 4-51　GoldWave 的声道编辑

图 4-52　利用 GoldWave 抓取 CD 曲目

选择好 CD 曲目后，单击“保存”按钮，弹出保存 CD 曲目对话框，在目标文件夹中输入文件保存的路径，选择另存类型、属性，如图 4-53 所示。

单击“确定”按钮，被选曲目开始转化为所设置的文件类型，如图 4-54 所示。

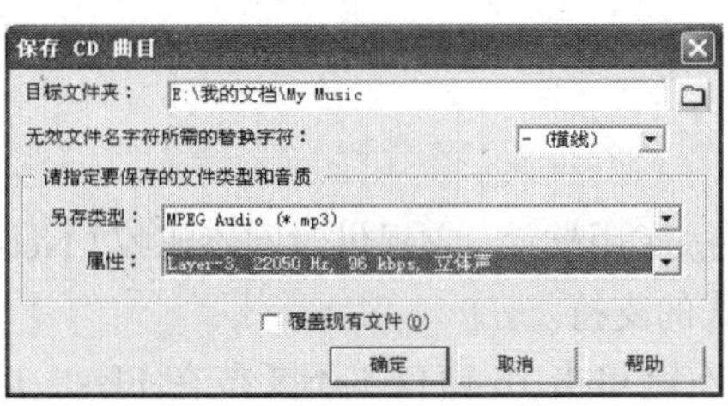

图 4-53　保存 CD 曲目设置

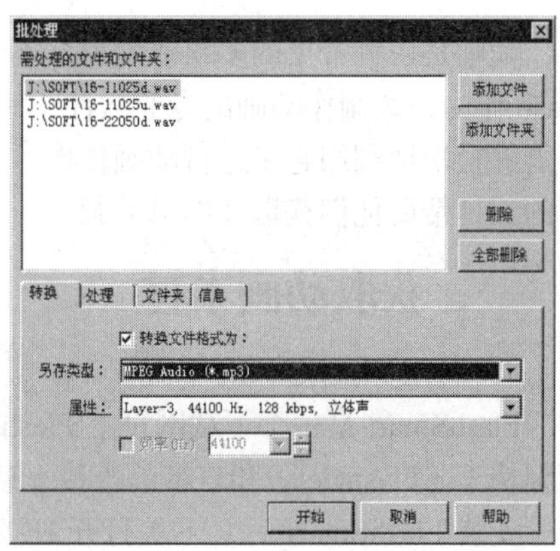

图 4-54　GoldWave 批处理文件设置

• 批量格式转换

GoldWave 中的批量格式转换也是一个十分有用的功能，它能同时打开多个它所支持格式的文件并转换为其他各种音频格式。

选择“文件/成批换”命令，打开批处理对话框，添加要转换的多个文件，并选择转换后的格式和路径，然后按下“开始”按钮，如图 4-54 所示。

稍微等待之后，就会在刚才设置的路径下找到这些新生成的音频格式文件。

教你一招

除以上介绍的方法之外，“音频编辑大师”也是一款常见的声音编辑软件，使用它，可对 WAV、MP3、MP2、MPEG、OGG、AVI、g721、g723、g726、vox、ram、pcm、wma、cda 等格式的音频文件进行各式处理，如剪贴、复制、粘贴、多文件合并和混音等常规处理，对音频波形进行“反转”、“静音”、“放大”、“扩音”、“减弱”、“淡入”、“淡出”、“规则化”等常规处理；“混响”、“颤音”、“延迟”等特效；支持“槽带滤波器”、“带通滤波器”、“高通滤波器”、“低通滤波器”、“高频滤波器”、“低通滤波器”、“FFT 滤波器”滤波处理。

实践环节

在本活动中，请你根据本活动学到的声音获取和处理知识，完成下面任务。

① 请利用“录音机”录制一段“自我介绍”，声音长短在 60 秒以内，并利用 Goldwave 进行简单的编辑。

② 在网上下载一首 WMA 格式的声音文件，利用格式工厂将其转换成 MP3 格式，再用 MP3 剪切器截取从 3 秒到 10 秒之间的数据。

③ 将录制和编辑好的声音文件保存在你的文件中适当位置。

④ 进行训练项目 2 的训练活动，完成训练报告，将其保存在你的文件夹中，并提交给教师。

项目 5　采集与制作动画素材

动画是一种常见的多媒体素材，不管是在多媒体作品还是网络上随处都能见到动画的身影。Flash 作为一款制作动画的专业软件，其名字对于好多人来讲都是“耳熟能详”，但却并非所有人都能够轻松地利用它来进行动画创作。对于很多非专业的动画爱好者而言，更希望能有一些更简单的工具帮助他们获取及编辑动画。

一、获取动画素材

1. 利用 FlashSmart 下载

FlashSmart 是一个下载网页上 Flash（.SWF）文件的实用软件。它提供对网络蚂蚁（NetAnts）、网际快车（FlashGet）和自带的直接下载 3 种下载方式的支持。

安装 FlashSmart 后，下次打开 IE 窗口时，鼠标右键单击 IE 窗口（不要按在 Flash 上），可以看到出现的菜单中有“FlashSmart 下载 Flash”选项，选择该选项可以下载页面的 Flash（.SWF）

文件。在 FlashSmart 的下载界面中，鼠标移到收藏夹上，单击鼠标右键，可以对收藏夹进行增加、修改和删除操作。确定保存目录后，直接单击“下载”按钮即可将 Flash 文件保存到对应的目录中。

2. 利用网络猎手 Internet Hunter 下载

下载安装后，它会在 IE 中集成一个新功能：在 IE 打开的网页上如果有 flash 动画，把光标移动画上，就会出现下载工具条，直接单击“下载”按钮，即可将当前动画文件保存下来。

3. 利用 SaveFlash 下载

下载安装后，重新打开网页时，在 IE 窗口中会出现 SaveFlash 图标按钮，当所浏览的页面上没有动画时，该图标为灰色，当网页上有动画时，该图标颜色变亮，这时单击该图标按钮即可将当前页面所有动画显示出来，选中要保存的动画后直接单击保存即可。

除此之外，还有很多保存动画的软件，如 FlashJester Woof、Flash Capture 等。

二、制作动画素材

动画的制作方法很多，但大体上可分为利用动画制作软件和编程两类。在一般的动画制作中，最为常用的方法是使用动画制作软件来生成动画。根据创作对象的不同，动画制作软件可分为二维和三维两类。

二维动画制作软件当前最为流行的有 Flash、Swishmax、Swftext、Ulead GIF Animator 等。

Flash 是当前应用最广泛的二维动画制作软件，是典型的基于时序型的动画制作工具，由它生成的 SWF 格式动画是一种流媒体格式的矢量动画，不管怎样放大、缩小，它还是清晰可见，占用磁盘空间小，但保存的文件信息量却很大。在几百到几千字节的动画文件中，可以包含几十秒钟的动画和声音，并且可以具有很强的交互性。而且它采用了流技术，能一边播放一边传输数据，便于在互联网上传输。

三维动画属于造型动画，可以模拟真实的三维空间事物。利用动画软件构造三维的几何造型，赋予其表面颜色、纹理，并设计三维形体的运动。设置变形，设计灯光强度、位置及移动等，最后生成一系列可供动态实时播放的连续图像。目前常用的软件有 3ds max 和 MAYA 等。

下面简单介绍 Ulead GIF Animator、Swftext 及 Swishmax 的使用。

1. Ulead GIF Animator 的使用

下面以制作简单的眨眼动态图为例，简单介绍 Ulead GIF Animator 的应用。

（1）首先准备好两张眼部神态不同的图片，如图 4-55 所示。

（2）运行 Ulead GIF Animator，出现启动向导窗口，如图 4-56 所示。

图 4-55　制作动画的素材

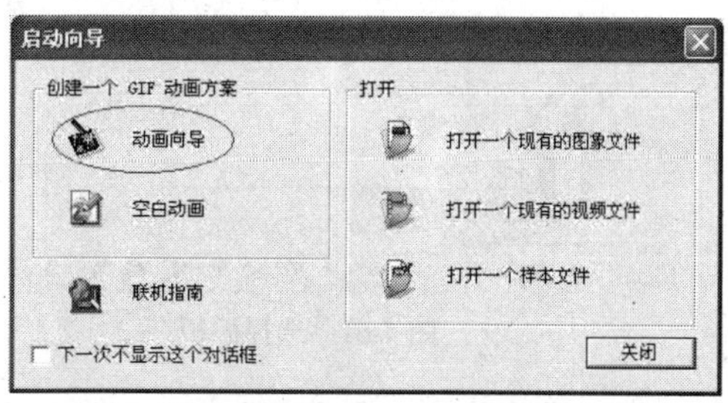

图 4-56　Ulead GIF Animator 的启动向导界面

（3）选择“动画向导”，在出现的窗口中设置画布尺寸即图片大小。由于那两张图是 128 × 128 的，所以就设置成 128 × 128 了，如图 4-57 所示。

（4）单击“下一步”按钮，添加图像，如图 4-58 所示。

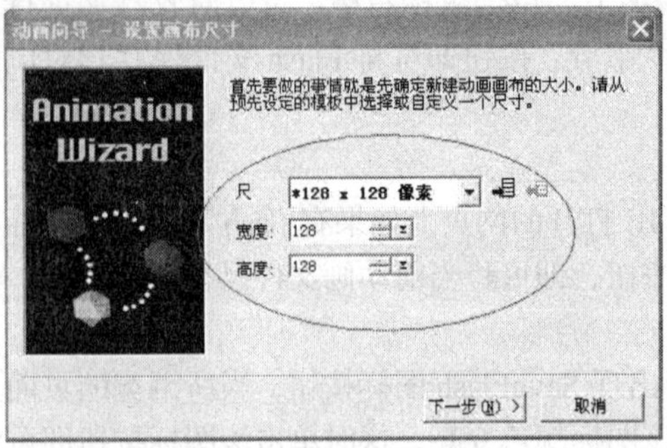

图 4-57　设置画布尺寸

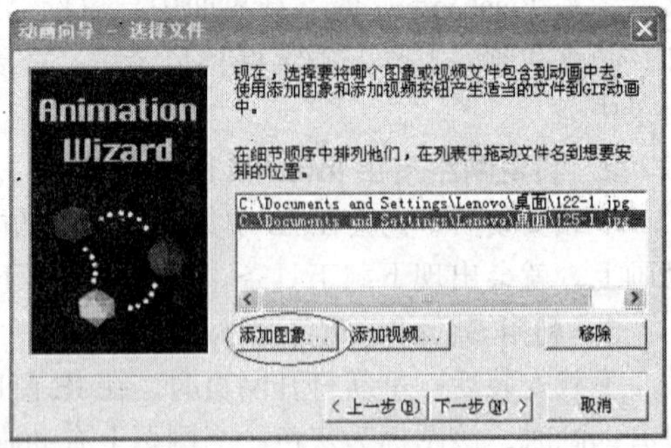

图 4-58　选择文件向导

（5）单击“下一步”按钮，接下来是对帧的设定（见图 4-59），单击完成按钮完成动画的制作，如图 4-60 所示。

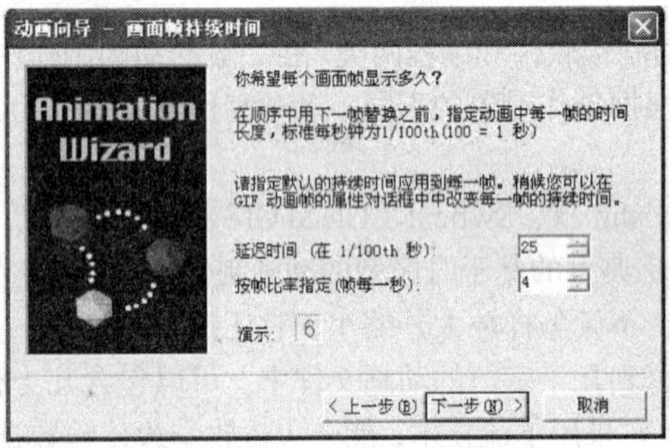

图 4-59　画面帧持续时间设置界面

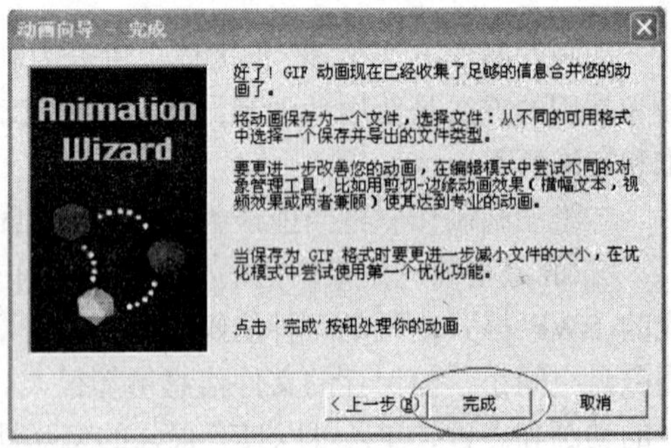

图 4-60　动画制作完成界面

（6）调整。完成了动画部分就基本上完成了 GIF 动画的制作了，接下来只要根据喜好稍微调整即可。帧下面有个播放键可供预览，在图象上单击鼠标右键，在弹出的菜单中（见图 4-61）选择“画面帧属性”即可进行调试，如图 4-62 所示。

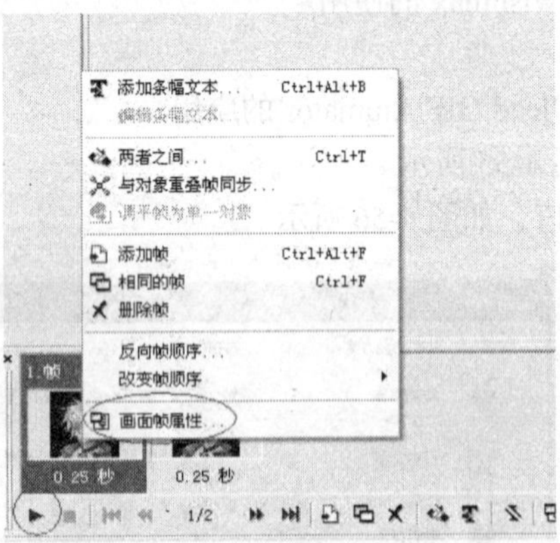

图 4-61　选择面板

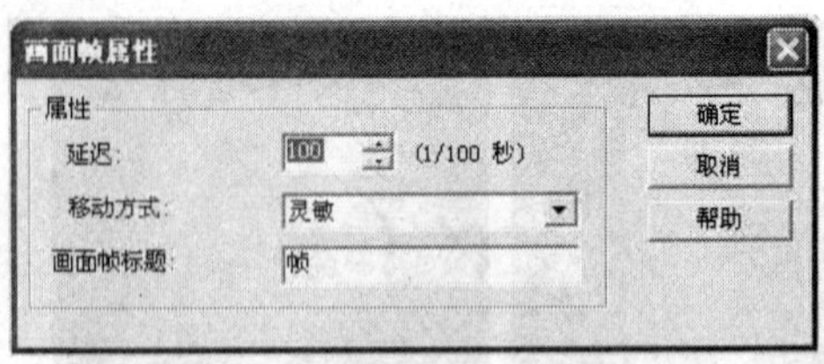

图 4-62　画面帧属性面板

（7）将结果保存或另存为 GIF 文件。至此，一个眨眼的动态 GIF 就完成了。

2. Swftext 的简单使用

Swftext 是一款简单实用的 Flash 文本特效动画制作软件，可以制作超过 167 种不同的文本特效和 37 种背景特效，而且可以自定义文字属性，包括字体、大小、颜色等，使用 Swftext 完全不需要任何 Flash 制作知识。

（1）安装运行 Swftext 之后，出现图 4-63 所示界面。

（2）选中左边的“背景”选项，出现如图 4-64 所示窗口，根据需要选择相应的背景并设置对应的参数。同时可从左边列表中选择“背景特效”，出现如图 4-65 所示界面，Swftext 为我们提供了 40 种不同的动画特效，我们可根据需要做出选择。

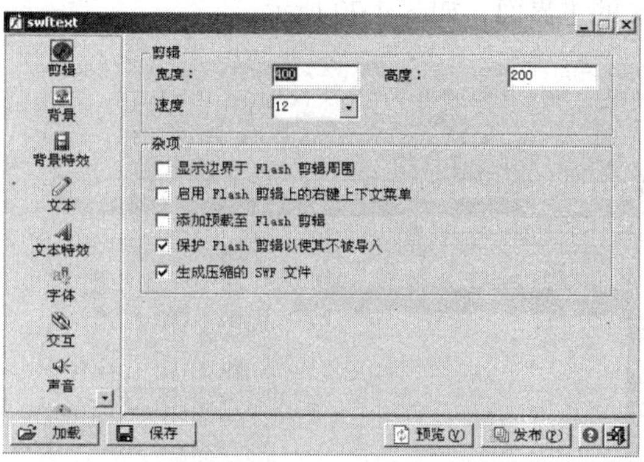

图 4-63　Swftext 启动界面

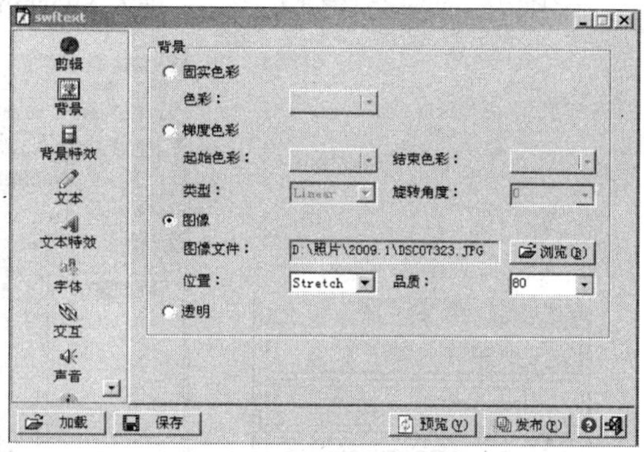

图 4-64　背景选择界面

（3）从左边列表中选择“文本”，在右面窗口中单击“添加”按钮，在弹出的“输入文本”对话框中直接输入文本，单击“确定”按钮，如图 4-66 所示。接下来可从左边选择“文本特效”，在出现的图 4-67 中选择相应的文本特效。

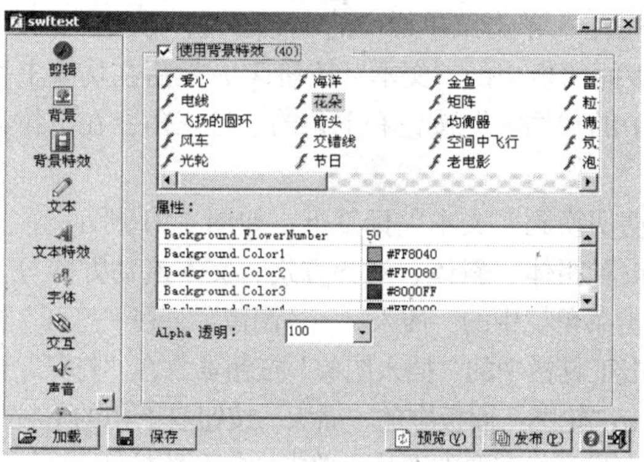

图 4-65　背景特效选择窗口

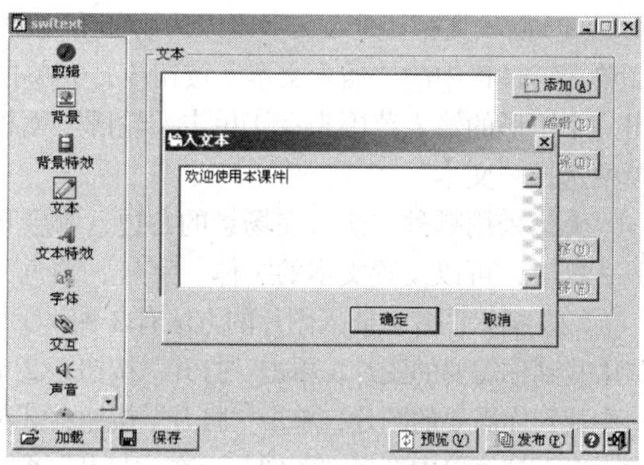

图 4-66　文本输入界面

（4）接下来按照同样的方法设置“字体”、“交互”及“声音”等选项，设置完毕后直接单击“发布”按钮，在图 4-68 中选择导出的文件格式并单击“确定”按钮即可。

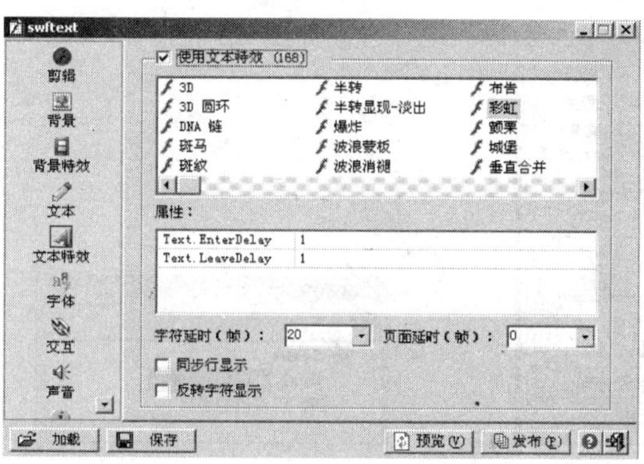

图 4-67　文本特效选择窗口

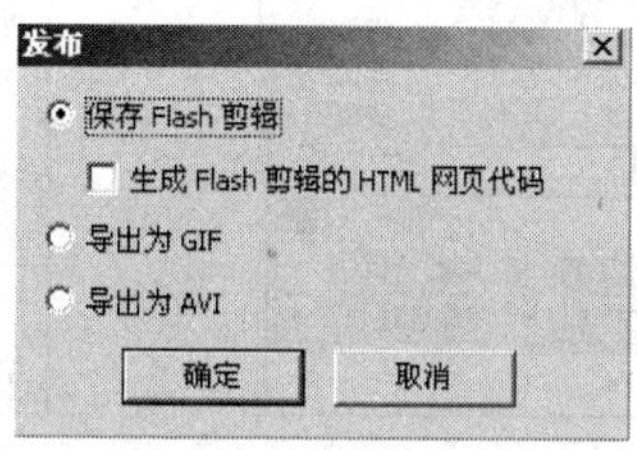

图 4-68　发布窗口

3. Swishmax 的使用

Flash 课件由于其自身的优点，深受大家的青睐，但 Flash 专业化的制作流程往往又让很多人望而止步。现在有了 Swishmax，就可以轻松地胜任。

第一次启动 Swishmax，会出现如图 4-69 所示的提示窗口。

选择

，进入 Swishmax 的主界面，如图 4-70 所示。

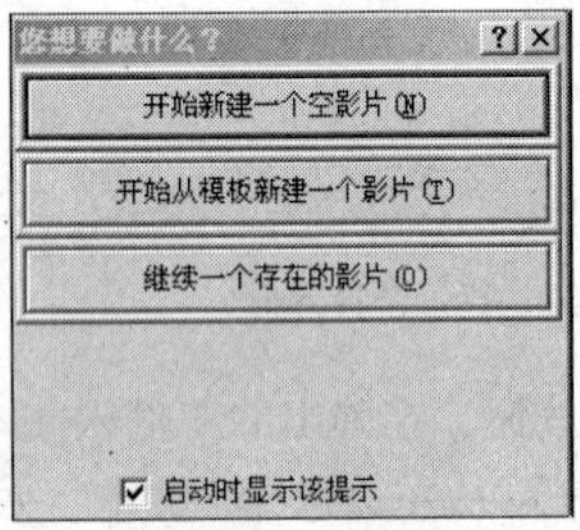

图 4-69　启动界面

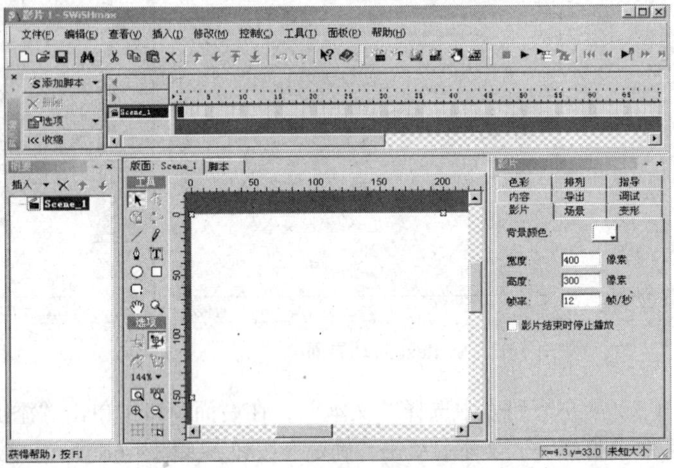

图 4-70　新建界面

（1）插入文字。插入文字可以采用如下 4 种方法：①单击菜单栏中的“插入”→“文本（T）”；②单击工具栏中的“插入文本”按钮；③单击版面面板中的“文本”按钮，然后在场景上拖出一个矩形的输入范围来；④单击“轮廓”面板中的“插入”按钮右下角的下拉三角，在下拉菜单中选择“文本”。

无论采用哪种方法，在场景的右边，都会自动切换到“文本”标签下，如图 4-71 所示。

这时，可以设置文本的字体、字号、颜色，设置粗体、斜体、对齐方式、文本流动方向等。

（2）插入图片。插入图片的方法有 3 种：①单击菜单栏中的“插入”→“图像”，在“打开”窗口中找到你需要的图片，单击“打开”按钮；②单击工具栏中的“插入图象”按钮，在“打开”窗口中找到你需要的图片，单击“打开”按钮；③单击“轮廓”面板中的“插入”按钮右下角的下拉三角，在下拉菜单中选择“图像”，在“打开”窗口中找到你需要的图片，单击“打开”按钮。

无论采用上面哪种方法，在场景的右边，都会自动切换到“外形”标签下，如图 4-72 所示。

（3）调整对象层次。当把图片插入以后，会发现图片往往会盖住先前输入的文字。在 Swishmax 中默认将后插入的对象放在上层，如图 4-73 所示。

图 4-71　文本编辑界面

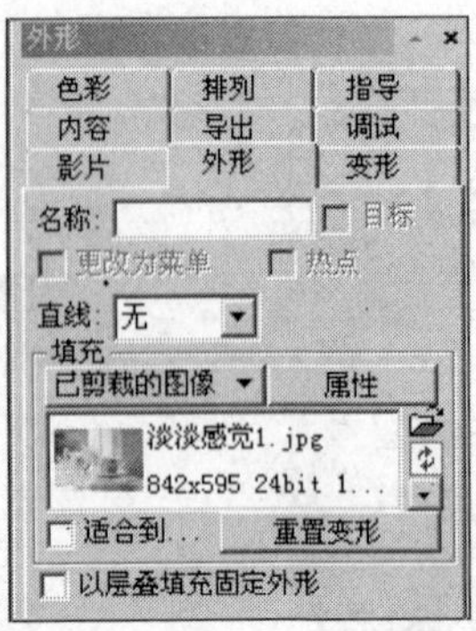

图 4-72　外形设置窗口

图 4-73　概要显示窗口

调整对象层次方法有两种：①选中要移动的对象，单击 按钮一次，将对象上移一层；单击 按钮一次，将对象下移一层。②选中要移动的对象，直接用鼠标拖到想去的层次然后松开鼠标即可。

（4）设置动画特效。在轮廓面板中选中一个文字对象，单击鼠标右键，选择菜单中的“效果”→“渐近”→“淡入”。会发现在“时间线”面板中该文字的时间线上多了一段“淡入（10）”，如图 4-74 所示。

其中括号里的数字 10 表示这种特效持续 10 帧（默认的）。

在这个对象的时间线上第 20 帧处，单击鼠标右键，选择菜单中的“渐近”→“淡出”，最后结果如图 4-75 所示。

图 4-74　效果面板

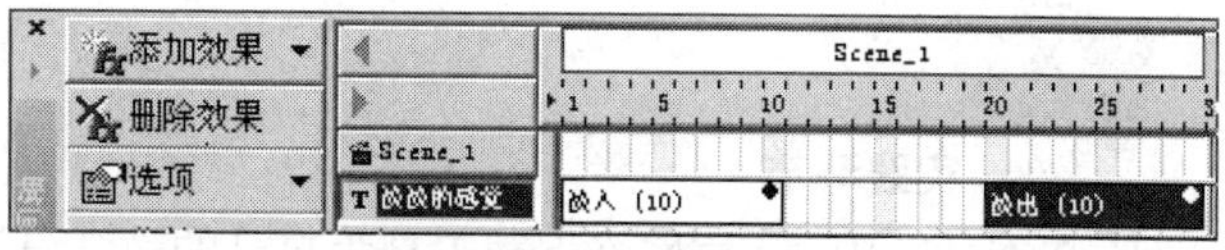

图 4-75　时间轴面板

单击工具栏中的“播放电影”按钮 ，就可以看到动画了。

（5）插入声音。SWiSHmax 支持两种声音格式，WAV 和 MP3。跟插入文字和图片不同，插入声音文件经常使用如下两种方法：在时间线面板上先选择声音插入的帧，比如第 1 帧，单击菜单栏中的“插入”→“内容”，在“打开”窗口中选中您需要的声音文件，单击“打开”按钮，出现如图 4-76 所示提示框。

选择“是”，在时间线面板及概要面板上均可看到插入的声音文件，如图 4-77 所示。

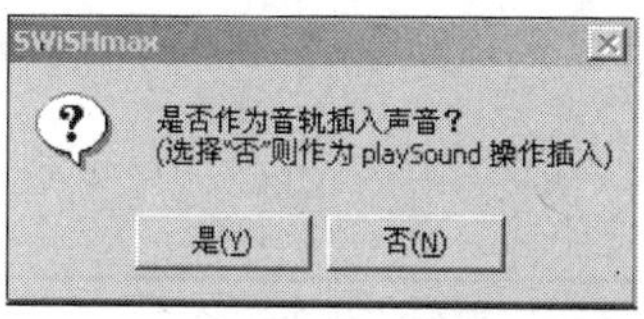

图 4-76　声音选择面板

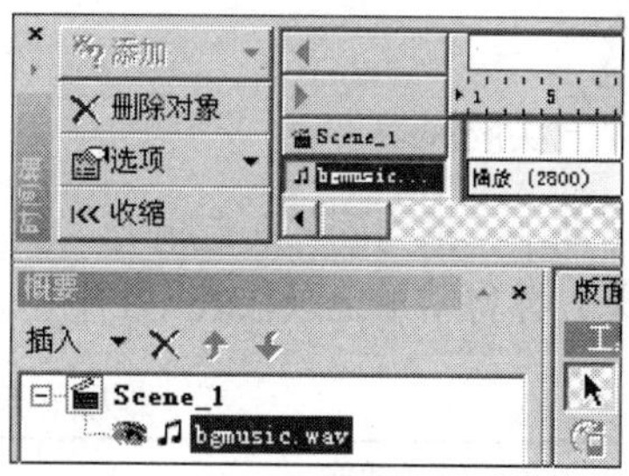

图 4-77　声音设置面板

（6）跳转动作的设计。课件的封面通常用在课前展示，上课时需要单击进入课件的主页，这就需要一个跳转动作。下面以按钮跳转为例，简单介绍操作过程。

① 选择“插入→图像”，选择所需的按钮,在按钮上单击鼠标右键，选择“脚本”→“事件”→“自身”→“onSelfEvent（press）”，在版面面板中就切换到“脚本”标签了，如图 4-78 所示。

② 单击“添加脚本”→“电影控制（M）”→“gotoAndPlay”→“nextSceneAndStop（）”，如图 4-79 所示。

这样做之后，只要将课件主界面放在下一场景，那么单击按钮将会直接进入主界面。

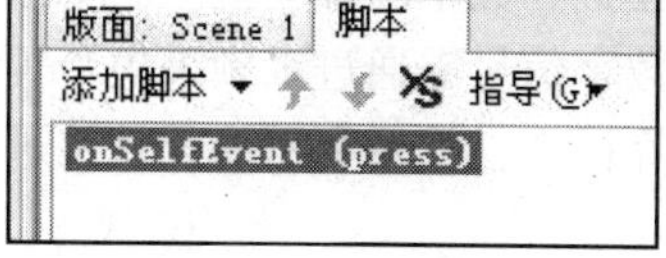

图 4-78　脚本面板

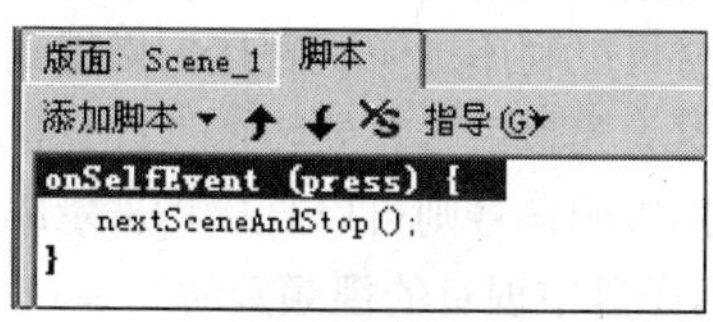

图 4-79　脚本面板

（7）文件输出（打包）。经过内容的充实和界面的美化之后，就可以完成一个课件了。单击电影面板上的“导出”标签，可以设置“导出选项”，默认是“SWF（Flash）”，还可以设置“要导出的 SWF 版本”，默认是“SWF5”，还可以选择“SWF4”和“SWF6”。“SWF4”相当于由 Flash 4 生成的文件，“SWF5”相当于由 Flash 5 生成的文件，“SWF6”相当于由 Flash MX 生成的文件。

图 4-80　导出画面

单击菜单栏中的“文件”→“导出（E）”，可以打包成 SWF、HTML+SWF、EXE 或者 AVI 文件，如图 4-80 所示。

实践环节

① 在本环节中，运用网络下载工具为自己的教学设计内容下载相关的动画资源；应用本活动所学知识设计制作简单的动画，并将其保存在你的文件中适当位置。

② 进行训练项目 4 的训练活动，完成训练报告，将其保存在你的文件夹中，并提交给教师。

项目 6　采集与制作视频素材

头脑风暴

在这个活动中，请与同伴一起展开“头脑风暴”，讨论视频的教学功能，可以通过什么途径获取视频资源，并将结果记录在表 4-3 中。

表 4-3　视频的教学功能和获取途径

视频的教学功能	视频的获取途径

一、获取视频素材

1. 利用摄像机拍摄

视频素材可以利用摄像机直接拍摄得到，摄像机有模拟和数字两种类型。模拟摄像机拍摄录制的视频素材为模拟信号，要转换为计算机可以处理的数字信号需通过视频采集卡等设备。而用数字摄像机拍摄的信号则可以直接将采录的信号存入计算机中，然后利用编辑软件进行编辑。

2. 利用光盘中现有的视频素材

光盘中，特别是 VCD、DVD 中有大量丰富的视频素材，利用超级解霸可以从 VCD、DVD

上截取所需的视频片段并转换成视频素材文件。具体的操作如下。

（1）启动超级解霸播放软件，播放 VCD 影碟，如图 4-81 所示。

（2）单击“循环/选择录取区域”。

（3）单击设置起始点和结束点。

（4）单击“MPG”按键，弹出保存对话框，选择路径和输入名称后，单击“保存”将选择的区域保存为 MPG 文件。

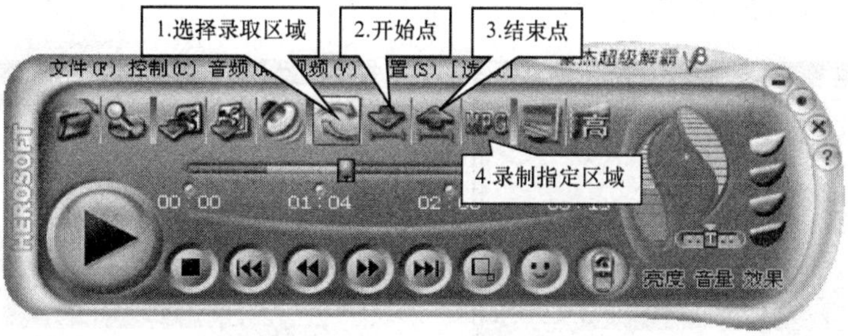

图 4-81　超级解霸的主界面

3. 屏幕视频捕捉

通过一些屏幕视频捕捉软件，如 HyperCam、SnagIt、ScreenCam 等可对计算机操作过程中的屏幕变化情况实时捕捉，包括鼠标的移动轨迹与音效，并以 AVI 格式保存下来。

但此方法对计算机的硬件配置要求较高；当然，在抓取中可以用降低抓取帧速或缩小抓取范围等办法来弥补机器硬件配置的不足。下面介绍用 HyperCam 录制屏幕信息的操作步骤。

（1）启动 HyperCam 后屏幕出现 HyperCam 窗口，其窗口界面非常简单，分为屏幕区域（Screen Area）、快捷键（Hot Keys）、AVI 文件（AVI File）、声音（Sound）、其他设置（Other Options）和授权（License）等 5 个子菜单，以及启动录制（Start Rec）、启动暂停（Start Pause）、播放（Play）、编辑（Edit）、默认（Default）和帮助（Help）等功能按钮，如图 4-82 所示。

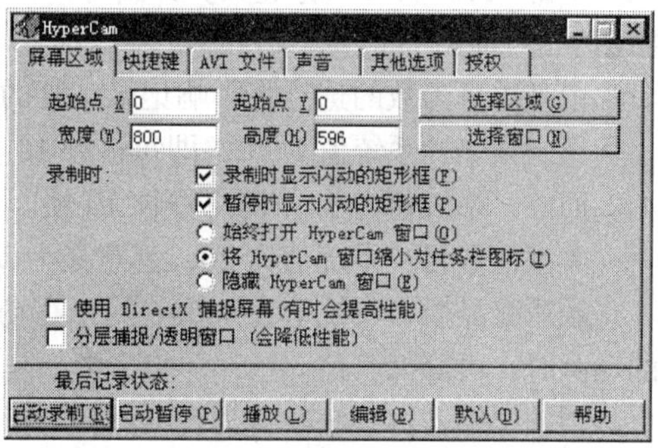

图 4-82　HyperCam 主界面

（2）设置 HyperCam。在使用 HyperCam 程序制作视频前，应先将电脑设置为 8 位颜色模式（256 色），如果色彩数太高，会导致生产的 AVI 文件过大，录制的速度也会较慢。

① 选择记录的屏幕区域。首先运行要录制的演示程序。然后切换到“HyperCam”中设置选择记录的屏幕区域。在屏幕区域标签页选择区域时，一般不直接输入数值，而是用选择区域和选择窗口来定义区域。单击选择窗口按钮，屏幕上会出现带有闪边框的矩形，它随鼠标的移动而变换位置及大小。若想将当前程序设定为录制区域，则将鼠标置于程序标题栏上单击即可。如果要取消操作则单击鼠标右键。Select Region 用鼠标或键盘（用键盘上的上、下、左、右键精确定位，可一个单位一个单位的增减）在屏幕上画出一个矩形作为捕捉区域。

② 设置声音选项。在教程进行演示操作的同时要辅以语音讲解，所以需要录制声音。单击声音标签项，弹出界面，在录制声音的复选框内打上“√”，启动录制声音功能。然后在选择声音品质选项中设置声音的质量。我们仅是录制讲解语音，所以选择最低声音标准亦可。即选择采样大小项目下的“8 Bit”，采样频率项目下的“8000 样本/秒”，如图 4-83 所示。

注意事先一定要确保操作系统中麦克风录音功能被激活。设置的方法是：双击“控制面板”中的“多媒体”选项，单击“音频”标签页中的“录音”按钮，在音量控制对话框中在“Microphone均衡”选项前打上“√”即可。

③ 设置鼠标的记录功能。

单击“其他选项”标签页，弹出对话框，在录制光标前的复选框内打上“√”，使录制电影时能同时记录鼠标的动作；调节“鼠标单击时的音量”右侧的百分比滑块，设置鼠标单击时所发出的声音大小，如图 4-84 所示。

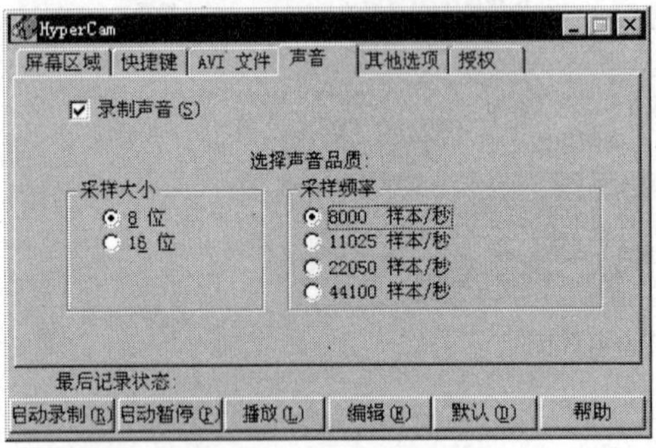

图 4-83 设置声音选项

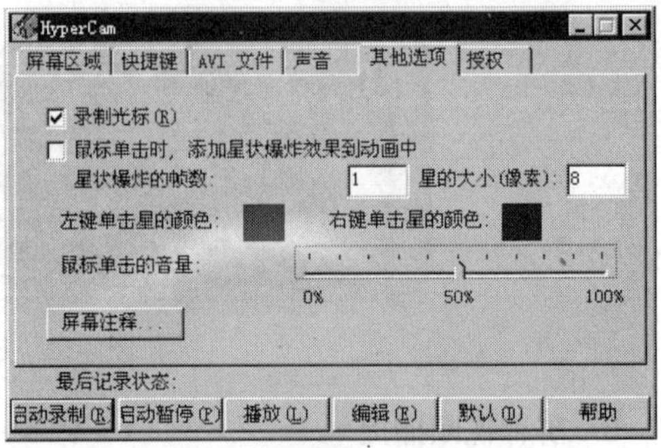

图 4-84 设置鼠标的记录功能

④ AVI 文件名和记录质量参数的设置。

单击“AVI 文件”标签页，弹出对话框，在“AVI 文件名”中输入准备录制电影文件的名称，如图 4-85 所示。

记录质量参数的选择将影响记录动画的质量，各参数介绍如下。

录制频率：系统值为 10，即每秒钟 10 帧。

回放：系统值为 10，即每秒钟 10 帧。

关键帧数目：系统值为 20，其意义为设定每隔多少帧将所有的帧写入文件。

帧压缩品质：系统值为 75%，用于在动画的质量与连贯性之间的平衡选择，当记录高清晰度的动画时，可降低其值。

视频压缩器：系统缺省为自动选择，一般不要修改。

接下来就该录制 AVI 文件了。单击窗口最下方的启动录制按钮即开始录制，如果想停止录制，单击“启动暂停”按钮即可。

为了更好地控制录制 AVI 文件的准确度，可在录制时使用快捷键。F2：启动/停止录制；F3：暂停/继续录制；Ctrl+Shift 组合键并移动鼠标：用鼠标移动录制画面的位置，如图 4-86 所示。

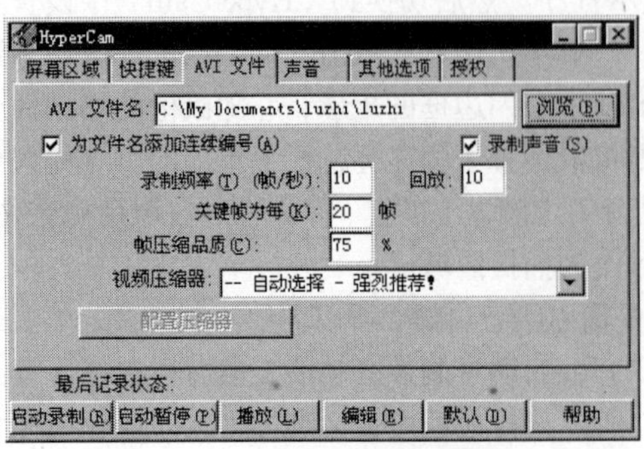

图 4-85 设置记录质量参数

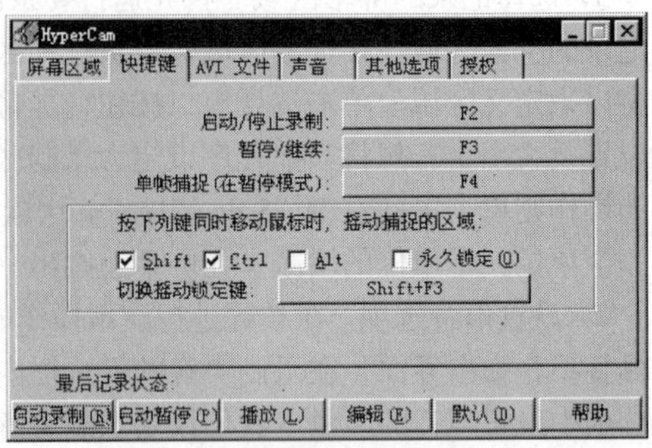

图 4-86 快捷键设置

录制完成后单击 HyperCam 窗口上的 Play 按钮就可以浏览播放效果了。用这个方法也能将在屏幕上播放的 VCD 节目录制成 AVI 格式视频信号。

4. 利用 UUme FLV 视频下载器下载

（1）打开 UUme FLV 下载器，在上方输入框内输入视频地址，如图 4-87 所示。

（2）单击该视频的播放按钮，在视频播放过程中，视频同时下载到本机。注意：必须让视频处于播放状态，如图 4-88 所示。

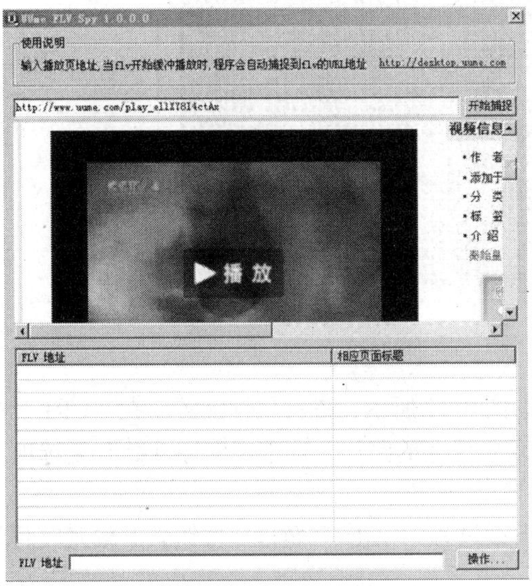

图 4-87　下载器界面

图 4-88　视频播放界面

（3）选中播放器下方的 FLV 地址，单击窗口右下角的“操作”即出现下列如图 4-89 所示菜单。

（a）单击选择“下载”，在 IE 浏览器窗口进行下载。

（b）选择“在当前会话中下载”（推荐），直接弹出保存窗口。

（c）选择“播放”便可直接打开 FLV 文件播放器进行在线观看。

（d）选择“拷贝到剪切板”，然后打开下载软件进行下载。

（e）在多次探测地址之后，列表框里会出现多个 FLV 文件下载地址，此时可以选择“清空列表”清空记录，方便找到最新探测到的地址。

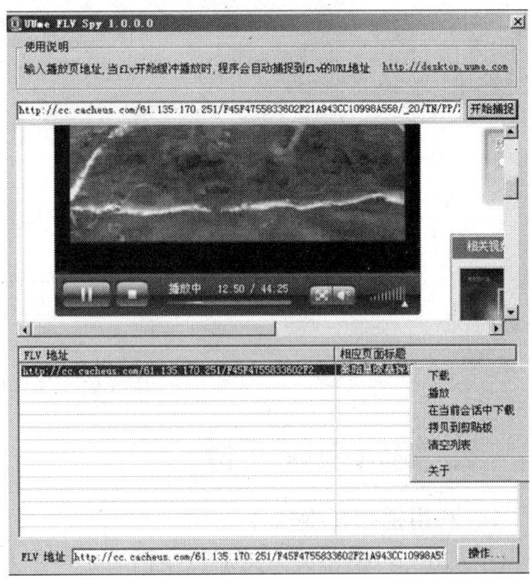

图 4-89　右键菜单界面

5. 利用影音传送带下载

互联网上的视频文件很多都是流媒体格式的视频文件，流媒体文件不能直接在互联网上保存下载，需要借助相关工具软件，下面以影音传送带为例介绍流媒体的下载方法。

（1）下载并安装影音传送带软件。

（2）运行影音传送带工具，界面如图 4-90 所示。

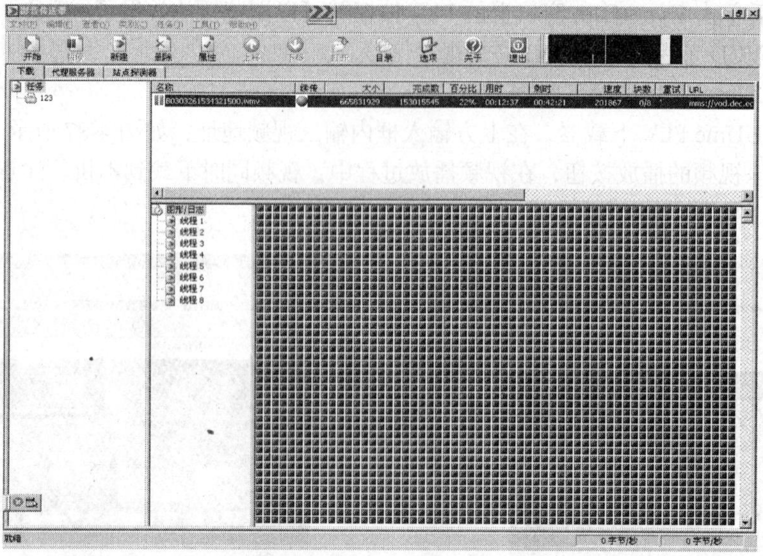

图 4-90　影音传送带工具界面

（3）单击“属性”按钮，弹出“属性”窗口，如图 4-91 所示。进行属性配置，在“URL”中输入要下载的流媒体文件的网址，在“目录”中输入要保存的路径，选中“立即开始”复选项，最后单击“确定”按钮，开始下载。

（4）如果仅需要下载流媒体前面的部分，可在下载过程中单击 “暂停”按钮，下载完成后单击“退出”按钮即可结束下载。

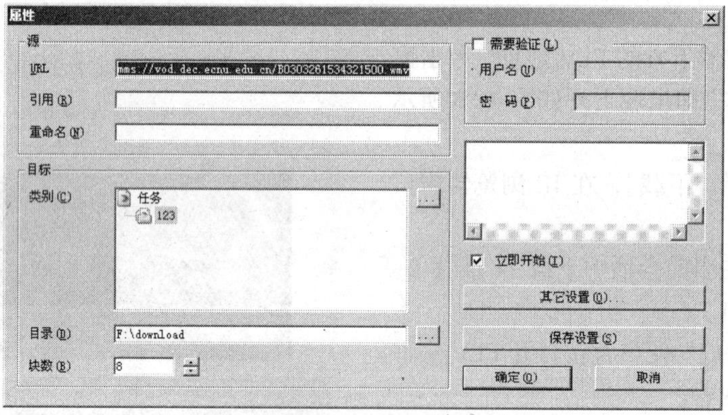

图 4-91　流媒体下载属性对话框

二、编辑视频素材

1. 利用视频转换软件

（1）RM 转换精灵。RM 转换精灵是一款易于使用、功能完善的 RealMedia（rm/rmvb）文件转换工具。可以把几乎有流行的视频格式，如 RM、RMVB、VOB、DAT、VCD、DVD、SVCD、ASF、MOV、QT、MPEG、WMV、MP4、3GP、DivX、XviD、AVI 文件转换为 AVI、VCD、SVCD、DVD、MPEG、WMV 等格式。

（2）AVI 转换精灵。AVI 转换精灵是国内最优秀实用的 AVI 视频转换工具，它支持把 mpg、mpeg、rm、rmvb、wmv、dat 转换为 AVI 格式。采用 AVIConverter V3.0 为核心，广泛适用于支持 XVID 编码 AVI 的各类 MP3、MP4 和手机，它转换速度极快，改进音视频同步性能，提供了批量转换功能和更高帧率的支持。

（3）FormatFactory 格式工厂（多媒体格式万能转换器）。FormatFactory 格式工厂（多媒体格式万能转换器）具有以下功能：能将所有视频格式转换成 MPG/AVI/3GP/FLV/MP4；能将所有音频格式转换成 MP3/OGG/WMA/M4A/WAV；能将所有图片格式转换成 JPG/BMP/PNG/TIF/ICO。

2. 利用软件制作编辑

例如会声会影、Premiere 等。下面以会声会影——Ulead VideoStudio 11 为例，简单介绍视频的制作过程。

（1）启动 Ulead VideoStudio 11，出现图 4-92 所示界面。

图 4-92　启动界面

（2）选择 进入主界面，如图 4-93 所示。

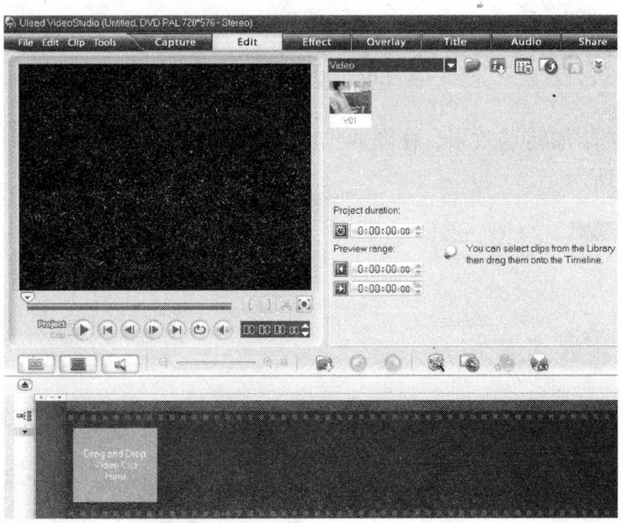

图 4-93　主界面

（3）选择“Capture”菜单，并在右边选择“Capture Video”选项，如图 4-94 所示。

（4）在图 4-95 中选择视频来源并设置视频文件保存位置，并选择 ，进行视频捕获。

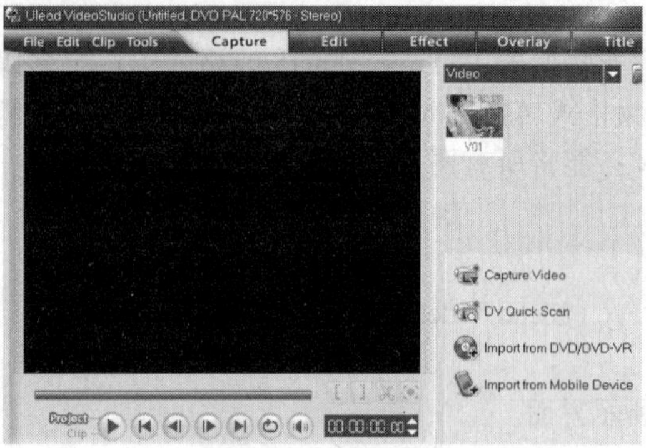

图 4-94　捕获视频界面

图 4-95　视频属性设置

（5）完成视频捕获后，保存文件。选择菜单中的“Edit”对视频文件进行编辑。如进行细致剪切，可选择 Multi-trim Video，并根据需要在图 4-96 中设置各视频段的起止位置。剪辑完成后单击“OK”即可。

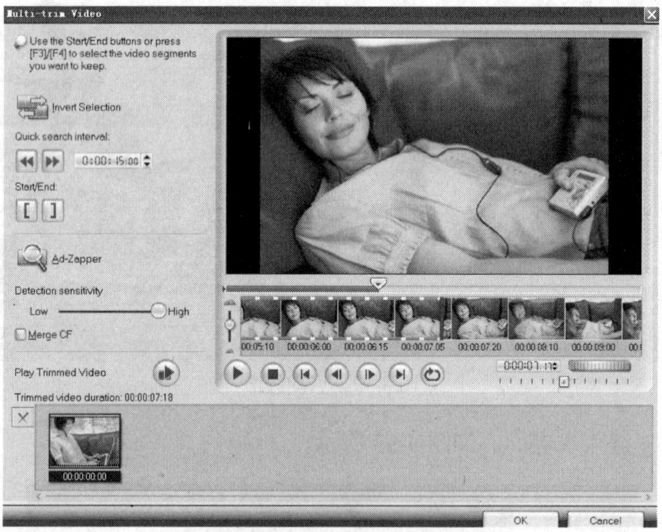

图 4-96　视频剪辑界面

（6）还可以为视频添加转场效果，在图 4-97 中选择转场效果类型，并将其拖动至视频轨道的相应位置，如图 4-98 所示。

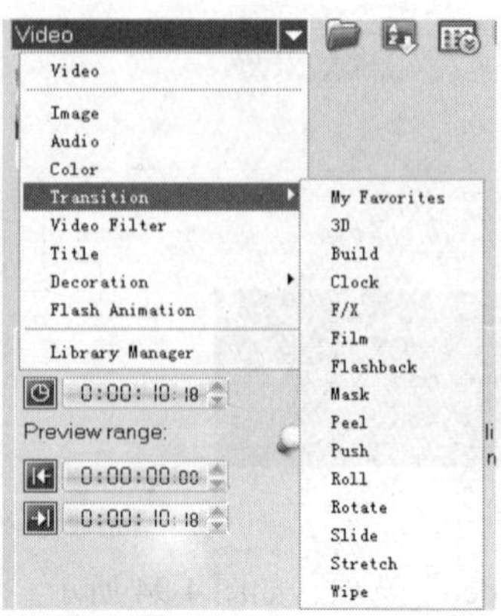

图 4-97　转场效果选择

图 4-98　视频轨道

（7）完成视频剪辑后，选择菜单中的“Share”将视频文件进行渲染，如图 4-99 所示。单击 Create Video File 按钮，根据需要选择渲染视频文件格式类型，如图 4-100 所示，并选择视频文件的保存位置，待其完成渲染即可获得所需视频文件。

图 4-99　渲染视频

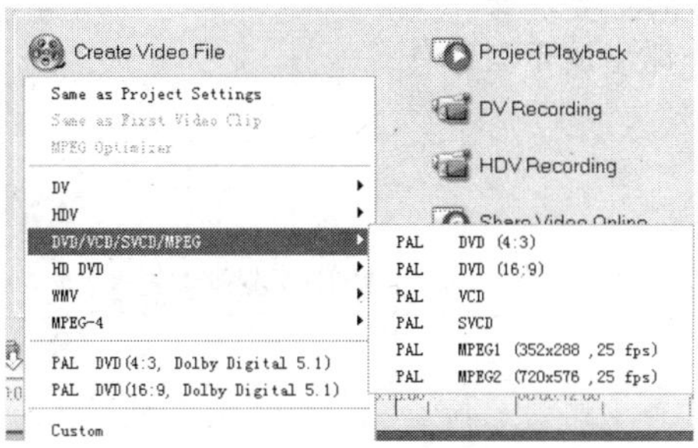

图 4-100　选择保存类型

实践环节

① 在本环节中，请根据教学设计内容下载一段相关的 RM 视频，并将其转化为 AVI 格式，为制作课件准备相关视频素材。结合教学内容，利用视频编辑工具设计制作一段长度为 5 ~ 10 分钟的视频素材，并将其保存在你的文件中适当位置。

② 进行训练项目 3 的训练活动，完成训练报告，将其保存在你的文件夹中，并提交给教师。

实践环节

① 基于本模块的学习活动，思考在模块 2 中自己的教学设计方案中所要使用的资源类型，用文字编辑软件中的表格或电子表格软件列出并说明运用的形式，将文档保存在自己的文件夹中。

② 基于自己的教学设计方案，收集教学设计中所要使用的各种资源素材。

③ 利用相关的资源加工与处理工具，对收集到的资源素材进行简单的加工处理，使之更符合教学设计活动的需要。

模块 5
设计与制作多媒体课件

学习目标

1. 陈述多媒体课件的定义，列出多媒体课件的特点。
2. 例举多媒体课件的主要类型及应用特点。
3. 描述设计和评价多媒体课件的基本原则。
4. 阐释多媒体课件制作的主要步骤。
5. 利用 Powerpoint 制作课堂演示型课件。

知识导图

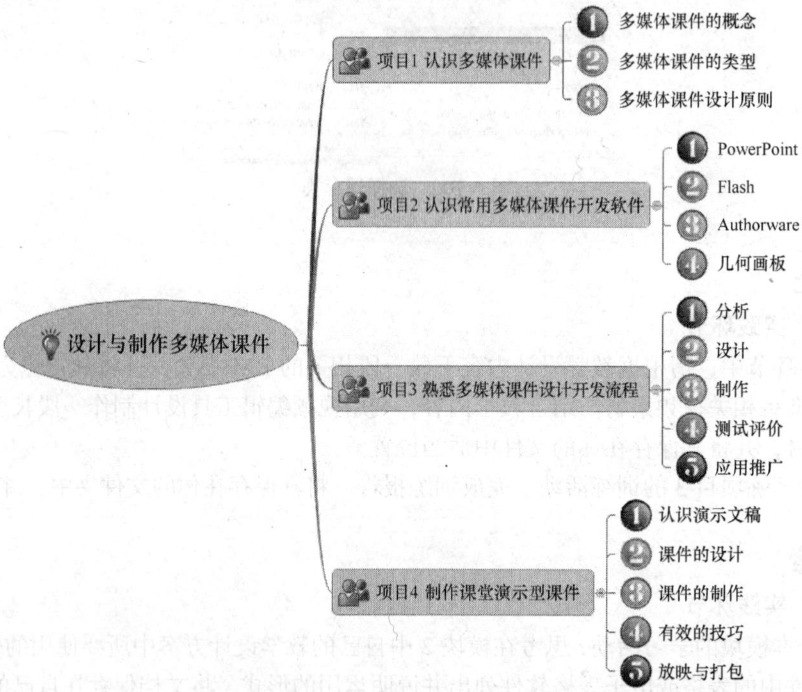

学习任务

1. 基于模块 2 中自己的教学设计，利用演示文稿设计工具开发与整合教学资源，设计制作一个配套的课堂演示型课件，以全面了解课件设计制作的过程。

2. 参考本模块提供的评价参考标准，在同学之间进行相互评价。

3. 基于小组成员的反馈意见，思考并修改完善多媒体课件，将修改后的多媒体课件保存在自己的文件夹中。

学习导入

计算机辅助教学（CAI）是计算机多媒体技术在学校教学领域的直接应用。它利用先进的计算机软、硬件资源，辅助和替代教师进行教学，对学生进行形象生动的知识传授和技能训练。计算机辅助教学技术被认为是人类教育史上继文字出现、学校创立、活字印刷之后的第四次革命。它代表着一种新的教学思想与教学方式，反映了一所学校教学手段现代化的程度。而多媒体课件在计算机辅助教学中占有很重要的位置。

《国家中长期教育改革和发展规划纲要（2010—2020 年）》第十九章《加快教育信息化进程》中指出：“加强优质教育资源开发与应用；加强网络教学资源体系建设；引进国际优质数字化教学资源；开发网络学习课程；建立数字图书馆和虚拟实验室；建立开放灵活的教育资源公共服务平台，促进优质教育资源普及共享。”，多媒体课件就是优质教育资源的重要组成部分。

项目 1　认识多媒体课件

一、多媒体课件的概念

1. 多媒体课件

多媒体课件（Courseware）是在一定的学习理论指导下，根据教学目的设计的，反映某种教学内容与教学策略的计算机软件。多媒体课件必须根据教学大纲的要求和教学的需要，经过严格的教学设计，并以多种媒体的表现方式和超文本结构制作而成。

知识卡片

多媒体一词源自“Multimedia”，多媒体信息是指集文字、图形与图像、声音、动画、视频为一体的综合媒体信息。

多媒体技术则是指利用计算机综合处理多种媒体信息，使多种信息建立逻辑连接，集成为一个具有交互性的系统。

2. 多媒体课件的特点

与其他教学媒体相比，多媒体课件的特点体现在如下几个方面。

（1）交互性。无论是视觉、听觉还是视听媒体，它们的信息传递方式基本上是单向的，多媒体课件突破了这一限制，实现双向通信、人机交互，为教与学带来了极大的方便。

（2）集成性。多媒体课件的教学内容与表现形式多样，集文字、图形、图像、声音、动画、视频于一体，在承载信息方面真正实现多媒体化，从而提高教学的效率和质量。

（3）智能性。多媒体课件具有超文本的动态结构，把计算机的内在运算机制与智能性的外部工作联系起来，能根据学生的反映做出判断，帮助学生决定相应的学习策略。学生可以按照自己的目的和认知特点重新组织信息，采用不同的学习路径进行学习，智能性的反应更符合人类的认知规律，便于学生进行联想思维。

（4）信息传输网络化。多媒体课件以数字化方式存储、处理信息，经过编码压缩后的信息数据量小，适合网络传播。

3. 多媒体课件的作用

（1）图文并茂的界面，有利于营造学习氛围。多媒体课件图文并茂、内容丰富多彩，能够更好地构建学生的学习环境，方便学生学习。同时，多媒体课件对于教学内容全方位的阐述，更能激发学生的学习兴趣，充分发挥学生的主动性，真正体现学生的认知主体作用。

（2）友好的交互环境，有利于调动学生积极参与。多媒体课件由多种媒体信息组成，给学生提供的外部刺激不是单一的刺激，而是多种感官的综合刺激，这种刺激能引起学生的学习兴趣和提高学生的学习积极性。

（3）丰富的信息资源，有利于扩大学生的知识面。多媒体课件提供大量的媒体信息和资料，创设了丰富有效的教学情境，不仅利于学生对知识的获取和保持，而且大大地扩充了学生的知识面。

（4）超文本结构组织信息，有利于提供多种学习路径。超文本是按照人的联想思维方式非线性地组织管理信息的一种先进技术。由于超文本结构组织信息的联想性和非线性符合人类的认知规律，所以便于学生进行联想。另外，由于超文本信息结构的动态性，学生可以按照自己的目的和认知特点重新组织信息，按照不同的学习路径进行学习，使学生学习效率更高。

二、多媒体课件的类型

随着计算机辅助教学的发展和广泛应用，多媒体课件的形式更加多样化，可以从不同的角度对其进行分类。

1. 根据使用对象分类

（1）助学型。此类课件的使用对象是学生。学生利用课件进行自主学习以掌握一定的知识或技能。此类课件要充分考虑学生使用的有效性，要具有完整的知识结构，能反映一定的教学过程和教学策略，提供相应的形成性练习，供学生进行学习评价，并设计友好的界面让学习者进行人机交互活动。

（2）助教型。此类课件的使用对象是教师，主要考虑更好地辅助教师完成各种教学任务。

2. 根据内容与作用分类

（1）课堂演示型。课堂演示型课件一般根据教学大纲的要求，按照教师的教学思路编制，为解决某一学科的教学重点与教学难点而开发。它注重对学生的启发、提示，反映问题解决的全过程，主要用于课堂演示教学。

课堂演示型课件设计要点如下：

- 目的明确，选题恰当。课堂演示型课件可以起到创设教学情境，帮助教师突破教学难点和重点；化静为动、展示事物的发展或运动过程；使微观事物“变”宏观、宏观实物“变”微观；能增加内容的趣味性，从而激发学生学习的兴趣等作用。一些难以用传统教学手段表现的教学重点、难点问题，恰是课堂演示型课件很好的选题。如果不认真思考，认为多媒体课件可以取代一切传统的教学手段，结果只能是事倍功半。

- 简洁明了，重点突出。课堂演示型课件的目的在于支持教师的叙述，而不是使教师成为多余的人。不要让课件喧宾夺主，不必过于繁杂，应力求简洁。课件上展示的文字不宜过多，可以采用提纲挈领式，然后通过使用不同的序号或项目符号，把所讲内容的层次关系展示出来。

- 信息适量，运用适度。每张幻灯片传达的信息量应适中，内容过多会加重学生的认知负荷。素材的运用要适度，如果加入太多与教学内容无关的声效或动画，有可能扰乱学生的注意力，引起学生的反感。

- 结构清晰，便于操作。课件应该具备良好的结构设计，跳转太复杂，嵌套层次太多，容易在使用过程中迷航，影响演示效果。

- 界面友好，画面和谐。美观清晰的画面，适当的动态效果给人以美的享受，画面可以简单，但是不能粗糙。课件必须考虑应用的环境，有些课件在计算机上看很清晰，但是通过投影机放映出来后，效果却差强人意，这可能跟投影机的效果或者周围光线有关系。制作过程中，应尽量采用可视性好的画面，文字、图形等要做得大一些，背景与文字应有较强的对比度。

- 合理利用动画。教学内容有主有次，有先有后，利用动画可以合理地设置内容的呈现次序，使之和教师的讲解同步，有利于调动学生的思维。教学重点、难点和需要学生特别注意的内容，可以通过动画的“强调”来吸引学生的注意力。但是要注意动画呈现的时间不能过长，否则学生等待时间太久容易产生厌倦感。

课堂演示型课件是教学中用得最多的课件类型，常用的开发软件为 PowerPoint，其操作简单、方便，容易掌握，表现形式也较丰富。

（2）自主学习型。自主学习型课件在教学活动中可以看成是扮演电子家教的角色，且由于利用多媒体技术可以将知识的传授过程变得图文并茂，声色俱全，甚至可以在计算机搭建的虚拟环境中完成传统方式难以实现的教学过程，因此可以使教学过程更加引人入胜。自主学习型课件具有完整的知识结构，能反映一定的教学过程和教学策略，提供相应的形成性练习供学生进行学习评价，并设计许多友好的界面让学习者进行人机交互活动。通过个别指导策略的引入可以使学生在学习过程中了解到自身学习的薄弱环节，并根据自身对知识掌握的水平决定学习的进程。在测评环节，并不要求学生百分百正确地对系统提出的所有问题进行回答，更多的是希望在学习者在对与错的不断练习过程中，了解自身的掌握情况。当出现辨别错误时，在课件提供的反馈信息的帮助下，加深对正确知识的理解。还可以引入竞争和激励机制，进一步激发学习者的学习动机。在计算机这个不知疲惫的“老师”的督促下，保证了即使在没有老师面授参与的情况下，学生依然能够有很好的学习质量。

自主学习型课件设计要点如下：

- 非线性的学习过程。自主学习型课件是以个性化教学为基础的，因此其最显著的特征就是学习过程的非线性化。学习者在学习过程中，学习路径不是固定不变的，学习者可以充分选择所要学习的内容，对整个学习过程有充分的控制权。学习过程是非线性的，就要求各学习单元间应该保持一定的独立性，可以将教学内容的难度、表现形式等作为划分的依据，使得各学习单元在学习过程中不要有过于明显的先后次序。

- 丰富的人机交互。自主学习型课件是以学生为主导，因此在设计课件时要有大量的人机交互信息来引导学生学习。一方面，这些交互信息对学习者的学习过程可以起到正确的引导作用，使学生可以快速、正确地使用软件。另一方面，学生在使用这类课件时还要了解自身对知识点掌握的情况，因此通常会添加各种测试题目，并将答题结果反馈给学生。这种交互性的反馈可以更好地指导学生的学习过程。

自主学习型课件常用软件有 Flash、Macromedia 公司的 Authorware、网页制作软件 Dream weaver 等。

知识卡片

自主学习是当前教育学家普遍提倡的一种学习方式，在这种方式下开展学习活动，能够充分体现学生的主体地位，发挥学生学习的能动性、主动性，使得学习的针对性更强、效果更好，能够彻底改变传统教学中教师对学生“时空”的侵占，把学生当成知识的“容器”的现象。利用自主学习型课件，学生可以在个性化的教学环境下进行自主学习，学习积极参与度较高。

（3）模拟实验型。有些模拟实验型课件借助计算机仿真技术，提供可更改参数的指标项，当学生输入不同的参数时，能随时真实模拟对象的状态和特征，供学生进行模拟实验或探究发现学习使用。

模拟实验型课件可以逼真模拟真实实验中无法实现或表达不清楚的教学内容，能够展现人们通常用肉眼无法观察到的宏观世界和微观世界，能将转瞬即逝或非常缓慢的变化过程以正常速度呈现出来，还可以形象地模拟出微观粒子世界的变化过程，因此，在物理、化学、生物、地理等学科的课堂教学中占有重要的地位。

计算机模拟可使学习者进入一个虚拟的环境中去体验所学内容，获得近似于真实的经验，可增进学习者的学习动机，并提供认知发展过程的支持，有助于学习者进行有意义的思考和问题解决，促进学习者高级思维能力的发展。

模拟实验型课件制作软件目前以 Flash 应用最为广泛。

（4）测验训练型。测验训练型课件主要是通过问题的形式来训练、强化学生某方面的知识和能力。课件的主要目的是通过测试题目或者模拟环境实现对学习者的考查，因此要针对考核的内容或者目的来进行测试规划、选择练习题目、应答评判、反馈与激励设计等。课件的题型主要包括判断、单选、多选、填空、连线、拖动等。课件要保证具有一定比例的知识点覆盖率，以便全面地训练和考核学生的能力水平。另外，考核目标要分为不同等级，逐级上升，根据每级目标设计题目的难易程度。学习者在使用这类课件时不仅希望有一个进行练习测评的环境，同时还希望通过课件的使用了解自己对相关知识真实的了解程度。因此不要忘记给予使用者适当的反馈，并通过各种激励措施激发学生的学习动机。

测验训练型课件常用制作软件有 Flash、Macromedia 公司的 Authorware、网页制作软件 Dreamweaver 等。

（5）教学游戏型。教学游戏型课件是基于学科的知识内容，寓教于乐，通过游戏的形式，教会学生掌握学科的知识和能力，并引发学生对学习的兴趣。教学游戏提供和控制一种富有趣味性和竞争性的教学环境，激发学生的学习动机，使学生在富有教学意义而且教学目标明确的游戏活动中得到训练或是有所发现，取得积极的教育效果。教学游戏强调教学性，有着明确的教学目标和具体的教学内容，并且含有经过仔细考虑的教学策略，倡导以游戏的形式产生某种特定的信息，目的为了让游戏者在游戏中获得某种知识，不是单纯地为了娱乐而去游戏。课件的设计特别要求趣味性强、游戏规则简单。

教学游戏型课件常见的开发软件有 Authorware、Flash、方正奥思、VB 等。其中 Flash 在开发游戏型多媒体课件中应用最多，它强大的 ActionScript 面向对象编程语言可以实现功能强大的人机交互，让课件成为学生自主学习的一种工具。

（6）资料工具型。资料工具型课件包括各种电子工具书、电子字典以及各类图形库、动画库、声音库、视频库等，这种类型的课件只提供某种教学功能或某类教学资料，并不反映具体的教学过程。资料工具型课件可供学生在课外进行资料查阅使用，也可根据教学需要事先选定有关片段，配合教师讲解，在课堂上进行辅助教学。

头脑风暴

有的教师在一些课上从头至尾都用多媒体课件，对其他常规教学手段不屑一顾。在某公开课上，一位教师纯粹以计算机替代小黑板和挂图，还以用了计算机进行教学而颇为自得。

请与同伴一起展开“头脑风暴”，讨论一下当前多媒体教学存在哪些弊端？如何才能更好地使用多媒体课件？并将结果记录在表 5-1 中。

表 5-1　多媒体教学中常见弊端和改进方法

序号	弊　端	改进方法

三、多媒体课件设计原则

随着现代教育技术在教学中得到越来越广泛的应用，广大教师开发多媒体课件的热情也越来越高。如何才能保证开发出来的多媒体课件的质量呢？遵循一定的原则和程序进行课件开发，既可以保证开发出来的课件的质量，又可以提高开发工作的效率。

1. 教育性原则

多媒体课件的首要目的是传递教学信息，提高教学效率，优化教学结构。它不仅要有助于教师的教学，还要有利于学生的学习。因此课件在内容设计上必须符合学科的教学规律，反映学科的教学过程和教学策略。同时需要充分考虑所整合的资源是否对于学生的身心发展起到正面的促进作用，是否符合教学大纲和课程标准的要求，是否有利于激发学生的学习动机和学习兴趣，是否有利于促进学生对教学目标的达成。一般情况下，多媒体课件中，大都包含有知识呈现、媒体演示、学习活动、作业、答疑、问题探究、反馈评价等教学基本部分。

知识卡片

为了保证多媒体课件的教育性原则，在设计时需考虑以下几个方面：

（1）课件是否通过链接、概念图、直观导航等方式组织教学内容，并且是否选择了恰当的文字、图片、动画等表现形式；

（2）教学内容是否能体现使用课件的优势；

（3）教学内容呈现的顺序是否符合学习者的认知规律；

（4）教学内容同一时间呈现量的多少是否会造成学习者认知负担；

（5）教学内容是否按照一定的规律或结构组织在一起；

（6）课件能否为学习者提供及时、充分的反馈信息。

2. 科学性原则

多媒体课件必须能够正确表达学科知识内容，所呈现的内容要科学无误，表述准确，术语规范。在多媒体课件中，教学内容是借助多媒体信息来进行表征的，因此各种媒体信息都必须是为了表现某一个知识点的内容，为达到某一层次的教学目标而设计、选择的。各知识点之间所建立的一定关系和联系，要符合学科自身的知识结构体系。

3. 集成性原则

课件的特点主要体现在多种媒体信息载体的集成上，即如何对文字、图形、图像、声音、动画、视频等进行艺术加工和处理，使其具有较强的表现力和感染力，这是引发学习者学习兴趣和提高学习者学习积极性的关键。

当然课件中素材不是越多越好，如果在课件中插入过多与教学内容不相关的素材，反而会使学生只顾看新奇而忘记所要学习的实质问题，不但达不到应有的效果，而且会由于内容过多过杂而造成学生视觉上的不适应，产生心里烦躁。

4. 交互性原则

交互性是多媒体课件的一大特点和优势。所谓交互性，是指计算机和学习者之间的信息传递是双向的，计算机可以向学习者输出信息，也可以接受学习者的输入命令，并根据命令进行相应的处理。

多媒体课件的交互性主要表现在以下几个方面：一是检索方便，无论需要哪一部分的内容，只要单击鼠标，就可以快速进入对应的版面；二是控制进程，无论是教师还是学生都可以根据自己的意图进行自主的调控；此外，还可以具有分步提示以及自动测评等功能，能够实现更高级别的交互。

知识卡片

多媒体课件的交互性特征，使得信息的传播可以根据受众的主观意志在界面中加以选择和互动，使受众在接收信息时产生一种人与人交流的“真实感”，这种虚拟的真实感使信息的传递和感知变得更精确、更完整、更丰富、更及时。互动交流使多媒体具有广泛的吸引力和感召力。

5. 艺术性原则

多媒体课件涉及视觉、听觉等多种感官媒体要素，因此具有较强的艺术表现力，使学生能够在一种愉悦的情境下进行学习。

多媒体课件应是内容与美的形式统一，美的形式能更好地表现内容，使人赏心悦目，获得美的享受，激发学生的兴趣，提高学生的审美情趣。多媒体课件应尽可能做到画面美观、形象逼真、色彩协调、声音流畅。

知识卡片

良好的课件界面能够引导学习者完成相应的操作，起到向导的作用，它在传达信息的同时，也产生视觉上的美感和精神上的享受。但是值得注意的是，漂亮的界面不一定就是好界面，界面作为一个整体，任何一个元素不符合学习者的认知规律，哪怕设计得再漂亮，都将降低学习者对课件的认可度。

6. 技术性原则

为了使多媒体课件能更好地为教学服务，排除技术应用带来的障碍和不适应，在设计、制作多媒体课件时，需要考虑如下问题：

- 课件安装要方便，可以自由安装或拷贝到硬盘上，避免出现各种影响教学的技术性问题，如需要较长时间安装等待，或需要复杂的安装流程，易使师生焦急、课堂失控，影响使用兴趣等。
- 课件的操作界面应友好，设置的按钮和图标寓意应明确，尽量避免复杂的键盘操作，避免太多层次。
- 容错性较好，如果使用者执行错误操作，可以方便地退出，或重新切入，避免死机现象，提高课件的可靠性。
- 课件中应用的图片视频应清晰，音效质量高，动画生动准确，技术指标高，媒体格式符合有关技术标准。

实践环节

在这个活动中，请同学们从专业教育技术社区 www.etthink.com 下载一个与你学科相关的多媒体课件并观摩，在观摩的同时，思考优秀的多媒体课件应该具备哪些因素，并将结果记录在表 5-2 中。

表 5-2　多媒体课件应该具备的因素

项　目	具备要素
界面	
页面内容	

续表

项　　目	具备要素
呈现方式	
导航设计	
交互效果	
艺术效果	

项目 2　认识常用多媒体课件开发软件

多媒体课件的动态模拟、资料查询、讨论交流、实时联系、情景创设以及寓教于乐的游戏等功能都与开发课件的软件有着密切的关系。选择合适的工具软件是课件开发有效进行的重要保障。

目前制作多媒体课件主要使用两类多媒体制作工具：一类是通用的可视化编程工具，如 Visual Basic、Visual C++、Java、ASP、JSP 等。利用可视化编程工具可以灵活机智地编制多媒体课件，但编程较麻烦，需要有一定的计算机编程基础和经验。另一类是专用的多媒体著作系统，或称多媒体著作工具，可以很方便地用其将各种媒体素材引入、合成，编制成多媒体课件。多媒体著作工具有很多，如 Authorware、Director、Toolbook 和国内北大方正的奥思多媒体创作工具等。下面介绍几种教学中常用的多媒体课件开发软件。

一、Microsoft Office PowerPoint

微软公司的 Office 系列软件中的 PowerPoint 是一个最为简单、实用的多媒体创作软件，它的最大优点是开发弹性较好，简单易学，可以很方便地输入文字、图片、声音、视频、动画等资料，不用编写复杂的程序就能制作出形象、生动、美观的课件，很适合于制作演示型的多媒体课件，因此成为教师在多媒体教室进行教学的最得力助手。

二、Flash

F1ash 是 Adobe 公司出品的一款矢量图形编辑和动画创作的专业软件，目前已有很多人使用它来制作多媒体课件。使用 F1ash 制作出来的课件具有较强的集成性和交互性，能够将矢量图、位图、音频、动画和深一层的交互动作有机、灵活地结合在一起，创建出美观、交互性强的动态效果，因此非常适合制作交互式多媒体课件。

三、Authorware

Authorware 是 Macromedia 公司推出的多媒体程序创作软件。它采用基于图标和流程图的程序设计方法，具有强大的交互能力、丰富的变量和函数、大量的库和模板、跨平台的体系结构、高效的多媒体集成环境和标准的应用程序接口，能够将视频、音频、图像及动画等多种素材集成到一起并进行合理安排，形成交互性强、富有表现力的多媒体作品。

四、几何画板

几何画板是全国中小学计算机教育研究中心在 CAI 中推广使用的软件之一，它可以方便地开发出具有实用性的课件，为师生提供一个观察、探索几何图形内在关系的环境。几何画板是以点、线、圆为基本元素，并通过对这些基本元素进行变换、构造、测量、计算等操作，构造出千变万化的几何图形。通过该软件制作的课件不仅简单实用、易于教学，而且文件较小、便于携带、交互性强。

头脑风暴

在这个活动中，请与同伴一起展开"头脑风暴"，讨论这几个多媒体课件制作软件的优点和缺点，并将结果记录在表 5-3 中。

表 5-3　几种常见多媒体课件制作软件比较

软件名称	优　点	不　足

项目 3　熟悉多媒体课件设计开发流程

多媒体课件本质上是一种计算机应用软件，大多数软件开发模型都包括分析、设计、制作、评价四大阶段。由于人们在开发软件产品时所依据的理论、方法、工艺及工具的不同，具体的设计与制作过程会有所不同。多媒体课件是面向教学应用的，它在内容选择、结构组织、控制策略、交互特性以及评价标准等诸多因素上又均与其他类型的多媒体应用软件有所区别，所以它的开发方法又具有某些独特性。图 5-1 所示的多媒体课件开发模型是以软件开发模型迪克・凯利（W.Dick & L.Carry）模型为基础，并根据多媒体课件开发的特殊要求而建立的，大体上可以分成分析、设计、制作、测试和推广 5 个阶段。当然，多媒体课件开发流程不是一成不变的，而是一个动态的过程，设计者和开发者在各个阶段要进行评价，根据评价结果进行修改，使之符合实际的要求。

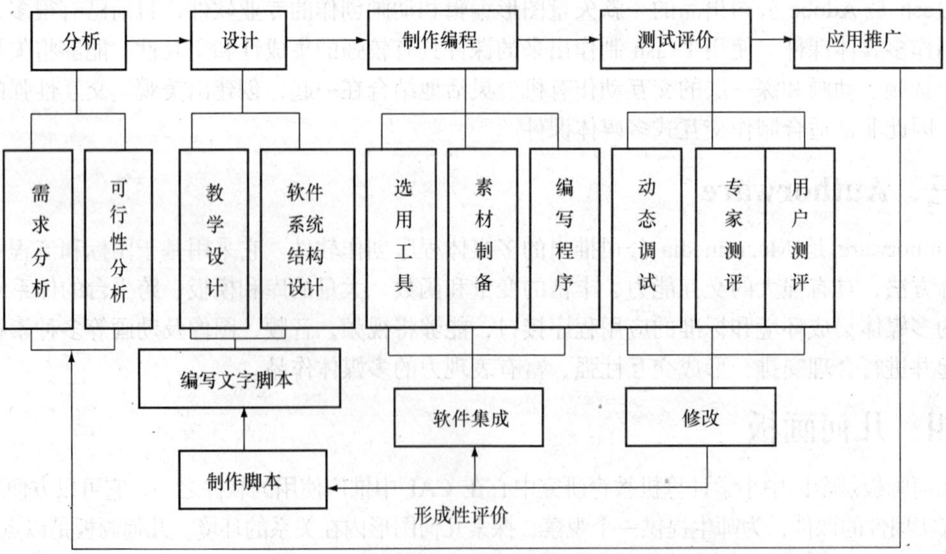

图 5-1　多媒体课件开发流程

一、分析

1．需求性分析

明确课件的学科内容及所要达到的目的和目标，注意是否已有同类的课件，分析是否有必要进行本课件的设计开发。

2．可行性分析

明确开发课件所需的经费、设备、人员及时间限制；是否具备运行课件的各种环境，包括硬件、软件和教学环境等。

当需求性和可行性分析完成之后，要对分析结果进行评估与调整，使要开发的课件能充分发挥多媒体计算机辅助教学的优势。

知识卡片

多媒体课件的选题应考虑多方面的因素。首先，选题应围绕教学的重点和难点，对于那些传统教学难以奏效的教学内容，可以通过计算机动画模拟或局部放大、过程演示等方法予以解决。其次，多媒体课件运行速度快、信息存储量大，在需要大量练习时也可采用多媒体课件来学习。最后，在需要创设情景的学习中，也可采用多媒体课件。总之，多媒体课件的选题一定要以满足教学需要、发挥多媒体特长为前提。

二、设计

1．教学设计

头脑风暴

在这个活动中，请与同伴一起展开“头脑风暴”，讨论：很多人认为使用多媒体课件上课，教师的讲授成了放映，接二连三的点击鼠标成了教师的主要工作，一幅又一幅图像画面让学生们看得眼花缭乱。于是，感悟语言魅力变成了欣赏图片美景，思考解题的过程变成了动态的解题流程，甚至实验操作也搬到了课件上。这样上课虽然很“现代化”，但却不能取得什么好的教学效果。这是课件的问题吗？是设计与使用的课件本身有问题，还是使用的方法、方式有问题呢？我们到底需要什么样的课件呢？

多媒体课件的教学设计，就是要应用系统观点和方法，按照教学目标和教学对象的特点，合理地选择和设计教学媒体信息，并在系统中有机地组合，形成优化的教学系统结构。它包括如下基本工作：教学目标与教学内容的确定、学习者特征的分析、媒体信息的选择、知识结构的设计、诊断评价的设计等。

多媒体课件必须符合教育规律和学生的身心发展特点。在设计多媒体课件时一定要发挥多媒体的优势，尽可能多地采用图像、声音、视频和动画等素材来全方位地、有效地刺激学生的感官，加强学生对知识的理解和记忆。同时还必须考虑利用多媒体课件的网络功能和交互功能来改变传统课堂的师生交互方式，发展学生的逻辑思维，培养学生的创新能力。

不同类型、不同使用目的的多媒体课件，其教学设计过程中的具体方法和步骤会有所不同，但就其设计的结果来说都必须回答以下 3 个方面的问题。

（1）我们期望学习者通过课件学到什么知识？掌握什么技能？获得何种能力的培养？这是确

定教学目标和学习内容的问题。

（2）对于特定的学习者，多媒体课件采用怎样的策略、方法来组织教学内容信息，安排何种学习活动才能达到预期目标？这是分析学习者特征、确立知识结构、确定教学策略、选择并设计信息媒体的问题。

（3）多媒体课件如何及时评定和强化学习效果？这是进行教学评价的问题。

2. 系统结构设计

多媒体课件信息量大，具有集成性强、交互性强、控制性强等特点，所以我们必须根据教学设计的结果对课件的系统结构做好设计和规划，建立信息的层次结构，确定信息间的交叉跳转关系。系统结构实质上就是多媒体教学信息的组织与表现方式，反映整个课件的框架结构和基本风格。一般来说，课件的系统结构设计内容包括课件的组织结构设计、界面设计、交互方式设计和导航策略设计、媒体要素组合设计等。

（1）组织结构设计。当前多媒体课件中较常采用的教学内容组织结构方式有线状结构、树状结构、网状结构、混合结构。

① 线状结构。这种结构通常将教学内容的信息按一个预先设计好的顺序前后排列。适用于前一个内容是构成后一个内容的基础，它们的顺序不能颠倒，如图 5-2 所示。

② 树状结构。这种结构通常将教学内容按其自然的逻辑关系，将各知识点之间按不同级别的层次关系排列成不同的分支结构。适用于内容由不同层级构成，不同级的关系可以是递进关系或因果关系等，但同级的内容是相对独立，可互换位置，如图 5-3 所示。

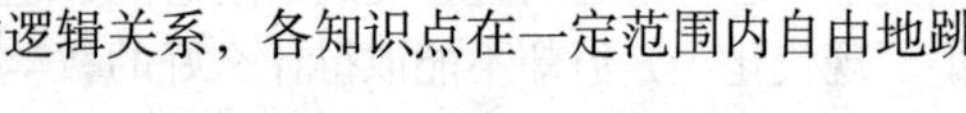

图 5-2　线状结构

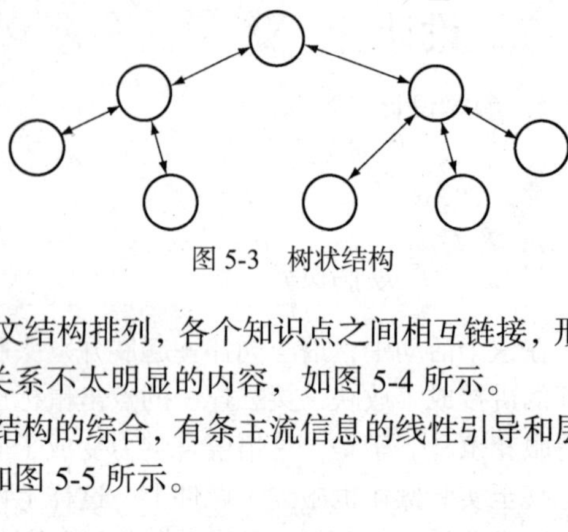

图 5-3　树状结构

③ 网状结构。这种结构通常将教学内容以超本文结构排列，各个知识点之间相互链接，形成不同路径。适用于内容存在一定的相关性，但逻辑关系不太明显的内容，如图 5-4 所示。

④ 混合结构。这种结构通常是线状结构和树状结构的综合，有条主流信息的线性引导和层次的逻辑关系，各知识点在一定范围内自由地跳转，如图 5-5 所示。

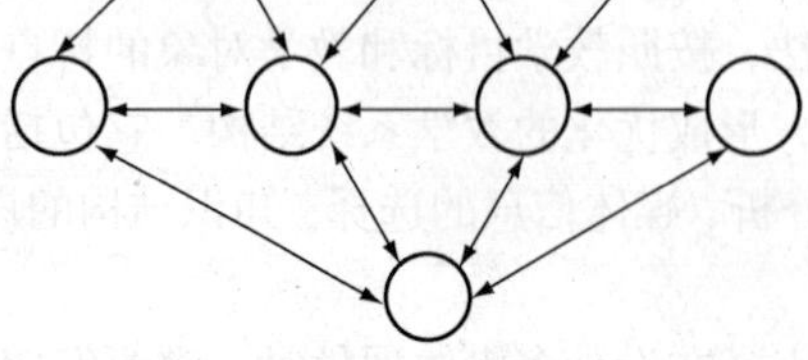

图 5-4　网状结构

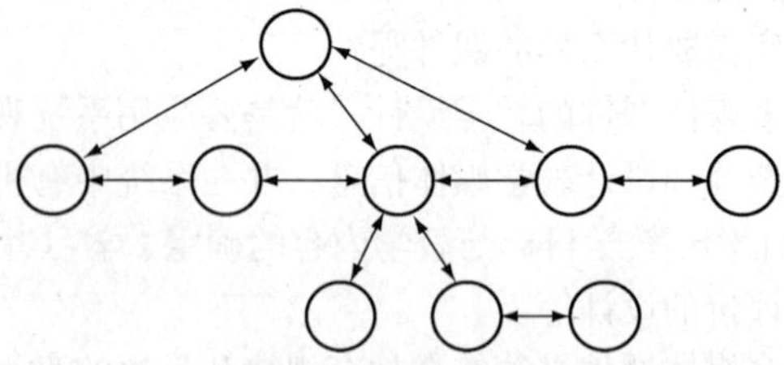

图 5-5　混合结构

（2）界面设计。界面是学习者与课件“交流”的窗口。课件通过界面向学习者提供教学信息，以最方便简洁的方式让学习者阅读、分析、判断从中所得到的信息。学习者则可通过界面向计算机输入信息进行控制、查询和操纵。

一个课件界面设计得好，可以给学习者耳目一新的感觉，更能引起人潜意识的注意，快速准确地传递信息。学习者感受着课件界面上图文声并茂的多重感官综合刺激，在友好界面、形象直观的交互式学习环境里，更有利于学习者自身认知结构的形成、空间想象能力的培养等。友好、漂亮的课件界面更容易被学习者接受、理解，又能让学习者容易掌握和使用，也会对学习者的审美、成长起着潜移默化的熏陶作用。

界面设计具体要做的工作包括界面的布局、屏幕信息的呈现设计、颜色搭配等。

① 界面设计的原则。多媒体课件在界面设计上应遵循如下原则。

- 主体突出。主体是界面中最重要信息的承载者，主体突出能使学习者的注意力集中在画面最重要的内容上。突出主体需要考虑以下几个方面：首先，人们的观察画面的习惯是从左到右，从上到下，布局设计要考虑到人们的这一视觉习惯，尽量将主体放置在画面中部偏左上的位置，如图 5-6 所示。其次，可以通过对比的方法，包括大小对比、明暗对比、色彩对比、形状对比、动静对比等，使主体与背景分开。比如让主体占据较大的面积，在颜色上加大主体与背景的反差，为主体添加一些特殊效果，简化或淡化背景。最后是简化原则，仅仅在画面上保留必要的信息，留有一定的空白，使画面主题明确，内容清晰。我国国画中常常提到的“密不通风，疏可跑马”就是指画面要有疏有密。如果画面被塞得满满的，学习者便不能迅速地把握要点，更会产生厌烦的情绪。

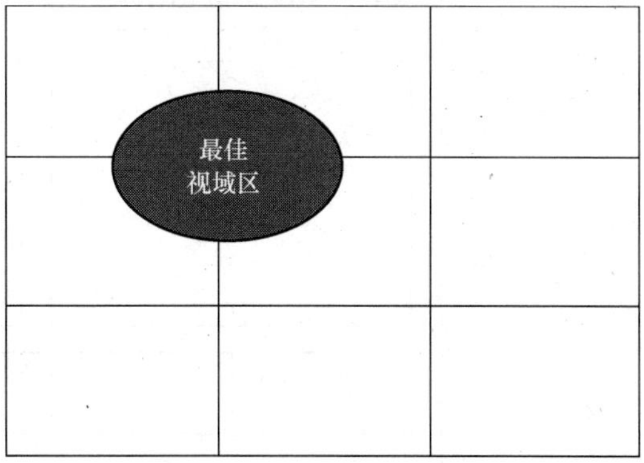

图 5-6　画面最佳视域区

- 画面均衡。均衡是画面所带给人们的稳定、和谐的感觉。要做到均衡，就要对画面上的各个对象进行安置，将他们安排得疏密得当，相互呼应。均衡主要有两种形式，对称式均衡和非对称式均衡。

对称式均衡是指画面中线两侧的对象在形状、大小、颜色等方面相同或相似。对称在生活中非常常见，例如，许多建筑物的对称结构，能够给人以稳定感。同样，画面的对称也会带来庄重、稳定的感觉。但是对称均衡容易使画面显得呆板，缺乏生气，时间久了可能会使学习者失去兴趣。

非对称式均衡在布局时比较常见，它并不要求画面中线两侧的对象在形式上相同，而是要求画面对象给人们带来心理上的均衡。许多因素都会影响画面对象的“重量”从而影响画面的均衡，比如远离画面中心的物体在感觉上比画面中心的物体重，深色的物体显得比浅色物体重，暖色调的物体显得比冷色调物体重，人物目光的前方或者运动物体的前方会形成一定的“重量”。布局时要综合考虑这些会影响画面对象“重量”的因素，让人们感到画面是稳定的、和谐的。

- 一致性。一致性是指多媒体课件要保持一定的布局风格，根据知觉的整体性规律，人们总是倾向于把看起来相似的事物统一起来，把握其整体特征和意义，而且在构成整体知觉的过程中，刺激物的物理特征对个体能够顺利地感知整体特征影响重大，一致的布局风格有利于学习者在头脑中形成整体的印象。在多媒体课件的一系列画面中，控制区、内容区等区块的安排要一致，具有相似功能的按钮、图标等要位于相同的位置。

② 界面的布局。布局是指同一页面中各种元素、各种媒体的相互搭配及各自出现的位置。在多媒体课件中，同样的媒体对象，采用不同的布局会带来不同的效果。合理的布局不仅能让人感觉到舒适，还可以将教学信息更好地呈现给学习者。

人的感觉机制总是寻求有序、有意的信息，在遭遇混乱时总是试图强行建立有序结构，因此屏幕的编排应合理。为使界面布局合理，在屏幕画面设计中，通常都将屏幕划分为若干个功能区，如教学信息呈现区域、帮助提示区域、交互作用区域等。同一个课件中各种类型的信息应有相对固定的位置，以避免学生每次花时间在屏幕上寻找而无法集中精力学习教学内容。通常的屏幕构成元素一般都有其放置的规律，常见的屏幕布局如图 5-7 所示。

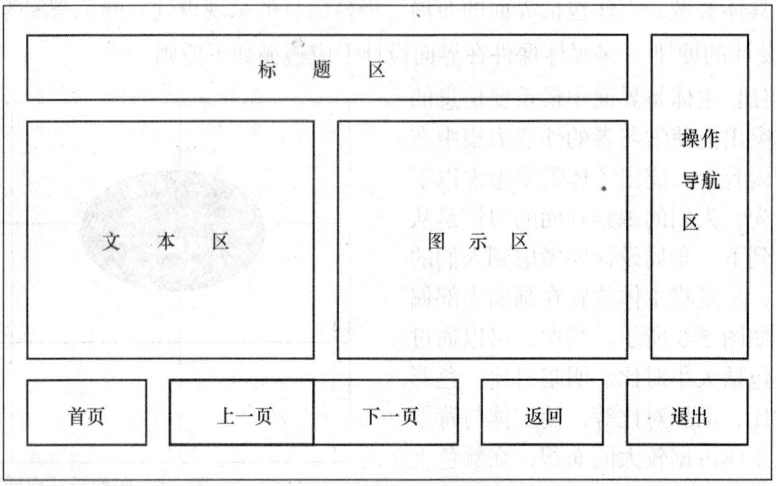

图 5-7　常见的课件屏幕布局

每一个界面最好都有一个明确的主题，其标题出现在窗口较醒目的位置，一般位于屏幕上中部，有利于引起注意。

屏幕主体常占用屏幕上的大部分区域，通常从中上部到底部稍上部分，这里的文字描述应简短，图示区的影像质量要高。

按键的设计，应保证眼和手的移动最小，并将最常用的按钮放在最易控制的位置。功能键按钮区等可放在屏幕底部或右侧。

屏幕标志符号、序数等置于右上角，这是一个在大多数屏幕中使用频率较低的位置，如果还有其他如时间、日期等的参考信息，则可以在左右分别放置，以利于屏幕均衡。

当然，界面划分也不是一成不变的，它可以随着信息容量的变化而作相应调整。

③ 屏幕信息的呈现设计。在屏幕上信息的显示取决于屏幕上可显示的信息量及信息呈现方式。

屏幕上显示的信息量应当恰如其分。屏幕信息量过大，屏幕各元素对学习者注意力的竞争就大，易引起视觉疲劳；信息量过少，又不能有效地传递信息。根据有关研究，在屏幕上用于显示主要信息的位置占整个屏幕的比例应保持在 40%左右。当屏幕上信息量较大时，可通过动画效果逐条引入信息。

④ 颜色搭配。色彩通常具有先声夺人的力量。色彩运用得好，能给用户带来更好的视觉感受，同时，色彩还能起到突出重点、烘托气氛、形象刻画等作用，因此，合理的色彩运用对于教学信息的表达也能起到很好的辅助作用。界面色彩的运用需要从主色调、对比与调和 3 个方面进行把握。

- 主色调的确定。在设计多媒体课件的界面时，首先应该根据教学内容、教学对象，确定一种主色调，形成一种风格。整个课件的各个板块、页面都应基本符合这个风格。主色调的搭建能使课件具有统一感，形成主体风格，给人一种舒适、稳定的视觉感受。最应避免的是两个画面间色彩反差过于强烈。

在确定风格时，应当考虑到教学内容的主体，即根据课件的内容为它安排合适的主色调。如内容活泼的常用鲜艳、亮丽的色彩；科学类以及一些专业的内容多使用蓝色、灰色为主色调，突出它的学术气氛；讲解文言文的课件多使用棕黄色为主色调，突出内容的古典感觉；生物类的课件多使用绿色为主色调，带给学习者轻松、鲜活的视觉感受。

选择主色调时也需要考虑使用对象。小学生喜欢鲜艳丰富、纯度高的颜色。在界面设计时，可以多采用红色、橙色、黄色、绿色等颜色，而且可以大胆地将实际生活中事物的颜色稍加改变，从而激发学习者的想象力和创新能力。也可以考虑选用小而多样的色块，让界面的色彩更丰富。而面向大学生使用的课件，界面的设计无需过分花哨，以简洁、大方、舒适为主。冷色调的颜色较受这个阶段的学习者所青睐，因为其能体现理性、开阔并对学习者的思考不会造成太大的影响。

确定一种主色调并不意味着单调，主色调是通过多个色彩的相互配合所形成的一种整体的色彩倾向。为了使画面的色彩统一于一个主题之中而又不显得单调，还应当把握色彩的对比与调和。

- 色彩的对比。界面中色彩的对比可以用来突出重点，也可以用来区别不同的事物，合理利用对比可使画面丰富。根据色彩的三种属性，色彩的对比可以分为色相对比、亮度对比和饱和度对比 3 种。在色相环中，两种颜色距离越近，对比越弱，距离越远，对比越强。例如，红色与绿色、蓝色与黄色都能形成强烈的对比。不同的色相有不同的明度，同一色相也有明度的变化。明度对比常用于主体与背景的着色，一般来说，背景色彩的明度应比主体低一些，这样能使主体鲜明、突出。纯度的不同也能形成对比，用纯度低的色彩衬托纯度高的色彩，可使纯度高的色彩显得更加鲜亮。
- 色彩的调和。调和是将界面中的色彩进行合理搭配，产生一种和谐统一的效果。和谐统一不仅仅指颜色相似，它还要保证画面的丰富。也就是说，调和的目的是使画面既多样，又统一。

调和最常用的方法是使用类似色，例如，绿色和蓝色、红色和黄色，因为类似色在色相、明度、饱和度上总是存在着一定共性，它们搭配使用时，对比没有那么强烈，还可以避免色彩杂乱，容易产生较强的统一感和表现力。

有时需要对画面中对比过于明显的色彩进行调和，这些色彩往往由于色相对比过大而显得有些刺眼。进行调和，可以适当降低色彩的纯度，以减少色彩的差距；也可以在对比色之间加入一些过渡色，如黑、白、灰色；如果允许，还可以使两对比色的面积不同来达到调和。

调和时还应注意，画面中不要使用太多的色彩，一般不要超过 4 ~ 5 种，过多的色彩容易引起视觉疲劳。

知识卡片

色彩具有 3 个基本属性，色相、明度和饱和度。色相指的是在不同波长的光照射下，人眼所感受到的不同的颜色，如红色、黄色、蓝色等，它反映了各种具体色彩的面貌，主要用来区别各种不同的色彩。明度指的是色彩的明暗深浅程度，同一种色彩可以有由明到暗的色彩变化，对于不同的色彩，明度也不相同，例如，黄色的明度较高，蓝色的明度较低。饱和度又称纯度，指的是色彩的纯粹程度，对于同一种颜色，纯度的改变会带来显著的鲜艳程度的变化。

色彩与人们的心理有一定的关系，不同的色彩会给人以不同的感受和联想，正是基于这一点，色彩可以用来烘托气氛，表达情感。一般情况下，白色较为朴实、纯洁。红色代表热情、活泼，还能起到警示、强调的作用，它能引起人们的注意，但也容易造成人们的视觉疲劳。黄色的亮度最高，给人轻快、智慧的印象。蓝色是天空、大海的颜色，它安静、深远。绿色象征生命力，给人宁静、清新、健康的感觉。橙色让人感到温馨，它还常常是时尚的代表。紫色的明度较低，会带来神秘的感觉。

（3）交互方式设计。交互是指学习者与计算机之间使用某种对话手段，以一定交互方式，为完成确定任务而进行的人机之间信息交换的过程。交互性是多媒体课件的基本特性之一，它使学习变成一个双向的交流活动，学习者不再只是被动地接受信息，还可以参加控制学习过程，并获得反馈。

常见的交互方式主要有窗口、菜单、图标、按钮、对话框、热键、表单等。

交互设计一般要遵循以下原则。

① 易用性。交互操作应当尽量简单易用，应当围绕人来进行设计，让计算机尽可能地适应人，而不是让人花费大量的时间去学习各种操作。界面上的各种交互元素要简洁，按钮、菜单等的标识要清晰、明确，而且尽量只保留必要的功能，不要一下罗列很多的按钮。

② 一致性。多媒体课件的不同模块之间应具有相似的交互处理和布局、相似的人机交互方式和相似的信息显示格式等，一致的风格有助于学习者的学习，能使学习者触类旁通，熟悉了一个模块，再去操作其他模块也就没有什么问题了。

③ 及时响应。多媒体课件要能够对用户的操作做出及时的响应，尽可能地减少单击鼠标和敲击键盘的次数以及鼠标拖动的距离。对于那些需要系统进行较长时间处理的操作，不要等处理结束后才给用户响应，因为这会使用户感到迷惑，不知道自己的操作有没有生效、应该继续等待还是重新操作。这时可以给用户一些提示信息，比如"系统正在处理，请稍后……"或者使用进度条、倒计时等方式进行提示。

④ 图形化。尽可能地使用图形化的交互设计，使学习者的操作及响应直接可视和逼真。

（4）导航策略设计。多媒体课件是一个超媒体系统，信息量巨大，信息间的关系错综复杂，利用这样的系统，学习者可以在各教学信息间任意跳转，进行非线性学习，获得大量的信息，但与此同时，学习者也容易"信息迷航"，不知道自己正在学习的内容处于整个知识体系的哪个位置，不知道从哪儿来，下一步应该做什么。导航的设计就是为了解决"信息迷航"的问题，帮助学习者：

了解当前学习内容在学习过程中、在课件的知识结构体系中所处的位置；

能根据学习过的知识、走过的路径，确定下一步的前进方向和路径；

使用课件遇到困难时，能寻求到解决困难的方法，找到达到学习目标的最佳学习路径；

快速而简捷地找到所需的信息，并以最佳的路径找到这些信息；

清楚地了解教学信息的结构概况，产生整体性感知。

① 导航设计的基本原则

• 组织结构合理。导航的组织结构集中反映了它的引导功能，也就是导航能够引领学习者去做什么，包括学习者能够去哪儿获得资源以及能够获得什么样的资源，能够参加哪些活动，怎样获得帮助等。要使导航能够充分发挥引导功能，首先需要对导航的组织结构进行合理设计。合理的导航组织结构是以合理的教学设计为基础的，主要考虑两个因素，一是知识的组织结构；二是采用的教学方法。也就是说，导航组织结构的设计，既要能够让学习者对教学内容的结构形成一个宏观上的整体、清晰的认识，又要能够使学习者按照一种合理的方式学习，而不是在软件中盲目单击。

• 外观简明统一。导航应设计得尽量简单，让学习者能够轻松地利用导航进行学习，比如尽量减少链的数目，对关系不明显的节点之间没有必要建立链，建立的链一定要对学习者有明确的意义，并且学习者能够理解。

导航的标识应当明确、规范，这些标志包括按钮、菜单上面的文字以及图标，它们的含义应当简单易懂，让学习者一看就能明白它们的含义。导航的位置也应考虑到人们的习惯，让学习者很快就能找到，比如网页中的导航条常位于画面的上方或左侧，多媒体课件中的"退出"、"返回"等按钮常位于画面左下角或右下角。各个画面的导航风格也应当统一，随着课件的运行，导航所在的位置和导航的外观都应保持不变。

• 操作灵活。多媒体课件的导航应当充分考虑学习者的需要，在必要的地方提供必要的导航措施，比如，要随时能够从子一级画面返回模块首页。灵活的导航才能让学习者在多媒体课件这个复杂的信息系统中无障碍地、自由地进行。

- 教学活动导向清晰。多媒体课件包含丰富的教学活动，如联系、反馈、设置参数、移动物体、参与讨论、浏览学习目标与课程内容等，这些教学活动需要学习者积极参与，因此需要提供清晰的导航工具。

在教学活动导航中，要给予学习者适当的控制权，由学生根据自己的需求和偏爱来选择信息的形式、数量、速度和路径。学习者控制需适当谨慎，避免误用了控制的权力，系统应适当监控学习者，提供学习建议，提示重要的学习路径，更重要的是评估学习成果，以诊断学习的困难并保证学习目标的达成。

学习过程中要告知学习进度，当学习者进行到每一章节或段落时，系统应告知，以便了解进度，如路径、页数等的显示。发现学习者在系统中迷路或遇到困难时，系统应提供工具，让学习者能够安全返回主界面，回到中心节点。

② 典型的导航方式

- 线性导航

线性导航将信息按照一定的次序呈现，使用这种导航，学习者只能按照设定好的次序使用多媒体课件。PowerPoint 幻灯片在默认情况下就是采用线性导航方式，如图 5-8 所示。

- 导航页导航

导航页中，导航条占据画面的大部分，通常情况下，多媒体课件由若干个模块组成，通过导航页提供的链接可进入各个模块，如图 5-9 所示。

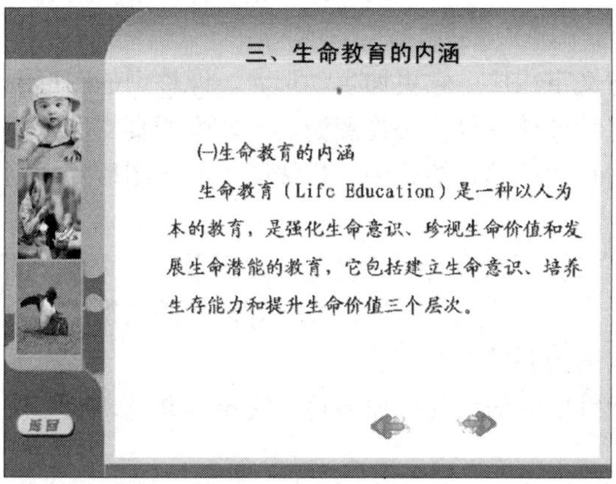

图 5-8 线性导航

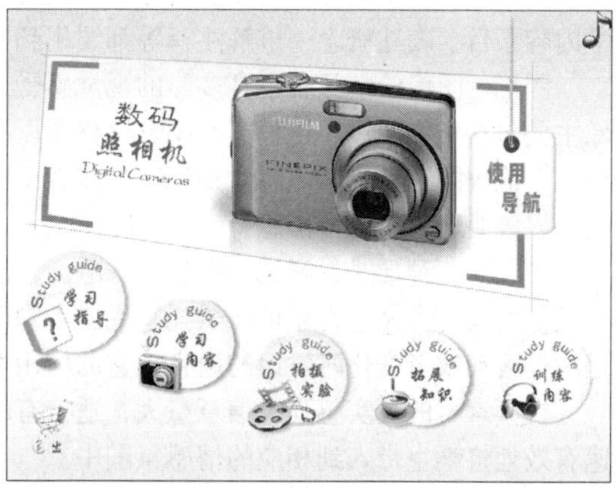

图 5-9 导航页导航

- 导航条导航。多媒体课件中，导航条通常会出现在每个页面中，利用导航条，可以快速地跳转到自己想要浏览的页面，如图 5-10 所示。

- 导航树。将教学内容划分层次后，做成像 Windows 资源管理器那样目录树的层级结构，每部分的内容都可以打开和折叠，这种形式的导航容纳的内容多，并且层次清晰，如图 5-11 所示。

- 弹出菜单导航。当鼠标移动到标题或按钮上时，会弹出相应的菜单，如图 5-12 所示。

图 5-10 导航条导航

弹出式菜单采用信息隐形的设计策略，将不常用的或者在一定的条件下才能使用的选择工具暂时隐藏起来，只有在条件满足或者用户选择时，才开放给用户，这样就可以减少用户的选择，保持页面的简洁性。

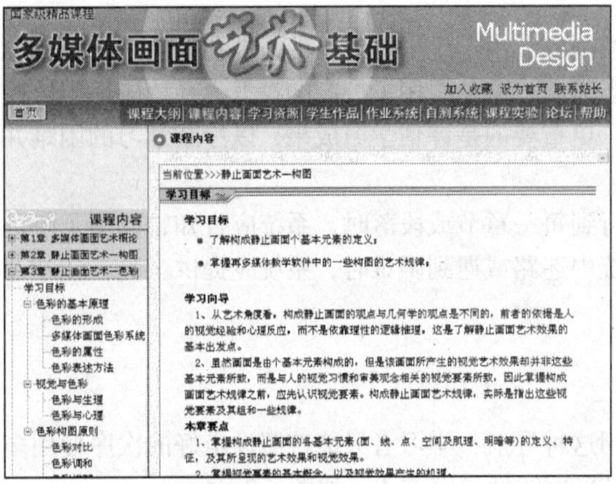

图 5-11　导航树导航

图 5-12　弹出菜单导航

（5）媒体要素组合设计。多媒体课件中的媒体素材主要有文字、图形、图像、声音、动画、视频，每一种媒体都有各自的特性。

文字是课件中最基本的元素，是教学信息的主要载体，它的使用贯穿在整个课件中，呈现教学内容条目、表述概念、讲解注释等都要用到文字。

图形、图像给学习者丰富多彩的视觉感受，与文字相比，它更加生动形象。课件中的图形图像主要包括实物图像、各种模型图、流程图以及各种统计图等。实物图像具有较强的真实性，模型图、流程图有利于学习者对知识结构或者某些过程的理解，柱状图、折线图等统计图形的运用则可以鲜明地表现统计信息。

声音有 3 种形式，解说、音乐、音响。解说是对教学内容的解释说明，常用来阐释文字、图形图像的具体含义。音乐可以烘托解说或者画面，可以营造无法用语言文字等表达的气氛。音响是物体运动或者变化时发出的声音，它的应用可以增加课件的真实感。

视频素材的真实感强，信息量大，适合有时间维度的信息与形象表达。它声画并茂，能够快速有效地将学生带入到相应的情感氛围中。

动画在课件中应用广泛。理科类的课程中，思维和概念的理解是主体，动画常用来创建模型，演示抽象的、肉眼无法直接观察的过程，方便学生对知识的理解。在文科类课程中，培养理解能力和对作者情感的深入分析则是主体，动画又可以起到渲染气氛、加深情感的作用。

美国著名教育心理学家理查德·梅耶在多媒体学习方面进行了大量研究，他提出了媒体要素组合设计的 7 个基本原则（详见模块二）。

3. 脚本编写

完成多媒体课件的设计工作后，在此基础上编写相应的脚本。脚本又称稿本，是教学内容的文字描述，也是多媒体课件的直接蓝本。脚本分为文字脚本和制作脚本。文字脚本是按教学的思路和要求、对教学内容进行描述的一种形式；制作脚本是在文字脚本的基础上，将教学内容、教学策略进一步细化到多媒体素材，具体到多媒体课件每一幅画面中的脚本，包括画面的呈现信息、画面设计、交互方式及特效等。规范的脚本，对保证课件的质量、提高课件的开发效率，具有积极的作用。

（1）文字脚本。文字脚本是按照教学过程的先后顺序，描述每一环节的教学内容及其呈现方式，体现课件的教学设计情况，一般由学科教师编写，并由有经验的学科专家进行审查。

文字脚本的编写并无规定格式，但包含的内容基本一致，为便于交流，常用表格来说明使用对象与使用方式，表述教学内容及要达到的教学目标，如表 5-4 所示。

表 5-4　　课件文字脚本的常见格式

课件名称			
学科名称			
适用对象			
课件类型	1. 课堂演示型	2. 自主学习型	3. 模拟实验型
	4. 测验训练型	5. 教学游戏型	6. 资料工具型
教学内容知识点的划分			
教学单元	知识点	教学目标	

在确定课件的使用对象、教学目标后，表现教学内容的媒体和呈现方式，可以用卡片的形式来描述，如表 5-5 所示。

表 5-5　　文字脚本卡片的一般格式

序号	知识点内容	媒体类型	媒体呈现方式

① 序号。序号用来安排稿本卡片序列。文字稿本卡片的序列是根据教学内容的划分和教学策略的设计，并按教学过程的先后顺序来确定的。

② 内容。内容即某个知识点的内容或构成某个知识点的知识元素，或是与某知识内容相关的问题。

③ 媒体类型。媒体类型是教师根据教学内容和教学目标的需要，结合各种媒体信息的特点，合理地选择文本、图形、图像、动画、解说、效果声等各种媒体类型。

④ 呈现方式。呈现方式主要是指每一个教学过程中，各种媒体信息出现的先后次序（如先呈现文字后呈现图像，还是先呈现图像后呈现文字，或者图像与文字同时呈现等）和每次调用的信息总数（如图形、文字、声音同时调用，或只调用图文，或只调用文字等）。

（2）制作脚本。制作脚本是在文字脚本的基础上，依据教育科学理论和教学设计思想，进行课件交互式界面以及媒体表现方式的设计，将文字脚本进一步改编成适合于计算机实现的形式，是对多媒体课件设计的具体描述，是多媒体课件制作的直接依据。

多媒体课件制作脚本的编写包括课件系统结构与主要模块的分析、课件的屏幕设计、链接关系的描述等内容。

① 确定系统结构与主要模块。根据知识点之间的关系，考虑课件在实际应用的具体情况，建立课件的系统结构，它反映整个课件的主要框架及其教学功能。

② 课件的屏幕设计。课件是以一屏一屏的内容呈现给学习者进行学习的，屏幕设计就是对课件中每一帧屏幕学习内容及其呈现的效果作出具体要求。

③ 链接关系的描述。多媒体教材的超文本结构是通过链接关系来实现的，在制作脚本中，可从“进入方式”和“退出方式”两个方面来描述节点与节点之间的联系。

脚本范例

《古诗欣赏——春晓》课件的系统结构和主要模块

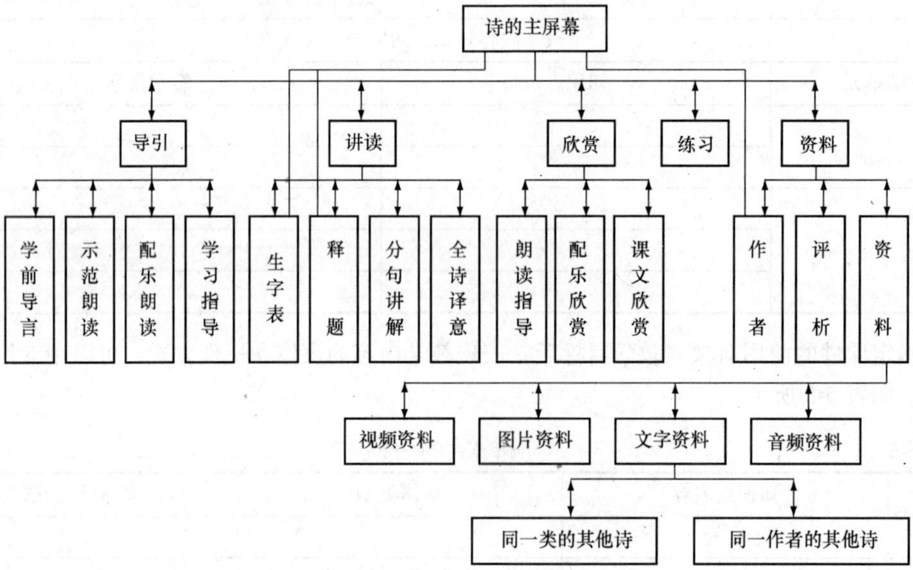

课件《古诗欣赏——春晓》的文字脚本卡片

序号	知识点内容	媒体类型	媒体呈现方式
1	古诗《春晓》引入	动画、文字	先呈现动画后呈现文字
2	朗读全诗	文字、解说	先呈现文字后呈现解说
3	识记生字	文字、解说	先呈现文字后呈现解说
4	理解词语	文字、解说	先呈现文字后呈现解说
5	讲读诗句	文字、解说	先呈现文字后呈现解说
6	欣赏全诗	动画、效果声、文字、解说	先呈现动画和效果声，后呈现文字和解说

《古诗欣赏——春晓》课件的制作脚本卡片

类型：课文

春　晓

孟浩然

春眠不觉晓，

处处闻啼鸟。

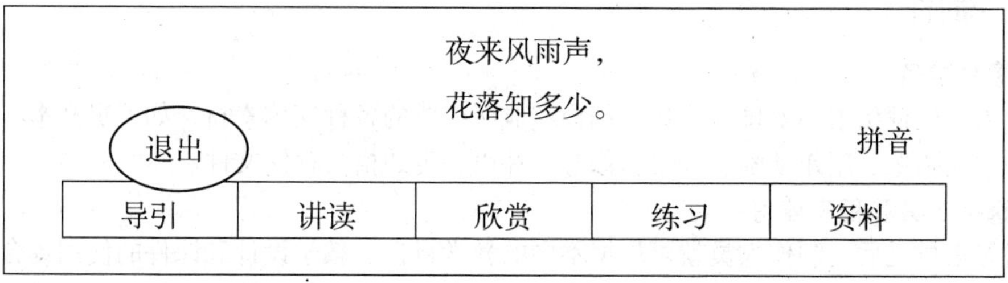

说明：

1. 点按诗题可弹出“释题”窗口。
2. 点按“退出”即可返回主菜单。
3. 点按“拼音”可给全诗注上拼音，再按一下，拼音消去。
4. 本屏中带下划线的字为热字，按动每一字可进入相应的生字学习单元。
5. 点按作者名字将进入“资料”中的“作者简介”。
6. 点按导航中的“导引”、“讲读”、“欣赏”、“练习”、“资料”中的每一个按钮，将弹出下一级菜单。

类型：讲读—生字表 1

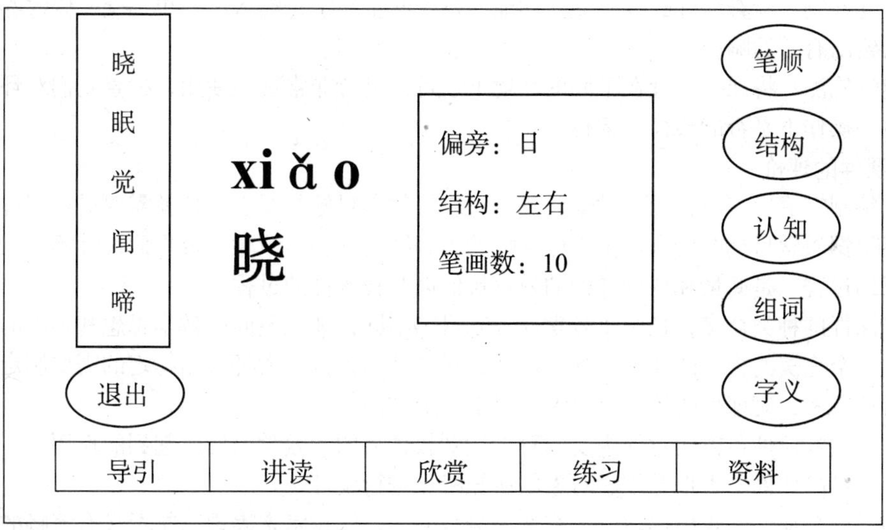

说明：

点按“结构”弹出结构窗口，然后点按“偏旁”、“结构”、“笔画数”将出现该字相应的内容。

实践环节

在阅读了脚本设计的范例后，你对课件的脚本设计应该有一定了解，请结合你所选择的主题，设计出自己的课件脚本，并将其保存在你的文件夹中。

三、制作

1. 素材准备

制作人员根据稿本的安排，收集、创作完成所需要的各种媒体素材，如编辑文本、录音、创作乐曲、扫描图像、制作动画、采集影像等，并以一定的格式存储文件。

2. 选择工具和程序编写

准备好素材之后，制作人员就可根据不同的教学目标、教学设计和课件的使用场合来选择合适的开发工具或程序语言，把这些多媒体素材组织成一个完整的、界面友好、交互灵活，具有较高的教学性、科学性、艺术性的多媒体课件。

四、测试评价

1. 课件的测试

在制作多媒体课件过程中要不断对课件进行动态调试，使其正常运行。对于编制好的课件要在实际的教学环境中进行教学实践，通过测试发现其中的错误和不足之处，并做进一步的修改和完善。

测试的内容主要包括以下几个方面。

内容检测：内容是教学的载体，检查内容是否准确、科学。

导航检测：对多媒体课件的各个导航按钮、菜单、超链接的检测，检查是否存在空链接和无效链接。

交互性检测：检查课件的人机交互功能，检查学生在字符输入、表单提交、修改等操作后，课件能否给出有效的响应。

稳定性检测：将课件放置在不同的环境下运行，进行非常规性使用，检查它们对环境的适应性，在各种操作下是否能够稳定运行。

2. 课件的评价

课件编制完成后，能否用于教学，是否对应了教学目标的要求？这就需要进行课件评价。课件评价指根据教学目标的要求对多媒体课件的内容结构、教学策略以及界面设计等给予全面地衡量和判断的过程，是衡量和估计课件的教育价值以及技术性的过程。

由于课件的种类众多，且由于教学任务和目的不同，加之不同的教学思想和观点的影响，不可能产生一个完美的统一的评价标准。因此，对课件的评价，大都根据特定的需要制定相应的标准。通常情况下，对课件的评价可以考虑以下几个方面。

第一，判断课件各方面对促进受教育者达到教育目的和教学目标所起到的作用。

第二，判断课件是否根据教学对象的认知特点进行设计。

第三，判断课件是否根据教学内容选择恰当的多媒体技术来表现，是否具有流畅的可操作性和交互功能。

第四，判断课件在改进教学效果和提高教学效率方面所起到的作用。

第五，综合判断课件的质量，指导课件设计、制作和改进。

（1）多媒体课件的评分标准。如表 5-6 所示。

表 5-6　多媒体课件评分标准（单机版课件）

一级指标（分值）	二级指标（分值）	三级指标（分值）	指标说明	得分
教学内容（30）	科学性、规范性（10）	科学性（5）	教学内容正确，无科学错误	
		规范性（5）	文字、符号、单位和公式符合国家标准	

续表

一级指标（分值）	二级指标（分值）	三级指标（分值）	指标说明	得分
教学内容（30）	知识体系（10）	知识覆盖（5）	教学内容符合教学要求	
		体系结构（5）	在制作量要求范围内的知识体系结构完整	
	资源应用（10）	资源形式（5）	有丰富的和教学内容配合的各种资料、学习辅助材料，有利于学生学习	
		资源引用（5）	引用资源来源清楚，无侵权行为	
教学设计（25）	目标组织（10）	目标设计（5）	教学目标清晰、定位准确、适应于相应认知水平的学生	
		内容组织（5）	启发引导性强，符合认知规律，有利于激发学生主动学习	
	学习环境（10）	教学交互（5）	较好的人机交互	
		习题实践（5）	多种形式的题型、题量丰富；模拟实践环境，注重能力培养	
		学习评价（5）	有对习题的评判或学生自学的效果的评价	
技术性（25）	运行状况（10）	运行环境（5）	没有“死机”现象，没有导航、链接错误，容错性好	
		操作情况（5）	知识定位清楚，操作方便、灵活，交互性强，启动时间、链接转换时间短	
	设计效果（15）	软件使用（5）	采用了技术含量较高的软件，或自主设计了适合于课件制作的软件	
		设计水平（5）	自设计量大，软件应用有较高的技术水准，用户环境友好，使用可靠、安全，素材资源规范合理	
		媒体应用（5）	充分利用多媒体技术，并（如视频、声音、动画）具有相应的控制技术	
艺术性（20）	界面设计（10）	界面效果（5）	界面布局合理、新颖、活泼、有创意，整体风格统一，导航清晰简捷	
		美工效果（5）	色彩搭配协调，视觉效果好，符合视觉心理	
	媒体效果（10）	媒体选择（5）	文字、图片、音频、视频、动画切合教学主题，和谐协调，配合适当	
		媒体设计（5）	各种媒体制作精细，吸引力强，激发学习兴趣	
加分（15）	整体效果加分（5）		课件整体效果印象较好（立意新颖、构思独特，设计巧妙，具有想象力和表现力），文档资料规范齐全	
	创新创意加分（5）		课件设计有创新或创意新颖	
评价者			总分	

（2）PPT 多媒体课件的评分标准，如表 5-7 所示。

表 5-7　　PPT 多媒体课件评分标准

一级指标（分值）	二级指标（分值）	三级指标（分值）	指标说明	得分
教学内容（30）	科学性、规范性（10）	科学性（5）	教学内容正确，无科学性和知识性的错误	
		规范性（5）	文字、符号、单位和公式符合国家标准	

续表

一级指标（分值）	二级指标（分值）	三级指标（分值）	指标说明	得分
教学内容（30）	知识体系（16）	知识覆盖（6）	主题突出、内容完整。作品内容能够清晰、准确地表达并再现素材；整部作品已覆盖素材的主要内容	
		体系结构（10）	结构合理、逻辑顺畅。幻灯片之间具有层次性和连贯性；逻辑顺畅，过渡恰当；整体风格统一流畅、协调	
			紧扣主题：模板、版式、作品的表现方式能够恰当地表现主题内容	
	资源扩展（4）	资源形式（2）	有丰富的和教学内容配合的各种资料、学习辅助材料或网络资源链接，有利于学生学习	
		资源引用（2）	引用资源来源清楚，无侵权行为	
教学设计（25）	目标组织（10）	目标设计（5）	教学目标清晰、定位准确、体现课堂的知识框架、突出知识点、重点和难点，详略得当，内容呈现顺序合理	
		内容组织（5）	启发引导性强，符合认知规律，有利于激发学生主动学习	
	学习环境（15）	教学交互（5）	较好的人机交互。便于师生、生生的交互、讨论	
		习题实践（5）	多种形式的题型、题量丰富；能模拟实践环境	
		学习评价（5）	有对习题的评判或学生自主学习的效果的评价	
技术性（25）	运行状况（10）	运行环境（5）	基本运行环境满足当前一般教学环境。作品经过优化处理，载入迅速，整部作品的播放流畅、运行稳定、无故障	
		操作情况（5）	知识定位清楚，操作方便、灵活，交互性强，启动时间、链接转换时间短	
	设计效果（15）	软件使用（5）	合理使用 PPT 新功能和新技术及其他软件，或自主设计适合于 PPT 制作的软件	
		设计水平（5）	充分发挥 PPT 的课堂演示的优势、自主设计量大，软件应用有较高的技术水准，用户环境友好，使用可靠、安全，素材资源丰富、规范、合理	
		媒体应用（5）	恰当运用多媒体（如图片、表格、图表、图形、视频、音频、动画）等技术表现工具，并具有相应的控制技术，可使用超链接或动作功能	
艺术性（20）	界面设计（10）	界面效果（5）	版面设计和谐美观，布局合理，导航清晰简捷，各张幻灯片内容紧扣且互相连通和协调。	
		美工效果（5）	文字清晰、字体设计恰当、色彩搭配合理协调、风格统一，视觉效果好，符合视觉心理	
	媒体效果（10）	媒体选择（5）	标题、版面文字清晰易读、并能恰当地使用多种媒体，符合教学主题，和谐协调	
		媒体设计（5）	媒体制作精良，交互性强、动态效果好，激发学习兴趣	
加分（10）	整体效果加分（5）		课件整体风格、立意新颖、构思独特，设计巧妙，具有想象力和表现力	
	创新创意加分（5）		作品素材原创成分达 80%，具有鲜明的个性，创意新颖	
评价者			总分	

（3）网络课程的评分标准，如表 5-8 所示。

表 5-8 网络课件评分标准

一级指标（分值）	二级指标（分值）	三级指标（分值）	指标说明	得分
教学内容（30）	科学性、规范性（10）	科学性（5）	教学内容正确，无科学错误	
		规范性（5）	文字、符号、单位和公式符合国家标准	
	知识体系（16）	知识覆盖（6）	教学内容符合教学要求	
		体系结构（10）	按主题把内容逐级划分为合适的学习单元或模块，每个界面或页面主题明确，每个段落主题清晰、意义明确。建立链接的资源在意义上密切相关	
	资源扩展（4）	资源形式（2）	有丰富的和教学内容配合的各种资料、学习辅助材料或网络资源链接，有利于学生学习	
		资源引用（2）	引用资源来源清楚，无侵权行为	
教学设计（25）	目标组织（10）	目标设计（5）	教学目标清晰，定位准确，适应于相应认知水平的学生	
		内容组织（5）	启发引导性强，符合认知规律，有利于激发学生主动学习	
	学习环境（15）	教学交互（5）	较好的人机交互，网上教师和学生、学生和学生的交互、讨论	
		习题实践（5）	多种形式的题型、题量丰富；网络模拟实践环境，注重能力培养	
		学习评价（5）	有对习题的在线评判或学生自学习的效果的评价，有作业提交和反馈，有在线测试，有学习过程记录跟踪等评价环节	
技术性（25）	运行状况（10）	运行环境（5）	基本运行环境满足当前一般教学环境。安装、使用、卸载过程简单。在通用浏览器下运行可靠，没有“死机”现象，没有导航、链接错误，容错性好	
		操作情况（5）	知识定位清楚，操作方便、灵活，交互性强，启动时间、链接转换时间短	
	设计效果（15）	软件使用（5）	采用了技术含量较高的软件，或自设计了适合于网络课件制作的软件	
		设计水平（5）	自主设计开发量大，软件应用有较高的技术水准，用户环境友好，使用可靠、安全，素材资源规范合理	
		媒体应用（5）	充分利用多媒体技术，并（如视频、声音、动画）具有相应的控制技术	
艺术性（20）	界面设计（10）	界面效果（5）	界面布局合理、新颖、活泼、有创意，整体风格统一，导航清晰简捷	
		美工效果（5）	色彩搭配协调，视觉效果好，符合视觉心理	
	媒体效果（10）	媒体选择（5）	文字、图片、音频、视频、动画切合教学主题，和谐协调，配合适当	
		媒体设计（5）	各种媒体制作精细，吸引力强，激发学习兴趣	
加分（10）	整体效果加分（5）		课件整体效果印象较好（立意新颖、构思独特，设计巧妙，具有想象力和表现力）	
	创新创意加分（5）		作品素材原创成分达 80%，具有鲜明的个性，创意新颖	
评价者			总分	

相关链接

全国多媒体教育软件大奖赛 http://www.mtsa1998.com.cn/homepage/index.do

五、应用推广

优秀的课件，可以通过出版发行或在网络上发布达到推广应用的目的。

实践环节

选择一个多媒体课件，对其开展评价，并运用所学的多媒体课件设计的知识对该作品提出修改意见。

项目 4　制作课堂演示型课件

随着计算机的普及和多媒体技术的发展，运用多媒体上课已逐渐成为一种趋势。制作多媒体课件的软件很多，如 PowerPoint、Flash、Authorware 等，但最简单、最常用的无疑是 Microsoft Office 中的 PowerPoint 了。熟练使用多媒体课件，你的课堂将会越来越生动。我们以制作一个简单的演示型课件《静夜思》为例，说明利用 PowerPoint 制作课件的过程及相关知识。

一、认识演示文稿

演示型多媒体课件（又称演示文稿）是教师在多媒体课堂教学中经常采用的一种媒体展示方式。一个演示文稿一般由多张幻灯片组成，每一张幻灯片上可以集成文字、图形、图像、视频和声音等多种媒体信息，最终以屏幕放映的形式呈现给学生。

演示文稿一般需要包括：封面、目录、正文和结束页。第一张幻灯片作为封面，呈现所讲解内容的标题和副标题、作者和日期信息等；接着提供演示文稿的内容目录；然后依据教学内容的知识结构和教学先后顺序，依次展示正文内容幻灯片；结束部分可以是对所讲述内容的总结，还可以是作业布置，也可以包含课件制作的有关说明及联系方式、致谢等内容。在实际制作中可以根据实际需要进行取舍。

常用的制作演示文稿的软件是微软公司推出的 Office 系列产品中的 PowerPoint，其特点如下：

- 内置丰富的动画、过渡效果和声音效果，以制作效果多样的演示文稿；
- 支持演示文稿内、外的超链接，支持网络链接，以实现交互操作；
- 强大的多媒体功能，可以集成文字、图形图像、视频和声音、动画多种信息类型；
- 强大的网络功能，可以直接通过 Web 网页展示演示文稿，实现网上教学。

知识卡片：从课件的角度认识 PowerPoint

课件不是讲稿，不要把 PowerPoint 当成 Word 来用，PowerPoint 并不善长文字的编排。

课件不只是提纲，不要把 PowerPoint 当成黑板来用，PowerPoint 制作的课件要展示的是教学思路和设计，而不只是讲课提纲。

课件不是动画演示，不要把 PowerPoint 当成动画制作软件。

PowerPoint 并不神奇，神奇的是你的想法与设计，PowerPoint 只是实现你的想法与设计的一种工具。

二、课件的设计

在用 PowerPoint 制作课件前，应进行教学设计和结构设计，编写脚本，根据脚本制作课件。

1. 课件《静夜思》的教学设计

首先要对学生的特征进行分析，不同的对象有不同的需求和学习风格，比如低年级的学生可能更需要图片、动画来吸引他们，而高年级的学生可能更关注内容结构方面。其次必须对教学内容进行分析，不同的教学内容页有不同的呈现方式和重难点。例如语文的朗读课，可以放点音乐、影像来形成感性认识，而数学课就不合适了。

根据教学需要对课件《静夜思》进行教学设计，如表 5-9 所示。

表 5-9　《静夜思》的教学设计

课件名称	古诗《静夜思》
教学内容分析	本课文选自九年义务教育小学一年级语文第一册（人教版）第六课。这是本册教材中第二次出现古诗。该诗语言凝练，感情真挚，意境深远。背景图是诗句内容的形象反映，可帮助学生理解古诗，进入诗句描绘的情境
学习者分析	《静夜思》是首家喻户晓的古诗，学龄前的儿童就应该有所接触，可是字音发不准。他们对月亮很感兴趣，却不知道对月思人的情怀。教师要立足于他们的学习热情，引导他们读准字音，读中悟情。在识字方面，学生已经掌握了一些识字方法，重要的是要给他们机会去运用
教学任务分析	（1）认识 10 个生字，会写“目、耳、头、米”4 个字 （2）朗读古诗，背诵古诗。在诵读过程中体会古诗意思，感受诗人思念故乡的心情 （3）培养观察大自然的兴趣，引导学生观察夜空，阅读有关课外书籍
教学重点难点分析	（1）认读生字，写生字。朗读、背诵古诗 （2）在诵读古诗过程中体会诗意，感受诗歌所描绘的美好意境

2. 课件《静夜思》的脚本设计

（1）课件的结构设计。由于课件的内容较为简单，这里我们设计课件的基本结构，如图 5-13 所示。

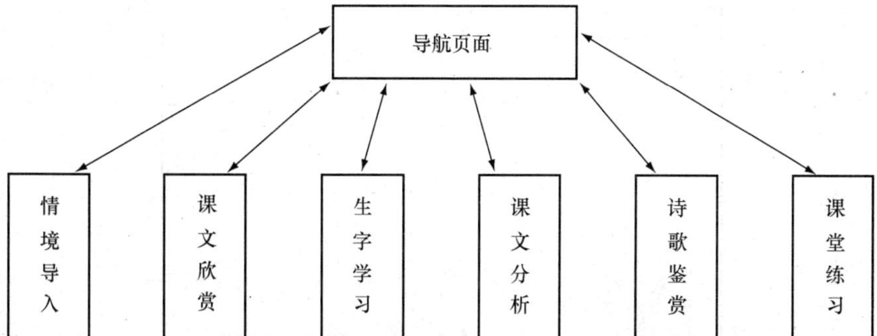

图 5-13　课件《静夜思》的结构设计

（2）课件文字脚本。根据教学内容和课件的结构，编写文字脚本，如表 5-10 所示。

表 5-10　课件《静夜思》的文字脚本

课件模块	课件内容	媒体类型	媒体呈现方式
情境引入	展示月亮下的情景	动画	同时展示情境动画和呈现解说
课文欣赏	课文朗读欣赏	声音、文本图片	图片背景、显现课文同时朗读
生字学习	生字的笔顺、笔画、偏旁部首、组词	动画声音	按笔画把笔顺逐渐演示； 单击喇叭可朗读该生字
课文分析	课文难词难字	文本图片	通过自定义动画和触发器控制，单击难字，出现字的解释
诗歌鉴赏	诗歌的赏析	视频	单击播放
课堂练习	根据课文内容多种题型练习	文本图片	自定义动画

（3）课件制作脚本。作为一个小课件，这里我们只对课件的屏幕布局做个整体规划，如图 5-14 所示。

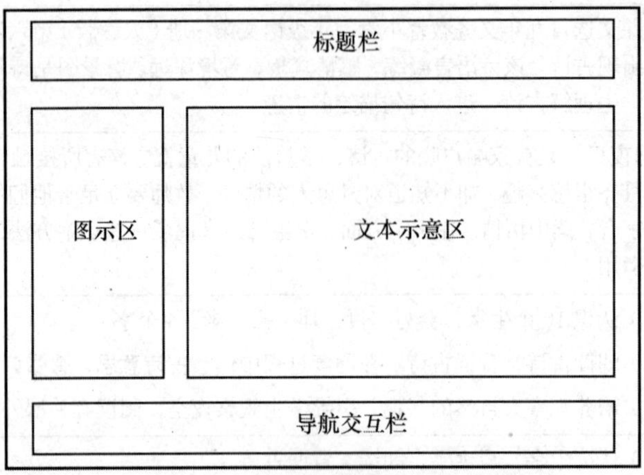

图 5-14 《静夜思》的屏幕布局规划

三、课件的制作

1. 创建演示文稿，设置课件母版，如图 5-15 所示。

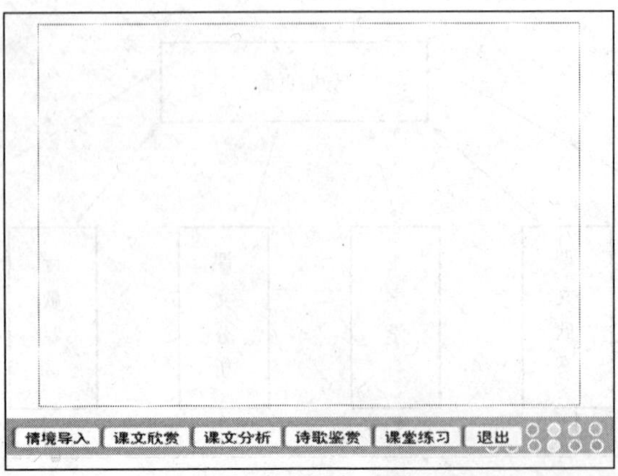

图 5-15 《静夜思》母版效果

（1）创建演示文稿。执行“开始/程序/Microsoft PowerPoint 2007”命令，如果桌面上有 Power Point 的快捷图标，也可以双击启动 PowerPoint 软件，出现幻灯片的初始页面。

知识卡片：认识 PowerPoint 2007 界面

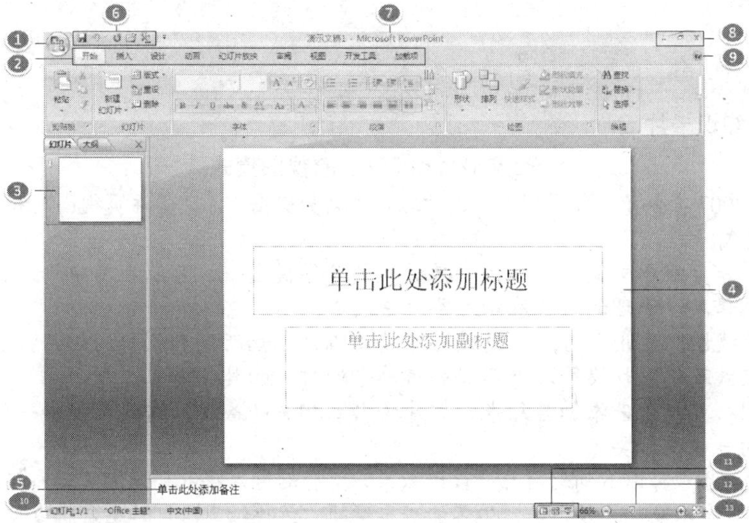

表 5-11　　PowerPoint 2007 界面中对应各元素的名称及用法

名　　称	用　　法
① Microsoft Office 按钮	单击该按钮，在打开的菜单中可以对文档执行新建、保存、打印等操作
② 功能区	功能区有很多选项卡（如开始、插入、动画等），使用户可以快速访问完成任务所必须使用的命令
③ 幻灯片/大纲浏览窗格	“幻灯片”选项卡显示幻灯片的缩略图，使用户快速了解演示文稿中所有幻灯片的内容以及幻灯片的顺序，另外，用户可以使用缩略图快速移动指定的幻灯片。 “大纲”选项卡显示用户幻灯片的文本大纲，用户可以将它作为快速输入演示文稿中全部文本的方法使用
④ 幻灯片编辑区	显示当前幻灯片，用户可以在该窗格中对幻灯片的内容进行编辑
⑤ 备注窗格	用户可在其中输入如演讲人笔记、动作提示等注释，供演讲者放映演示文稿时参考使用，其内容观众看不见
⑥ 快速访问工具栏	用于快速访问常用的命令。用户可以自定义该工具栏，使其包含自己常用的命令
⑦ 标题栏	用于显示演示文稿的标题和类型
⑧ 窗口操作按钮	用于设置窗口的最大化、最小化或关闭窗口
⑨ 帮助按钮	单击可打开相应的 PowerPoint 帮助文件
⑩ 状态栏	显示当前的状态信息，如用户正在查看的幻灯片的页数，已应用的模板和选择的校对语言等
⑪ 视图按钮	单击需要显示的视图类型按钮即可切换到相应的视图方式下对幻灯片进行查看
⑫ 显示比例	用于设置工作表区域的显示比例，用户可以通过拖动滑块进行方便快捷的调整
⑬ 使幻灯片适应当前窗口大小	单击该按钮可调整窗口中的幻灯片大小与窗口大小相适应，达到最佳的效果

（2）切换到“幻灯片母版”视图。在“视图”选项卡中的“演示文稿视图”选项区中单击“幻灯片母版”按钮，即可切换到“幻灯片母版”视图。单击“关闭母版视图”按钮可以回到“普通”视图。

母版是定义演示文稿中所有幻灯片或页面格式的幻灯片视图。可以在母版中插入文本、图形、表格等对象，并设置母版中对象的多种效果，这些插入的对象和添加的效果将显示在使用该母版的所有幻灯片中。

知识卡片

PowerPoint 2007 的视图模式

PowerPoint 2007 提供了“普通视图”、“幻灯片浏览视图”、“备注页视图”和“幻灯片放映视图”4 种视图模式。

普通视图：新建演示文稿时，默认直接进入到普通视图中，可以在其中输入、编辑和格式化文字，添加媒体信息，管理幻灯片及输入备注信息等。

幻灯片浏览视图：常用于对演示文稿进行整体编辑，如新建和删除幻灯片、调整幻灯片的顺序、设置背景格式及动画切换等，但不能编辑单张幻灯片的具体内容。

备注页视图：可以用来添加与每张幻灯片的内容相关的备注，这些备注中一般包含演讲者在演讲时所需要的一些提示要点。

幻灯片放映视图：可以看到幻灯片的最终效果，所有幻灯片将以全屏方式动态显示，可以查看演示文稿的动画、声音以及切换效果等，但不能进行编辑，放映结束后可单击鼠标或按【Esc】键退出。

在制作演示文稿时，一般在普通视图中制作幻灯片，在幻灯片浏览视图中查看演示文稿的结构并进行调整，在幻灯片放映视图中预览放映效果。

（3）插入图像。在“幻灯片母版”视图下，在“插入”选项卡中的“插图”选项区中单击“图片”按钮，弹出“选择图片”对话框，如图 5-16 所示。选中需要使用的图片“背景图案”，单击“插入”按钮，可以把图片插入幻灯片中。

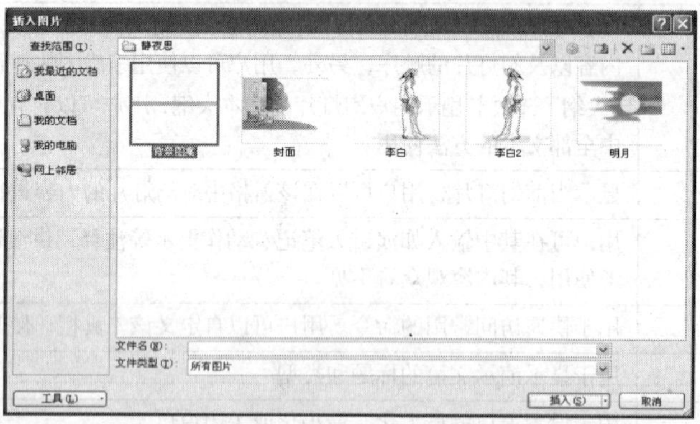

图 5-16 “插入图片”对话框

插入图片后将显示“格式”选项卡，如图 5-17 所示，可以在这里编辑图片，如调整图片的大小和位置，对图片进行旋转、裁剪、重新着色、设置图片亮度以及对比度等。

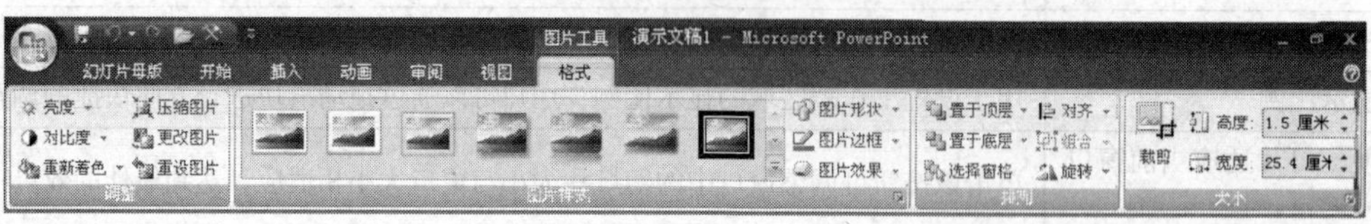

图 5-17 “格式”选项卡

教你一招

在使用键盘方向键移动图片时，可以同时按住【Ctrl】键实现图片的微移操作。

在调整图片的大小时，可以同时按住【Shift】键保持图片的长宽比不变。

（4）插入图形，制作导航按钮。在“插入”选项卡中的“插图”选项区中单击“形状”按钮，从弹出的下拉菜单中选择“圆角矩形”命令。在幻灯片中单击并拖动鼠标，即可绘制该形状。

在绘制自选图形时，单击鼠标可插入固定大小的图形，拖动鼠标则可以绘制出任意大小的自选图形。

选中需要更改外观的形状，通过“格式”选项卡对其形状样式、大小、颜色等进行编辑。在“形状填充”中，将其填充颜色设置为浅蓝色；在“形状轮廓”中，将其轮廓颜色设置为深蓝色，并调整轮廓线条的粗细；在“形状效果”中给其添加阴影和透视效果。

若已经设置好自选图形的格式后，才发现形状并不合适，此时不必重新绘制，只需在“插入形状”选项区中单击“编辑形状”按钮，在弹出的菜单中选择相应的选项即可快速改变其样式。

选中需要添加文字的形状，右键选择“编辑文字”命令，在形状上添加按钮标题文字。选中文字，在“开始”选项卡中设置文字的样式，如图 5-18 所示。

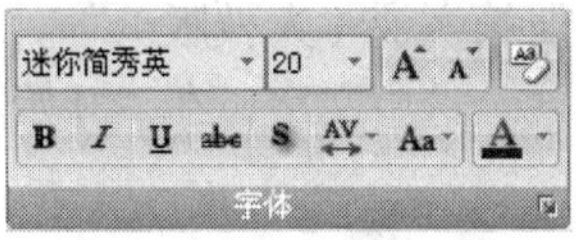

图 5-18　“字体”选项卡

（5）对齐导航按钮。按住键盘上的“Shift”键，选中所有按钮。

在“开始”选项卡中的“绘图”选项区中单击“排列”按钮，使按钮“顶端对齐”和“横向分布”。

（6）绘制边框。在“插入”选项卡中的“插图”选项区中单击“形状”按钮，从弹出的下拉菜单中选择“矩形”命令，绘制矩形。

选中矩形，通过“格式”选项卡，将其填充颜色设为“无填充颜色”，轮廓形状为“虚线”。

（7）保存幻灯片。在完成输入后，可以单击“开始”选项卡中“保存”按钮，在弹出的“另存为”对话框中，选择保存路径，输入文件名“静夜思”，可以根据需要选择文件保存类型（PowerPoint 2007 默认为.pptx，在低版本中无法打开），单击“保存”按钮，完成幻灯片的保存。

教你一招

如果需要将当前演示文稿换名存盘，或者将其保存在其他位置，可以使用“另存为”功能。如果在“另存为”级联菜单中选择“PowerPoint97-2003 演示文稿”命令，则保存后的文件不能使用 PowerPoint 2007 中的新增功能。

2. 制作封面页

制作封面页如图 5-19 所示。

（1）添加新幻灯片。要添加新的幻灯片，可以单击“开始”选项卡中“幻灯片”选区中的“新建幻灯片”命令，或者在“大纲/幻灯片”窗格任意位置单击鼠标右键，选择“新建幻灯片”命令，添加新幻灯片。还可以在“幻灯片”窗格中选中需要在其后添加幻灯片的幻灯片，按【Enter】键新建幻灯片。

如果想删除幻灯片，只需选中该幻灯片，单击鼠标右键并在弹出的快捷菜单中选择“删除幻灯片”即可。

一个完整的演示文稿一般都由多张幻灯片组成，幻灯片是演示文稿内容的载体，每张幻灯片一般都有不同的主题，环环相扣，组成一个严密的演示文稿系统。

（2）插入封面图像，调整其大小为全屏。

显示比例是指幻灯片窗格中幻灯片的大小，可以通过“显示比例”按钮任意调整幻灯片窗格的大小。

图 5-19 《静夜思》封面页效果

（3）插入文本框。在“插入”选项卡中的“文本”选项区中单击“文本框”按钮，从弹出的下拉菜单中选择“横排文本框”命令。将鼠标指针定位在幻灯片中需要添加文本的位置，单击鼠标，即生成一个文本框，并且处于编辑状态。在文本框中输入“小学语文第一册第六课（人教版）”。

选中文字，在“开始”选项卡中的“字体”选项区中设置文本格式。

知识卡片

为了方便控制幻灯片的版面，幻灯片上的文字也可以放置在一个矩形框中，这个矩形框被称为文本框。对文本框中的文本可以进行字体、字号等多种风格的设置，也可以将其移向任意位置并调整它的大小。

（4）插入艺术字。在“插入”选项卡中的“文本”选项区中单击“艺术字”按钮，从弹出的下拉菜单中选择一种样式，输入标题文字“静夜思”。

选中艺术字，通过“开始”和“格式”选项卡对其进行编辑，使其更美观，更符合幻灯片的整体风格。

同理，插入艺术字“李白”。

教你一招

艺术字是图形对象，因此在“大纲”视图中无法查看其文字效果，也不能像普通文本一样对其进行拼写检查。

如果用户只删除艺术字的样式而保留原文本，可以选中艺术字，在“格式”选项卡“艺术字样式”选项区的下拉菜单中选择“清除艺术字”命令即可。

如果需要将现有文字转换为艺术字，可以选中需要转换的文字，在“格式”选项卡“艺术字样式”选项区的下拉菜单中选择需要的样式即可。

3. 制作情境导入页——插入 Flash 动画

（1）开启“开发工具”选项卡。鼠标单击 PowerPoint 2007 主界面左上角的“Microsoft Office 按钮”，然后单击“PowerPoint 选项”，打开对话框。在“常用”中找到“PowerPoint 首选使用选项”，如图 5-20 所示，选中“在功能区显示‘开发工具’选项卡”复选框，单击“确定”按钮完成。此时在 PowerPoint 2007 的主界面最右侧增加了一个“开发工具”选项卡，如图 5-21 所示。

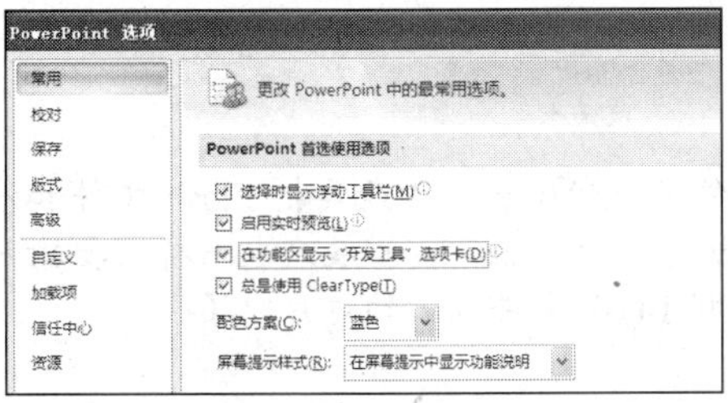

图 5-20　“PowerPoint 首选使用选项”对话框

图 5-21　“开发工具”选项卡

（2）插入 Flash 控件。Office2007 有关于宏、调用外部应用程序的操作均归类在“开发工具”中。单击“开发工具”选项卡，在其中的“控件”组中，单击“其他控件”按钮，进入“其他控件”对话框，在控件列表中选择“Shockwave Flash Object”对象（控件列表内容很多，用户可以按键盘“s”键，快速定位控件），单击“确定”按钮完成，如图 5-22 所示。

此时在文档窗口中并不会增加任何新的内容，但光标指针被自动设置为十字形，用户可以自由拖动鼠标来决定 Flash 控件的位置和显示窗口的大小，如图 5-23 所示。

图 5-22　“其他控件”列表

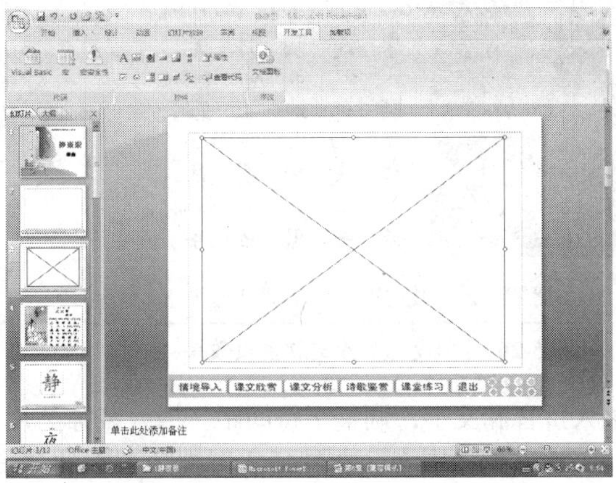

图 5-23　设置 Flash 控件

（3）进行 Flash 参数设置。鼠标右键单击 Flash 控件显示框，在菜单中选择“属性”，会出现 Flash“属性”对话框，如图 5-24 所示。用鼠标单击其中的“Movie”栏，在右边输入文件的名称“情境引入.swf”，就可以放映 Flash 动画了，如图 5-25 所示。

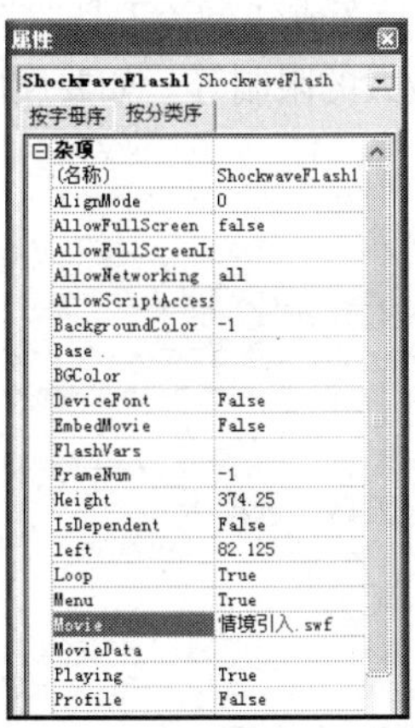

图 5-24　“Flash 属性”对话框

图 5-25　《静夜思》情境导入页效果

教你一招

在 Flash 的属性中，“Movie”属性是设置 Flash 文件的绝对路径。因此要把 Flash 文件和演示文稿放在同一目录中，这里只需把完整的文件名输入就可以了（注意，扩展名也一样需要输入进去）。“EmbedMovie”属性设置为“True”，就可以将 Flash 文件嵌入幻灯片中了。

4. 制作课文欣赏页

制作课文欣赏页，效果如图 5-26 所示。

（1）插入诗歌文字和拼音。如果需要加音调的拼音，在“插入”选项卡中的“特殊符号”选项区的下拉菜单中选择“更多”选项，弹出“插入特殊符号”对话框，如图 5-27 所示。选择“拼音”选项即可插入需要的拼音。

图 5-26 《静夜思》课文欣赏页效果

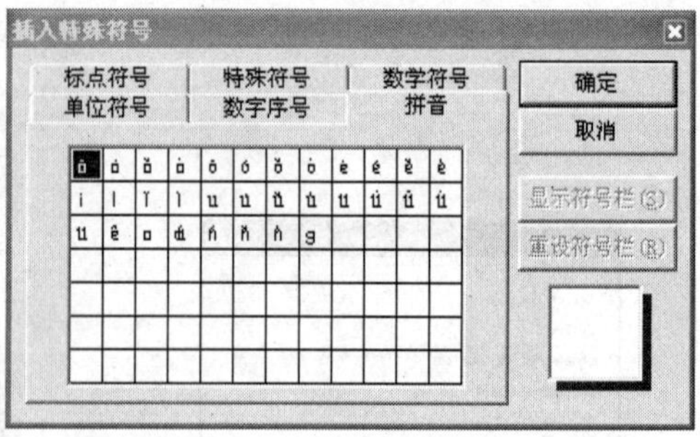

图 5-27 “插入特殊符号”对话框

输入拼音和文字，调整字符间距。插入装饰图片并调整大小和位置。

（2）插入朗读声音。在“插入”选项卡中的“媒体剪辑”选项区中单击“插入声音”按钮，从弹出的下拉菜单中选择“文件中的声音”选项，弹出“插入声音”对话框。在此对话框中选择诗歌朗读的声音文件，然后单击“确定”按钮。将弹出提示框，提示用户何时开始播放声音，如图 5-28 所示。选择“在单击时”，放映中单击声音图标即可播放声音。选择“自动”，则一旦放映到该页面，自动播放声音。插入声音后，幻灯片中会出现小喇叭的图标，该页制作基本完成。

如果想修改声音选项，可以单击该声音的小喇叭图标，选项卡会变成“声音工具”选项，如图 5-29 所示，可以根据需要设定不同的播放方式、插入声音文件最大的限制等。如要删除声音，选择该声音图标后按 delete 键即可。

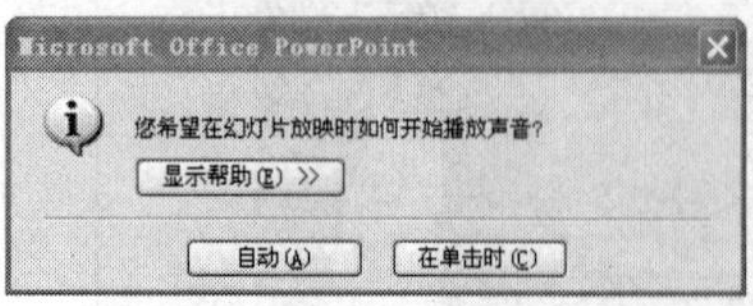

图 5-28 选择声音的播放方式

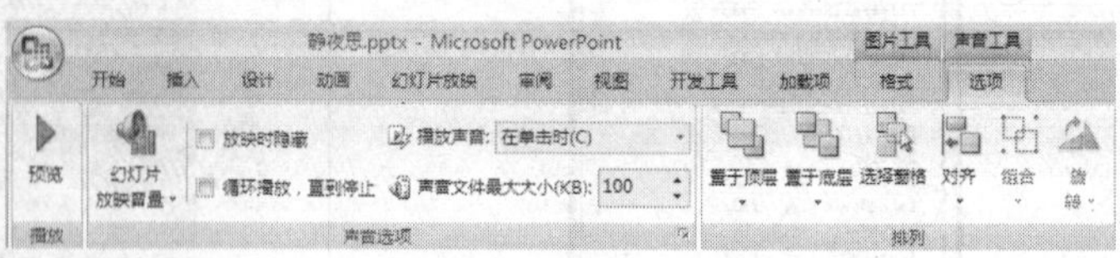

图 5-29 “声音工具”选项卡

5. 制作生字学习页

制作生字学习页，如图 5-30 所示。

（1）新建页面，分别插入每一个生字学习的 Flash 动画和“返回”按钮图片。

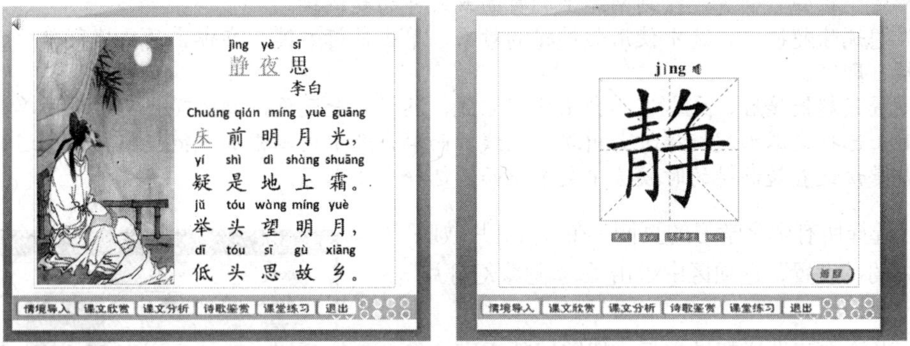

图 5-30 《静夜思》生字学习页效果

（2）插入超链接。在课文欣赏页中，选择“静”字，右键选择“超链接”菜单，弹出“插入超链接”对话框，如图 5-31 所示。单击“本文档中的位置”，在右边“请选择文档中的位置”中选中“静”的生字学习的页面，单击“确定”按钮。

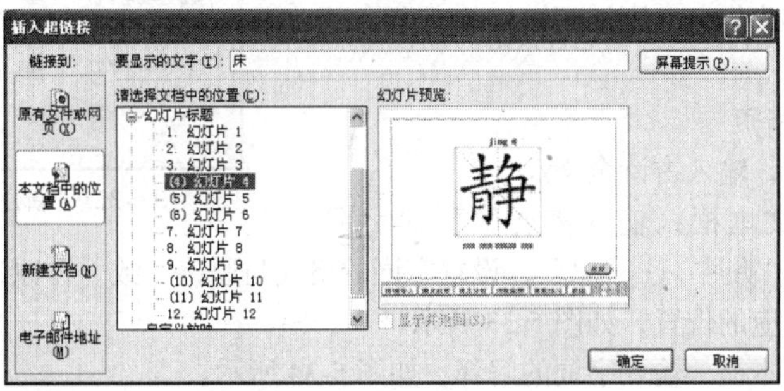

图 5-31 “插入超链接”对话框

超链接还可以增加屏幕提示的功能。

在“插入超链接”窗口中单击“屏幕提示”按钮，输入屏幕提示的文字即可。

（3）在课文欣赏页中，分别把需要掌握的生字超链接到相应的生字学习的页面中。

（4）在生字学习的页面，分别把“返回”按钮超链接到课文欣赏页。

知识卡片

超级链接

在演示文稿中创建超级链接，利用它跳转到不同的位置，从一张幻灯片到同一演示文稿中的另一张幻灯片的连接、从一张幻灯片到不同演示文稿中的另一张幻灯片、一个 Word 文档、一个 Excel 电子表格、一个 URL、一个电子邮件地址等。可以从文本或一个对象（如图片、图形、形状或艺术字）创建链接。

在“普通”视图中，选择要用作超链接的文本或对象，在“插入”选项卡上的“链接”组中，单击“超链接”，如图所示。

打开超级链接对话框，单击“本文档中的位置”，可以创建连接到相同演示文稿中的幻灯片的超链接，在“链接到”下单击“原有文件或网页”，找到并选择要链接到的页面或文件，然后

单击“确定”按钮，创建连接到网站上的页面或文件的超链接。

如果想删除超链接，选中使用超链接的对象，单击鼠标右键，在弹出的快捷菜单中选择“删除超链接”即可。

在设置完超链接后，文本下面会出现下划线，怎样才能避免下划线呢？其实很简单。在设置超链接时，选择文本加超链接时会出现下划线，而单击选中文本框加超链接，就没有这样的困扰了，也就是说设置超链接的时候选中文本框而不选择文字本身。

（5）选择所有生字学习的页面，在“幻灯片放映”选项卡中的“设置”选项区中单击“隐藏幻灯片”按钮。

（6）当给文字设置超链接后，超链接的文字会发生颜色的改变。如果需要改变超链接文字的颜色，在“设计”选项卡中的“主题”选项区中单击“颜色 -”按钮，从弹出的下拉菜单中选择“新建主题颜色”选项，弹出“新建主题颜色”对话框，如图 5-32 所示。将其“超链接”更换为红色，则被超链接的文字将以红色呈现。

图 5-32 “新建主题颜色”对话框

6. **制作课文分析页**

（1）添加文本框，输入古诗全文。

（2）分别添加文本框，输入需要解释的字词“疑”、“举头”、“明月”、“思”，设置字词的格式与原诗一致。在原诗中删除相应的字词，并将文本框放置在对应的位置，如图 5-33 所示。

（3）分别添加文本框，输入字词的解释，如图 5-34 所示。

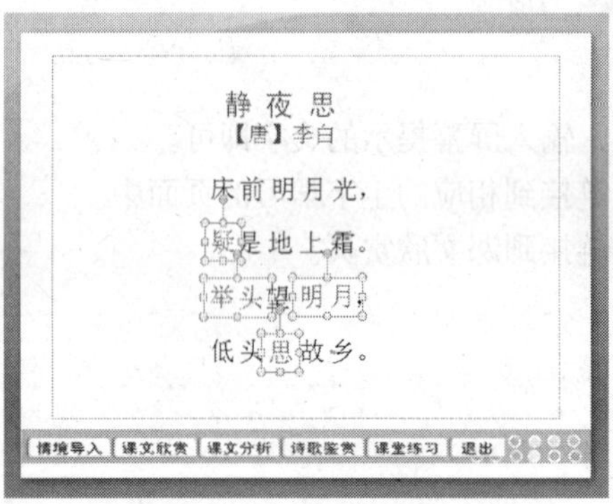

图 5-33 添加诗和字词

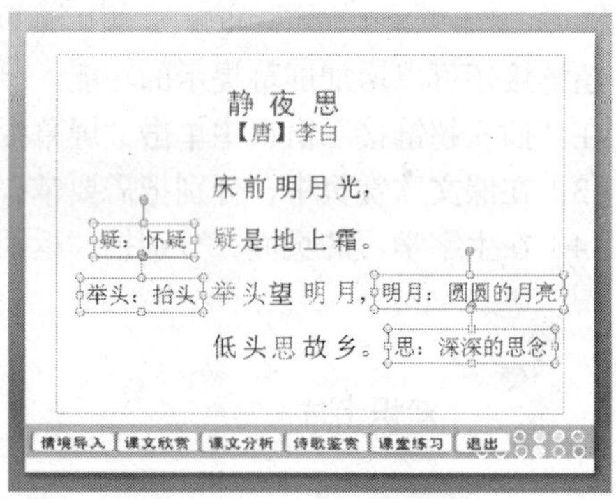

图 5-34 添加难字的解释

教你一招

在为文本设置与前面文本相同的格式时可以使用“剪贴板”选项栏中的“格式刷”按钮将前面文本的格式复制过来。同样，你为图片设置的格式，也可以用“格式刷”按钮将前面图片的格式复制过来

（4）添加动画效果。PowerPoint 可以为幻灯片各对象设计特殊的动画和切换效果，以使得演示更加生动，赋有趣味性。

单击 PowerPoint 2007 菜单上的“动画”，出现“动画”选项卡，如图 5-35 所示，利用“动画”选项卡上选项可以为幻灯片中各个对象添加动画效果，也可以在幻灯片之间添加切换效果。

在“动画”选项卡上的“动画”组中单击“自定义动画”命令，在窗口的右侧就会出现“自定义动画”窗格，如图 5-36 所示，选择当前幻灯片中需要设置动画的某个对象，然后单击“添加动画”，可以为对象设置“进入”、“强调”、“退出”、“动作路径”的动画效果，选定效果类型后设置动画的对象自动加上编号。

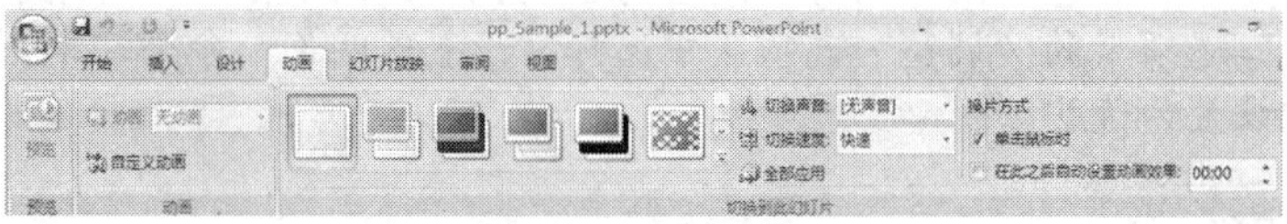

图 5-35　“动画”选项卡

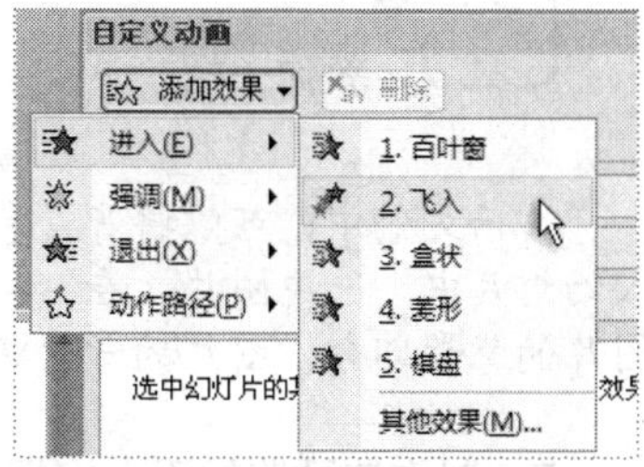

图 5-36　“自定义动画”对话框

本例中，选择疑字的解释文本框“疑：怀疑”，在“动画”选项区中单击“自定义动画”按钮，在屏幕右边弹出“自定义动画”对话框。选择“添加动画效果”/“进入”/“飞入”效果。将其飞入方向改为“自左侧”；速度为“快速”。

教你一招：调整动画效果

① 调整动画播放顺序

在“自定义动画”窗口中，选中一个动画，单击“重新排列”左右的和两个箭头来调整动画的顺序。

② 设置动画的开始条件

“单击时”：当前动画在鼠标单击时触发。

“之前”：当前动画与上一个动画同时进行。

“之后”：当前动画在前一个动画完成之后触发。

（5）设置触发器。在“自定义动画”对话框中选择动画项，如图 5-37 所示，并在下拉菜单中选择“计时”，弹出“计时”对话框。

单击“触发器”，选择“单击下列对象时启动效果”，在下拉菜单中选择“文本框：疑”，如图 5-38 所示。则产生幻灯片放映时，单击“疑”字文本框，出现“疑”字的解释文本框的动画效果。

图 5-37　“自定义动画”对话框

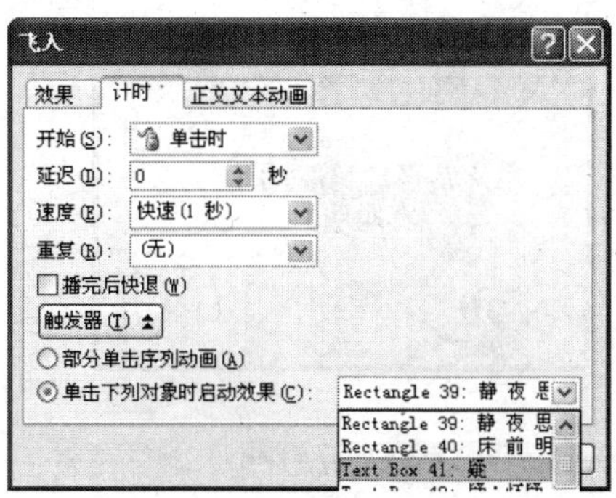

图 5-38　“计时”选项卡

同理，制作其他字的解释动画。

（6）插入李白和月亮两张图片并调整位置。

选择李白的图片，在“格式”选项卡中的“排列”选项区中单击“旋转”按钮，在下拉菜单中选择“水平翻转”。

教你一招

设置图片背景透明

演示文稿中，可以将背景色只有一种颜色的图片的背景设置为透明色，从而使图片更好地融入幻灯片中。选中图片，在“格式”选项卡的“调整”选项区中选择“设置透明色”命令，单击图片的背景部分，图片的背景将被设置为透明。

7. 制作诗歌鉴赏页——插入视频

在“插入”选项卡中的“媒体剪辑”选项区中单击“影片”按钮，从弹出的下拉菜单中选择“文件中的影片”选项，弹出“插入影片”对话框。在此对话框中选择需要使用的影片文件，然后单击“确定”按钮，这时幻灯片会出现播放视频的显示框，并可根据需要调整影片显示框的大小。

在插入视频时，同样会出现提示框，询问影片放映方式，可根据需要选择“自动”或“在单击时”播放。插入“视频”后菜单栏会变成“影片工具”选项卡，可以根据需要预览播放或在“影片选项”组中设定不同的播放方式、显示方式等。

影片的播放过程中，如果单击影片，即可暂停播放，再次单击影片又可重新播放。

Powerpoint 2007 中插入的影片都是以超链接方式插入的，如果要在另一台计算机上播放该演示文稿，则必须在复制该演示文稿的同时复制它所链接的影片文件。

8. 制作课堂练习页

（1）选择题。

新建三张页面，分别输入题目、正确反馈与错误反馈信息。

页面一：插入 6 个文本框，分别输入题型、题目和 4 个答案，插入提问的小朋友图像，如图 5-39 所示。

页面二：插入正确反馈的图像，插入艺术字“返回”，如图 5-40 所示。

页面三：插入错误反馈的图像，插入艺术字“返回”，如图 5-41 所示。

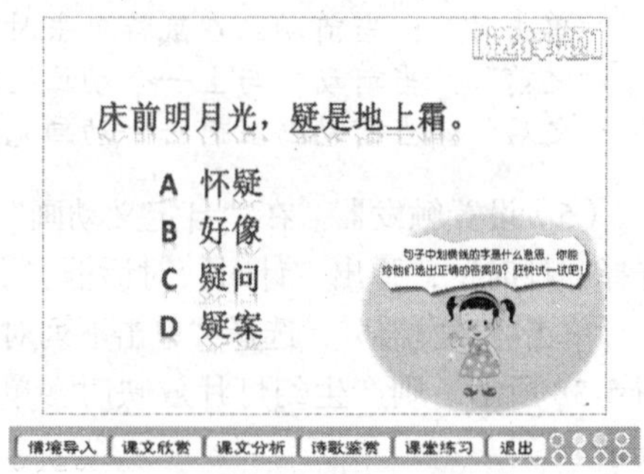

图 5-39　插入题目与答案

图 5-40　插入正确反馈的图像

图 5-41　插入错误反馈的图像

在页面一中把“A 怀疑”、“C 疑问”、“D 疑案”分别超链接到错误反馈的页面；把“B 好像”超链接到正确反馈的页面。

在正确反馈和错误反馈的页面中，分别把“返回”按钮超链接到题目页面。

将选择正确反馈和错误反馈的页面设置为 “隐藏幻灯片”。

（2）配伍题。

插入艺术字“配伍题”和“找朋友（反义词）”，添加 5 个气球图形，并分别添加上“静”、“白”、“前”、“上”、“低”文字，再添加 5 个圆形，并在其中添加“下”、“后”、“动”、“黑”、“高”文字。

教你一招

选择多张图形或图像，在弹出的快捷菜单中选择“组合”命令，就可以把它们组合为一个完整的对象，可以任意一起移动、复制、粘贴。

选择“静”的气球图形，添加自定义动画，采用“动作路径/绘制自定义路径/直线”效果，绘制“静”到“动”的路径。同理，其他气球分别绘制相应的路径动画，如图 5-42 所示。

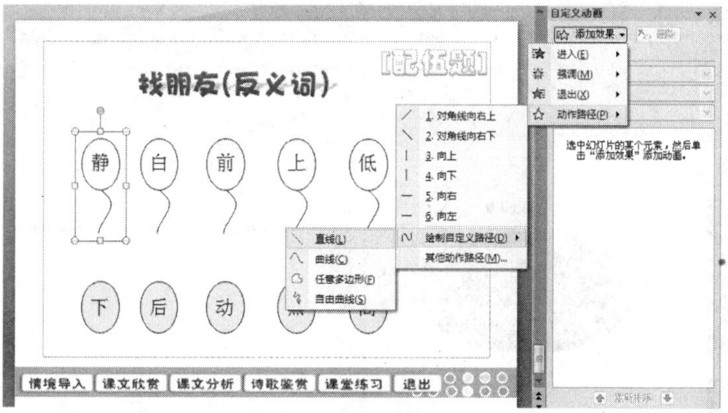

图 5-42　“配伍题”的制作

9. 设置幻灯片的切换效果

在放映幻灯片过程中，可以在两张幻灯片之间设置切换时的特殊效果。在“动画”选项卡上的“切换到此幻灯片”选项区中，单击要用于该幻灯片的幻灯片切换效果。若要在“快速样式”列表中查看更多切换效果，单击“其他”按钮，如图 5-43 所示。若要设置幻灯片切换速度，在“切换到此幻灯片”组中，单击“切换速度”旁边的箭头按钮，然后选择所需的速度。

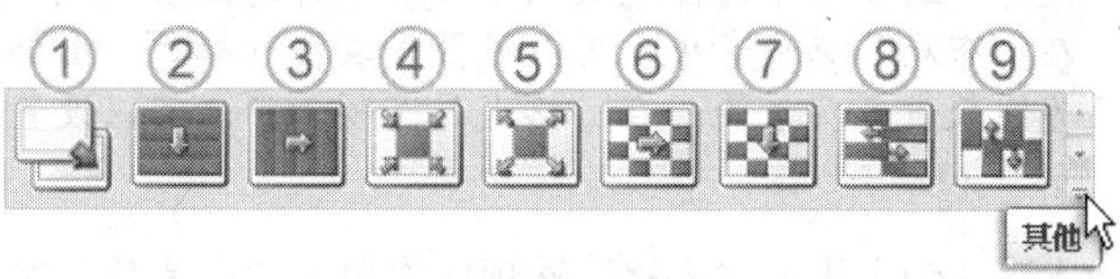

图 5-43　幻灯片切换效果对话框

10. 利用“动作”建立超级链接，实现灵活播放

切换到“幻灯片母版”视图中，将幻灯片中的各导航按钮利用“动作”设置，分别和相关的幻灯片建立超链接。

选择要用作超链接的对象“情境导入”按钮，在“插入”选项卡上的“链接”选项区中，单击“动作”，打开动作设置对话框，选择“单击鼠标”选项卡中的“超链接到”，从中选择一个链接位置即可完成超级链接。使用“播放声音”，可以在链接跳转的同时播放声音，如图 5-44 所示。

单击“退出”按钮，在“动作”设置中选择“超链接到”/“结束放映”。

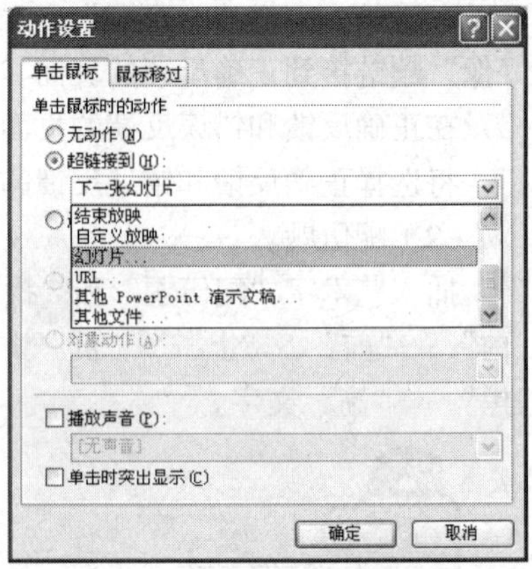

图 5-44 “动作设置”对话框

四、有效的技巧

1. 利用图和表，直观展示信息

（1）图表。在“插入”选项卡中的“插图”选项区中单击“图表”按钮，从弹出的“插入图表”对话框中选择图表类型。单击“确定”按钮，这时系统将自动打开 Excel 应用程序，并在幻灯片中插入图表，如图 5-45 所示。在 Excel 电子表格中修改数据内容，同时，图表将自动显示修改内容。

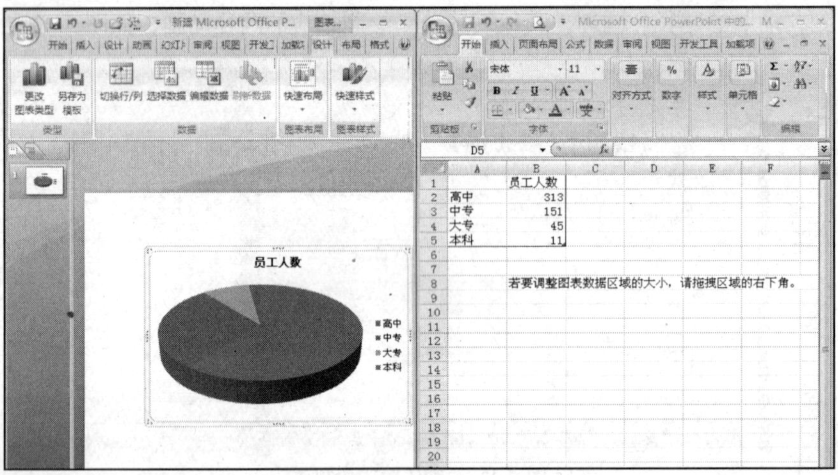

图 5-45 “图表”对话框

教你一招

插入图表后，如要修改图表中的数据内容可选择图表后单击“设计”选项卡，在“数据”选项区中单击“编辑数据”按钮即可进入 Excel 应用程序。

选择图表后，在“设计”选项卡中为图表提供了各式各样的图表样式，不同的颜色方案、边框格式和阴影样式等。在“布局”选项卡中，可以设置该表图表标题、图例、数据标签、数据表等元素的像是方式以及为图表设置背景等。在“格式”选项卡中，可以设置图表内各元素的形状样式。

（2）表格。在“插入”选项卡中的“表格”选项区中单击“表格”按钮，从弹出的下拉菜单中选择需要的行列数。在表格中输入数据。在“设计”和“布局”选项卡中设置表格样式和板式，如图 5-46 所示。

（3）SmarArt 图形。在“插入”选项卡中的“插图”选项区中单击“SmarArt”按钮，从弹出的下拉菜单中选择需要的类型，单击“确定”按钮，即可在幻灯片中插入 SmarArt 图形。单击 SmarArt 图形，在左侧“在此处输入文字”窗格中输入数据。

在制作过程中，如果需要添加形状，可先选择一个形状，在“设计”选项卡的“创建图形”选项区中单击“添加形状”按钮，从弹出的下拉菜单中选择添加形状的位置。

为了使 SmarArt 图形与幻灯片的风格更加贴近，可以在“设计”选项卡的“SmarArt 样式”选项区中更换 SmarArt 图形的样式，还可以通过“更换颜色”按钮更换图形的颜色。

如果需要为各个形状设置颜色和效果，可以在“格式”选项卡的“形状样式”选项区中为其填充颜色、轮廓和效果进行更改。也可以在“格式”选项卡的“形状”选项区中为其更换形状。

菜鸟会想	高手会想
母版是哪里下载的？	为什么用这个母版？
背景主题能不能复制过来？	背景主题和论点是否协调？
动画特效我要是能做出来就好了！	动画对沟通有帮助吗？
他的图表怎么就这么漂亮呢？	有更合理的图表来表达观点吗？
这个字体哪里来的？	字体字型对听众阅读有影响吗？
色彩该怎么调整才好看呢？	光影设置如何和现场灯光匹配？
PPT真漂亮啊！	PPT有说服力吗？
……	……

图 5-46　表格样式

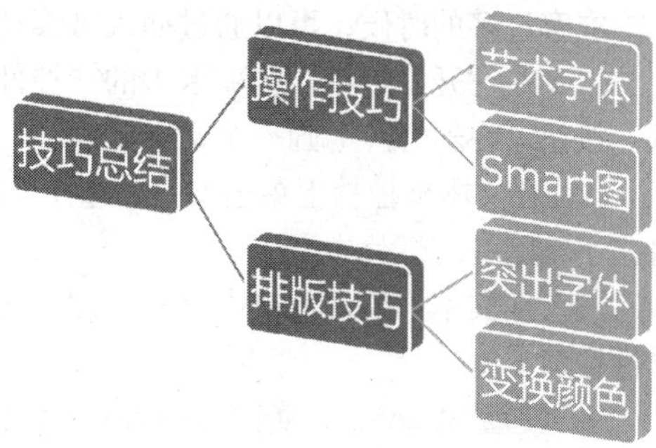

图 5-47　SmarArt 图形

知识卡片

SmarArt 图形是 PowerPoint2007 新增加的特色功能之一，使用它制作出来的图形不仅可以直观地表现出内容的各种关系，而且在视觉欣赏上更加美观，为幻灯片增加不少魅力。

除了直接插入 SmarArt 图形外，也可以将文本转换为 SmarArt 图形。选择需要转换的文本，在“开始”选项卡“段落”选项区中单击“转换为 SmarArt 图形”按钮，在弹出的下拉菜单中选择所需的图形类型。

2. 利用幻灯片的主题和背景，快速统一风格

（1）应用幻灯片主题。主题由主题颜色、主题文字和主题效果三者组合而成。它简化了创建协调一致、具有专用外观的文档的过程，用户只需单击鼠标就可以轻松应用一个主题。

在“设计”选项卡的“主题”选项区中单击所需的主题，当前演示文稿即可应用该主题样式。还可以通过“主题”选项区中的“颜色”、“字体”、“效果”更改主题样式。

（2）应用幻灯片背景。单击“设计”选项卡中“背景”选项区的“背景样式”按钮，在下拉菜单中选择“设置背景格式”，弹出“设置背景格式”对话框，在这里可以以纯色、渐变色填充演示文稿，还可以使用文件夹中的图片或纹理设置幻灯片的背景。

3. 应用母版统一幻灯片的文本格式

母版为整个演示文稿设置了统一的版式和格式的模板，幻灯片母版中的信息包括字体、占位符、背景及配色方案。只要在母版中更改了样式，对应的幻灯片中相应位置处也随之改变。

在母版中设置文字的字体、颜色、行距、项目符号等，则可以快速改变所有幻灯片的文本格式。

4. 设置背景音乐，创设情景

（1）选中第一张幻灯片，插入背景音乐。

（2）声音的播放控制。

打开“自定义动画”窗口，选择“背景音乐”选项，在下拉菜单中选择“效果选项”。

① 设置停止条件。“停止播放”设置为：在 999 张幻灯片后，确保在演示文稿没有播放结束前音乐不停。

② 设置循环播放。在“计时”选项卡中设置“重复”为直到幻灯片末尾；确保在演示文稿没有结束前一直播放。

③ 设置音量。为了让背景音乐在播放时不至于压住解说声音，需要控制背景音乐的音量。在“声音设置”选项卡中调整音量大小。

5. 插入带滚动条的文本框

文字过多的时候，可以通过插入带滚动条的文本框来解决。

（1）在“开发工具”选项卡中的“控件”选项区中单击“文本框”按钮，在幻灯片上画一个文本区。

（2）在文本框控件上单击右键，选择“文本框对象/编辑”命令，将文字粘贴在幻灯片中。

（3）在文本框控件上单击鼠标右键，选择“属性”命令，打开属性窗口。

① 设置“AutoSize”属性为：False；允许自动调节文本框的大小。

② 设置“MultiLine”属性为：True；允许输入多行文字。

③ 设置“ScrollBars”属性为：2；允许利用滚动条来显示文字。

其中：

1-fmScrollBarsHorzontal 为水平滚动条；

2-fmScrollBarsVertical 为垂直滚动条；

3-fmScrollBarsBoth 为水平与垂直滚动条。

④“BackColor”中设置窗体背景色。

⑤“Font”中设置文本框中文字的字体、字形、大小。

⑥“TextAlign”中设置文字的对齐方式，其中：

1-fmTextAlignLeft 为左对齐；

2-fmTextAlignCenter 为居中对齐；

3-fmTextAlignRight 为右对齐。

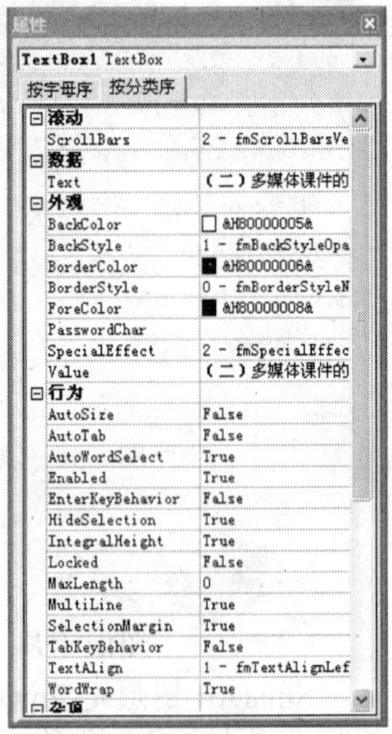

图 5-48　文本框控件属性

五、放映与打包

1. 放映演示文稿

（1）设置放映方式。在“幻灯片放映”选项卡的“设置”选项区中，单击“设置幻灯片放映”按钮打开对话框，可根据需要设置放映类型、放映选项、放映数量和换片方式等，如图 5-49 所示。

（2）放映幻灯片。在 PowerPoint 2007 用户界面上的“幻灯片放映”选项卡的“开始放映幻灯片”选项区中，可以根据需要选择从头开始、从当前幻灯片开始或自定义幻灯片放映，如图 5-50 所示。用户也可以单击幻灯片编辑区右下角视图按钮中的“幻灯片放映”按钮或者键盘上的【F5】快捷键进入幻灯片放映视图。

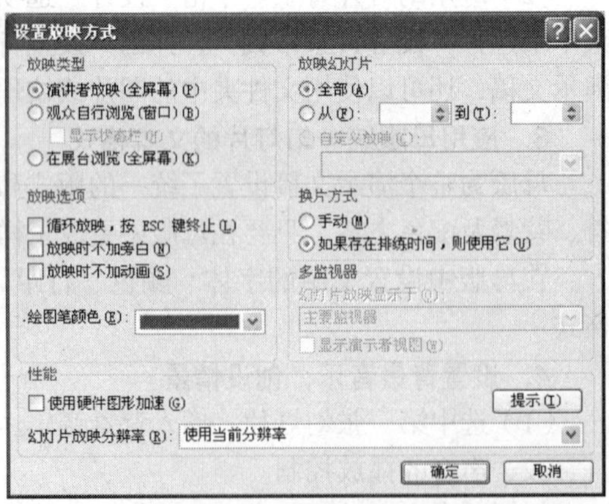

图 5-49　设置放映方式

在幻灯片放映过程中，在幻灯片屏幕上单击鼠标右键，弹出快捷菜单，可以控制幻灯片的放映，如图 5-51 所示。

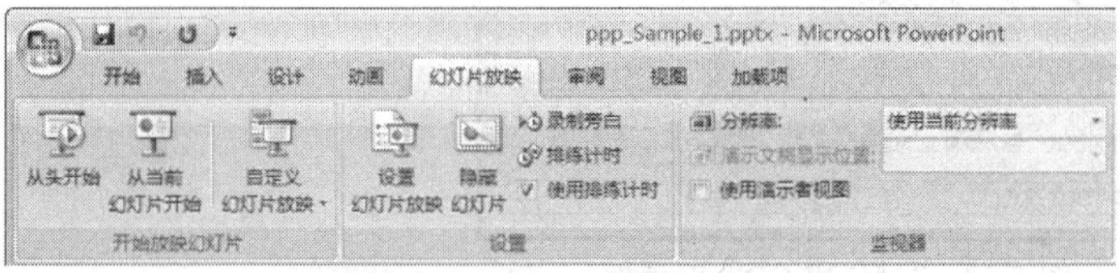

图 5-50　幻灯片放映设置

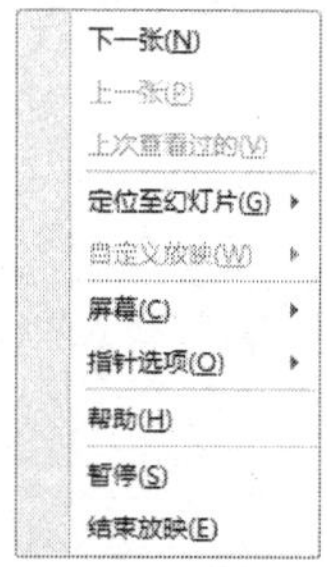

图 5-51　幻灯片放映快捷菜单

如果使用“指针选项”命令菜单中的“圆珠笔”“毡尖笔”“荧光笔”命令，则可以使用鼠标在幻灯中画画或写字，从而对幻灯片中的内容进行标记。

如果使用“屏幕”命令菜单中的“黑屏”或“白屏”，使屏幕呈现单一色调。

教你一招

放映中的快捷建

在幻灯片放映过程中，可以按键盘上的【N】键、【Space】键、【→】键、【↓】键、【Enter】键或【Page Down】键切换至下一张幻灯片。

可以按键盘上的【P】键、【Backspace】键、【←】键、【↑】键或【Page Up】键切换至上一张幻灯片。

可以按【Ctrl+H】组合键将幻灯片放映屏幕左下角的放映按钮和鼠标指针隐藏。

可以按【A】键或【=】键控制鼠标指针的显示与隐藏。

可以按【B】键呈现黑屏。

可以按【W】键呈现白屏。

可以按【Alt+Tab】组合键进行演示文稿与其他打开程序之间的切换。

可以按【Ctrl+P】组合键转换为绘画笔指针。

可以按【E】擦出屏幕上的画面。

可以按【Ctrl+A】组合键转换为箭头指针。

（3）退出幻灯片放映。在幻灯片放映过程中，在幻灯片屏幕上右键，在弹出的快捷菜单中选择“结束放映”命令；或者按键盘上的【Esc】键直接退出幻灯片放映。

（4）排练计时。对于非交互式演示文稿，在放映时可以为其设置自动演示功能，即幻灯片根据预先设置的显示时间一张一张自动演示。

打开演示文稿，在“幻灯片放映”选项卡中“设置”选项区中单击“排练计时”按钮，进入幻灯片放映视图，并显示“预演”工具栏。在文本框中开始自动记录该幻灯片放映时间，在工具栏右侧显示累计时间。按需要控制幻灯片的切换，为所有幻灯片都添加相应的放映时间。

当结束幻灯片放映时，系统将弹出提示框，提示幻灯片放映共需时间，询问是否保留新的幻灯片排练时间，单击“是”按钮，系统会自动切换至幻灯片浏览视图，可以观察到每张幻灯片缩略图的左下角都显示了该幻灯片的放映时间。

2. 打包演示文稿

由于.pptx 格式的文件只能在安装了 PowerPoint 2007 软件的计算机中运行，为了在没有安装 PowerPoint 2007 的计算机中能正常运行演示文稿，可事先将文件打包。

单击“Microsoft Office 按钮”，在下拉菜单“发布”中单击“打包成 CD”，打开“打包成 CD”对话框，如图 5-52 所示。

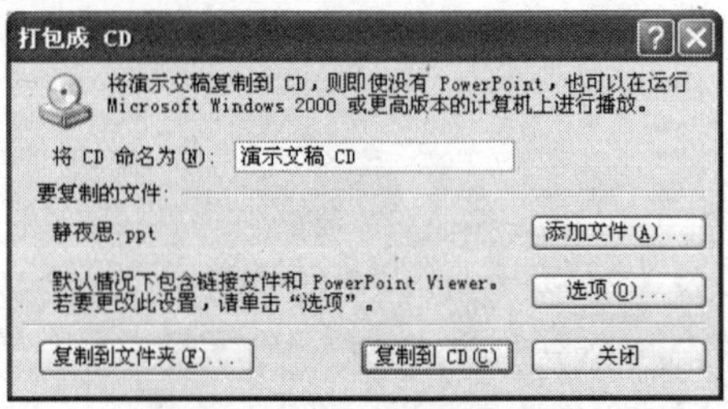

图 5-52 “打包成 CD”对话框

在“将 CD 命名为”框中键入要将演示文稿复制到其中的 CD 或文件夹的名称，单击“添加文件”按钮，选择要添加的演示文稿，然后单击“添加”按钮；如果添加多个了演示文稿，则会按“要复制的文件”列表中的列出顺序播放这些演示文稿。如果要将演示文稿在网络分布，单击“复制到文件夹”按钮，在“复制到文件夹”对话框中输入文件夹名称和位置，然后单击“确定”按钮。如果要将演示文稿复制到 CD，单击“复制到 CD”按钮，计算机会要求在刻录光驱装入空白光盘，将演示文稿刻录在 CD 上。

知识卡片

PowerPoint 的周边软件

1. PPTminimizer

如果喜欢用大量图片，而且对图片的质量有偏执的爱好，那么就要小心 PPT 文件的大小了，尽管 PowerPoint 本身带有图片压缩工具，但压缩的效果是远不如 PPTminimizer 的。

2. Swiff Point Player

PowerPoint 中带插入 Flash 控件，但插入操作有点麻烦。在 Swiff Point Player 可以使插入 Flash 简单的如同插入图片一样，唯一的缺点是每台电脑必须安装这个插件，否则精美的 Flash 只是一张图片而已。

3. SwiffChart

一个图表制作软件，可以很快上手，在无需太复杂图表的时候可以提高效率，更何况还有很酷的动画效果，最终也是生成 Flash 文件结合到 PPT 中。

4. SDR 统一字体加载项

这是国内一家叫铭略的公司自己开发的，能快速将整个 PPT 的字体统一，在修改客户提交的基础的 PPT 时候非常有用，可惜的是如果字体和其他图形之类组合在一起的时候是无法更改的。

5. MathType

MathType 专门用于编辑各类公式，理科老师特别适合。

6. iSpring Free

iSpring Free 是一款免费的 PPT 转换为 Flash 的工具。可以轻松地将 PPT 演示文档转换为 Flash 格式，转换的同时将会保留原有的可视化与动画效果。

头脑风暴

请与同伴一起展开“头脑风暴”，讨论为什么有些人认为多媒体 PPT 没有什么用？你们认为多媒体 PPT 演示在教学中效果不佳的主要现象有哪些？造成这些现象的原因是什么？有什么对策来解决这些问题？并将结果记录在表 5-12 中。

表 5-12　　利用提高 PPT 教学效果的方法

PPT 演示在教学中效果不佳现象	
造成这些现象的原因	
改进方法	

实践环节

进行训练项目 11 的训练，依据模块 2 中自己的教学设计方案，设计和制作一个课堂演示型演示文稿，要求做到内容丰富、结构完整、美观实用，以全面了解课件设计制作的全过程。具体要求如下。

1. 设计制作多媒体课件

（1）进行环境分析和教学设计，写出课件脚本，按照脚本开发课件并对课件进行评价与修改。

（2）课件内容包括封面（课题名称、作者姓名和学号等）、教学目标、教学内容、教学过程、小结、作业等。

（3）技术要求：课件图文布局、色彩搭配合理美观；素材应用得当；导航合理：通过超链接和按钮实现课件的跳转；至少包含 10 张幻灯片。

（4）任务指南。

① 教学设计：确定教学内容、根据教学内容以及教学对象，确定教学内容的组织结构及教学策略。

② 课件结构设计：根据教学内容的组织结构，写出课件的系统结构；设计主要界面的画面布局。

③ 课件制作：收集课件制作相关的多媒体素材；选择课件制作工具。进行封面制作、课件界面及导航的制作、页面的超链接设置、页面的切换设置等。

④ 课件的保存与演示

2. 交流和评价多媒体课件

在多媒体教学系统向班里的同学或小组同伴演示自己的课件，相互之间结合多媒体课件评价标准进行评价，结合评价意见修改多媒体课件。将完成的多媒体课件保存在自己的文件夹中，并提交给教师。

模块6
选择与应用教学媒体

学习目标

1. 陈述教学媒体的定义。
2. 列举教学媒体的主要类型及在学科教学中运用的特点。
3. 熟悉投影器、视频展示台、扫描仪、数码照相机、投影机等现代教学媒体的功能和使用方法。
4. 简述扩音系统、多媒体教学系统、交互式电子白板、多媒体网络教室、校园网、微格教学系统等信息化教学环境的基本构成；熟悉各种信息化教学环境的应用。
5.在操作体验的过程中，树立正确的媒体观。

知识导图

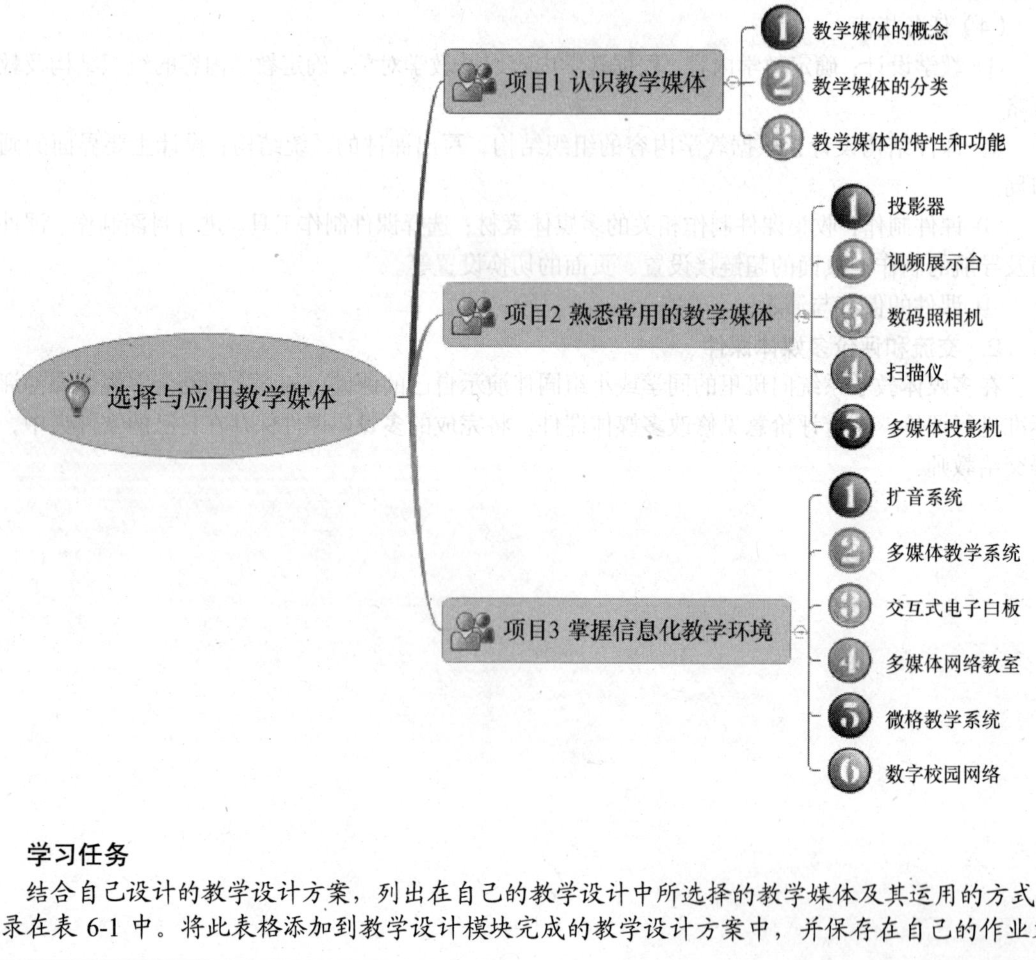

学习任务

结合自己设计的教学设计方案，列出在自己的教学设计中所选择的教学媒体及其运用的方式，记录在表 6-1 中。将此表格添加到教学设计模块完成的教学设计方案中，并保存在自己的作业文件夹中。

表 6-1　　　　媒体选择记录表

教学内容	教学环节	选用媒体	选用原因（教学媒体哪方面的功能特性）

学习导入

随着信息技术的发展，媒体在教学中的运用越来越广泛，所起的作用也越来越大。投影器、视频展示台、扩音机、计算机等媒体充分发挥了图、文、声、画并茂的功能，形象、生动，富于感染力，以视听结合的多通道传递信息，促进了教学的发展和革新。下面让我们一起重新认识这些媒体，掌握他们的基本原理和操作方法，了解不同媒体的不同教学特性和使用范围，在今后教学活动中加以合理运用，以便发挥媒体的综合优势。

项目 1　认识教学媒体

一、教学媒体的概念

媒体（Media）来源于拉丁语 Medius，音译为媒介，意思为两者之间，是指传递信息的中介物。它有两重含义，一是指承载信息的载体，如文字、符号、声音、图形、图像等；二是指存储和传递信息的实体，如书本、挂图、投影片、录像带、计算机软件及其相关的播放、处理设备等。

以传递教学信息为最终目的的媒体被称为教学媒体。教学媒体用于教学信息从信息源到学习者之间的传递，具有明确的教学目的、教学内容和教学对象。概括来说，一般的媒体要发展成为教学媒体需具备两个基本要素：一是媒体用于储存传递以教学为目的的信息时，才可称为教学媒体，是为了达到特定的教学目标服务的，是为教师或学生这些特定的对象服务的；二是媒体能用于教与学活动的过程时，才能发展成为教学媒体。

头脑风暴

请根据媒体及教学媒体的含义，与同伴一起展开“头脑风暴”，讨论你所了解的媒体有哪些，教学媒体又有哪些，并将结果记录在表 6-2 中。

表 6-2　　　　我所了解的媒体清单

媒体	教学媒体

二、教学媒体的分类

教学媒体的分类有多种方法，从历史的发展来看，可以分为两类，即传统教学媒体和现代教学媒体。一般来说，使用时不需要电源的被称为传统教学媒体，使用时需要电源的被称为现代教学媒体。

1. 传统教学媒体

传统教学媒体是指印刷材料、挂图、黑板、模型和实物等。这些媒体历史悠久，使用方便，是传递教学信息的重要媒体，在未来的教育教学活动中，仍将是不可或缺的工具。

2. 现代教学媒体

现代教学媒体是指光学投影、电声、电视、程序教学机器、计算机和网络等。按照媒体作用于人的感官不同，习惯上又分为视觉媒体、听觉媒体、视听媒体和交互媒体。

（1）视觉媒体。视觉媒体是指呈现视觉信息的媒体，主要有无声电影、投影器、照相机、视频展示台等设备及相应的教学软件。

（2）听觉媒体。听觉媒体是指呈现听觉信息的媒体，主要有收音机、录音机、扩音机、激光唱机、MP3 播放器、语言实验室等设备以及相应的教学软件。

（3）视听媒体。视听媒体是指同时呈现视觉信息和听觉信息的媒体，主要有电影、电视机、录像机、摄像机、影碟机、闭路电视系统、广播电视系统、卫星电视系统等设备及相应的教学软件。

（4）交互媒体。交互媒体是除了能处理和提供文、图、声等多种信息形式外，还能与用户形成互动的媒体，主要有程序教学机器、多媒体计算机等设备及相应的教学软件。

头脑风暴

教学媒体的种类非常多，按照不同的分类依据，可以有不同的分类结果。除了以上所列举的分类方法，请和你的同学们相互交流，提出你自己的分类标准，将讨论结果填写在表 6-3 中。

表 6-3 教学媒体的分类方法

分类类型	分类依据	教学媒体举例

三、现代教学媒体的特性和功能

1964 年加拿大著名传播学家马歇尔·麦克卢汉（Marshall · Mecluhan）在《媒介通论——人体的延伸》一书中提出“媒体是人体的延伸”的著名观点。例如，印刷品是人眼的延伸；无线电是人耳的延伸；传声器是嘴巴的延伸；计算机是人脑的延伸等。麦克卢汉的这一观点从理论上揭示了媒体最基本的性质，表明了各种媒体对受传者的感官刺激是不同的。

1. 教学媒体的基本特性

（1）表现力。教学媒体具有表现客观事物的时间、空间、运动特性，以及表征声音、颜色特性的能力。

（2）重现力。教学媒体具有不受时间、空间的限制，将存储的信息随时重现的能力，有即时重现和事后重现之分。

（3）传播力。教学媒体把信息同时传递到接受者的空间范围，有无限接触和有限接触之分。

（4）参与性。应用教学媒体时，学生可以参与教学活动，有行为参与和感情参与之分。

（5）可控性。教学媒体使用的难易程度，有易控和难控之分。

各类媒体具有不同的教学特性，在教学活动中应根据教学内容、教学对象选择合适的媒体，充分发挥媒体的长处，才能取得良好的教学效果。教学中常见的教学媒体，其教学特性如表 6-4 所示。

表 6-4　教学媒体特性一览表

媒体种类 教学特性		教科书	板书	模型	无线电	录音	幻灯	电影	电视	录像	计算机
呈现力	空间特性			√			√	√	√	√	√
	时间特性	√	√		√	√		√	√	√	√
	运动特性							√	√	√	√
重现力	即时重现		√		√	√				√	√
	事后重现	√		√		√	√	√	√	√	√
传送能力	有限接触		√	√		√	√	√		√	√
	无限接触	√			√				√		
可控性	易控	√	√	√		√	√		√	√	√
	难控				√			√			
参与性	感情参与				√	√		√	√	√	√
	行为参与	√	√	√			√				√

2. 教学媒体的功能

（1）传递信息。媒体是因为传播的需要而产生和发展的。信息传播方通过媒体向信息接收方呈现信息，信息接收方通过媒体来获取、接收和反馈信息。

（2）存储信息。为了更有效地利用信息，经常需要将信息存储起来，媒体具有存储信息的功能，如教育信息以文字、图像或声音等形式存储起来。

（3）控制过程。信息的传播是一个参与传播的诸要素共同活动的过程，这个过程的进行状况对传播的效果产生直接影响，需要加以有效的控制，通过媒体可以完成这个控制。

3. 教学媒体的作用

（1）展现事实，获得直观经验。利用媒体手段，可以提供有关科学现象、事物形态、物质结构等事实，使学生获得真实的直观经验，便于记忆。

（2）创设情境，建立共同经验。根据教学需要，利用媒体呈现相关情节、景色和现象的或真实或模拟的场面，创设情境，激活学生已有知识，建立共同经验。

（3）提供示范，便于模仿。教学媒体可以提供一系列标准的行为模式，方便学生练习和模仿。以软件的视频教程为例，它为我们提供了非常标准的操作模式，运用这些教程再加上教师的课堂指导，既可以避免教师的重复劳动还可以带来更好的教学效果。

（4）呈现过程，解释原理。教学媒体，特别是电视、录像，计算机等，可以呈现某一典型事物的运动、成长、发展的完整过程，帮助学生理解典型事物的特性、发生和发展过程的规律和原理。

（5）设置疑点，引发思考。教学媒体可以提供能引发学生思考的典型现象或过程，作为分析、思考、探究的对象。

知识卡片

教学媒体的选择

教学媒体承载的教育教学信息是以各自不同的符号形式具体呈现出来，刺激受信者的感官，因此各种教学媒体的教学功能及特性不尽相同。同时教育教学信息的传递是一项复杂的活动，没有一种教学媒体可以包办所有的教学目标，因此在实际教学活动中应充分发挥各种媒体的长处，取长补短，组合使用，以取得最佳的教学效果。

课堂教学中选用哪种媒体，要根据教学内容、教学目的及教学环境等而具体确定，使用时必须充分考虑各种媒体的自身特点。

第一，如果是静态的事物要变成动态或者想给学生提供一些史料，可利用录像、电影等视听媒体。它们通过图像与声音的信息组合，利用具体的场景和音响刺激学生，引起学生的情绪反应，激发学生在感情上参与。录像教学具有较强的感染力、表现力和较强的再现功能。

第二，如果要表现静态的事物，要使小变大，教师需边讲，学生边观察，要灵活控制教学信息的传递，则可利用视觉媒体来教学。它们在清晰度、亮度和提供详细观察条件上比视听媒体优越得多。

第三，在语言学习、演唱等方面，听觉媒体就显示出它独特的优越性。例如，培养朗读能力是小学语文教学的一个重点。范读录音的语音规范、感情表达正确，可用于示范、指导、欣赏并可供学生模仿和练习。又如音乐教师在音乐教学中，可先播放示范音乐带给学生听。动听的曲调、和谐的旋律、优美的音乐可以感染学生，不但能调动学生的学习兴趣，也有助于学生领悟歌曲的意境，从而不但可以提高教学效果还能陶冶情操、开发智力。

第四，交互媒体主要用于个别化教学，根据学生各自的特点来设计教学内容，让每个学生都处于教育优势之中。

实践环节

作为一名职前教师，请你结合自己专业，综合比较各类教学媒体的教学功能、特性，结合教学的实际情况分析教学媒体的应用特点及其对教学的支持方式，并填写记录表 6-5。

表 6-5　　我对教学媒体分析表

教学媒体	功能特性	支持教学方式

项目 2　熟悉常用的教学媒体

人们总是通过自己的感觉器官来感知周围的世界。对于一个正常人来说，视觉感官从外界获取的信息是最多的。特瑞克勒（D.G.Treichler）曾指出，人类从外界获取的信息中，通过视觉获取的信息占 83%。因此，在教学中开发和利用好视觉教学媒体具有十分重要的意义。

一、投影器

投影器是利用“透镜成像”原理制成的，其具有设备简单、操作方便、经济实用、自制投影片容易、亮度大等优点，在学校各学科教学中得到广泛使用。

1. 投影器的结构原理

投影器由光学系统和机身两部分组成，如图 6-1 所示。

（1）光学系统。投影器的光学系统由反光碗、光源、新月镜、螺纹透镜、放映镜头及反射镜等组成。

① 光源。光源发出光线照亮投影片，使图像通过镜头在银幕形成明亮的放大影像。

通常要求投影器光源必须满足：点光源、高亮度、色温好、起动快、寿命长。

② 反光碗。把光源向后发射的光线反射回去，以加强银幕上的亮度，提高光能利用率。

③ 聚光镜组。由新月镜、螺纹透镜组成，其作用是汇聚光源发出的光线，使其均匀照亮投影片，并且把通过投影片的光线聚集到放映镜头上。

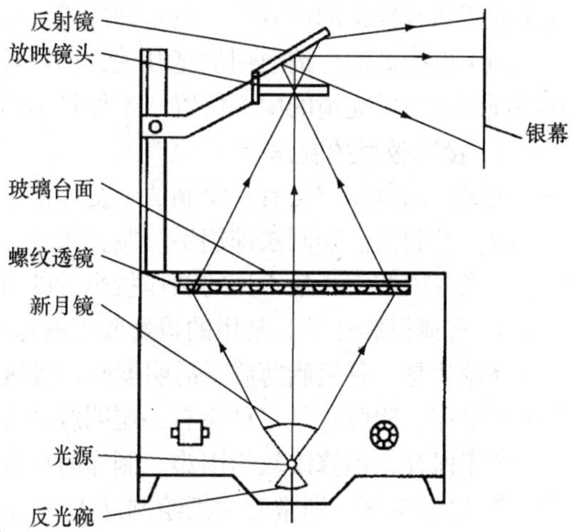

图 6-1　投影机的结构原理

④ 放映镜头。将投影片上的图像放大在银幕上形成一个清楚明亮的影像。

⑤ 反射镜。其作用是改变投影光路，调整影像的高低。

（2）机身部分。投影器的机身部分包括机壳、立杆、变压器、散热风扇、保险丝座及各个功能开关。主要起支撑、冷却、供电和功能调节作用。

2. 投影器的使用

（1）检查。使用之前必须检查电源是否符合要求，将支撑杆抬起至锁定状态。

（2）调整距离。调整好投影器与银幕距离，距离远则图像大但亮度底，距离近则图像小但亮度高，原则是使每个学生看得清楚。

（3）开机。取下镜头盖，将反射镜打开至适当角度，然后打开电源开关。

（4）调节投影方向。调整平面反射镜的倾斜度或使反射镜与放映镜头一起绕垂直轴转动来改变投射方向以适应银幕的位置。

（5）强弱灯光选择。开机后根据放映环境选择强光或弱光开关。一般弱光供电能延长灯泡的使用寿命，在感到亮度不够时可选择强光开关。

（6）聚焦调节影像清晰。将投影片放置在投影器玻璃台上，调整调焦旋钮使放映镜头上下移动，直至图像聚焦清晰为止。

（7）调节色环旋钮。如果在银幕上的画面亮度不均，画面边缘出现色环，可调整色环旋钮使银幕上的色环消除。

（8）切换灯泡。投影器配有一个工作灯泡和一个备用灯泡。当工作中的灯泡坏掉时，只需扳动灯泡切换开关，备用灯泡立即转入工作状态。

（9）关机。使用结束后，按开机相反顺序关闭投影器。先关灯，再合上反射镜，盖上镜头盖，放下支撑杆。

3. 投影器的维护

（1）防尘。不使用时，应该合上反射镜，盖上镜头盖遮住放映镜头；长时间不使用投影器还应加盖防尘罩。

（2）清洁。保持放映镜、反射镜、螺纹透镜的清洁，切勿用手触摸。可定期用软绒布轻擦除去光学镜片上的污秽、尘埃。螺纹透镜集垢较多时，可拆下用清水冲洗然后自然晾干。

（3）通风。投影器工作时，要保证散热窗口通风。不用时应及时关灯，连续放映时间不应超过一小时，避免箱体内温度过高烤裂新月镜或使螺纹透镜变形。若风口无风吹出、闻到有烧焦的气味或听到有异常的声音时，应立即停机。

（4）更换灯泡。请慎用加亮开关，以延长灯泡使用寿命。更换灯泡时应换入同规格的灯泡，并保证灯丝在反光镜的中心位置，换好灯泡后要注意把新月镜复位保证光线会聚。

4. 投影教材的制作

投影片的制作方法有：绘制法、复印法、计算机打印法等。

（1）绘制法。绘制法即用手绘制投影片，即在透明片基上用笔直接书写、描绘教学所需的文字、图像等内容，是最常用的制作投影片的方法。具体的制作步骤如下。

① 选择投影片基。常用的投影胶片有涤纶片和明胶片两种。

涤纶片是一种聚脂薄膜，透明度好，遇热不变形、不亲水，画面修改、擦掉或重画都很方便，但不易保存。明胶片是一种涂有一层明胶的涤纶片，受热易卷曲，膜面亲水，在上面绘画不易擦掉，便于保存，但修改较为困难。制作时应先根据实际需要选择合适的投影胶片。

② 绘制草图。通常先用纸绘制好 1：1 的底稿图形。直接在投影片上绘制不易修改，易弄脏或弄坏投影片。

③ 绘制投影片。绘制黑白投影片只需使用一般绘图仪器、毛笔和墨水，绘制彩色投影片则需要透明水彩颜料、毛笔、画线笔和绘图笔等工具。

将明胶片胶面朝上贴在底稿图纸上，用回形针或胶带纸将它们固定好，用较淡颜色描底稿的轮廓线。

描好轮廓线后再进行着色绘制。着色前，先在需上色部位用蘸水毛笔湿润一遍，这样可使着色均匀。着色一般由浅到深，在明胶片上停留时间的长短可改变颜色的深浅，着色后用较深颜色再勾边。

（2）复印法。复印法利用静电复印机将书刊上的图文直接复印到透明片上而制成投影片。该种投影片制作方法的特点是操作简便，自动化程度高，制作周期短，可充分利用书刊中规范的图文，还可对原件任意放大、缩小，很方便地复印得到大小合适的投影片。复印法制作投影片的步骤如下。

① 选择胶片。用复印法制作投影片，胶片的选择十分重要，如果胶片过厚会因硬度强而在复印时发出卡纸现象，胶片过薄则会因复印时的高温而变形。复印时一般选用耐热的、厚度为 0.05～0.1mm 的涤纶片，不能用明胶片。

② 隔热复印。将胶片送入复印机中进行复印。

③ 画面清洁。对于复印出来的投影片，可及时用钝的小刀片或竹片擦除多余的点或线清洁投影片。

同时要注意由于日常使用的复印机多为黑白复印机，所以复印出来的图像只有黑白两色，反差很大，对层次丰富的图像表现效果不好。所以复印法制作的投影片，主要适合于表现文字、图表或线条类图案。

（3）打印法。随着计算机图像处理技术的发展，采用计算机来制作，再由打印机直接打印出投影片的方法已越来越普遍。其制片步骤如下。

① 采集素材。将能表达教学内容的各种文字、图形、图像素材采集到计算机内。

② 画面设计。在计算机上应用图文处理软件按 1：1 设计，形成一张表达教学内容的画面。

③ 打印成片。经计算机处理好的画面可以通过各类打印设备打印到透明胶片上。不同种类的打印机其打印方法也有所不同。

- 激光打印机打印投影片。打印时只要将涤纶片像普通纸一样送入激光打印机就可印制出投影片。此法所制投影片反差大、细节表现好。

• 喷墨打印机打印投影片。此法需用明胶片，打印时将涂有明胶的一面朝向打印机的打印头，为节省墨水，设计的图像应尽量避免大面积着色。

计算机制作投影片，素材来源广泛，字体规范、图像精美、制作方便、修改容易，制作者可以充分表达自己的思想，发挥自己的创造力，已为越来越多的制作者所采用。

实践环节

① 在这个环节中，思考投影器的教学特点有哪些？在教学应用中的优势与局限是什么？什么情况下用投影器比较合适呢？

② 进行训练项目 5 的训练活动，完成训练报告，将其保存在你的文件夹中，并提交给教师。

二、视频展示台

视频展示台是一种可将文字、图片、透明投影胶片、幻灯片、实物等转换成视频电信号的设备。

1. 视频展示台的结构

视频展示台是由摄像头，照明系统、载物台、控制系统、信号输入输出接口组成，如图 6-2 所示。

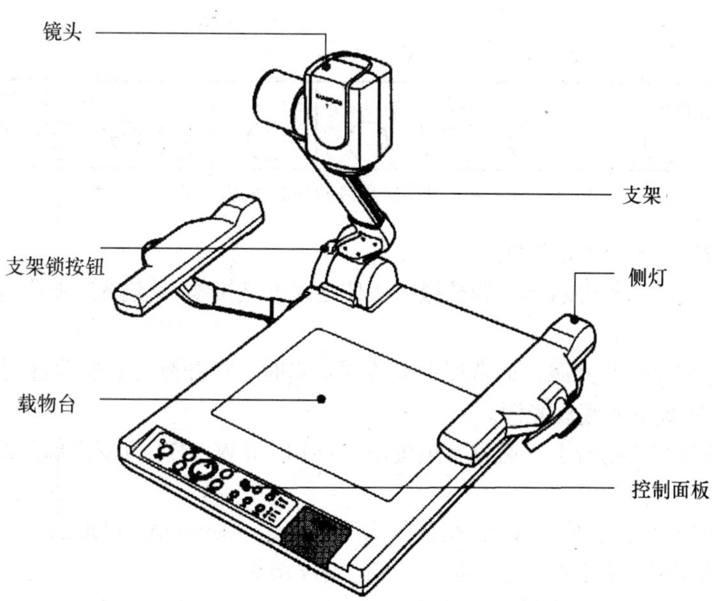

图 6-2　展示台的结构

（1）摄像头。摄像头的作用是将被展示物体的图像光信号转化为电信号，并通过输出端口输送给显像设备显示出来。

（2）照明系统。多数展示台设置有两个侧灯和载物板下的底灯作为照明光源。

（3）载物台。用来承载被摄实物、图片或透明胶片等。

（4）控制系统。用于各种工作状态的调整控制。

（5）信号输入输出接口。用于图像、声音信号的输入输出，如图 6-3 所示。

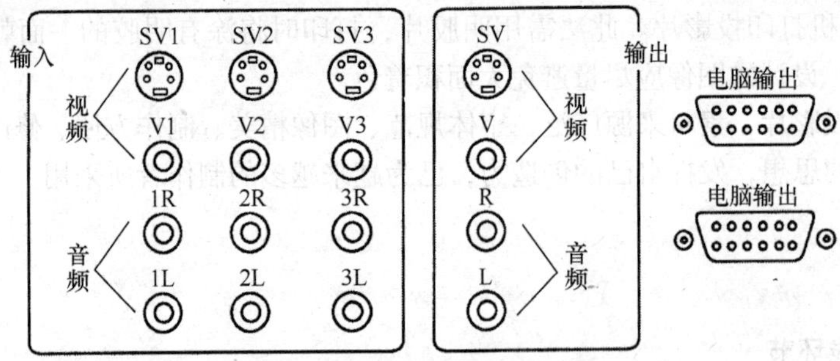

图 6-3　视频展示台的接线面板

2. 视频展示台的使用

（1）与设备的连接。

① 与显像设备配接。不同类型的展示台有不同方式的信号输出，常见的有 VIDEO OUT、S-VIDEO OUT 等，甚至有 RGB OUT、VGA OUT 等接口，可根据需要与显像设备（电视、投影仪等）对应的输入接口连接，将摄像头所摄取的信号显示出来。

② 与录像设备的配接。将展示台的视频、音频的输出端口(VIDEO OUT / AUDIO OUT)与录像机等设备的视频、音频输入端口(VIDEO IN / AUDIO IN)连接起来，可以进行实时录像。

（2）物体的展示操作。

① 了解和掌握视频展示台各按键、开关的功能及使用方法，视频展示台的控制按键面板如图 6-4 所示。

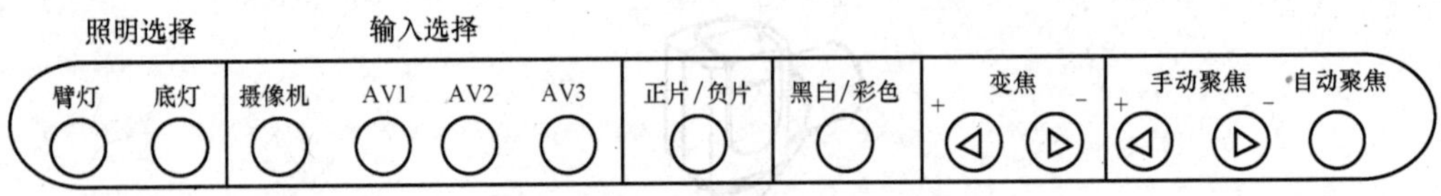

图 6-4　视频展示台的控制按键面板

② 打开视频展示台的电源开关。

③ 放置实物或图片等展示物，调整摄像头使之对准被摄物，“输入选择”应选择“摄像机”按钮。

④ 根据实际情况调节光源。通常展示非透明资料时，打开侧灯；展示透明资料(投影片或幻灯片)时，打开载物板下的底灯光源。

⑤ 展示资料放在载物台上，通过变焦按钮（TELE 和 WIDE）改变摄像头的焦距，从而使成像的范围发生改变。

⑥ 调整聚焦按钮，使影像最清晰。聚焦分为手动聚焦（MANUAL FOCUS）和自动聚焦（AUTO FOCUS）两种，都能实现聚焦功能，可根据实际情况调整。

⑦ 特殊效果调整：正负像转换开关（POSITIVE/NEGATIVE），可将底片影像转化正像效果呈现，也可将影像负像化。黑白/彩色转换开关（BW/COLOR）可使彩色图像以黑白或彩色显示。

⑧ 使用完毕，按照与开机相反的顺序关闭展示台。

3. 视频展示台的维护

（1）防潮。不要在高温或潮湿的环境中使用及存放。长期不用时，应定时通电。

（2）防震。应避免冲击和震动，严禁拆卸。

（3）防尘。当镜头上有灰尘时，用镜头纸、鹿皮或蘸有清洗剂的药棉轻轻擦拭。擦拭机体时，不要用烈性的清洗剂，要用软布擦拭，当污垢不易清除时，可用专门清洗剂擦拭。使用后盖上镜头盖，避免灰尘污染。

（4）防压。不要在展示台上放置重物；不要直接在载物台上书写、画图。

实践环节

① 在这个环节中，思考视频展示台的教学特点有哪些？在教学应用中的优势与局限是什么？在哪些场合使用视频展示台比其他的教学媒体更能提高教学效果？

② 进行训练项目 6 的训练活动，完成训练报告，将其保存在你的文件夹中，并提交给教师。

三、数码照相机

1. 数码相机的工作原理

数码照相机是通过控制光圈大小和快门的开启与关闭，把景物成像在 CCD 或 CMOS 芯片上，CCD 或 CMOS 芯片把影像分解为成千上万的像素，并转换为电流信号，然后经过 A / D 模数转换形成电子数字信号，再经过压缩编码，最后以数字文件形式保存在存储媒体上，如图 6-5 所示。

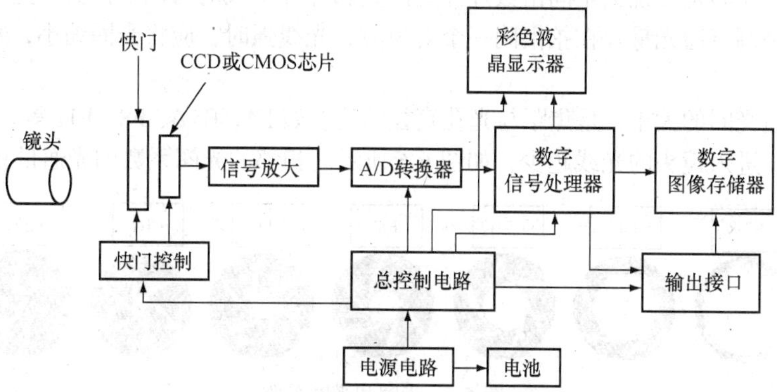

图 6-5　数码相机的工作原理

2. 数码相机的基本结构

数码照相机的种类繁多，样式和型号也各有不同，但是基本结构大同小异，都包括镜头、光圈、快门、取景器、调焦装置、机身、图像传感器、数字信号处理电路、存储器等基本组成部分。

（1）镜头。

镜头由透镜组构成，它的作用是将被摄景物成像于图像传感器上。摄影镜头根据其焦距能否调节，可分为定焦距镜头和变焦距镜头。

① 定焦距镜头。定焦距镜头根据焦距的不同可分为标准镜头、广角镜头（短焦距镜头）和远摄镜头（长焦距镜头）。

- 标准镜头：焦距长度与成像元件（CCD 或者 CMOS，传统相机的胶卷）对角线基本相等。其拍摄的景物范围视场角在 45° ～55° 之间，接近人眼视角，拍摄的画面透视关系符合人眼视觉习惯，能如实还原被摄对象。
- 广角镜头：焦距长度小于成像元件的对角线。其拍摄的画面视场角大，范围广，可在距离较近或环境较窄的情况下拍摄较宽阔的场景；有夸张前后景物大小和比例的作用，画面空间感强；画面会发生变形，不适合拍摄人像特写。
- 远摄镜头：焦距长度大于成像元件的对角线。视场角小，成像大，适合于拍摄一些不便靠近的物体；景深小，有利于虚化背景，突出主体；透视感弱，有压缩透视的现象。

② 变焦镜头。变焦镜头是指镜头焦距可在一定范围内调整变化。在拍摄过程中，摄影者可根

据需要随时调整焦距，得到所要的取景和构图，以满足不同拍摄效果的需要。

头脑风暴

请与同伴一起展开“头脑风暴”，在体育摄影中，为了表现队伍深长人数众多，宜选择哪种类型的镜头？为了突出运动员的表情和精神面貌，又应该选择哪种镜头？并将结果记录在表 6-6 中。

表 6-6　　摄影镜头的选择

项　目	镜头选择
群体拍摄	
面部表情	

（2）光圈。光圈是在镜头中间由数片互叠的金属叶片组成的可调节镜头通光口径的装置。光圈的主要作用是调节通光量。在拍摄同一个对象时，光线强时，应将光圈缩小，光线弱时，应将光圈开大。

光圈系数指光圈的大小，是焦距与光孔直径的比。如 F4、F5.6、F8、F11 等，光圈系数越大，光圈孔径越小，进入镜头的光线越少，如图 6-6 所示。相邻的光圈系数的光通量相差一倍。

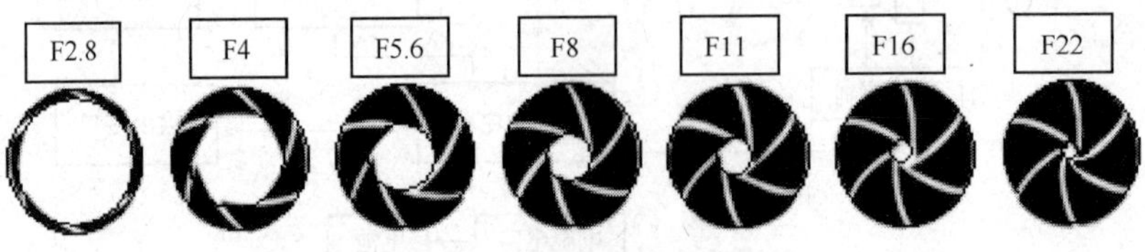

图 6-6　光圈和光圈系数

（3）快门。快门是利用开启时间长短控制进光时间，从而控制曝光量。快门速度盘上标有的 1、2、4、8、15、30、60、125、250、500 等数字，其表示曝光时间秒数的倒数，如“125”挡表示曝光时间为 1/125 秒。数据越大，快门开启的时间越短，进光量越少。

在快门速度盘上还有“B”或“T”长快门时间挡：当快门置于“B”挡，手指按下时快门开启，抬起时快门关闭；当快门置于“T”挡，手指按一次开启快门，再按一次则关闭快门。

（4）取景器。取景器是供拍摄者观察被摄景物和景物范围，确定画面构图的装置。

目前大多数数码照相机同时采用两类取景方式：LCD 取景系统和 EVF 取景系统。

EVF 取景系统取景器小，但是它不需要电源。LCD 取景系统可以通过液晶显示器来显示取景和拍摄的效果，尺寸较大，容易观看；同时在光线比较暗的情况下，可调节液晶显示屏的对比度，方便地取景；但是液晶显示屏工作时耗电量较大。液晶显示屏除了取景与查看照片资料外，还有一个重要的功能，就是功能菜单的显示。

（5）调焦装置。用任何照相机拍摄，都要进行调焦，调焦的目的是使被摄主体能在图像传感器上形成清晰的影像。调焦装置就是让拍摄者能达到该目的的调节装置。

数码照相机的调焦大多是利用电子测距器自动进行的。当半按照相机快门按钮时，根据被摄目标的距离，电子测距器可以把前后移动的镜头控制在相应的位置上，使被摄目标成像最清晰。

（6）图像传感器。图像传感器是数码相机的核心部件，根据元件不同分为 CCD（电荷耦合元件）和 CMOS（金属氧化物半导体元件）。图像传感器的作用是将光信号转变为电信号。

（7）数字信号处理电路。数字信号处理电路主要由模数转换器 ADC 构成。它的作用是将图像传感器产生的模拟电信号转换为数字电信号，并将这种数字电信号经过压缩、编码传送到存储器。

（8）存储器。存储器是用来接收、保存数据的，包括内置缓存和可更换存储卡。

（9）输出控制单元。用数码照相机拍摄照片后，需要通过连接线把内部储存的照片输出到其他处理设备中去。数码相机的输出方式一般有：

USB 接口：用专用连接线与计算机相连，通过数码相机的驱动软件把照片下载到计算机硬盘上。

视频接口：通过视频线与电视机相连，通过电视机的大屏幕观看数码照相机所拍摄的照片。

（10）机身。机身是照相机的暗箱，其他部件安装在机身上形成一个整体。

3. 数码相机的基本操作

（1）安装存储卡。使用数码相机拍照之前，首先要把存储卡插入相机内。

（2）安装电池。打开相机的电池盖，确定电池方向，将电池推入，注意极性相对。

（3）打开电源。转动电源开关，打开相机。

（4）拍摄模式的选择。数码照相机一般分有自动、运动、夜景、风景、特写、录像等几档的模式转换开关，拍摄前必须根据拍摄主题的需要选择相应的模式。

（5）拍摄状态设定。数码相机在拍摄之前，可根据需要通过功能菜单进行各种工作状态设置，这些设置将直接影响所拍照片的质量。

① 设置分辨率。分辨率指影像所含像素的多少。像素越多，分辨率越高，影像效果越清晰，但文件的容量也会越大。大多数数码相机都提供多种分辨率可选择，拍摄时究竟该用什么分辨率，取决于对画面的质量要求以及拍摄的目的，一般有以下几种情况。

如拍摄的数码影像文件最终要通过打印或其他方法得到高质量照片、精美印刷品，则应以最高分辨率拍摄。

如拍摄的画面通过计算机显示器观看，或通过投影机投影，则拍摄分辨率可根据计算机显示器的分辨率或投影机的分辨率而定，应力求使拍摄画面的分辨率与这些设备的分辨率相吻合。

如拍摄的画面主要是供上网传输，考虑到显示器的分辨率和目前上网传输的速率都不是很高，大的影像文件上网传输需要很多的时间，因此拍摄分辨率不宜太高。

② 设置感光度。感光度是表示图像传感器对光的灵敏度。感光度越高，对光线越敏感，但是其影像颗粒越粗，分辨景物的细微部分的能力越差。

选择感光度，应根据用途和拍摄环境来选：室外光线强，可选用中速感光度（ISO100）；室内光线较暗或高速运动的物体，宜选用高速感光度（ISO400）；需放大照片的，宜选用低速感光度（ISO50）。

③ 设置闪光灯。数码相机常见的闪光灯模式有四种状态：自动、强制、关闭和防红眼。

“自动”闪光状态：数码相机将会自动测试拍摄环境的光线强弱，并且根据当时选定光圈的大小、快门的快慢来决定是否使用闪光灯和闪光灯输出多少光量。

“强制”闪光状态：无论任何时候闪光灯都会闪光。

“关闭”闪光状态：无论任何时候闪光灯都不会闪光。

“防红眼”闪光状态：在黑暗环境中用闪光灯拍摄彩色人像照片，往往会使人眼瞳孔闪射出强烈的红色光亮点，这就是“红眼”现象。它主要是由于被摄者视网膜后的血管对闪光的反射，使瞳孔呈现红色。“防红眼”闪光在实际拍摄之前利用频闪灯光的几次闪烁将被摄对象的瞳孔收缩，从而减少视网膜上反射的光线。

（6）变焦确定拍摄景别。调节照相机上的变焦按钮直至出现主题需要的景别。按远摄（T）进行放大主体，按广角（W）进行缩小主体。

（7）取景构图。摄影者通过对拍摄景物的取舍表现自己的创作意图。

（8）对焦。数码相机多采用自动对焦方式。将数码相机 LCD 的中心聚焦区对准主体，将快门按钮按下一半并保持不动以自动设置曝光和调焦。

（9）拍摄。按下快门剩下的一半，完成拍摄。用数码相机拍摄应注意其存在延时性，许多数码相机每拍完一张需要等待数据写入储存装置后才能再拍下一张。

（10）查看。通过查看键或回放键能够立即查看照片效果。

（11）删除。数码相机存储在存储卡上的信息可以根据需要随时通过删除键（Delete）删除，以便腾出存储空间。

（12）传送。绝大多数数码相机是通过随机连接线与计算机的 USB 接口相连实现数据传送的。

4. 拍摄技巧

（1）摄影用光。摄影被誉为光与影的艺术，不同的光线方向会使景物产生不同的造型效果。摄影中常见的光位，如图 6-7 所示。

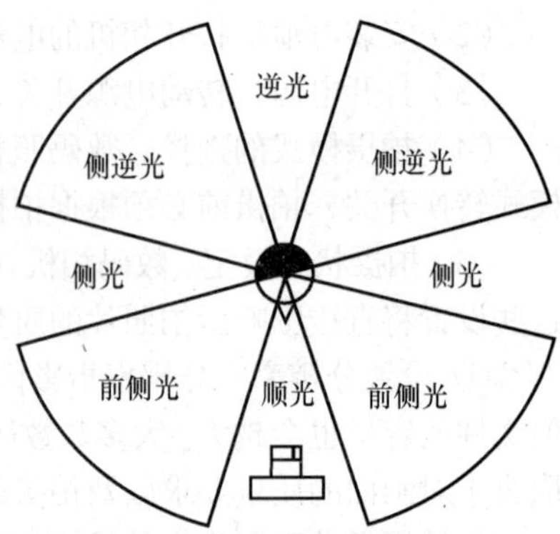

图 6-7 摄影常见光位

① 顺光。光线与镜头拍摄方向相同。采用顺光拍摄时，景物各部分均匀受光，画面明亮稳定。明暗反差较弱，画面较平淡，空间感和立体感不明显。顺光拍摄，要注意利用景物特有的线条、形状和色彩变化来增加画面的表现力。

② 侧光。光线与镜头拍摄方向形成一个角度。采用侧光拍摄时，景物有明显的受光面和阴影面，所摄画面反差大，层次丰富，立体感、空间感较强。

③ 逆光。光线对着镜头拍摄方向，也称背光。逆光可以在被摄体上形成生动、醒目的轮廓光带，以此勾画出景物的轮廓，使物体的“形”分外醒目；可以摄得剪影效果，使画面简洁生动；可将水面表现得波光粼粼，富有生机；可使呈现在画面上植物的叶茎透明，色彩鲜艳，表现出亮度渐变的神韵等。

（2）摄影构图。构图是指通过取景器对拍摄景物作适当安排与取舍，使所摄画面具有艺术性，使主题思想得到充分的表达。

① 构图原则。

• 稳定均衡。在日常生活中，一切稳定的物体都有均衡的形式。许多生活现象培养了人们追求均衡的心理，并且在人们的审美过程中起作用。稳定的画面令人悦目，不稳定的画面会使人产生不安定的感觉。

均衡可以采用对称均衡，也可以利用主体与陪体之间的轻重、大小、虚实、疏密、色彩等关系，通过合理布局，使画面取得总体布局上的均衡。

• 疏密得当。中国画讲究“疏能走马，密不透风”，摄影画面也是同样的道理。密是指实体、实物；疏就是指空白、留白。摄影画面上的空白不是指白色的物体，而是泛指那些我们只注意其形状而忽视其细节的物体，像大片的天空、大海、草地、墙壁等。

一幅画面如果被实体对象塞得满满的，没有一点空白，就会给人一种压抑的感觉。画面上空白留得恰当，才会使人的视觉有回旋的余地，思路才有想象的空间。一般来说，需要在物体方向的前面多留一些空白。

• 主体突出。摄影作品首先要确定一个主题，而主题往往是通过主体表现出来的，所以要用各种方式，把观众的目光吸引到所要表现的主体上。构图时，可以把主体安排在画面吸引人的位置，如黄金分割点上，再通过各种对比手法，如大小对比、色彩对比、虚实对比、动静对比、质感对比等突出主体。

② 拍摄位置的选择。对于相同的被摄体，拍摄位置不同，画面的视觉效果也不同。选择好拍摄位置是构图好坏的关键。选择拍摄位置，一般从拍摄距离、拍摄方向、拍摄高度 3 个方面加以考虑。

- 拍摄距离。相机与被摄物之间的距离。用同一焦距的镜头拍摄同一景物，选择不同的拍摄距离会使主体在画面上的面积大小以及主体周围的景物产生变化，获得远景、全景、中景、近景、特写等不同景别的构图。在实际拍摄中，需根据拍摄意图采用不同景别，远取其势，近取其神。

远景：包括的范围很广，能显示出被摄场景相当广阔的环境和背景，经常用来交待事物发生的地点及其周围的环境，也经常用来借景抒情，展示人们对景物和事件的感受。远景往往以大自然为对象，强调整体结构，体现宏伟的规模和磅礴的气势。多用于风光摄影、节日聚会和旅行等。

全景：表现事物的整体形象或某具体场景全貌的画面。

中景：表现人膝盖以上部分或场景局部的画面。中景重视具体动作和情节，拍摄时必须抓住最能吸引观众的表情神态和动作姿态。

近景：表现人胸部以上部分或物体局部的画面。近景能清楚表现人物面部的细微活动和表情变化，促使我们关心人物的心理状态。它也可以表现景物细致特征和精巧结构。

特写：只表现被摄对象的某一细部，透过细微之处看本质。特写镜头画面简洁，视觉冲击力强，能给观众强烈而鲜明的印象。特写人物面部细微表情的变化，能揭示人的内心世界；特写景物细部描写，能揭示事物本质。

- 拍摄方位。相机围绕被摄物四周选择拍摄位置。同一景物选择不同的拍摄方位可产生正面、侧面、斜侧面、背面等构图。

正面构图：有利于表现被摄体的正面形象和景物的对称美。

斜侧构图：有利于表现景物的立体感和空间感。

侧面构图：有利于表现人物侧面的轮廓线条和体现两位人物之间的交流。

背面构图：有利于突出陪衬物与环境，使画面的构图语言变得含蓄而富有想象力。

- 拍摄高度。摄影高度是指相机高于、低于还是平行于主体的水平高度。不同的拍摄高度可产生平拍、俯拍、仰拍构图。

平拍：所摄景物真实、自然，画面不变形，但所摄画面有司空见惯的感觉。

俯拍：有利于表现地面景物的层次、地理位置及盛大场面，能将观众带入“一览众山小”的境界。

仰拍：可使景物向上展开，显得高大、雄伟；能够改变前后景物的自然比例，产生一种异常的透视效果。

实践环节

①在这个环节中，思考摄影在教学应用中的优势与局限是什么？访问好看簿网站 http://www.haokanbu.com/，观摩其他教师如何利用摄影组织教学活动。

②进行训练项目 7 的训练活动，完成训练报告，将其保存在你的文件夹中，并提交给教师。

四、扫描仪

扫描仪是采集视觉材料（如图片、书稿、照片、胶片等）的常见设备，它利用光电转换原理，把各种光学图像信号转化为数字信号，传输到计算机进行加工处理。

1. 扫描仪的分类

（1）按扫描方式分类：有手动式扫描仪、平面式扫描仪、滚筒式扫描仪等。

（2）按扫描幅面分类：有 A4 幅面、A3 幅面等。

2. 扫描仪的结构与原理

扫描仪的内部结构主要分为机械传动机构和光电系统两大部分，如图 6-8 所示。

（1）机械传动机构。机械传动机构由传动皮带、扫描头支撑滑杆和电机组成。扫描头卡在支撑滑杆上，由传动皮带带动支撑滑杆纵向移动。

（2）光电系统。扫描仪中的光电系统主要由光源、扫描头、数据线和硬件接口组成。光源发出光线照在扫描原稿上，透射或反射回来的光线由扫描头转换成为数字信号，由数据线送至硬件接口，通过接口扫描仪可与计算机连接。

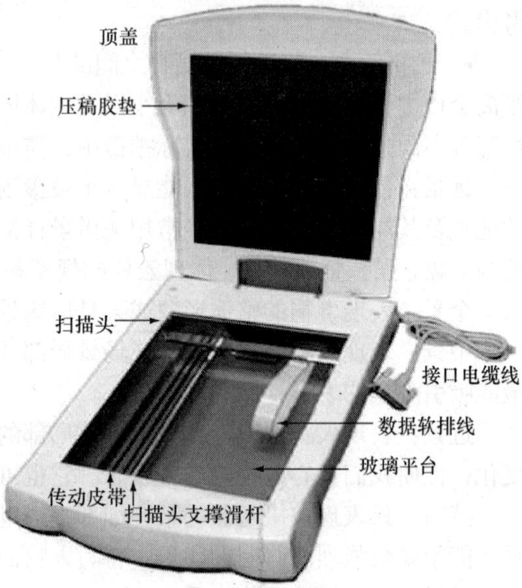

图 6-8　扫描仪的结构

3. 利用扫描仪扫描图像

（1）连接扫描仪。用匹配的连接线将扫描仪与计算机连接起来，接上扫描仪电源，预热扫描仪。

（2）安装驱动程序。在计算机中安装相应扫描仪的驱动程序，计算机才能驱动扫描仪工作。

（3）放置扫描原件。打开扫描仪的顶盖，将扫描原件朝扫描头放好，合上顶盖压住原稿。注意原稿要放平、放正，否则图像会倾斜甚至模糊。

（4）启动扫描程序。以 BENQ6661 型扫描仪为例，介绍相关操作。启动扫描程序，选择“程序/mirascan”或单击桌面上的快捷图标，运行扫描程序，进入扫描程序的启动界面，如图 6-9 所示，按下黑色框中的按键切换到控制台模式，如图 6-10 所示。

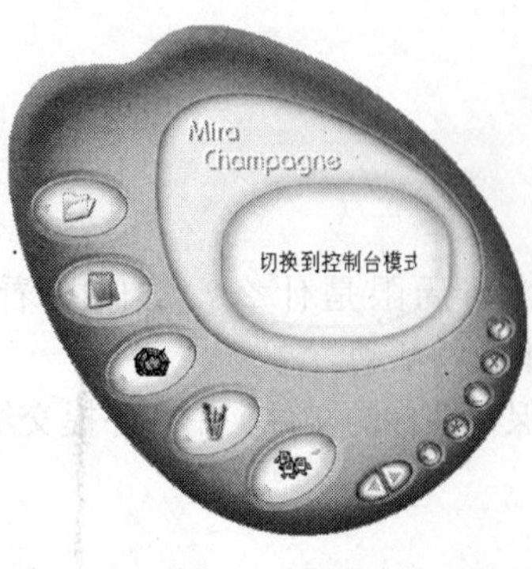

图 6-9　扫描程序的启动界面

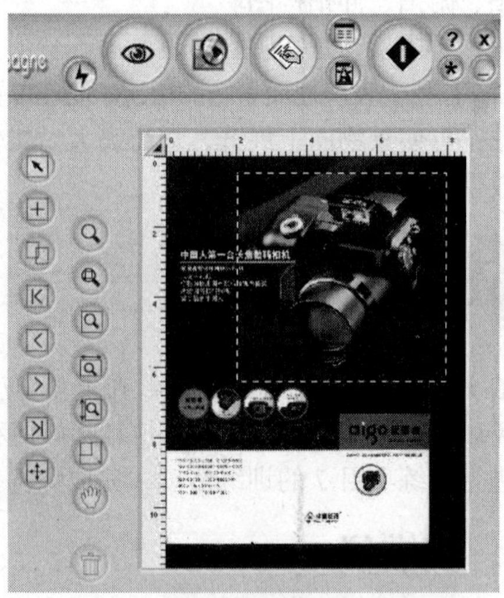
图 6-10　扫描程序的控制台模式

（5）设定扫描参数。单击打开任务设置列表窗口（见图 6-11），进行设定扫描参数设定。

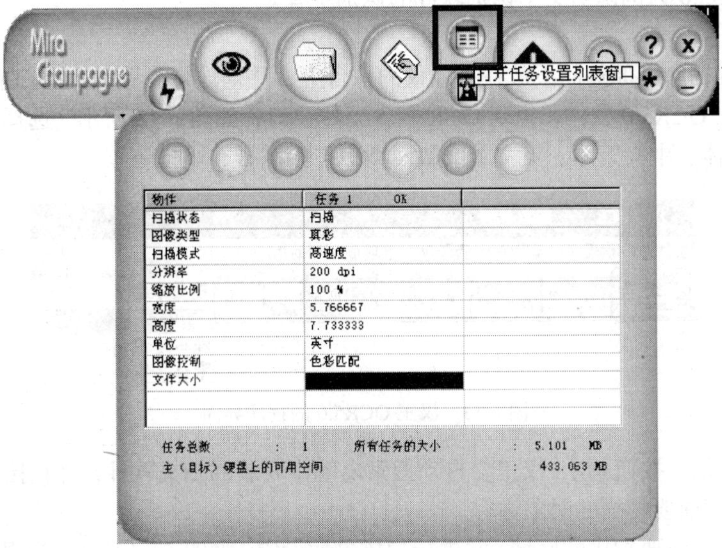

图 6-11　扫描任务设置列表窗口

① 选择图像类型：图像的类型决定扫描仪用何种方式扫描，图像类型常有真彩、灰度、黑白可供选择。

② 选择分辨率：采用不同的扫描分辨率所获得的数字化图像细节部分效果有较大的差别，应根据原件的情况设置合适的分辨率。

设定扫描分辨率时，必须注意以下两点。

- 不要以超过原件本身具有的分辨率扫描，比如通常彩扩照片的分辨率只达到 300ppi 左右，扫描时就不应该用超过 300ppi 的分辨率扫描。
- 用整除分辨率扫描。例如扫描仪的最高光学分辨率为 1200ppi，则可以用 600ppi、300dpi、200dpi、150dpi、75ppi 等分辨率扫描，而不用诸如 350ppi、470ppi、520ppi 等分辨率扫描。

③ 选择缩放比例：缩放比例决定扫描出来的图像与原稿的比例关系。

④ 其他参数的设定：在图像采集过程中，根据原稿的情况设置对比度、亮度、色调、除去网纹、滤镜等参数，使数字化后的画面达到最佳效果。

参数设置完毕，在文件大小中可以看到当前设置生产的文件大小，关闭退出。

（6）预览与扫描。按图 6-12 中的预扫描键对原稿进行扫描，在预扫的画面上选取需要区域，进行正式扫描。

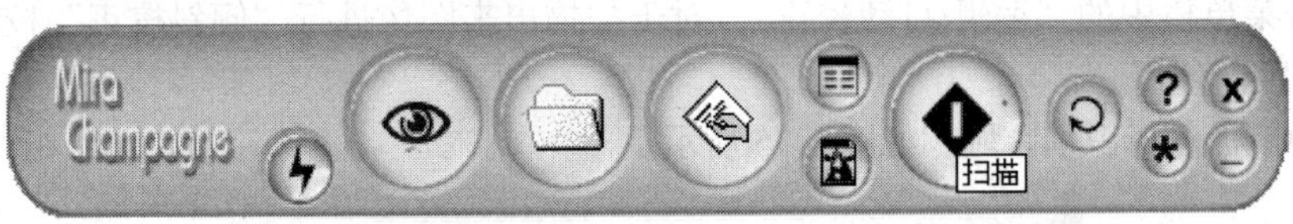

图 6-12　扫描界面的工作按键栏

（7）保存扫描数字信息。将扫描仪处理后的数字信息以某种数据文件格式在自己的磁盘上保存起来。

（8）结束扫描。取出原稿，退出扫描程序，关闭扫描仪电源。

4. 文字识别扫描

以汉王 OCR 5.0 为例说明文字识别软件的识别步骤。

（1）扫描。

① 将要扫描的印刷原稿向下放在扫描仪的平台上，并摆放好位置，盖上扫描仪的上盖。

② 运行汉王 OCR5.0 软件，出现 OCR 软件工作窗口，如图 6-13 所示。选择与扫描原稿对应的文体（中文简体、中文繁体、英文）或版面类型（如横排、竖排等）。

图 6-13　汉王 OCR5.0 的程序界面

③ 单击“扫描”按钮，汉王会自动搜索电脑中安装的扫描软件，并直接运行，同时在预览窗口中会显示当前要扫描的对象内容。

④ 用鼠标选择将要扫描的区域，并进行扫描参数设定，如图 6-14 所示。为提高识别率，OCR 对分辨率有特殊要求，一般分辨率不能低于 300dpi，缩放比例以 100%为宜，参数设置完毕，关闭任务设置列表。

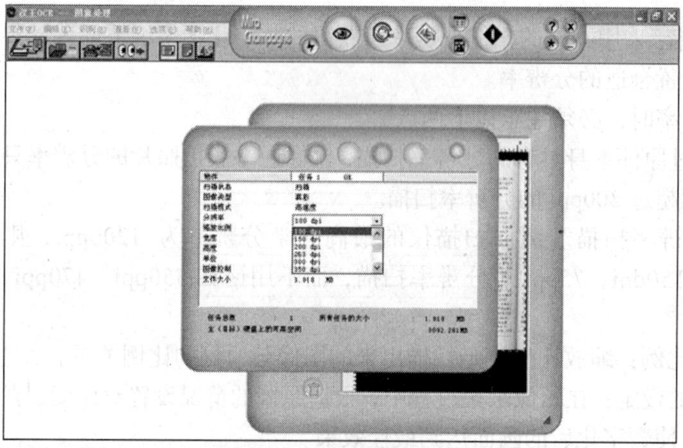

图 6-14　设置扫描参数

⑤ 单击“扫描”按钮，扫描仪会将选中内容扫描下来。

（2）进行文字识别。

① 单击菜单栏中的“编辑/自动校正”，对于扫描出来图像进行“倾斜校正”校正，以利于 OCR 软件的版面分析。

② 拖动鼠标选择识别区域，如图 6-15 所示。

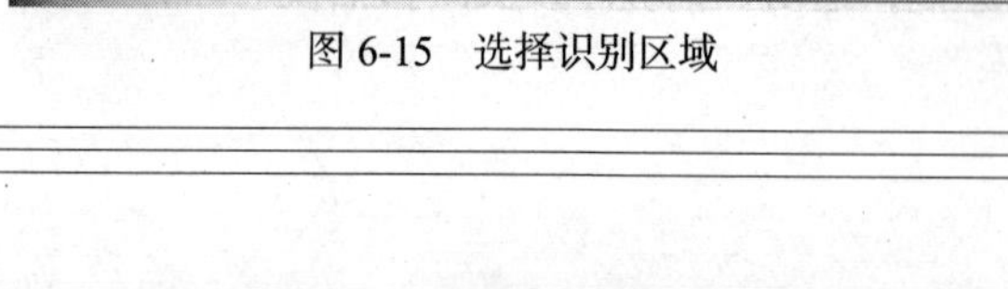

2.3.6　色彩在多媒体课件中的作用

在多媒体课件制作中，色彩是最基本的元素、课件界面的风格需要不同的色彩搭配，即配色方案。配色对界面构图和整体效果起着非常重要的作用。经过精心设计的界面，可以在瞬间给学习者在视觉、心理、情感等方面产生强烈震撼，突出要传播的教学信息。一个界面的配色方案一般包括主色彩、辅助色彩和强调色彩构成，这套配色方案将应用于课件内的各个不同的页面，同时各个页面还根据其自身特点和内容进一步调和，如图 2-13 所示。

图 6-15　选择识别区域

③ 单击工具栏中"开始识别"按钮，对选中的文稿进行识别。

（3）文本编辑修改。

一般来说，由于 OCR 不可能百分之百地正确识别图形的内容，因此，OCR 软件一般都提供文本编辑功能，识别后可参照原图的内容，对文本进行校对、编辑与修改，如图 6-16 所示，出现文字校对窗口，在这里可以对文字进行必要的校对。

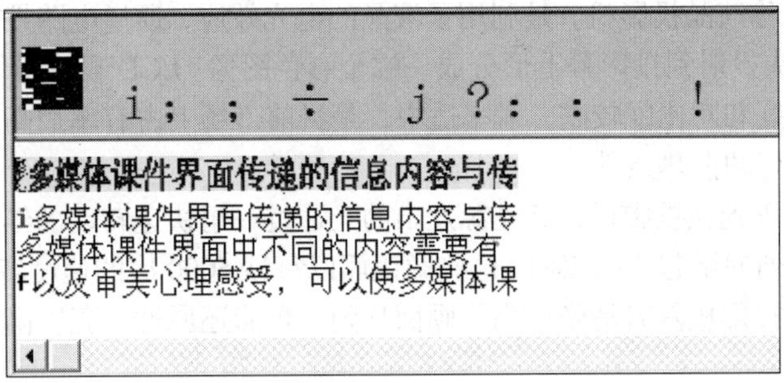

图 6-16　文字校对窗口

（4）保存扫描内容。保存识别内容，单击"文件/另存为"按钮，将文件保存，保存的文件格式可以选择为 TXT。

5. 常见问题

（1）扫描时显示"没有找到扫描仪"：检查是否已连好线。

（2）扫描仪在扫描时出现"硬盘空间不够或内存不足"的提示：设定的扫描分辨率是否太大造成文件数据量过大。

6. 扫描仪的维护

（1）保护扫描头。由于扫描镜头的位置稍有变动就会影响成像的质量，为了避免运输搬动时扫描头移位，扫描仪一般都安装一个锁定装置用于锁定扫描仪的镜头组件，确保其不随意移动。用户第一次使用扫描仪前，一定要先开锁，才能插入电源插头。扫描仪如需长途搬运时，则必须先用该锁定装置把镜头重新锁定。

（2）保持环境清洁。扫描仪工作时，光要经过玻璃板以及若干个反光镜片及镜头后成像，其中任何一部分落上灰尘或其他微小杂质都会改变光线的强弱，从而影响扫描图像的效果。因此，工作环境的清洁是确保扫描质量的重要前提。

实践环节

在这个环节中，进行扫描图像和文字识别实践。结合自己的教学设计内容，扫描相关教材中的插图和对教材中的文字内容进行识别，并将扫描结果保存在自己的文件夹中。

五、多媒体投影机

多媒体投影机是一种放大、投射多媒体数字信号的设备，在学校得到了广泛的应用。

1. 多媒体投影机的类型

（1）按投影方式分：

直投式：将图像直射投影到银幕上。

背投式：将投影机与银幕一体化，图像从银幕后投射出来。

（2）按成像技术分为：

CRT 投影机：也称三枪投影机，其工作原理是由构成图像的三基色（R、G、B）信号控制阴极射线电子束扫描击射在成像面上，使成像面上的荧光粉发光形成图像后，再传输到投影面上。CRT 投影机具有分辨率高、对比度好、色彩饱和度佳、对信号的兼容性强、寿命长等优点。缺点是亮度很低，操作复杂，体积庞大，对安装环境要求较高，并且价格昂贵。

LCD 投影机：也称液晶投影机，是利用了液晶的电光效应，通过电路控制液晶单元的透射率及反射率，由投影镜头投射到投影幕上形分成一幅全彩色图像。LCD 投影机体积较小、重量较轻，制造工艺较简单，亮度和对比度较高，辨率适中，是目前市场上占有率最高、应用最广泛的投影机，其缺点是需要良好的散热条件。

DLP 投影机：数码光显投影机，其光源发出的光通过一组快速转动的红、绿、蓝过滤器投射到一个镶有微镜面阵列的微芯片的表面，这些微镜面以每秒 5000 次的速度转动，它们反射投射的光来产生图像。DLP 投影机具有清晰度高、画面均匀、色彩还原性、亮度高、调整十分方便、体积更小等特点。

2. 多媒体投影机的主要技术指标

（1）分辨率。分辨率由组成投影像素的液晶阵列的象素行液晶单元数与列液晶单元数表示，如 800×600、1024×768、1280×1024 等。确定分辨率指标时，应根据需要选择。

（2）亮度。投影机的亮度有两种表示标准：安萨流明（ANSI lm）和勒克斯（lx）。确定亮度指标时，应根据室内照度和投影画面面积选择。室内照度越高，应采取措施降低室内亮度，投影机的亮度也应选择高一些；投影画面面积越大，投影机的亮度选择越高。

（3）对比度。投影机的对比度是指白色与黑色之间的比率。对比值越大，投影机就越能显示丰富的灰阶细节、色彩张力、影像立体感、文字清晰度等。

（4）接口。不同类型的投影机，其接口的类型和接口数目也不尽相同，常有 VGA、S-VIDEO、VIDEO 等输入输出接口，如图 6-17 所示。

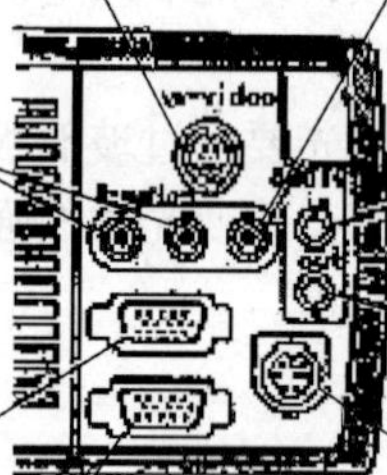

图 6-17　投影机的接口

① 复合视频 Video 接口。所有视频信号中最基本的元素包括 Luminance（亮度），也称作“Y”，Chrominance（色度）也称作“C”，组合成一个信号，就叫做复合视频 Video 接口。

② S 端子接口。也叫“S-VIDEO”或“S 端子”。由于它是将视频信号分离成亮度信号和色度信号，因此消除了亮度和色度信号之间的互相混叠和干扰，使图像清晰度有所提高。

③ 分量输入端子。也叫 Y / Cr / Cb 接口。这种接口是将没有经过调制的亮度信号和色度信号分开传输，可实现亮度恒定传输，图像质量更优。

④ VGA 接口。VGA 接口是大部分数字显示设备的通用接口，在计算机的主机和显示设备之间就是使用此接口。接口协议可以协商并能够自动确定使用最佳显示格式。目前最普通使用的连

接头上面有 15 针孔，分成三排，每排五个。

3. 多媒体投影机的使用

（1）与信号源设备连接

① 与视音频设备连接。投影机通常具有视频（VIDEO IN）、超级视频（S-VIDEO）、色差信号（Y-Pb/Cb-Pr/Cr）或 VGA 等多种图像输入接口，不同的接口最终所显示的图像质量是不同的，而且质量是按以上接口的顺序递增的。与录像机、影碟机、摄像机、视频展示台等音像设备连接时，应尽可能采用最佳匹配的配接，以便最好的显示效果。

② 与计算机连接。将投影机的 VGA 输入接口、音频输入接口（AUDIO IN）与多媒体计算机的 VGA 输出接口、音频输出接口（AUDIO OUT）连接。有些投影机上的 RGB 接口也是用来与计算机连接。

（2）多媒体投影机的安放

投影机可作正投、背投、吊顶等投影方式，正投是投影机在观众的同一侧；背投是投影机与观众分别在屏幕两端（需背投幕）。根据场地需要，选择安放地点和投影方式，如固定使用，可选择吊顶方式；如果有足够的空间，选择背投方式整体效果最好。注意投影机与其他设备之间的信号连线不要过长，以免信号衰减严重，造成投影画面模糊拖尾。

（3）多媒体投影机的调节

① 打开投影机。按下电源开关启动投影机，指示灯闪烁说明仍处于启动状态，当指示灯不再闪烁时，方可进行下一步操作。

② 输入源选择设置。由于投影机具有多个输入接口，可以同时与不同的信号源连接。投影时，需要选择输入源，即确定投影机呈现哪一个接口输入的可视化信号。通常可通过面板或遥控器上的“SOURCE”或“INPUT SELECT”按钮来选择。

③ 调节画面大小。改变放映距离和改变镜头的焦距可以调节投射画面的大小。

④ 聚焦画面。调节聚焦键使投影画面清晰。

⑤ 调节画面和声音效果。使用遥控器调整多媒体投影机的清晰度、亮度、色饱和度、对比度、音量、音质等，使图像与声音达到最佳效果。

⑥ 使用完毕，按下关机按键，此时投影机会先关闭光源，冷却风扇则快速旋转，要等待投影机的冷却风扇停止转动后，才能关闭电源。

4. 多媒体投影机的维护

（1）保持光学部件洁净。投影机光学部件的洁净程度，直接影响到投射画面的亮度和清晰度，使用投影机的场所要尽可能避免尘土飞扬，较长时间不用时要盖上镜头盖，开机前要摘下镜头盖。

（2）确保投影机工作时通风良好。投影机所用灯泡功率很大，且为热辐射光源，工作时放出大量的热，投影机工作时要保持良好通风。一方面要避免投影机工作时通风孔被堵；另一方面要定期清洁空气过滤器。

空气过滤器是保持投影机内部光学部分有良好的工作状态的关键器件，它可有效地防止灰尘进入机内，但它一旦吸附了大量灰尘后，就会使通风效果下降，使投影机的散热效果大受影响，投影机每工作 100 小时左右就必须清洁空气过滤器。

（3）防震荡。投影机工作时灯泡的灯丝处于高温半融化状态，应尽量避免震动或搬动。

（4）规范操作。投影机正常关机后，如需再次启动，最好等投影机冷却 2 ~ 5 分钟后再启动。投影机闲置时，应及时关闭投影光源，以延长灯泡的寿命。

投影机连续工作时间最好不要超过 4 个小时，以免投影机内温度过高损坏光学部件，影响投影机寿命。

项目 3　掌握信息化教学环境

以信息化带动教育的现代化，是 21 世纪教育改革与发展的一项战略任务，也是当前和今后相当长的时期里教育者必须面对的重大课题。信息化教学环境是信息化建设的核心内容，信息化教学环境可以实现教学信息呈现与教学资源共享，有利于学生主动参与和协作讨论，有利于信息反馈和教师调控。随着多媒体技术和网络技术的发展以及校园网络的逐渐普及，学校的信息化教学环境大为改善，为教师运用现代教育理论、教学模式和教学方法提供了良好的支持平台，有利于高素质、创造性人才的培育与成长。这里主要介绍扩音系统、多媒体教学系统、交互式电子白板、多媒体网络教室、微格教学系统、数字校园网等信息化教学系统的基本组成与应用。

一、扩音系统

教学中的扩音系统主要由话筒、扩音机和扬声器等组成，用于校园广播、学术报告和课堂教学的扩音。

1. 传声器

传声器，又称话筒，它是一种将声波转换成电信号的器件。

（1）话筒的种类。

① 按工作原理分。

- 动圈式话筒。动圈式话筒主要由音膜、音圈、永久磁铁和变压器等组成，如图 6-18 所示。

它的工作原理是永久磁铁的中心柱和外围软铁构成磁场，声波作用于音膜时，膜片发生振动，从而带动与之相连的音圈切割磁场中的磁力线。根据电磁感应原理，在音圈两端产生感应电动势，经升压变压器提高输出电压和阻抗变换，从而完成了声电转换。

动圈式话筒价格便宜，坚固耐用，噪音电平低，多用于语言的扩音和录音。

- 电容式话筒。电容式话筒是一种靠电容量变化而起换能作用的传声器。

电容式话筒的核心是由两片相距极近的极板以空气作介质构成的平板电容器，其中一个极板是质轻且富有弹性的膜片，另一个极板是固定的金属板。这个电容器（又称极头）串接到有直流极化电源和负载电阻的电路中，当有声波传到振动膜上时，它便随之振动，改变了它与另一极板之间的距离，从而使电容量发生变化，电路中的电流也相应变化，负载电阻上也就有相应的电压输出，即把声波转换成了电能，如图 6-19 所示。

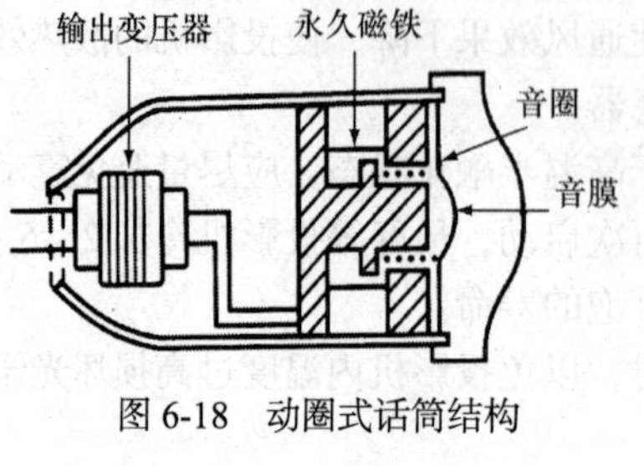

图 6-18　动圈式话筒结构

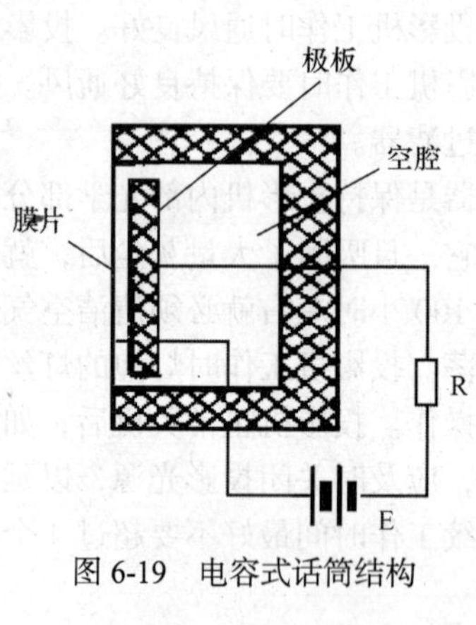

图 6-19　电容式话筒结构

电容式话筒具备灵敏度高、动态范围宽、频率响应宽而平坦、音质好以及瞬态响应优良等优点，适用于高保真扩音和录音。

② 按信号的传送方式分。

• 有线话筒。有线话筒是指转换后的声音电信号通过导线传递给其他音响设备。由于是在导线中传递，因此信号比较稳定，但如果导线过长，信号会随着衰减。

• 无线话筒。无线话筒是指将声音转换成电信号后，由发射电路将电信号调制成高频调频电磁波，再由发射天线发送出去。由于是在空中传递，易受到其他信号干扰，比较不稳定。

无线传声器由传声器和小型调频发射机组成，如图 6-20 所示。

调频发射机发射功率小，接收距离短，通常不超过 500 米，因此讲话人距接收和扩音装置不能太远。

使用无线话筒时，需要配备一台调频接收机接收调频信号。可以用一般带调频（FM）频段的收音机，只要频率匹配就行，也可以用专门配套的接收机。

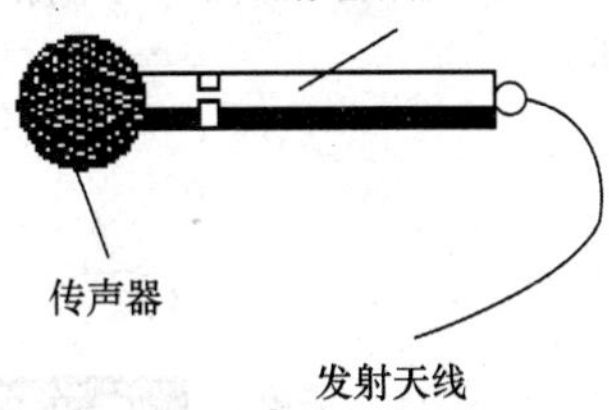

图 6-20　无线传声器

无线话筒不需要电缆，不受话筒线的束缚，大大扩展讲话人的活动范围。优质的无线话筒价格昂贵，而价格低廉的无线话筒音质较差且性能不稳定，信号易受干扰。

（2）话筒的使用。

① 选择话筒的种类。作一般语言扩音时，可选用动圈式传声器；器乐演奏的拾音应优先选择电容式传声器；记录教师在讲台上讲课，或讲话人经常走动时，可采用无线话筒。

② 话筒的指向性。话筒的拾音具有方向性，常见有无指向性（圆形）、单指向性（心形和超心形）、双指向性（8 字形）等几种，如图 6-21 所示。无指向性传声器用在不特意拾取某种特定方向声音的场合，双指向性传声器适宜在只需要拾取前后方向的声音时使用，单指向性传声器适宜在噪声环境中有选择地拾取某一特定方向的声音时使用。

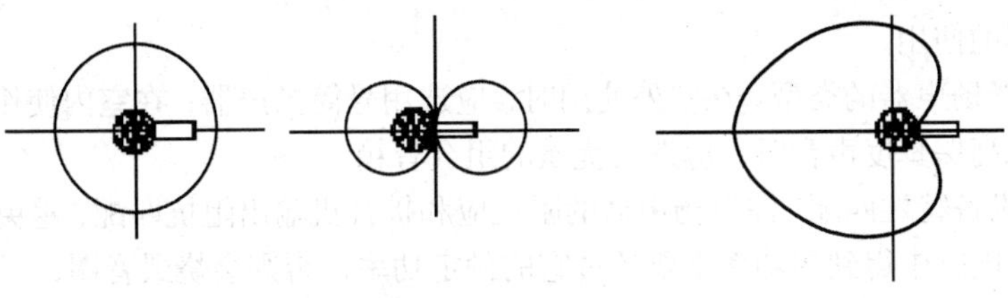

图 6-21　话筒的指向性

③ 话筒的连接线。有线话筒连接线要用金属屏蔽线以防干扰；话筒线不要留得过长也不要绷得太紧，布线时放在不被踩踏的地方；不要和电源线、扩音机输出线靠近或平行，以防啸叫和交流声。

④ 使用话筒时不要用敲击和吹气的方法试音，可以套上话筒罩防尘和防止说话时的气流声。

⑤ 注意防潮。话筒受潮后，音圈与膜片容易脱落和发霉，为防止潮气侵入，话筒使用后，应存放在通风干燥的地方。

2. 扬声器

扬声器是将电信号转换成声波的器件，俗称喇叭。

（1）扬声器的类型。

① 纸盆扬声器。纸盆扬声器又称低音喇叭，是由环形磁铁、芯柱软铁、音圈、纸盆架等部件

组成，如图 6-22 所示。

环形磁铁及芯柱软铁形成一环形缝隙，构成一个均匀的强磁场，音圈被置于环形缝隙中。当音频电流通过扬声器音圈时，会产生随音频电流变化的磁场，与音圈周围均匀的强磁场之间发生相斥或相吸的作用，音圈就会上下振动，从而带动与之相连的纸盆振动发出声音。

纸盆扬声器结构简单，低音丰富、音质柔和，频带宽，但效率较低。

纸盆扬声器的口径，是影响扬声器发声的频率范围以及所能承受之最大功率的主要因素，一般来说，扬声器纸盆口径越大，低音就越丰富，发声最大功率也越大。

② 号筒扬声器。号筒扬声器由振动系统（高音头）和发射筒两部分构成，其结构如图 6-23 所示。

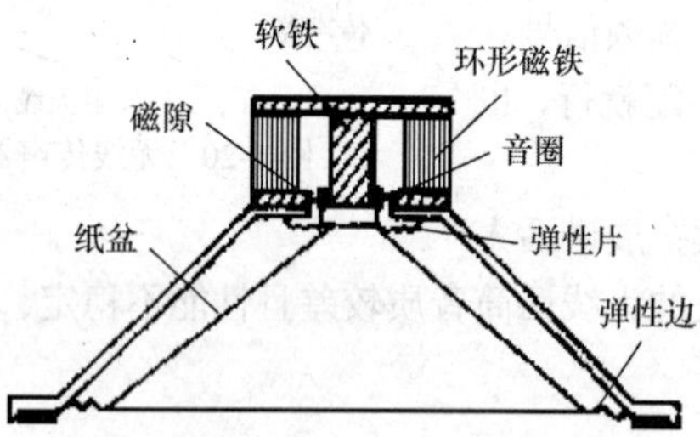

图 6-22　电动式纸盆

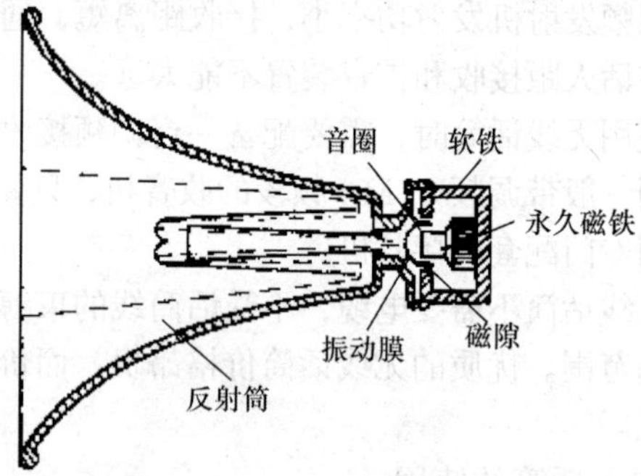

图 6-23　号筒式扬声器

其发声原理与纸盆扬声器基本相同。发射筒有两个作用：一是使声波在号筒内来回反射，使原声和回声相迭加而增强原来的声音，二是是使声音集中地向前传播，以增强声音的方向性。

号筒式扬声器方向性强，高频性能好，发音效率高，常用于室外及大场合扩音。

③ 音箱。音箱是以改善音质为目的的扬声器系统。音箱的工作原理是将整体输入的音频电信号划分为低、中、高频段，分别由低、中、高音扬声器播放，在声场中再自然合并为整体声音信号。

（2）扬声器的使用。

① 正确选择扬声器的类型。在室外使用时，应选用号筒扬声器；在室内使用，应选用纸盆扬声器；要求还原高保真度声音时，应选用优质的组合音箱。

② 与音响设备特性匹配。注意扬声器的阻抗应和扩音机输出阻抗匹配，避免损坏扬声器或扩音机。扬声器在电路中得到的功率不要超过它的额定功率，否则会烧毁音圈，或将音圈振散。

③ 音箱的布置应注意以下几个方面：

- 音箱的任何一侧都不要紧靠墙面；
- 左右两音箱距两边墙面的间距应相等；
- 左右两音箱应在同一水平面上；
- 音箱前面应该比较开阔，不能有障碍物。

3. 扩音机

扩音机是把微弱的电信号放大成具有一定电功率的音响设备。

（1）扩音机的种类。

按输出方式分类：定阻式扩音机、定压式扩音机。

按声道分类：单声道扩音机、立体声扩音机。

（2）扩音机的结构原理。扩音机由前置放大、混合放大、推动放大和功率放大等几个放大电路组成，如图 6-24 所示。

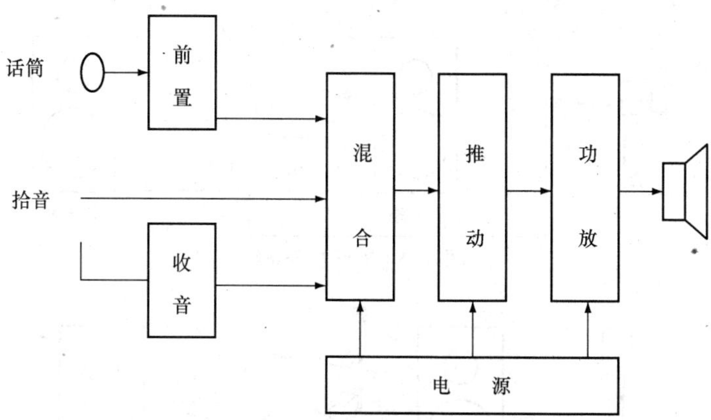

图 6-24　扩音机的构成

扩音机可以分别或同时与传声器、收音机、CD 唱机、录音机等各种声源设备配接使用。其中由于传声器输出的音频电信号最弱，要进行前置放大，然后才与其他线路输入的各路音频信号混合放大，在混合前每路信号都有独立的音量控制电路，混合后的信号经推动放大，最后功率放大输出足够功率的电信号，推动扬声器发出声音。

（3）扩音机的使用。

① 扩音机功率的选择。在学生人数较多的教室、大会堂，特别是在大教室安装扩音系统是非常必要的。配置扩音机的输出功率大小要合适，一般情况下可参考下列公式：

P=10+0.02N（P 为输出功率，单位为瓦；N 为室内容纳的学生人数）

② 扩音机与扬声器的配接。扩音机与扬声器配接时主要考虑阻抗匹配和功率匹配，配接要注意以下几个问题。

- 扬声器总阻抗等于或稍大于扩音机的输出阻抗，但不得超过 10%。
- 扬声器总功率等于或稍大于扩音机的输出功率。
- 每个扬声器的额定功率等于或稍大于实得功率。
- 扬声器的连接应尽量避免串联方式而多采用并联方式。

（4）扩音机的维护。

① 防止扩音机空载工作。

② 扩音机使用时最适合的音量位置为最大音量的 2/3。

③ 关闭扩音机的电源时应将扩音机的音量调到最小位置，使用时再根据需要慢慢开到适合位置。

④ 扩音机工作时间最好不要超过四小时，工作时要保证通风散热。

⑤ 长期不用的扩音机应定期通电防潮。

4．教学中的扩音系统

（1）有线扩音系统。有线扩音系统由话筒、扩音机和扬声器等组成，如图 6-25 所示。

（2）无线扩音系统。无线扩音系统由无线话筒、接收机和扬声器组成，如图 6-26 所示，如果接收机带有喇叭则无需再接扬声器。

使用无线扩音系统要注意以下问题。

① 由于无线话筒常为电容式话筒，因此要正确安装电池。

② 要调整好接收频率，以得到满意效果。

③ 相邻课室避免使用频率接近的话筒。

④ 使用过程中无线话筒的天线避免与金属物体接触。

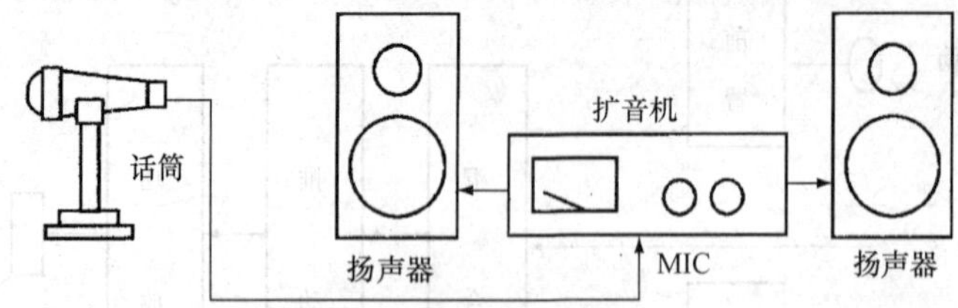

图 6-25　有线扩音系统

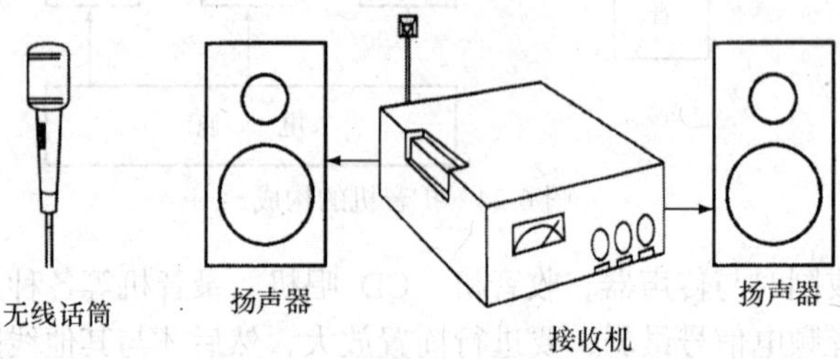

图 6-26　无线扩音系统

（3）其他扩音方法。

① 利用无线话筒与收音机进行扩音。

在课堂教学中，可以用调频收音机作为接收机，只要无线话筒的发射频率落在收音机的调频波段（FM）接收范围内，就能组成一个简单的扩音系统，使用非常方便。

- 选择收音机波段。拉起收音机的拉杆天线，波段选择开关“BAND”至 调频“FM”位置。
- 调节无线话筒。为无线话筒装上配套的电源，并将电源开关置于“ON”位置。
- 调整收音机频率。对收音机进行频率调谐，将接收频率调至无线话筒的发射频率，直到从收音机的喇叭中听到来自无线话筒扩大的声音。
- 调整收音机音量。调节收音机的音量旋钮，选择最佳的音量效果。

② 利用有线话筒与录音机进行扩音。

- 选择录音机功能开关。将录音机的功能开关“FUNCTION”置于磁带“TAPE”位置。
- 连接有线话筒和录音机。将有线话筒的有线插头插进录音机的外接话筒的插孔里（这时机内话筒自动断开），把话筒的开关置于“ON”的位置。
- 设置录音机状态。接通录音机的电源，按下放音键“PLAY”，此时对准话筒讲话，就能从录音机的喇叭中听到扩大的声音。
- 调整录音机音量。调节录音机的音量旋钮，选择最佳的音量效果。

③ 利用有线话筒与计算机进行扩音。

- 配置计算机。利用有线话筒与计算机进行扩音，计算机必须安装声卡，并备有音箱。
- 连接有线话筒和计算机。将有线话筒的插头插进计算机声卡的话筒接口上，把话筒的开关置于“ON”的位置。
- 设置计算机的扩音状态。双击打开计算机任务栏的“音量控制”对话框，在其“选项”菜单中选中“属性”调出“麦克风”；确保“麦克风”选框中的“静音”未被选中。
- 调整计算机的音量。调节计算机任务栏的“音量”，选择最佳的音量效果。

二、多媒体教学系统

多媒体教学系统是现代教育教学中较为常见的一种教学环境，它将各种常用的现代教学媒体如投影机、录像机、视频展示台、计算机等集成一体，构成多功能综合性的教学教室。利用多媒体教学系统可以实施多媒体组合教学，可使教学过程更加符合学生的认知、理解和记忆规律，从而提高教学效率。

1. 多媒体教学系统的构成

多媒体教学系统一般由中央控制系统集中控制计算机、多媒体投影机、视频展示台、影碟机、录像机、扩音系统、投影银幕等设备。其系统构成如图 6-27 所示。

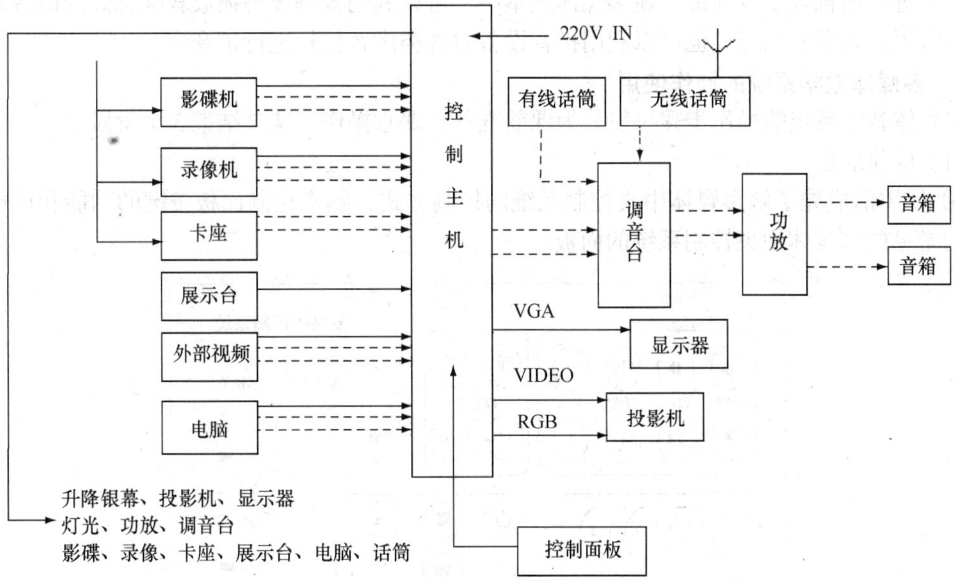

图 6-27　多媒体教学系统设备结构示意图

中央控制系统是整个多媒体教学系统的核心部分，相当于“神经中枢”，掌管着其他各个多媒体设备的启动、工作及停止。各类媒体设备通过信号线与中央控制器的相应接口连接，教师通过控制面板或计算机软件界面的操作向中央控制器发出控制指令，由中央控制器再发出相应的控制信号控制各媒体设备的运行、各种信号的切换等，最后达到对各类媒体的全面控制。

2. 多媒体教学系统的教学功能

多媒体教学系统配有各种现代化教学媒体，这些教学媒体有机地组成一个多媒体课堂教学展示系统。教师可以根据教学需要灵活地对系统中的教学资源进行优化使用。多媒体教学系统具有如下教学功能。

（1）利用多媒体教学课件开展计算机辅助教学。多媒体课件是将文本、图形、图像、动画、声音和视频等多种媒体组合起来呈现教学内容的软件。通过大屏幕把课件画面放映出去，可以从视听觉刺激学生感官，吸引学生的注意；还可以帮助学生理解一些抽象的原理和概念，增强学生观察问题和分析问题的能力，从而提高教学质量和教学效率。

（2）有利于计算机各种程序软件的讲解。许多计算机软件用传统黑板加粉笔的方式很难进行讲解。有了多媒体教室，教师可以把每一步操作和结果，通过投影机在大屏幕上直观形象地展示出来，这是传统的板书口述的教学方式无论如何也无法实现的。

（3）利用视频展示台进行实物展示教学。利用视频展示台，可以将各类教学文件、图片、投影片、电子元件以及生物标本、模型、机器零件等通过大屏幕展示在学生的面前，进行实物投影教学。

（4）播放录像、VCD、DVD 等视频节目进行视听教学。录像、VCD、DVD 等视频节目图文并茂，视听兼备，能够产生良好的教学效果。在多媒体教室中，可以利用录像机、影碟机或计算机光驱把教师选好的录像带、VCD/DVD 碟片的教学内容，通过投影机投在大屏幕上，利用扩音系统把声音清晰宏亮地播放出来。教师还可以通过录像机、影碟机的播放键、快速搜索键、暂停键等对录像带、影碟片的节目进行控放，实现边播放边讲解的效果。

（5）能利用网络资源进行教学。一般的多媒体教室都能与校园网或 Internet 网络进行连接，教师在上课过程中可以方便地调用丰富的网络信息资源，实现网络联机教学。

（6）进行语言教学或训练。在多媒体教室中，可以利用音响设备播放教师选好的语音教学内容，进行语言教学或训练，也可以利用扩音设备对各类声音信号进行扩音。

3. 多媒体教学系统的操作使用

多媒体教学系统的操作步骤一般分为课前准备、课堂操作、课堂结束 3 个阶段。

（1）课前准备。

① 使用前应先了解多媒体中央控制系统的控制方式，熟悉控制面板按键的功能和操作。图 6-28 为常见的多媒体中央控制系统的面板。

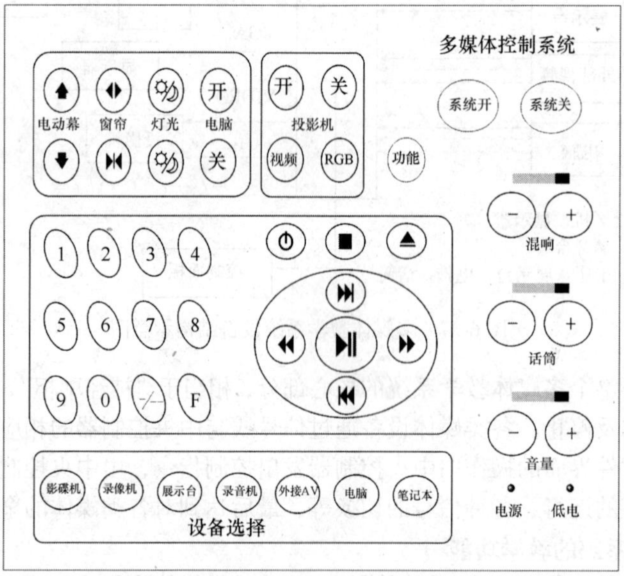

图 6-28　多媒体教学系统的控制面板

② 打开电源总闸。

③ 打开系统电源。

④ 降下银幕。

⑤ 开启投影机，需要注意的是投影机从启动电源开关到投射出影像约需 1 分钟时间。

⑥ 启动电脑，将各种教学软件装入各自设备中。

（2）课堂操作。根据课堂教学的需要，利用控制面板在各种媒体设备之间进行切换操作，如对计算机、笔记本电脑、展示台、影碟机、录像机等进行切换。切换时，只需按下控制面板上相应的按键即可。

① 图像信号的选择。

按“电脑”或“计算机”键，系统可切换到计算机状态。

按“笔记本”键，系统可切换到笔记本状态。

按“展示台”键，系统可切换到视频展示台状态。

按“DVD”键，系统可切换到影碟机状态。

按“录像机”键，系统可切换到录像机状态。

以上操作中，各设备之间的切换间隔时间为 2 ~ 5 秒。若银幕上未能显示相应的内容时，则需再按“视频”或“RGB”键，选择匹配的接口类型。

② 声音信号的调整

按“话筒”的“+”或“-”按键调整话筒音量。

按“音量”的“+”或“-”按键调整系统的总音量。

（3）课后结束。

① 取出各种教学软件。

② 正常关闭计算机、展示台等外接设备。

③ 关闭投影机，等待其散热冷却（投影机的指示灯不闪烁，表示散热完成）。

④ 收起银幕。

⑤ 关闭系统电源。

⑥ 关闭电源总闸。

4. 多媒体教室的常见问题及排除方法

在教学过程中可能由于某种原因，出现各种异常现象，这时应该保持冷静，分析原因所在，及时排除故障，使教学能正常进行。

（1）话筒没有声音。在确保话筒开关和功放电源已打开的情况下，请连续按控制面板上“音量”控制键中的“加大音量”按钮；检查功放上的话筒（MIC）音量按钮，把音量旋钮旋转到适当位置；检查话筒电池是否正常。如果还不行，请找管理员更换话筒试试。

（2）计算机没有声音。在确保功放电源已打开的情况下，连续按控制面板上“音量”控制键中的“加大音量”按钮；检查计算机操作系统的声音设置是否“静音”或者“音量”调得太小了；查看系统控制面板上“计算机”的声音通道是否选中。如果还没有声音，请与管理员联系。

（3）视频展示台没有信号。在确保展示台电源和镜头盖都已打开的情况下，确保“展示台”信号通道被选中；检查展示台面板上“输入信号”的选择是否选择了“摄像”按键；检查镜头是否对准拍摄物体；点按展示台面板上“增加亮度”按钮。如果还没有信号，请与管理员联系。

（4）投影机没有信号。在确保投影机电源打开的情况下，在控制面板的信号选择功能区选择相应的设备。如果选择计算机、展示台等媒体，要选择“电脑（VGA 或 RGB）”接口类型按钮；如果选择录像机、影碟机等设备时，要选择“视频（Video）”接口类型按钮。如果还没有信号，请重新启动多媒体中央控制系统或与管理员联系。

实践环节

① 在这个环节中，思考在多媒体教学系统中，将视频展示台作为多媒体教室的“中央控制器”是否合理，请说明理由。

② 进行训练项目 8 的训练活动，完成训练报告，将其保存在你的文件夹中，并提交给教师。

三、交互式电子白板

交互式电子白板，又称交互白板、互动式电子白板、互动白板或电子白板，是一个具有正常黑板尺寸的，在计算机软硬件支持下工作的电子感应屏板。

交互式电子白板是针对教学和演示应用的一套专业多媒体互动教学和演示工具，它同时也是一套功能强大的多媒体课件及教案制作工具。使用者可以通过电子白板软件实现书写、擦除、标注、绘画、编辑对象、屏幕录像和回放、使用视频会议功能等强大的互动教学和演示功能，还可以进行课件制作以便到课堂和会议上使用。

1. 交互式电子白板的构成

交互式电子白板的核心组件由白板、感应笔、投影机和计算机组成，如图 6-29 所示。

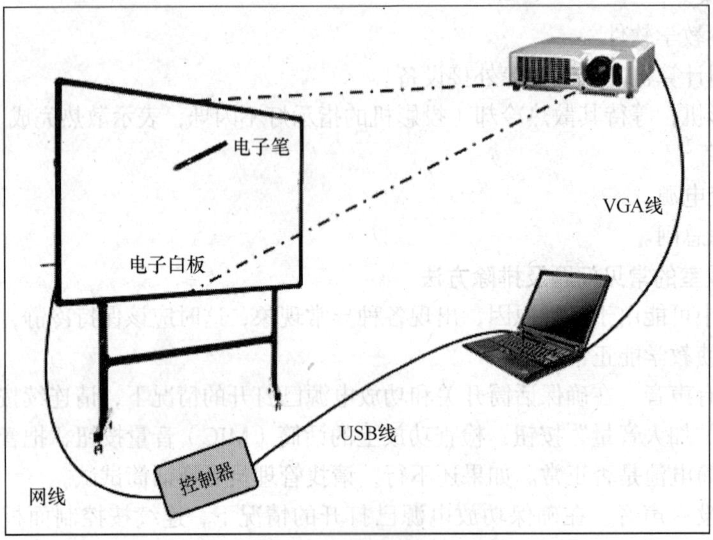

图 6-29 交互式电子白板的构成

交互式电子白板可以与计算机进行信息通信，将电子白板连接到计算机，并利用投影机将计算机的内容投影到电子白板屏幕上，在专门的应用程序的支持下，可以构造一个大屏幕、交互式的教学环境。利用特定的定位笔代替鼠标在白板上进行操作，可以运行任何应用程序，可以对文件进行编辑、注释、保存等，也可以在计算机上利用键盘及鼠标实现任何操作。

在这里，白板同时是计算机的显示器。感应笔具有书写笔和计算机鼠标的双重功能。感应笔的笔尖可以在电子白板上书写，同时笔尖相当于鼠标左键，可以单击和双击。感应笔笔杆上的按钮相当于鼠标右键，如图 6-30 所示。计算机的显示内容通过投影机投射到白板上。当感应笔在白板上书写或操作时，通过电磁感应或红外感应等方式以及白板与计算机之间的馈线将数字信息输送到计算机中，并迅速通过投影机投射到白板上呈现。

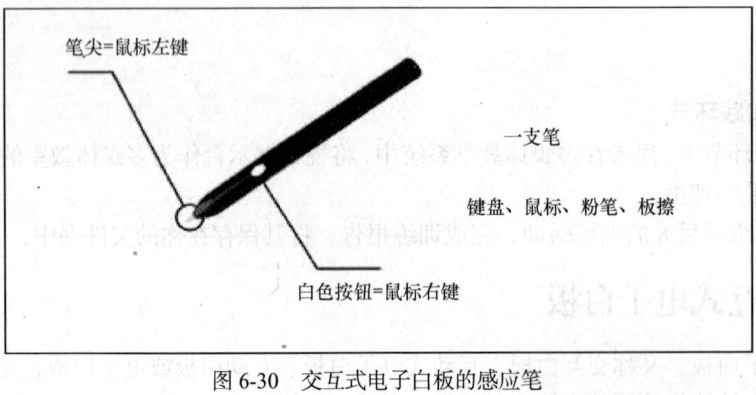

图 6-30 交互式电子白板的感应笔

2. 交互式电子白板的功能

（1）交互功能。投影机将计算机的桌面投映到白板上，启动该系统的交互白板控制软件后，可以利用感应笔在白板的桌面画面上进行单击、双击、右击、拖放等控制操作。教师在教学中可以在白板上随时操作计算机。当需要在白板上边书写边讲解时，无需操作计算机键盘。

（2）实时记录功能。可实时记录白板上的移动轨迹以及白板上的所有内容。录制成的电子文档可以随时回放，这可使学习者省去记笔记的时间，使学习者不会因为集中精力记笔记而忽略了听取重要的讲解。

（3）标注功能。可用感应笔在白板上对课件内容进行注释，并且可以自由更换笔的颜色以及任意擦写。

（4）远程会议功能。结合视频会议软件可以进行远程教学，使多点能共享一个教学画面。远端的教室不仅可以与主教室的课程进度同步，还可以看到教师在主教室中绘声绘色的讲授。在该系统中所有的操作都能以电子文档的形式进行保存，可进行最大限度的信息共享。

（5）管理功能。交互式电子白板一次可存储几百页的板书内容，可以随时调出记录的任何一页进行重复讲解、补充修改和重点强调。当教师写满白板又不需要保存时，只要轻轻一敲，满版文字、图形即刻被“擦掉”，省时省力，又无任何消耗和污染。

交互式电子白板系统的最大特点是与传统的教学方式结合紧密。在整个教学过程中，教师可以自由走动，所有的板书都以电子文档的形式存在，对于计算机的控制都可以在白板上完成，教师不必局限在多媒体控制台前讲授。

3. 交互式电子白板的应用

下面以“鸿合”牌为例，介绍交互式电子白板的应用。

（1）启动白板。白板软件的启动方式有以下 3 种：在系统中，选择“开始”菜单，在“程序”菜单项中选择交互式电子白板软件；在桌面上双击交互式电子白板软件快捷方式图标；单击白板上的双侧快捷键中的任意一个，即可启动软件。

（2）交互式电子白板的定位。第一次使用或上次使用设备后，如果投影机或交互式电子白板发生位移，那么需要对电子白板进行重新定位。

用鼠标左键双击任务栏托盘右下角中白板连接图标，在出现的菜单中选择“定位”选项，按照画面中的提示依次在白板上进行单击各点即可。

（3）电子白板应用的 4 种模式。常用的白板软件一般至少提供 4 种应用模式，教师可以根据需要在教学中选择不同的模式进行备课或授课。

① 窗口模式。窗口模式类似于 Windows 操作模式，软件主界面分为菜单栏、工具栏、索引栏、属性浏览器、动作面板和书写区域六大部分，其主界面如图 6-31 所示。教师若需从窗口模式切换到其他模式，可在菜单栏中选择“视图”，在下拉菜单中选择所需的模式选项即可。

② 边框模式。边框模式在软件主界面的四周边框都放置了相应的常用教学工具，方便教师在备课以及授课时使用。边框模式软件主界面分为浮动主工具栏、页面工具栏、笔工具栏、菜单工具栏、默认工具栏、索引栏、属性浏览器、动作面板和书写区域九个部分，其主界面如图 6-32 所示。

③ 全屏模式。全屏模式将书写区域最大化，在课堂即时授课中方便教师整屏显示教学内容。全屏模式软件主界面分为索引栏、属性浏览器、动作面板和书写区域并提供一个浮动的主工具栏，其主界面如图 6-33 所示。

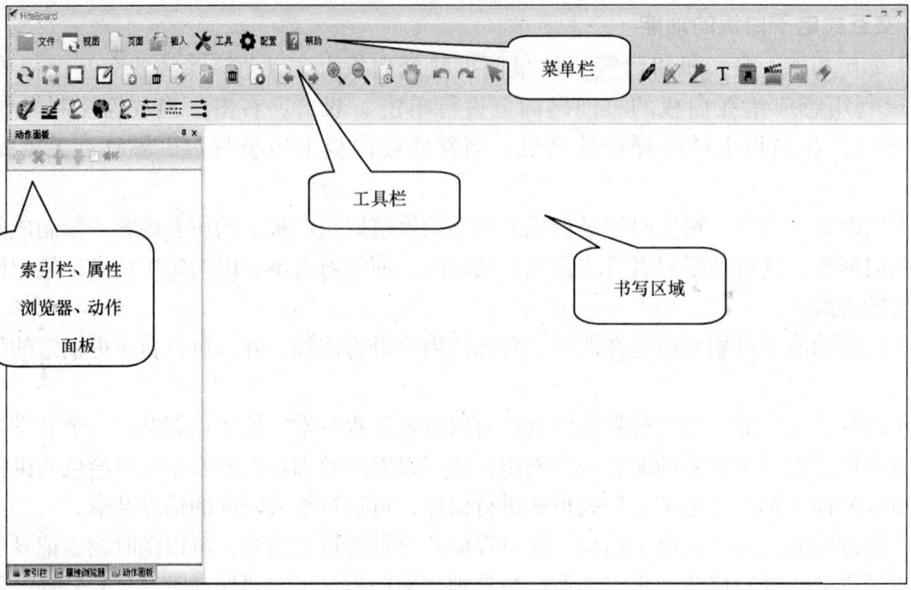

图 6-31　窗口模式

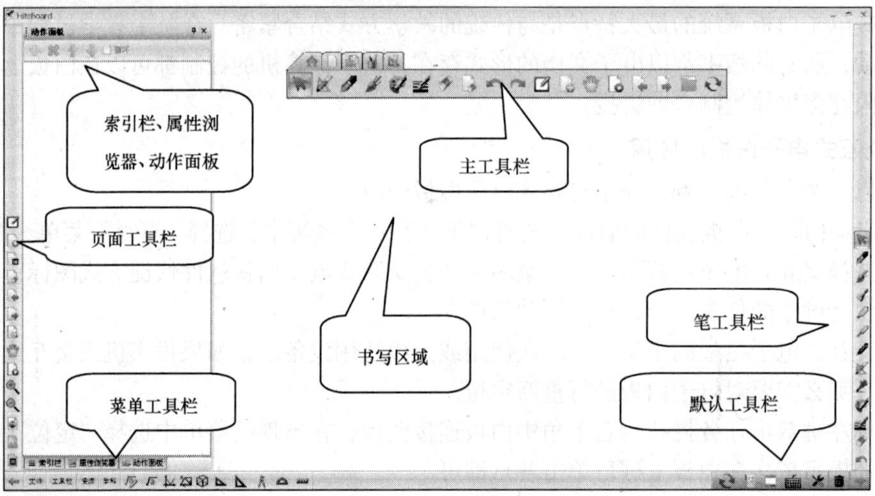

图 6-32　边框模式

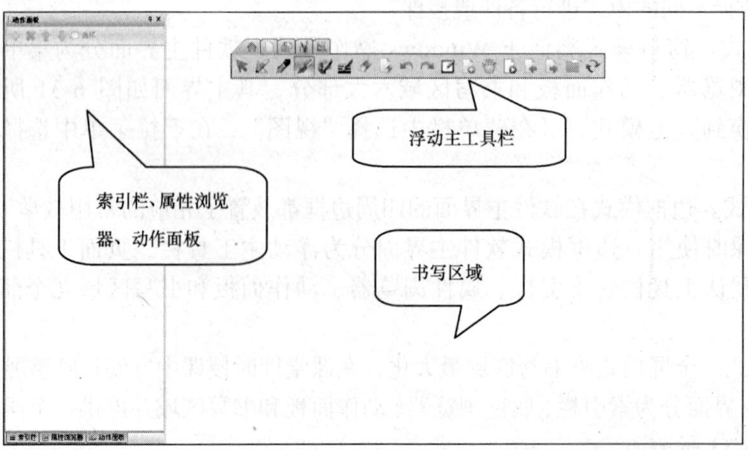

图 6-33　全屏模式

教你一招

教师若需从边框模式切换到其他模式，可在边框模式底部的菜单栏中选择“文件”菜单，在下拉菜单中选择所需的模式选项即可。教师若需从全屏模式切换到其他模式，可在浮动工具栏中选择“文件”菜单，在下拉菜单中选择所需的模式选项即可。

④ 桌面模式。窗口模式、边框模式以及全屏模式是白板软件的 3 种不同操作模式，教师在教学时均可将 3 种模式切换到桌面模式。在桌面模式下，教师实际上已经从白板软件中切出，此时教师可以进行 Windows 系统下任何应用程序的鼠标操作，也可以实现对 Windows 系统中的应用程序（如 Office 等）进行批注等操作。

用户可单击切换功能按钮切换到桌面模式，此时会在操作系统当前界面下出现如图 6-34 所示的桌面模式工具栏。

图 6-34　桌面模式工具栏

桌面模式工具栏中包含了 15 个功能按钮，具体功能如表 6-7 所示。

表 6-7　桌面模式功能按钮表

按钮名称	功　　能
选择	单击按钮可切换到选择状态，并且启动透明页功能、实现对页面中对象的选择
鼠标模式	将书写模式切换至鼠标模式，若在页面上进行批注后，单击此按钮，则会弹出询问对话框，询问是否保存当前批注内容
硬笔	模仿钢笔、圆珠笔、粉笔等硬笔的书写笔迹，单击即可在当前桌面上进行书写、批注
软笔	模仿毛笔的书写笔迹，可以描绘出笔锋以及笔迹的轻重缓急，单击即可在当前桌面上进行书写、批注
笔色	单击该按钮弹出笔色调整对话框，在该对话框中可调整笔画的颜色、透明度等属性
宽度	单击该按钮弹出笔迹宽度对话框，在该对话框中可调整笔迹的宽度
清页	单击此按钮用户可实现清页功能
删除	单击此按钮可以删除当前页面内容，用户可以根据需要选择删除方式；单击该按钮后，弹出“删除方式菜单”，可选择“区域删除”或“点删除”
撤销	单击此按钮可以撤销上一步操作
屏幕键盘	单击此按钮，弹出屏幕键盘工具
工具	单击此按钮，弹出工具菜单，用户可以在其中选择常用工具
学科	单击此按钮，弹出学科工具菜单，用户可以根据授课需要可选择不同学科工具栏
新建	单击此按钮，弹出新建页面对话框，用户可以新建屏幕页、白板页、蓝板页、黑板页
文件	单击此按钮，弹出文件菜单，用户可以根据需要选择相应的文件编辑选项
切换	单击此按钮，可进行桌面模式和书写模式的切换，如果当前页面上有批注内容，单击此按钮，弹出询问对话框，询问是否保存当前屏幕页

（4）交互式电子白板的常用工具栏。交互式电子白板软件在不同的模式中均配备了常用工具栏。

① 主工具栏。其中主工具栏提供了软件的常用功能按钮，包括开始、页面、插入、笔盒、学科工具 5 个功能选项卡。

• “开始”选项卡。开始选项卡中提供了软件中的常用功能按钮，如图 6-35 所示。该选项卡提供文件的新建、保存、关闭、删除，软件模式的切换，常用书写工具的编辑等常用功能。

图 6-35　开始选项卡

开始选项卡中各个按键的功能如表 6-8 所示。

表 6-8　开始选项卡功能

按钮名称	功　能
选择	单击此按钮可以切换到选择状态，从而实现对页面中对象的选择
智能笔	智能笔够对用户手绘的图形进行智能识别，如线段、角、三角形等，并针对不同的图形提供了不同的控制点，可以对图形形状进行调整
硬笔	模仿钢笔、圆珠笔、粉笔等硬笔的书写笔迹
软笔	模仿毛笔的书写笔迹，可以描绘出笔锋以及笔迹的轻重缓急
笔色	单击该按钮弹出笔色调整对话框，在该对话框中可调整笔画对象的颜色透明度等属性
宽度	单击该按钮弹出笔迹宽度对话框，在该对话框中可调整笔迹的宽度
删除	对当前笔迹或者对象进行删除，提供点删除／区域删除
清页	为用户提供整页的书写内容的清除
撤销	撤销上一次的操作
重做	单击该按钮可恢复“撤销”按钮取消的操作
屏幕批注	为用户提供透明页功能，可在第三方等范围可扩大软件下（如 Office 办公软件）进行书写和批注
新建页面	为用户提供新建屏幕页、白板页、蓝板页、黑板页
漫游	为用户提供无限漫游，实现大屏幕页书写功能
页面回放	单击此按钮可以实现对页面中操作过程的回放
前一页	为用户提供页面的向前翻页功能
后一页	为用户提供页面的向后翻页功能
文件	为用户提供当前文件的各种编辑选项
切换	可切换到白板软件桌面模式

• “页面”选项卡。页面选项卡中提供了软件中对页面操作的常用功能，如图 6-36 所示。其功能说明见表 6-9。

图 6-36 页面选项卡

表 6-9 页面选项卡功能

按钮名称	功 能
新建页面	为用户提供新建屏幕页、白板页、蓝板页、黑板页
删除页面	为用户提供当前页面的删除功能
清页	为用户提供整页的书写的内容的清除
前一页	为用户提供页面的向前翻页功能
后一页	为用户提供页面的向后翻页功能
鸟瞰页	为用户提供鸟瞰的功能，当前页面的内容超出页面显示的范围时，可单击“鸟瞰页”按钮，这时会把当前页面所有的内容都显示出来
漫游	为用户提供无限漫游，实现大屏幕页书写功能
页面回放	单击此按钮可以实现对页面中操作过程的回放
放大	为用户提供页面放大功能
缩小	为用户提供页面缩小功能
背景色	单击此按钮可以打开颜色对话框，设置当前页面的背景色
背景图	单击此按钮可以打开背景图片对话框，方便用户选择页面背景图
删除背景图	单击此按钮可以删除背景图片

- “插入”选项卡。插入选项卡提供软件中插入对象的常用功能，如图 6-37 所示。其功能说明见表 6-10。

图 6-37 插入选项卡

表 6-10 插入选项卡功能

按钮名称	功 能
资源	单击此按钮弹出资源对话框，用户可直接拖动资源进行使用。资源素材包括 Annotation、乐器、交通、人体部位、人物、体育运动、军事、办公用品、动物、地图、天气气候、宇宙科技、实验用品、建筑、日常用品、服饰、标志符号、植物、节日、装饰边框、音效、实物
媒体	单击该按钮弹出“打开”对话框，用户可以在对话框中选择系统中任意的多媒体文件插入到页面中，支持的多媒体文件有：Media、Audio、Image 及 Flash
文本框	用户可以通过文本框功能在页面上插入文字，并对文字进行修饰

续表

按钮名称	功　能
矢量图形	单击此按钮会弹出矢量图形子工具栏，单击需要的矢量图形，在页面中合适的位置拖曳出适合大小的矢量图形即可
自选图形	单击此按钮会弹出自选图形工具栏，单击需要的自选图形，在页面中合适的位置拖曳出适合大小的自选图形即可

• “笔盒”选项卡。笔盒选项卡中提供了多种书写工具，如图 6-38 所示。其功能说明见表 6-11。

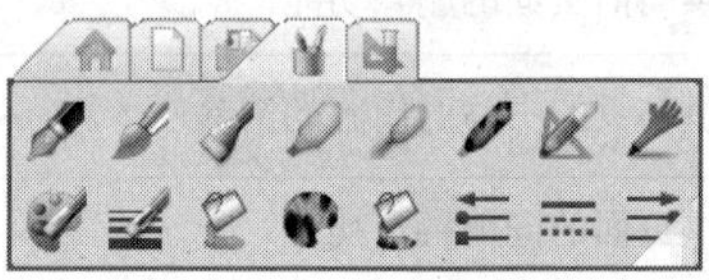

图 6-38　笔盒选项卡

表 6-11　笔盒选项卡

按钮名称	功　能
硬笔	模仿钢笔、圆珠笔、粉笔等硬笔的书写笔迹
软笔	模仿毛笔的书写笔迹，可以描绘出笔锋以及笔迹的轻重缓急
竹笔	模仿藏文、阿拉伯文字的书写效果
荧光笔	模仿荧光笔效果，可选择不同颜色进行重点标注
激光笔	通过颜色深浅变化来吸引观众的注意力，直至用户进行下一个操作，前一笔笔迹才消失
纹理笔	可以写出带有各种纹理的笔迹
智能笔	智能笔够对用户手绘的图形进行智能识别，如线段、角、三角形等，并针对不同的图形提供了不同的控制点，可以对图形形状进行调整
手势笔	通过手势笔在页面上进行各种手势的操作即可实现页面的翻页、书写内容的擦除、页面中对象的选择等
笔色	单击该按钮弹出笔色调整对话框，在该对话框中可调整笔画的颜色、透明度等属性
宽度	单击该按钮弹出笔迹宽度对话框，在该对话框中可调整笔迹的宽度
填充色	单击该按钮弹出填充色对话框，在该对话框中可对已选择对象进行颜色的填充及透明度的设置
纹理	单击该按钮弹出纹理对话框，在该对话框中可对设置纹理
填充纹理	单击该按钮弹出填充纹理对话框，在该对话框中可对设置对象的填充纹理
线头	单击该按钮弹出线头对话框，在该对话框中选择线段的线头
线体	单击该按钮弹出线体对话框，在该对话框中选择线段的线体
线尾	单击该按钮弹出线尾对话框，在该对话框中选择线段的线尾

• “学科工具”选项卡。学科工具选项卡中提供了多种学科专业工具和学科通用工具，该选项卡提供了数学、物理、化学、语文、英语工具栏及幕布、遮屏、聚光灯、窗口播放器、抓屏、书写窗口、时钟计时器、放大镜、屏幕录制器等工具，如图 6-39 所示。

② 默认工具栏。默认工具栏提供了软件的常用功能按钮，教师通过单击不同功能按钮在各个功能之间进行切换，如图 6-40 所示。其功能说明见表 6-12。

图 6-39 “学科工具”选项卡

图 6-40　默认工具栏

表 6-12　默认工具栏功能

按钮名称	功　能
返回	单击此按钮可以切换至桌面模式
隐藏主工具栏	单击此按钮实现显/隐主工具栏
显隐侧边栏	为单击此按钮实现显/隐侧边栏
屏幕键盘	单为用户提供键盘操作的工具
工具	为用户提供时钟定时器、计算器、幕布、手写识别等功能
垃圾桶	单击此按钮可清除当前页面的显示内容
切换方向	单击此按钮可将左右两侧的工具栏进行切换，调换方向

③ 索引栏。索引栏面板提供了页面的索引功能，使用索引栏可对页面进行剪切、复制、粘贴、删除页面、调整页面位置等操作。其各个功能的具体说明见表 6-13。

表 6-13　索引栏功能

按钮名称	功　能
鸟瞰页	当前页面的内容超出页面显示的范围时，可单击“鸟瞰页”按钮，这时会把当前页面所有的内容都显示出来
剪切页	单击此按钮剪切当前选中页面
复制页	单击此按钮复制当前选中页面
粘贴页	单击此按钮将复制好的页面粘贴到当前位置
删除页面	单击此按钮删除当前选中页面
移到顶部	单击此按钮将当前选中页面移到第一页
上移一页	单击此按钮将当前选中页面移到上一页
下移一页	单击此按钮将当前选中页面移到下一页
移到底部	单击此按钮将当前选中页面移到最后一页
多选模式	单击此按钮页面索引变为多选模式面板，再次单击，退出多选模式

④ 属性浏览器。属性浏览器主要显示页面中对象的相关属性，如图 6-41 所示，用户可在属性浏览器面板中对相关对象的属性进行设置和修改。

⑤ 动作面板。用户在页面上插入图片或文字等，选中对象后，在动作面板中单击按钮，可以进行对象的文件、白板页面和网页动作设置，如图 6-42 所示。

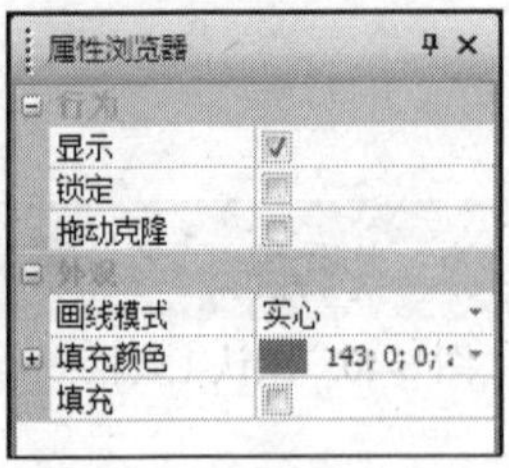

图 6-41　属性浏览器面板

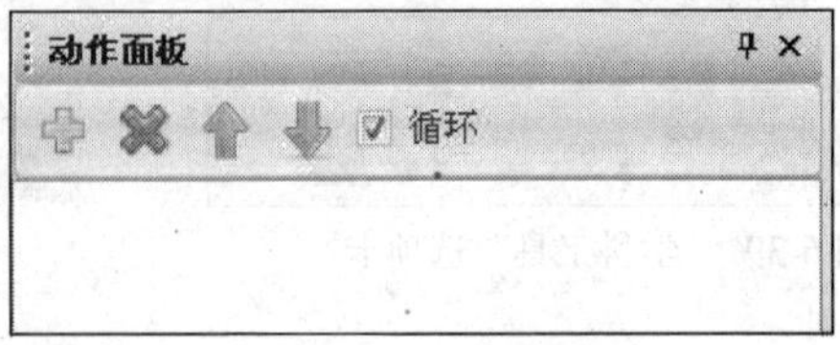

图 6-42　动作面板

动作面板按钮功能：增加动作按钮、删除动作按钮、上移动作按钮、下移动作按钮、是否循环。

实践环节

进行训练项目 9 的训练活动，熟悉交互式电子白板的各项功能，思考在自己学科教学中如何发挥其的作用？完成训练报告，将其保存在你的文件夹中，并提交给教师。

四、多媒体网络教室

多媒体网络教室是在普通计算机房基础上增设网络设备、投影设备、音响播放设备的一种网络教学环境，在这种环境中，教师和学生可以充分利用各种教学资源和学习资源，并进行彼此之间的交互，如教师与学生之间的交互、学生与学生之间的交互、人机之间的交互，从而实现个别化学习或协作学习。

1. 多媒体网络教室的构成

多媒体网络教室主要由多媒体教师机（带耳机/话筒）、多媒体学生机（带耳机/话筒）、服务器、交换机、投影机以及音响播放设备组成。一般情况下，多媒体网络教室都会连上校园网络或因特网，形成一套功能齐全的多媒体网络教学系统。其结构如图 6-43 所示。

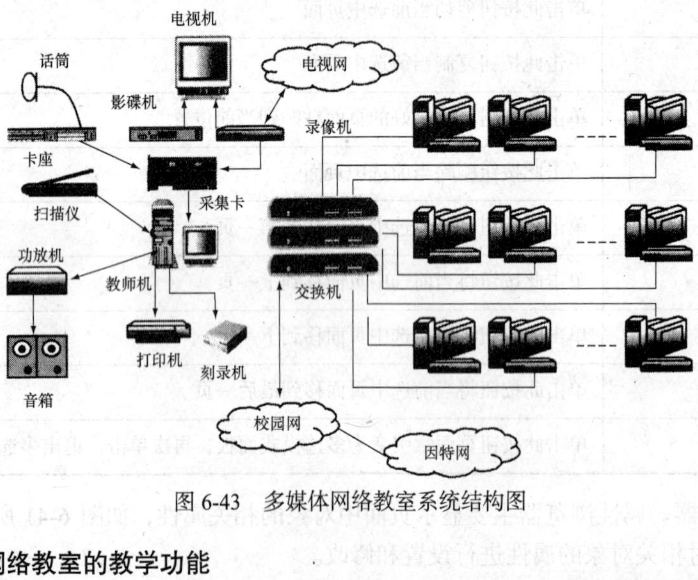

图 6-43　多媒体网络教室系统结构图

2. 多媒体网络教室的教学功能

多媒体网络教室除了具备多媒体教学系统的各种教学功能外，还具备以下各种教学功能。

（1）实时广播。教师可以选择视频、音频等多媒体节目源，对全部、部分或个别学生进行广播教学。

（2）示范功能。可以将指定的学生屏幕及声音广播给全体、部分或个别学生进行示范。

（3）在线交流。教师与学生、学生与学生，在网上的任一用户，可以相互交流信息。

（4）学习监视。教师可以利用手动的方式对指定学生的屏幕画面或声音进行监视；也可以利用自动的方式对全体或部分学生的屏幕和声音进行扫描监视。监视功能不影响被监视者正在进行的操作，也不会被察觉。

（5）遥控管理。教师可以对全体、部分或个别学生进行锁键、黑屏、重新启动等控制操作。

（6）分组讨论。教师将全体学生分为多组进行讨论，每组人数可由教师任意设定，教师也可加入到任何一组参加讨论。

（7）电子举手。学生有问题提出或需要帮助时，可以按电子举手功能键。

（8）自动辅导。教师可依电子举手的先后顺序对学生逐一辅导。

（9）文件发送。教师和学生可相互发送文件。教师可以允许或禁止学生使用文件发送功能。

（10）联机考试。支持统一发卷统一收卷功能，试题支持单选、多选和复选等多种题目类型；可以自动批卷，自动评分并自动给出考试结果评估与分析的反馈信息。

3. 多媒体网络教室的教学应用

多媒体网络教室常用的教学应用模式可分为授课演示模式、自学练习模式和讨论模式。

（1）授课演示模式。在授课演示模式下，为达到教学目的，应保证师生之间的信息同步，教师进行屏幕广播，边讲课，边操作，学生只要观看自己的屏幕，就可以观看到教师的操作步骤，一旦教师结束屏幕广播，学生就可以立即在自己的机器上进行相关操作。

（2）自学练习模式。在自学练习模式下，学生观看教师的“多媒体课件”或利用教师提供的网络学习资源进行自主学习或练习。为了加强对学生自学过程的监督，教师可以通过教师机上的监控软件，随时了解学生的学习动态；同时学生也可以将自己的练习情况及时反馈给教师，教师根据学生的掌握情况，可以随时调整自己的教学进度及进行个别指导。

（3）分组讨论模式。在分组讨论模式下，师生之间、学生之间可以交流信息、学生经老师允许后可以发言，也可以分成若干小组自由讨论。教师为了回答学生的提问，可以采用电子举手、电子点名、电子白板等方案。电子举手由学生在自己的机器上向教师发出申请，得到老师批准后学生可以发言。电子点名则由教师指定发言的学生，学生在自己机器上发表见解。这种方式把学生的学习由被动变成主动，提高了学生的学习积极性。

实践环节

① 在这个环节中，思考如何利用多媒体网络教室开展各种活动。

② 进行多媒体网络教室训练活动，体验多媒体网络教室的各种功能。

五、微格教学系统

1. 微格教学的概念

微格教学（Microteaching）又称微型教学，是以现代教育理论为基础，借助于摄录像设备训练师范生和在职教师教学技能的一种方法。

微格教学是在一个装备有电视摄、录像设备系统的微型教室里，以很少的（三五个）模拟学生为教学对象，实习模拟教师只用很短的（三五分钟）时间，试教一种教学技能（如组织教学、提问、复习旧课或布置作业等）。训练时，模拟教师与模拟学生的活动行为被录像机记录下来，指导教师与模拟教师、模拟学生一起观看重放录像，共同分析、评价其教学技能的优缺点，然后再作训练直至掌握正确的教学技能为止。由于这一教学训练活动是用很少的学生、很短的时间，而且只训练掌握一种教学技能，所以称它为微格教学。

2. 微格教学系统的构成

微格教学系统可由一间或多间微格教室、控制室、观摩室等组成，如图 6-44 所示。

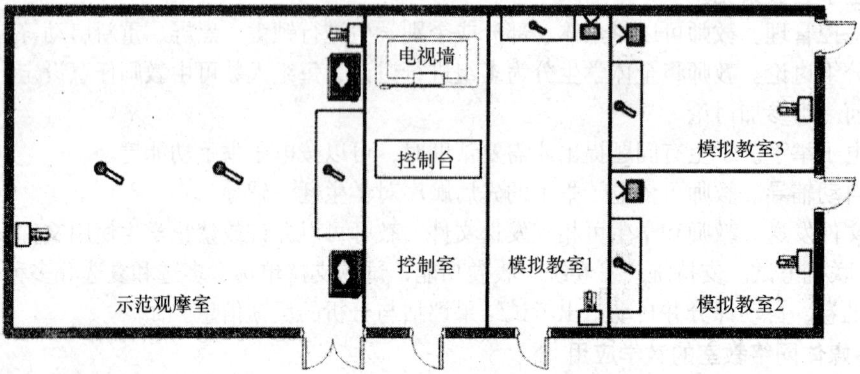

图 6-44 微格教室的结构布局

（1）微格教室。微格教室是一间专门化的教室，是开展模拟训练的场所，配有各种教学媒体供训练者使用，以方便进行多媒体教学。它装有两个或更多的摄像机，其中一个摄像机主要跟踪模拟教师，一个或几个摄像机主要跟踪模拟学生，模拟教师和模拟学生均有相配的话筒，微格教室内还安装有适合摄像的灯光设备系统、声学系统，以进行高质量的现场录制。

（2）控制室。控制室装有电视特技台（视频切换器）、调音台（混音器）、录像机、视频分配器、监视器等设备。

从每间微型教室送来的模拟教师、模拟学生教学活动的两路视频信号经电视特技台切换、控制，可送到录像机进行录像或送入传输服务器进行实时流媒体编码并记录在本机硬盘上且同时进行在线直播，现场切换信号以流媒体方式实时传送到其他教室、以太网上的 PC 和远程直播，通过网络在其他教室也可进行观摩，供同步评述分析。

（3）观摩室。观摩室是装有电视机的多媒体教室。把控制室中经视频切换器选择后的视频信号送到电视机上，即可实时同步播放教学实习的实况，供指导教师现场评述和较多的学生观摩分析。

3. 微格教学的实施

微格教学实施的基本步骤如图 6-45 所示。

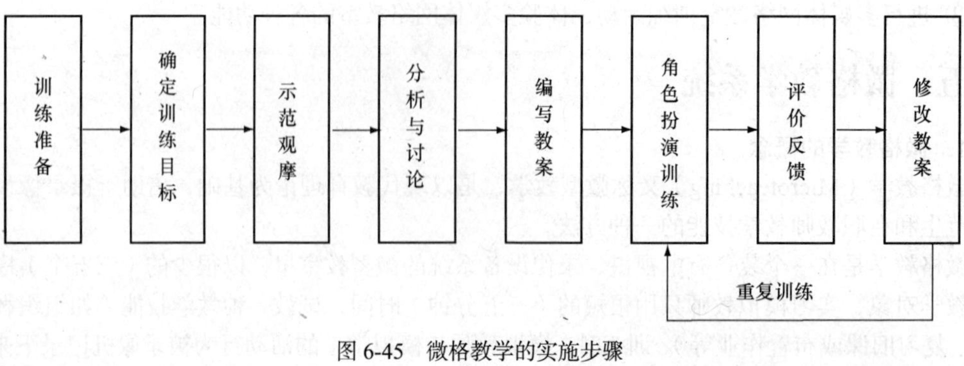

图 6-45 微格教学的实施步骤

（1）训练准备。指导教师在微格教学之前，要从态度、知识、技能等方面指导学生，调动学生参与微格教学训练的积极性、主动性。

（2）确定训练目标。指导教师应该向受训者介绍清楚本次教学技能训练的具体目标、要求以及该教学技能的类型、作用、功能、典型事例运用的一般原则、使用方法及注意事项等。

教师的教学基本技能大体可包括以下 9 项。

① 导入技能的训练。导入是教师在一个新的教学内容或活动开始时，引导学生进入学习的行为方式。在教学中采用正确而巧妙的方法进行导入，可以引起学生浓厚的学习兴趣，激发其求知的欲望，从而把他们的注意力引导到学习的课题上来。

利用微格教学系统可将导入技能分解为开门见山直接导入、利用旧知识导入、利用直观演示导入、巧设实例导入、利用生动故事导入等多项不同的技巧进行训练。

② 变化技能的训练。变化技能是教师利用对学生不同的刺激变化来吸引学生的注意、生动地传递知识和交流感情以促进学生学习的行为方式。变化技能有 3 种类型，即教态的变化、教学媒体的变化和师生相互作用方式的变化。对于师范生来说，开始主要是掌握教态的变化。

利用微格教学系统可把教态变化技能分解为面部表情变化、身体动作变化和声音变化等技巧来进行训练。

③ 讲解技能的训练。讲解是一种常用的教学方法，是通过语言对知识的分析，揭示事物及其构成要素和发展变化过程，使学生把握事物的内在联系和规律。讲解技能是教师利用语言及各种教学媒体引导学生理解重要事实，形成概念、原理、规律、法则等的行为方式。

利用微格教学系统，可将讲解技能根据教学内容（事实、概念、原理、规律、规则等）的不同，分解为描述性讲解、描绘性讲解、论证性讲解、启发性讲解、归纳性讲解、演绎性讲解等多种技巧进行训练。

④ 板书板画技能的训练。板书是课堂教学的重要组成部分，是传递教学信息的有效手段，是教师口头语言的书面表达形式。板书板画技能是教师利用黑板以凝练的文字语言和图表等形式传递教学信息的行为方式。

利用微格教学系统可将板书板画技能分解为提纲式板书、语词式板书、表格式板书、线性式板书、图示式板书、简笔画、示意图的绘画等技巧进行训练。

⑤ 演示技能的训练。演示一般指教师为了说明某个事实或过程等运用各种教学媒体提供感性材料的表演和示范，以及利用这些媒体指导学生进行观察、分析的操作。因此，演示技能是教师根据教学内容特点和学生的需要运用各种教学媒体把事物的形态、结构或变化过程等展示出来，指导学生理解和掌握知识并传递教学信息的行为方式。

利用微格教学系统可将在课堂教学中的演示技能分解为实物、标本和模型的渲示，挂图的演示，幻灯、投影的演示，电视教材的演示，课堂实验演示，多媒体教学软件演示，网上教学资源的演示等技巧进行训练。

⑥ 提问技能的训练。只有良好的师生互动与协作才能建立良好的教学训练氛围；提问是教学过程中师生之间进行相互交流的方式。教师以提出问题的形式，通过师生的相互作用，达到检查学习、促进思维、巩固知识、运用知识、促进学生学习的目的。

利用微格教学系统，可将课堂教学中的提问技能分解为回忆性提问、理解性提问、知识运用性提问、分析性提问、综合性提问和评价性提问等技能进行训练。

⑦ 反馈、强化技能的训练。反馈是教师传出教学信息后，从学生那里取得对有关信息反应的行为方式。强化则是教师给学生的反馈信息，是促进和增强学生某一行为变化朝更好的方向发展的行为方式，利用微格教学系统，可将课堂教学中教师获得反馈信息的技能分解为课堂观察法、课堂提归法、课堂考查法、操作实践法等技巧进行训练，而进行强化的技能可分解为语言强化、

符号强化、动作强化、活动强化等技巧进行训练。

⑧ 结束技能的训练。结束技能是在完成一个教学内容或活动时，教师对知识进行归纳总结，使学生所学知识形成系统，并转化、升华的行为方式。利用微格教学系统，可将结束技能分解为归纳式活动式、比较式、练习式、拓展延伸式等多种技能进行训练。

⑨ 组织技能的训练。组织技能是教师在课堂教学中组织学生的注意、管理纪律、引导学习、建立和谐的教学环境、促进学生进行学习的行为方式。利用微型教学系统可将组织技能分解为理性组织、指导性组织、诱导性组织等多种不同类型的技巧进行训练。

（3）观摩示范。为了增强受训者对所培训技能的形象感知，需提供生动、形象和规范的示范片或教师现场示范。在观摩教学示范片的过程中，指导教师应根据实际情况给予必要的提示与指导。示范可以是优秀的典型，也可利用反面教材，但应以正面示范为主。

（4）分析与讨论。在观摩示范片或教师的现场示范后，组织受训者进行课堂讨论，分析示范教学的成功之处及存在的问题，并就“假使我来教，该如何应用此教学技能”展开讨论。通过大家相互交流、沟通，集思广益，酝酿在这一课题教学中应用该教学技能的最佳方案，为下一步编写教案做准备。

（5）编写教案。当被训练的教学技能和教学目标确定之后，受训者就要根据自身的特点和教学目标、教学内容、教学对象、教学条件进行教学设计，选择合适的教学媒体，编写详细的教案。

（6）角色扮演训练。角色扮演是微格教学中的重要环节，是受训者训练教学技能的具体教学实践过程。即受训者自己走上讲台讲演，扮演教师，因此被称作“角色扮演”。为营造出课堂气氛，由小组的其他成员充当学生。训练时间视教学技能的要求而定，一般 5 ~ 10 分钟。整个教学过程将由摄录系统全部记录下来。

实用小工具

电子教鞭 e-pointer

e-pointer 是一个电子教鞭小软件，无需安装，也无需注册，比 PowerPoint 带的墨迹笔使用起来要方便很多。这是 e-pointer 运行的界面。

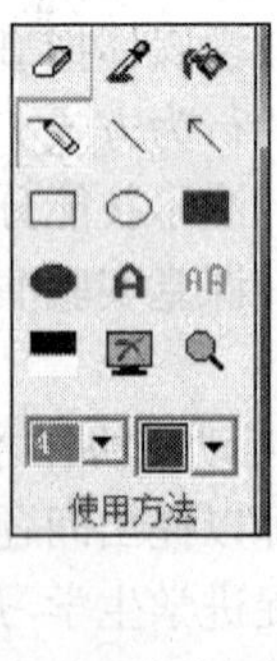

电子教鞭作用：

像使用粉笔在黑板上画提示符号一样，可以在电脑屏幕上画线、画框、画你想画的提示符号，也可以随时擦除。能设置黑板与白板功能，有放大屏幕功能。

（7）评价反馈。教学结束后，必须及时组织重放教学实况录像或进行视频点播并进行评价，评价可以采用自我评价、组员互评、教师点评相互结合的方式，同时注意定性和定量评价相结合的多元化评价方式。评价量表可以由师生事先讨论完成，下面以训练“导入技能”、“讲解技能”和“提问技能”为例设计评价量表，见表 6-14。

表 6-14 微格教学设计和实施教学的评价量表

科目： 授课内容： 时间： 执教人：

一级指标	二级指标	评价标准	评价等级（优、良、中、差）	分值	得分
微格教学准备	系统操作	训练前熟悉微格系统和教学环境		20	
	教案编写	编写规范、完整，目标明确，教学各环节思路清晰，时间分配合理		20	
教学训练	导入技能	导入方式恰当，能激发学生兴趣与新知识联系紧密，有启发性，时间掌握得当		20	
	讲解技能	紧扣教学目的，注意新旧知识联系，语言规范、清晰，层次分明，突出重点、突破难点		20	
	提问技能	提问目的明确，结合内容富有启发性，时机恰当，兼顾各层次学生		20	
定性评价和建议					

评价时先由试讲人进行自我分析，检查实践过程是否达到了自己所设定的目标，是否掌握了所培训的教学技能，指出有待改进的地方，也就是“自我反馈”。然后指导教师和小组成员对其教学过程进行集体评议，找出不足之处，教师还可以对其需改进的问题进行示范，以利于受训者进一步改进、提高。

（8）修改教案。根据评价反馈信息，受训者需修改、完善教案，然后再次实践，直至掌握该技能为止。

4. 微格教学系统的教学功能

（1）训练教学技能。微格教室可以同时开展一组或多组微格教学活动，同时对一个或多个学生进行模拟教学（或其他技能）训练。教师的教学基本技能通过微格教学都能得到一定程度的训练。

（2）示范观摩。利用示范观摩室，指导教师组织学生观看优秀教师课堂教学录像，分析典型课例，给受训学生或教师提供示范，以便仿效。或通过控制室转播任一模拟教学现场供其他模拟教室或示范观摩室的师生观看。

（3）反馈评价功能。反馈及时、准确。在微格教室中，借助摄录系统可以实时掌握每一组学生的训练状况，学生在模拟教学训练后，通过重播录像，及时了解自己训练的实况。

评价客观、全面。在微格教学训练过程中，具有多种形成性评价方式：训练者通过重播自己训练的录像，肯定成绩，分析问题，进行自我纠正和评价。同组训练的同学通过听课、一起观看重播录像，对受训者的模拟教学情况进行讨论、分析和评价；此外，指导老师也要对模拟教学情况进行全面的分析、评价，并提出改进意见。这些评价，能及时有效的帮助训练者提高教学技能。

知识卡片

课堂演讲技巧

一、准备阶段

1. 计划

有效的演讲始于周密而全面的计划。这个指南适用于课堂教学，也适用于演讲。

（1）分析学习者。教师要了解他们的需求、价值观、背景、知识水平，以及可能存在什么样的错误观点。

（2）确定目标。学生应该做什么？你有多长的演讲时间？一定要按照时间限制确定教学目标和内容。

（3）明确本次教学的基本原理是什么，能给学生带来什么收益。这些信息对学生很重要吗？如果你不能回答这个问题，就不应该安排这个演讲。

（4）确定演讲要点。采用头脑风暴的方式，列出演讲的要点。把这些要点记录在卡片上或不干胶贴上。大多数的演讲包含5～9个要点。

（5）确定每一要点下的子要点和支持性证据。演讲者可以用卡片或不干胶贴。每一个要点下的子要点不要太多，一般情况下是5～9个。

（6）逻辑有序地组织整个演讲。一种组织策略是：

- 概述：告诉他们你要讲什么。
- 呈现：讲给他们听。
- 回顾：总结一下，你讲了些什么。

2. 排练

（1）用关键字记录作为演讲提示，不要用原稿。把关键字印在索引卡片上。记住，千万不要读原稿，书面语与口头语有着本质的区别。

（2）在脑子里把演讲的要点走一遍，按顺序预习每一个要点。

（3）站起来，预演一遍整个演讲。最好能在演讲的地点，或类似的房间预演。

（4）进行模拟演讲，利用所有的媒体，逐个观点（不要逐字逐句）地演讲。

（5）预先考虑观众可能提什么问题，怎样回答。

（6）把预演过程录像（或录音）；也可以邀请一个同事看你的预演，并提供反馈意见。

3. 设施安排

（1）在演讲之前，提前检查设备。如果需要，可以按照你的要求调整布局。设备安排好以后，要检查一下工作状态是否正常。

（2）如果要使用幻灯片投影或播放视频，应该把屏幕放置在房间前面中间位置。

（3）把便携式投影仪屏幕或者活动挂图放在房间的角落里，以45°角面对观众。如果你是右手习惯，可以把便携式屏幕放在右边，活动挂图放在左边；如果你是左手习惯，把两者的位置倒过来。

（4）课上用到的教学物体，应该放在前面正中间位置。用完后，马上把它拿走，以免分散学生的注意力。

二、呈现

1. 紧张

（1）演讲前和演讲过程中，紧张和激动是难免的。一定程度的紧张有助于你的演讲，能使演讲更热情、更打动人。

（2）充分的计划和准备有助于减轻紧张感。

（3）处理好紧张感，很好地利用身体移动、支持性姿势和声音变化，加强演讲效果。

（4）深呼吸。使心血管系统平静下来，可以减轻紧张感。

2. 演讲方式

（1）站起来。当站起来演讲时，你和你的演讲内容能够吸引更多的注意力。

（2）面向学习者。两脚分开，距离 25～30cm，身体重量平分在两个脚上。膝盖放松，两手放在身体两侧，不要插在口袋里。与学习者进行目光交流，让他们能够看到你的面部表情。

（3）使用黑板或挂图的时候，不要背对着学习者讲话。背对着他们的时候，你无法进行目光接触，他们也听不清楚你的话。先在黑板上写好字，转过身再说话。

（4）演讲的时候，站在讲台的一侧（如果有的话）。站在讲台的一侧或者讲台前面，学习者会觉得你整个人看起来更真实自然。

（5）在说话的过程中，要适当地移动位置。站在一个位置不动，也不做手势的教师起来特别紧张。走动和做手势，但不要过度。

3. 声音

（1）使用自然的、会话式的语调。提起你的学生的时候，用一种直接和个性化的方式。

（2）不要照着演示文稿念。不要照着投影胶片或者讲义念。如果演讲中要传递信息，最好给学生一份副本，让他们自己读。

（3）声音要富有变化。单调的声音通常是因为紧张引起的（排练有助于减轻紧张感）。演讲人可以通过灵活的身体运动放松自己。

（4）演说的节奏适当。紧张的时候，你说话的速度会越来越快。尽量放松，用对话式语气。

（5）声音大一点，让后排的人也能听清楚你的演讲。声音大了，说话的速度也就自然而然慢下来了——一举两得！演讲开始的时候，问一下后排的人，是否能听清楚你的演讲。

4. 目光交流

（1）当你的眼睛能够跟观众交流的时候，再开口说话。目光交流，让观众感觉你是在进行一对一的谈话。

（2）保持学习者注意力的最好方式，就是看着学习者的眼睛，保持 3s 左右。不要扫描学习者，也不要长时间地看着后墙、屏幕和笔记。

（3）保持与学习者的目光交流。在活动挂图、胶片、黑板上写字的时候，先停止说话。等写完了，面对学生，保持目光交流，再演讲。

5. 姿态

（1）姿势自然。就像跟朋友谈话一样，学会在全班同学面前，自然地使用体态语。

（2）不要把手放在口袋里，不要双手抱头，不要甩手，也不要玩笔或其他小玩意。

6. 视觉画面

（1）视觉画面可以吸引和抓住学生的注意力。人们喜欢看关键词、图表和线条画。

（2）视觉画面可以强化和澄清口语信息，一张图顶得上千言万语。

（3）视觉画面更能让人记住要点，帮助学习者记住你讲授的内容。很多人对图片记忆的保留时间要长于对文字和数字的记忆时间。

（4）过度滥用视觉画面就失去了效果。一个基本的原则是，1 分钟只呈现一幅视觉画面。

（5）在设计视觉画面的时候，要掌握以下原则。

- 只使用大字标题。
- 减少不必要的文字。
- 字体的大小要合适，要让教室后排的学生也能够看到。
- 如果可能的话，尽量使用图表和线条画。
- 一张视觉图片上最多不超过 36 个字（6 行，每行 6 个字）。

（6）使用完视觉画面后，要把学生的注意力重新引回到教师身上。

- 当需要进行大段解释的时候，当学生不需要看投影内容的时候，关掉投影仪。注意，不要频繁地开关机器，这样会分散学生的注意力。
- 在使用活动挂图的时候，用完一页后，翻到一个空白页。在准备活动挂图的时候，两页之间要留空白，避免下一页的内容过早出现，影响了学生对前一页内容的理解和回味。
- 黑板上的字，如果不需要了，就擦掉。
- 使用幻灯片的时候，在那些需要进行大段解释，或者要提问的地方，插入一张黑的或透明的幻灯片。
- 需要展示一个教学实物的时候，把它拿出来；用完后，立刻收拾好。否则，学生就会分心去看那个物体，而不太注意你的演讲。不要让学生传看这个教学物品。最好的办法是，你拿着这个教学物品，走到每个学生面前，让他们简短地看一下这个物体，并告诉他们，演讲结束后，他们还有机会仔细地观察和使用这个物体。

实践环节

① 在这个环节中，思考如何利用开展微格教学活动。

② 进行训练项目 13 的训练活动，完成训练报告，将其保存在你的文件夹中，并提交给教师。

六、数字校园网络

数字校园网络简称校园网，是以学校为范围建立起来的计算机局域网络，它可以为学校师生提供教学、科研和综合信息管理等服务。校园网的建设已成为衡量一个学校教育信息化、现代化的重要标志。

1．数字校园网络的构成

校园网络通常由硬件和软件构成，硬件主要由服务器、工作站、网间互联设备、传输媒质等部分组成，如图 6-46 所示。

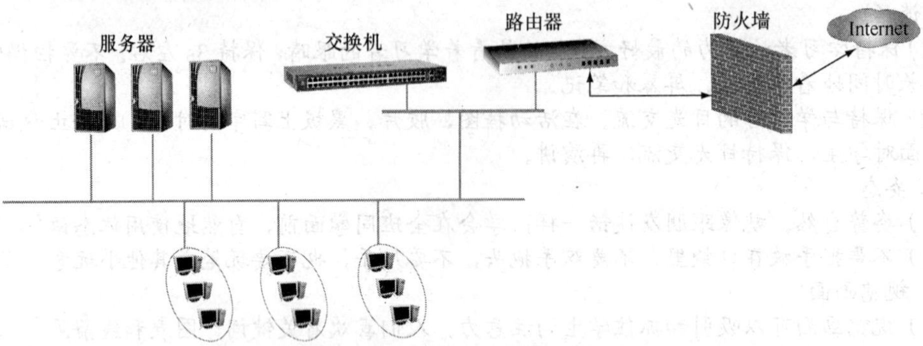

图 6-46 校园网络型硬件系统结构图

（1）服务器（Server）。服务器是网络上一种为客户端计算机提供各种服务的高性能计算机。服务器根据其在网络中所执行的任务不同可分为：Web 服务器、数据库服务器、视频服务器、FTP 服务器、Mail 服务器、打印服务器、网关服务器、域名服务器等。对于小型的校园网络，往往把 Web 服务、FTP 服务、数据库服务等集于一台服务器上。

（2）工作站。在校园网中，工作站（Workstation）是一台客户机，即网络服务的一个用户。但有时也将工作站当作一台特殊应用的服务器使用，如打印机或备份磁带机的专用工作站。工作站一般通过网卡连接网络，并需安装相关的程序与协议才可以访问网络资源。

（3）网络互联设备。网络互联设备包括集线器、交换机、路由器、网关、防火墙等设备。

① 集线器（HUB）。集线器是计算机网络中连接多个计算机或其他设备的连接设备。HUB 主要提供信号放大和中转功能，把一个端口接收的信号向所有端口分发出去，有些集线器还可以通过软件对端口进行配置和管理。

② 交换机（Switch）。交换机的外形与集线器很接近，也是一个多端口的连接设备，主要区别在于：交换机的数据传送速率通常要比集线器快很多，学校网络中心的核心交换机往往还具有路由功能。

③ 路由器（Router）。路由器是连接多个网络或网段的网络设备。通常路由器有两大典型功

能，即数据通道功能和控制功能，数据通道功能一般由硬件来完成，控制功能一般用软件来实现。

④ 网关（Gateway）。网关是网络连接设备的重要组成部分，它不仅具有路由的功能，而且能对两个网络段中使用不同传输协议的数据进行互相的翻译转换，从而使不同的网络之间能进行互联。网关一般是一台专用的计算机，该机器上配置有实现网关功能的软件，这些软件具有网络协议转换、数据格式转换等功能。

⑤ 防火墙（Firewall）。是指一种将内部网和公众访问网（如 Internet）分开的硬件或软件技术。防火墙可以对流经它的网络通信进行扫描，这样能够过滤掉一些攻击，以免其在目标计算机上被执行。防火墙还可以关闭不使用的端口，而且它能禁止特定端口的流出通信，封锁木马等程序。此外，它还可以禁止来自特殊站点的访问，从而防止来自不明入侵者的所有通信。

（4）常见的网络传输媒质。

① 双绞线（Twisted Pair）。是由两根相互绝缘的铜导线按照一定的规格互相缠绕在一起而成的网络传输介质。常用的无屏蔽层双绞线由 4 对双绞线和一个塑料护套构成。在当前的技术下，传输数据的距离一般限定在 100 米范围内，双绞线是目前局域网中使用最多的传输媒质。

② 光纤（Fiber）。光纤是以光脉冲的形式来传输信号，材料以玻璃或有机玻璃为主的网络传输介质。它由纤维芯、包层和保护套组成。光纤按其传输方式可分为单模光纤（直线传播）和多模光纤（折射传播）。光纤具有极高的传输带宽，目前技术可以 1000bit/s 以上的速率进行传输。光纤的衰减极低，抗电磁干扰能力很强，传输距离可达 20 公里以上，但价格高、安装复杂和精细。

2. 校园网络的功能

校园网的功能主要体现在信息发布、教学应用、管理应用、科研应用等方面。

（1）信息发布。学校的 Web 主页犹如学校的一个窗口，学校可以通过这扇窗口向世界各地的人们充分展示学校的形象。一般来说，学校主页的主要内容应包括学校历史、院系、部门介绍、专业设置、招生与就业信息、教学与科研信息等。学校主页上可以发布学校的各种重大事件，会议通知和安排，也可以发布各种公文，这样既节省了时间和费用，又增强了公示的效果。

（2）教学应用。校园网络的主要功能就是教学应用。它主要由网络教学平台提供支持，以网络教学信息资源库作为信息源，运用多种网络工具完成网络教学任务。

① 利用网络教学支持平台进行网络教学。网络教学支持平台是学校开展网络教学活动的支撑系统，通过它可以完成网络备课、网络授课、网上学习、网上练习、在线考试、虚拟实验、在线教学评价、作业提交与批改、课程辅导答疑、师生交流、教学管理等教学任务。

② 建立网络教学资源库，实现资源共享。网络教学资源库是学校进行网络教学的重要组成部分，它包括多媒体素材库、案例库、课件库、试题库、学科专题资料库等，资源库一般还提供资源检索、管理和下载功能，实现资源共享，为教师备课、授课、学生学习提供了有益的帮助。

③ 进行课程整合教学试验。利用校园网，与课堂教学有机整合，教师可以进行各种教学试验，把教师在课堂中的讲授过程录制成流媒体视频文件放在校园网上或把授课课件放在网上，供学生课后复习浏览；教师也可以把有关探究主题、课外资源、课后作业等内容放在网上，学生利用校园网可以进行探究性学习或做作业，并把相关任务结果通过网络提交给教师，教师可以直接在网上进行批改；还可以通过聊天室或 BBS 等进行答疑辅导。

（3）管理应用。基于校园网络我们可以建立一个集中和分散相结合的分级、分布式数据库管理系统，利用数据库管理系统的管理功能一方面可以大大提高原有人工管理或单机管理系统的效率，扩大管理系统的应用领域；另一方面可以及时地收集、统计、分析学校的各种信息，以利于学校的行政管理和教学管理，充分发挥学校的整体功能，更好地为教育工作服务。

① 网上行政办公。实现网上公文创建、浏览、批阅、转发以及文件的收发和档案管理，包括网上发布通知、校内新闻、宣传和各类信息查询等。

② 网上教学管理。包括教务管理、学籍管理、学生选课管理、学生成绩管理等。

③ 网上招生和网上计费。现在各种考试报名与招收等，都可以通过校园网进行，并且能及时对各种相关信息进行统计。另外，还可以通过校园网完成各种计费管理，如电费、水费、上网费等。

④ 科研应用。校园网络可以使用户共享各类计算机软、硬件资源及学术信息资源，从而提高科研的效率。另一方面，校园网络还可以降低科研的成本。科研人员可以通过校园网络形成一个工作小组，在不同办公室里的科研人员可以很方便地通过网络与其他成员交流设计思想和设计方案。同时，人们还可以利用校园网络的对外联网，检索世界各地的信息资料，也可以使用电子公告栏（BBS）与世界各地的专家探讨最新的思想，发表、交流学术观点，交换论文等。

3. 校园网络教学应用系统

（1）多媒体网络教学平台。多媒体网络教学平台一般包括网络备课、网络授课、网上课程学习、网上练习、在线考试、虚拟实验室、网络教学评价、作业递交与批改、课程辅导答疑、师生交流、教学管理等功能模块，并具备以下功能。

- 具备支持教师备课、授课、提问答疑与讨论、作业布置与批改、题库维护、组织考试与活动、试卷分析等功能。
- 具备支持学生选课、学习、递交作业、提问、讨论、实验、资料查阅、考试等功能。
- 具备支持基于流媒体的网络实时与非实时授课系统。
- 具备支持教务人员进行学生管理、课程管理、资料管理、教学质量分析等功能。
- 具备教师通过各种网络工具，相互之间或与外校的教师之间进行教学方法、教学艺术的交流与探讨。
- 具备支持连接 Internet，实现远程教育功能。利用远程教学方式，使得那些受客观条件限制的学校的学生学习别的学校的课程成为可能。

（2）网络教学资源中心。教学信息资源库是学校进行网络教学的重要组成部分，它包括多媒体素材库、教案库、课件库、试题库、学科资料库等。同时资源库还应师生提供全文检索、属性检索，提供资源的增减与归类，还可以提供压缩打包下载等功能。

（3）数字图书馆。校园网络的建设对数字化图书馆的建设与应用有着巨大影响。数字图书馆以数字化格式存储海量的多媒体信息并能对这些信息资源进行高效的操作，它的资源数字化、联系网络化、获取自主化等优点是传统图书馆无法比拟的。数字图书馆对于教育的支持服务是全方位和个性化的，可以及时响应远程用户的需求。不仅可以联机查询、借阅，还可为管理人员提供业务数据，及时分析研究，加强宏观管理。更为重要的是，每个用户都可以通过校园网络方便地对图书馆的图书、文献信息进行检索与阅读，读者可以访问图书馆的联机数据库，可以在家中或办公室通过校园网络阅读报刊或检索资料。

实践环节

以上介绍了扩音系统、多媒体教学系统、交互电子白板、多媒体网络教室、微格教室、校园网 6 种常见的现代教学环境的配置及功能，你是否还了解其他的教学环境呢？请相互交流，并填写在教学环境配置模式表 6-15 中，并将其保存在你的文件夹中。

表 6-15　信息化教学系统功能

序号	系统名称	基本配置	教学功能
1			
2			
3			
4			
5			
6			

第三篇

综合创新篇

模块 7
走进信息化教学设计

学习目标

1. 感受、认识信息化环境中的教学设计。
2. 描述信息化环境下的设计原则。
3. 比较探究学习模式、项目学习模式和协作学习模式的特点和设计流程。
4. 结合实例进行 WebQuest 学习方案的设计。
5. 能结合一些典型的设计模式开展信息化教学设计实践。

知识导图

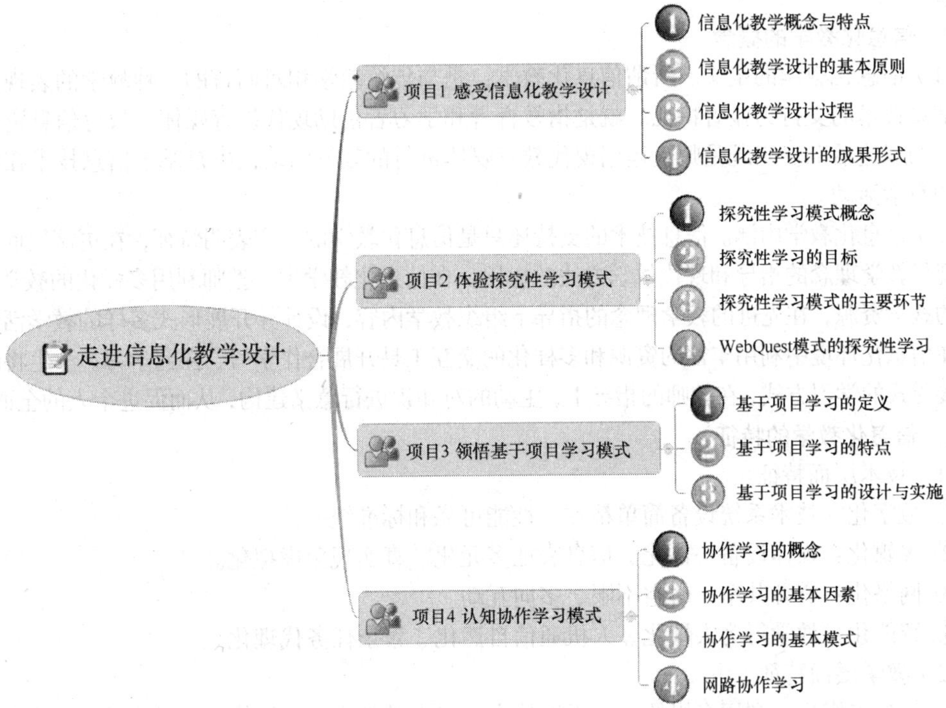

学习任务

1. 选择一个与所学专业相关的主题，使用 WebQuest 设计模板设计基于网络资源的探究性学习方案。在小组或班级里开展设计作品的展示与交流，并结合探究性学习方案的评价量规开展小组作品的自评和互评。

2. 创建学习团队，观摩你们感兴趣的一个项目学习案例，通过案例学习，了解项目学习的特点、结构，开展项目学习的必备条件，项目学习中教师的角色，项目开展的基本过程与方法。下载设计模版，应用计划书模板，策划一个主题项目教学方案。

项目 1　感受信息化教学设计

综观当今世界，信息化已经成为推动教育变革和发展的核心因素。我们把教育信息化视为在教育中广泛而深入引用先进的信息技术、推进教育革新和发展的过程。随着教育信息化的深入教学系统中的四大要素：教师、学生、教学内容、资源以及四者之间的关系都产生革命性的变化。在信息时代，教学内容不再局限于书本知识，学生可以通过书刊、报纸、杂志、广播、电视、网络等各种渠道获得知识与技能。学科老师说“以前上课很有成就感，因为我讲的东西学生都不知道；现在上课却有很大的压力，因为我要讲的东西学生有可能已经通过各种渠道知道了。”在教学媒体与工具方面，传统课堂更多的是黑板和粉笔，而在信息化环境下又增添了许多新的、智能化的教学和学习工具。

日益丰富的媒体和资源为教师的教和学生的学提供了良好的支持，同时也给教师带来新的挑战——如何选择媒体和资源？如何将这些工具和资源整合到教学与学习的各个环节中？如何利用这些工具和资源的优势来支持教与学，使它们成为教师的教学工具、学生的学习工具和师生之间的交互工具？这些问题的解决都需要依赖于对信息环境下教学的有效设计。

一、信息化教学的概念与特点

1. 信息化教学的概念

（1）信息化教学的定义。所谓信息化教学，是与传统教学相对而言的一种教学的表现形态，它以信息技术的支持为显著特征。就是指教育者和学习者借助现代教育媒体、教育信息资源和方法进行的双边活动。它既是师生运用现代教育媒体进行的教学活动，也是基于信息技术在师生间开展的教学活动。

（2）信息化教学内涵。信息技术的支持还只是信息化教学的一个表明特征，在更深层面上，它涉及现代教学理念的指导和现代教学方法的应用。在信息化教学中，教师利用多样化的教学环境，丰富的教学资源，在先进的教学理念的指导下组织教学内容，设计并开展形式多样的教学活动。学生则在信息化环境中利用丰富的资源和多样化的交互工具开展合作学习、探究学习。学生将改变以往的接受式的学习方式，在教师的指导下，主动的对知识进行意义建构，从而促进个人的全面发展。

2. 信息化教学的特征

（1）技术层面特征。

① 数字化：技术系统设备简单精致、性能可靠和标准统一。

② 多媒化：媒体设备一体化、信息表征多元化、真实现象虚拟化。

③ 网络化：资源共享、时空不限、多向互动。

④ 智能化：教学行为人性化、人机通信自然化、繁杂任务代理化。

（2）教学层面特征。

① 教材多媒化：利用多媒体、超媒体技术，建立教学内容的结构化、动态化、形象化表示。

② 资源全球化；网络特别是 Internet，使全世界的教育资源连成一个超级信息资源库，供广大教育用户共享。

③ 教学个性化：利用人工智能技术，适应学生的不同个性特点和需求，实现个性化教学。

④ 学习自主化：利用超文本、超媒体、网络资源等信息技术为自主学习提供了便利的条件和工具支持。

⑤ 活动合作化：多种同步、异步通信技术为合作学习提供了可能，如通过计算机合作（网上

合作学习）；在计算机面前合作（如小组作业）；与计算机合作（计算机扮演学生同伴角色）等。

⑥ 管理自动化：利用信息技术（CMI）可以实现计算机化测试与评分、学习问题诊断、学习任务分配等，通过建立电子学档等方式支持教学评价的改革，实现面向学习过程的评价。

⑦ 环境虚拟化：在很大程度上脱离物理空间／时间的限制，实现虚拟教育或虚拟与现实相结合的教育。

⑧ 系统开放化：内容开放，通过超链接实现本地资源与远程资源连接；结构开放，利用构件化技术，允许随时更新教育内容的组态；功能开放，提供全面的教育服务，支持按需学习、适时学习和弹性学习。

二、信息化教学设计的基本原则

由于信息技术的发展引起教学环境的变化，进而引起教学形式的变化，最终引起了教学结构的变革（从“教师为中心”的教学结构变为“主导-主体相结合”的教学结构）。信息化环境的教学是在情境化的学习环境下，针对特定的学习目标，将学习内容安排在情境化的真实的学习活动中，让学生通过参与真实的问题求解等实践活动而获得更有效的学习。

信息化环境下的教学设计与传统教学设计相比，更加注重利用信息技术，特别是多媒体和网络，在设计教学策略时通常以设计“问题”情境以及促进学生问题解决为核心。

教学案例

《宇宙的探索》

潘晓俊是第一中心小学的一位科学教师，这个星期他的科学课要讲“太阳系八大行星”。潘老师很喜欢在课堂上使用信息技术，以前讲这课时，他总是从网上收集一些太阳系的相关图片、数据，在课堂上给同学们一一介绍。但是他发现尽管他费尽心思搜集了很多信息，但是学生的兴趣并不高，有时候，他在讲台上讲，有的同学却在座位上做其他课的作业，还有的同学甚至在下面打瞌睡。这一切让潘老师觉得很苦恼，怎么能让学生积极主动地来学习呢？潘老师想如果给同学们提供一些“支架”，让他们自己去探索，是不是能提高学生的学习兴趣和学习积极性呢？带着希望和疑问，潘老师开始了他的教学。

由于设计了让同学们上网查找资料的任务，潘老师将这节课安排在学校的计算机教室里。作为课程的“开场白”，潘老师带着大家回顾了以前学过的太阳的相关知识。为了引起同学们的兴趣，潘老师还讲了哥白尼提出“日心说”的故事。随后，配合着课前准备好的太阳系的图片，潘老师告诉同学们，在太阳系中，除了地球是绕着太阳运转的之外，还有其他行星也是绕着太阳运转的，它们分别是：水星、金星、地球、火星、木星、土星、天王星和海王星。在这一阶段，潘老师只对太阳系进行了简单的介绍，他希望通过这种方式为同学们提供一个整体的知识框架，为同学们下一步的“自主探索”做一个小铺垫。

潘老师告诉大家，在这节课上，同学们要当一回“太空旅行社”的小导游，带领游客们乘坐“太空飞船”游览太阳系。作为导游，同学们需要向游客介绍太阳系的相关知识。接下来，潘老师要求同学们自由组队，每队 5 个人，很快，全班 40 个同学就分成了 8 个小组。为了激发同学们的兴趣，潘老师还要求每个小组给自己的太空飞船取一个好听的名字，就这样班上诞生了 8 艘有着诸如“哥白尼号”、“和路雪号”、“神舟 100”等稀奇古怪名字的宇宙飞船。随后，潘老师拿出了自己在课前准备好的 8 个信封，让每艘飞船的小“船长”从中抽出了自己小组所负责的任务。在信中，潘老师帮助同学们进一步细分了他们所要完成的任务，例如，在金星小组的信中，潘老师将金星部分需要整理的知识框架划分为：

（1）金星的质量、体积和密度等相关数据。

（2）金星在太阳系的位置以及金星的自转和公转情况。

（3）金星的大气层和地表情况。

（4）金星的其他一些情况。

在小组分工方面，潘老师也做了要求：每个小组的五位同学中，四位同学分别负责信封中指明的一项任务，而剩下的那个同学则负责整理和提炼大家收集到的资料。负责整理的同学可以选择自己擅长的形式提交报告，可以是 Word 文档，也可以是 PPT 或者其他任何形式。另外，为了方便同学们的查找，潘老师还给大家推荐了下面 3 个网站：

1. 中国科普博览：http://www.kepu.com.cn/
2. 宇宙奇观：http://babe.lamost.org/
3. 星星天堂 http://kiro.lamost.org/

同时，潘老师也提醒大家，“探索”阶段结束后，自己会在每个小组中随机抽出一名同学上台来给全班同学进行讲解。所以，不是每个同学只了解自己负责的部分就可以了，当整理好自己负责的部分之后，同学们还需要了解其他人负责的部分。只有这样，整个小组才能顺利“过关”。

“探索”正式开始了，同学们很快就被网上内容丰富的文字和图片吸引了，而潘老师自己则在教室中来回走动，督促同学们的进度，也可以随时帮助同学们解决一些问题。金星小组的李丽同学由于太过着急，没有经过筛选就把整个网页保存下来了，这时潘老师就提醒她要注意对内容的选择，可以先选中有用的文字，将它们保存到 Word 文档中，稍后再统一整理；天王星小组的王鑫同学忘记自己把图片存放在哪儿了，这样负责整理的陆浩同学就找不到对应的图片了，距离提交报告的时间只剩下几分钟了，两个人都急得团团转，不知怎么办才好。这时潘老师提醒王鑫可以先去“我的文档”中的“图片收藏”文件夹里找一找，如果实在找不到也不用急，可以重新再找，另外他还提醒王鑫下次查找图片时应该建立一个专门的文件夹，将图片保存在文件夹中。

当同学们的探索完成后，潘老师带着大家进行了现场的“导游讲解”。开始的时候，同学们都还有些拘谨，有几个同学甚至紧张得连声音都发颤了，可是在潘老师的不断鼓励下，同学们渐渐适应了，讲解也变得绘声绘色起来。有的小组准备了 Word 文档，有的小组准备了 PPT。当然，同学们的讲解有时难免会出现一些小失误，金星小组漏讲了金星在太阳系的位置，而火星小组也忘了向大家介绍火星极冠的主要成分，这时，潘老师就会在学生讲解的基础上进行补充。当然，也有表现出色的小组，比如冥王星小组的赵思琼不但全面、有条理的给大家介绍了冥王星的知识，还模拟了“太空飞船”的飞行，给大家介绍了沿途遇到的一些彗星和小行星，就连潘老师自己也听得津津有味呢。在讲解结束时，潘老师还给表现最好的三个小组颁发了“优秀太空导游”的奖状。

临下课了，为了激发学生进一步的思考，潘老师给大家出了一道课后“思考题”：“你觉得除了地球以外，太阳系的哪个星球最有可能出现生命呢？为什么？”看着一些同学为了找出思考题的答案，下课时还留在计算机教室里查找资料的情形，潘老师真心的觉得这是自己最成功的一节课了。

案例来源：广东省中小学教师教育技术能力建设项目中级培训. http://zj.gddec.net/（有改动）

案例分析

以小组为单位，结合表 7-1 中所列的相关分析项目，进行自由讨论，并将结论填入表中。

表 7-1　案例分析登记表

分析项目	分析结果
老师给学生提供了哪些支持与帮助？	
潘老师为什么要在小组中随机选择同学进行讲解？这样做有什么好处？	
对潘老师最后的分组展示与评价阶段，你有什么更好的建议吗？	
你认为这堂课有哪些特点？	

从上面的案例，我们不难看出信息化环境下的教学设计要充分利用信息技术手段进行基于资源、基于合作、基于研究、基于问题等方面的学习，使学习者在情境中主动建构知识，所以信息化环境下教学设计应遵循以下基本原则。

（1）以“学生为中心”为出发点开展教学设计。

（2）充分利用各种信息资源来支持学习。

（3）以“任务驱动”和“问题解决”作为学习和研究活动的主线，在相关的情景中确定教学、学习策略与技能。

（4）强调“协作学习”。这种协作学习不仅指学生之间、师生之间，也包括教师之间的协作。

（5）强调针对学习过程的评价。

三、信息化教学设计过程

1. 传统教学模式与信息化教学模式比较

1993 年美国教育部组织了十多位资深专家进行研究，他们撰写了一份题为《用教育技术支持教育改革》的报告，为如何应用现代化教育技术进行基础教育改革提供了指导性框架。我国基础教育课程改革纲要也提出以信息化带动教育的现代化，努力实现基础教育跨越式的发展，在教学过程中要利用技术改变教学内容的呈现方式；学生的学习方式；教师的教学方式和师生的互动方式。那传统教学模式与信息化教学模式有何不同，从表 7-2 可以看出传统教学模式与信息化教学模式之间的明显差异。

表 7-2　　传统教学与信息化教学之特征对照表

关键要素	传统教学模式	信息化教学模式
学习目的	重知识／职业／生存准备	重能力／潜能激发／自我完善
学习内容	变化缓慢／单学科呈现	变化迅速／跨学科交叉
学习过程	重视结果	重视过程
学习方法	重传输／接受	重启发／探究／协作
教师角色	知识的传授者	学习的帮促者／指导者／组织者
学生角色	被动的接受者	运用信息工具的主动探求者
信息呈现	单一化	多样化／多媒体化
组织形式	班级／集体授课制	重个别化／远程合作化
资源范围	局域的／有限的	全球化的／无限的
学习空间	物理的／实地的	虚拟的／赛伯（Cyberspace）的
材料表现	单调的／有限媒体的	丰富的／多媒体的
学习对象	条件化／资格化／有限制的	大众化／平等化／无限制的
学习方式	模具化／一统化	个性化／多样化
学习工具	纸笔／书本／粉笔／黑板为主	多样化的电子学习工具
学习时间	阶段性的／学习与工作分开	终身化的／学习／工作一体化的
智能开发	语言／数理逻辑为主／偏左脑	多元智能／个性特长／左右脑平衡
师生关系	主宰／听从	主导／主体／平等
学习环境	封闭化／局限化	开放化／国际化
学习场所	特定化／专门	社会化／组织化

续表

关键要素	传统教学模式	信息化教学模式
学习动力	外在强制	自主自发
学习管理	手工作坊式	计算机管理（CMI）
学习评价	纸笔测验为主／重结果	绩效评价／作品评价／重过程

由表 7-2 不难看出，在传统教学中，教师是主要的教学资源，控制学生对信息的获取，而在信息化教学中，教师不再（事实上也不可能）维持自己作为“专家”的角色，而是通过帮助学生获取、解释、组织和转换大量的信息来促进学生解决实际问题。在学习过程中，学生承担着自我学习的任务，通过与教师同伴的沟通，或自主的探索进行主动的认知建构。信息化教学模式的表层特征是信息技术的应用，深层特征则涉及到人才观、教育观、学习观、教学观、技术应用观、评价观等方面的系列变化。

信息化教学设计就是运用系统方法，以学为中心，充分利用现代信息技术和信息资源，科学地安排教学过程的各个环节和要素，以实现教学过程的优化。应用信息技术构建信息化环境，获取、利用信息资源，支持学生的自主探究学习，培养学生的信息素养，提高学生的学习兴趣，从而优化教学效果。

2. 信息化教学设计的关键环节

信息化教学设计的过程主要包括目标分析、学习问题（学习内容）设计、学习资源设计、学习活动设计和学习评价。在信息化教学设计过程中，需要对这些常见的组成部分作出重点的思考和设计。具体设计的关键环节如下。

（1）学习目标分析。学习目标是学生进行学习活动的指标。分析学习目标是为了确定学生学习的主题，即与基本概念、基本原理、基本方法或基本过程有关的知识内容，对教学活动展开后需要达到的目标做出一个整体描述，可以包括学生通过这节课的学习将学会什么知识和能力、会完成哪些创造性产品以及潜在的学习结果。包括知识目标、能力目标、情感目标。

明确的学习目标有利于帮助教师合理地选择教学策略、媒体和教学方式，调节教学活动过程，保证学习目标的真正实现。学生如果明确了学习目标就会有更强烈的参与感，减少学习中的盲目性，更好制定自己的学习进度。学习目标也是教学活动效果评价的依据。

（2）学习问题与学习内容设计。学习问题（包括疑问、项目、分歧等）和学习内容，这是整个信息化教学设计的关键，目标是要阐明要解决问题（或是回答提问、完成项目、解决分歧）。对于学习问题或学习内容分析，可以让教师明确要“教什么”，而学生了解自己应“学什么”来达到学习的目标。

（3）学习环境的设计。学习环境是学习资源和学习工具的组合，这种组合实际上是旨在实现某种目标的有机整合。信息化教学设计中，设计者应根据学习目标利用技术给学习者建构相关的学习资源，便于学习者在真实的情景中进行详细深入的收集、整理、分析、解决问题。借助认知工具帮助学生实现与学习环境的交互，帮助学生进行信息的处理加工、编辑和制作等，来表达自己的思想和观点，形成个性化的知识结构。利用协同工作工具，帮助学生与他人协作分享，培养学生的合作精神。设计管理和评价工具，为学习者提供自我和相互评价的机会，帮助学生调整学习的进度和路径。

（4）学习活动过程的设计。为了达到特定的学习目标，教学设计者设计了一系列帮助、引导学生积极学习的方法和手段。按照建构主义思想，学习者学习和发展的动力来源于学习者与环境的相互作用。学习者认知机能的发展、情感态度的变化都应归于这种相互作用。站在学习者的角度看，这种相互作用便是学习活动。学习活动可以是个体的，也可以是群体协作的。群体协作的学习活动表现为协作个体之间的学习活动的相互作用。其核心是发挥学生学习的主体性、积极性，充分体会学生的认知主体作用，其着眼点是如何帮助学生“学”，具体来说，学习活动的设计最终表现为学习任务的设计，通过规定学习者所要完成的任务目标、成果形式、活动内容、活动策略和方法来引发学习者内部的认知加工和思维，从而达到发展学习者心理机能的目的。

（5）学习评价。信息化教学设计的学习评价常用的评价方法是形成性练习。主要评价学生的学习表现或学习成果，所以不是出试题，而是根据需要设计结构观察表或作品评价量规等作为评价手段。

知识卡片

信息化教学设计模式变革的十大预期特点

1. 目标偏向

在注重基本素养（读写算能力）的基础上，模式变革将越来越强调促进学习者以高阶思维为核心的高阶能力发展。模式的发展为了获得其时代价值，必须以促进学习者高阶能力发展为己任，能否促进学习者高阶能力的培养将成为衡量一种模式价值的主要标准。

2. 学习理念

模式的变革将更加强调学习者是学习的责权主体，它创造条件使学习者。

（1）对学习负责：学习是自我调节/自主的。在学习中，学习者要定义有意义的学习目标和问题；执行与达到目标相关的特定活动；用优秀的标准衡量自身的学习活动和达到目标的程度；在活动、产品或学习事件中检测/反思达成学习目标的过程。

（2）激发内部动机：学习动机是由学习本身激发的，而不是依靠他人奖赏或受外在因素牵引的；能从学习活动本身体验乐趣，且对问题求解和观念/概念的理解保持一种持久的激情。

（3）讲究策略：能持续不断地开发、运用、完善丰富的学习策略和思维方法。这种学会学习的能力包括建构有效的、关于知识和资源的心智模式，即使这些模式的建构可能要建立在复杂的和变化的信息基础上，他们也会努力而为。为了解决问题，他们能创造性地运用和迁移知识，并在不同的水平层次上建立起关联。

（4）协作建构：能充分理解学习是一种社会性的建构活动/过程，善于在与他人交流和协同工作中发展新观点和提高理解水平；能从他人的角度反思自己和自己的观点，清晰地对他人表达自己的观点，对他人有同理心；能用客观公平的心态处理矛盾的或冲突的观点；能看到自己和他人的长处。

3. 学习任务

模式的变革在学习任务的构建方面，将表现如下倾向。

（1）挑战性任务：学习任务有一定的复杂度，且需要持续的学习时间。要成功地完成这种学习任务，需要学习者延伸拓展他们的思维技能和社会技能。适当的挑战性学习任务应有足够的难度，但又不致使学习者产生挫败感，能激起学习者持续学习的兴趣。任务的兴趣性和难度性是相互平衡的。显然，它与学校教育中通常的学习任务有很大的不同。

（2）真实的任务：真实的任务就是生活和工作场所中的任务。它们与现实世界中的问题、项目紧密相连，以生活经验、个人兴趣为基础，它需要学习者展开深度的学习，并且学会从密切的协作中获益。这种协作既可以是校内的协作（与同伴、导师之间），也可以是校外的协作（与社会上的不同群体）。

（3）综合的、跨学科的任务：完成挑战性和真实的学习任务，要求学习者在问题求解的过程中综合运用跨学科的知识，要求教师运用综合化的教学，亦即将不同学科知识整合为主题或基于问题的学习目标，通过项目或专题学习的方式，将基于问题的学习方式和课程内容综合起来。

4. 评价倾向

（1）基于绩效的评价：通过建构知识和创造人工制品来展现学习过程与结果。严格意义上来说，学习者还要参与制定学习绩效标准，并在设计、评价和评估报告中有相应的体现。

（2）生成性的评价：评价的最重要目标是改善学习。因此，评价应当紧扣课程目标；体现重要的知识、能力、内容和主题，并且为学习绩效的产生创设真实的情境；绩效的标准应当清晰明了，并且作为学习者学习经验的构成部分，置于学习活动之前。事实上，为学习和思维活动开发优秀的绩效标准，本身就是学习的一个重要组成部分。

（3）一体化的和过程的评价：评价与教学之间的关系状态是融合的，评价是教学中的一个部分，反之亦然。重视学习过程的评价，使学习者能在评价过程中学习，评价与课程和教学的关系是相互交织的。评价应当涵盖学习绩效中一切有意义的方面，包括个体和小组的成绩评价；自我评价、同伴评价和教师评价；态度和思维过程的评价；人工制品的形成过程和最终形式的评价，开放性的和结构性的学习任务；强调关联性、交流性和现实应用性的学习任务；通过多种方法来评估学习者的“重要观点”及复杂的学习结果，如调查报告、详细目录、学习日记、图解方式、口头陈述、演示、模型、学习档案袋和其他反映学习绩效的人工制品。

（4）平等性的评价：评价的策略或方式要体现文化公平性（如性别、学习风格、能倾等），以客观公正地评价个体的或小组的学习绩效。

5. 教学方式

模式的变革特别要求教学方式朝如下两个方面发展。

（1）交互的：教学应能充分激发学习者的主动参与，要求教师或技术内容与学习者需求相匹配，并且为学习者提供/创设互动的学习机会。

（2）生成的：教学要创设有利于促进学习者深度的、投入的学习经验和学习环境，重视意义的建构；提供有意义的活动经验，以激励学习者以有意义的方式去建构和生产知识。生成性的教学同时鼓励学习者主动地解决问题、从事有意义的探究、积极地反思，以及在不同的社会情境下构建和实施有效的学习策略。

6. 学习情境

模式的变革在学习情境的创设方面将充分体现如下特点。

（1）协作的：学习者是学习共同体的组成部分，学习活动的本质是协作的，在学习共同体中，智力的假设是分布式地存在于学习共同体成员之中。协作性的课堂、学习社区都是很好的协作学习情境，从中可以鼓励学习者提出难题，定义问题，适时交流，参与评估和设定学习目标、学习进程和评价标准，鼓励学习者与校内外不同的成人群体开展密切的、有助于学习进展的交流协作，积极参与社区活动。

（2）知识建构的：学习共同体是帮助学习者有效建构知识的方式。其根本理念是强调学习者通过协作的方式以学习更多的知识和能力，以制衡传统的个体性和竞争性的学习方式。为了促进学习者的知识建构，学习情境所提供的学习经验应有助于给问题求解带来多种观点，并为全体学习者所共享，以促进理解；观点不能停留在头脑风暴阶段，而应走向深度发掘和系统化。

（3）有移情作用的：学习环境和学习经验的提供，应考虑个体的价值差异、多样化的观点和学习者不同的智能优势，因此，学习者共同体要注重运用和创造能充分发挥所有成员各自优势的策略。这些策略对于创建学习情境特别重要，它直接影响共同体能否将具有不同知识背景的学习者组织起来，营造优势互补、共同交流和共同进步的氛围。

7. 学习分组

在分组学习的策略方面，模式的变革强调以下几点。

（1）异质的：异质分组要充分考虑男女性别比例、文化混合、学习风格、能力倾向、社会经济地位和年龄等方面的因素，应重视小组成员不同的能力水平倾向和经验背景。这种异质的混合将给学习小组带来丰富的背景知识和不同的观点，有利于开展真实的和挑战性的学习任务。

（2）灵活的：不同的教学目标有不同的分组方式，以便每个学习者都有机会加入不同的小组，与不同的人共同学习，扩展学习机会和学习经验。根据不同的教学目标需求，分组的形式可以灵活多样。灵活的分组方式有助于教师根据学习者共同的兴趣或需要，充分利用分组的功能，以满足学习者和教学的需求。

（3）公平的：无论采用怎样的分组方式，其宗旨是为所有的学习者创造学习机会。

8. 教师角色

教师角色可转换或拓展为以下几种。

（1）帮促者：为学习创设和提供丰富的环境、经验和活动；为学习者的协作性学习、问题求解活动、真实的任务学习、知识共享和责任共担等方面组合各种机会。在这一过程中，教师参与协商，激励、监控讨论和专题学习的进展，而不是控制。

（2）指导者：在协作性的课堂中，教师必须扮演复杂的、多种多样的角色，如中介者、示范者和教练。作为指导者，教师在必要时应通过示范、中介、解释、调整重心、提供选择等方式，以帮助学习者建构他们自身的意义；要经常调整信息水平，并根据学习者的需求予以支持，帮助学习者将新信息与先前的知识联系起来，改进学习者的学习策略，发展学会学习的能力。

（3）发展中的专家：教师的专业成长是一个在实践中不断反思和完善的过程。

（4）研究者：超越教书匠的角色，做研究型的教师，提高专业化水平，实现自我价值。

（5）课程开发者：运用信息技术手段，开发课堂教学目标、内容、结构、资源和作业；与其他教师通力协作，改变传统课程中的部分内容或开发新课程，如校本课程。

（6）合作学习者和合作研究者：在一个终身学习的社会，教师要不断地学习新知识和新技能，做一个终身的学习者；善于与其他教师协作，敢于探究自身专业之外的领域，提升专业水平；善于和学习者共同参与研究活动，探索新知，并且成为知识建构共同体中的知识生产者。在技术的帮助下，学习者可能成为教师，反之亦然。

9. 学习者角色

学习者的角色更倾向于：

（1）学习的管理者：能有效地计划、监控、调节和反思自己的学习进程与结果，有效地管理自己的学习时间、学习环境、情绪意志、努力程度和寻求他人的支持，有高度的主人翁感。

（2）探究者：有充裕的机会探索观点和形成研究。通过与自然界、材料、技术和其他人的互动，学习者探究概念、概念之间的相互联系以及运用相关的技能。这种具有发现倾向性质的探究活动，使学习者必须认真思考事件、对象、人物或概念的构成部分或属性，从而为学习者训练决策能力提供了机会。

（3）认知学徒：在导师的指导下学习相关观点和技能，模拟专业人员的角色，如从事真实的研究。当学习者模拟现实世界中实践者的思维过程时，他们需要进行相应的观察、应用和思维提炼，这时学习者成为了认知学徒。在这种方式中，学习者要反思他们在不同情境中的实践体会，反思完成一系列学习任务的体会，并且清晰地揭示不同经验中的共性。

（4）教师：在正式和非正式的场合，鼓励学习者扮演教师的角色，以帮助其他的学生。

（5）知识的生产者：通过综合或整合，学习者为自己或学习共同体生成知识产品。通过技术的作用，学习者能逐渐提高生产知识的能力，并且对共同体乃至世界的知识库做出贡献。

10. 技术支持

在技术应用方面，模式的变革带来技术丰富的学习环境，技术有机地融合于课程与教学活动中，技术不仅是支持教学改革，提高教学效率的强有力工具，而且其本身作为信息素养的重要构成，是学习者在知识时代必备的能力。技术支持的重心将从教师方面向学习者方面转移，亦即“从技术中学习”向“用技术学习”转变。技术将作为丰富多样的学习工具，在促进学习者发展方面扮演重要的角色。在这方面，未来学习模式将在充分发挥技术的效能、信息、情境、交流和评价工具作用的同时，尤其重视技术的认知工具作用，以促进学习者高阶思维能力的发展。

四、信息化教学设计的成果形式

信息化教学设计的具体成果形式不仅仅是一篇传统意义上的教案，还包括一套支持教案实施的多项内容的教学设计单元包（Instructional unit design package），教学设计单元包的内容通常包括教学设计方案、多媒体教学课件或支持学习的资源、活动过程模板、学生作品规范/范例、学生作品评价量规等组成。

1. 教学设计方案

教学设计方案，包括教学目标/学习目标陈述、教学对象分析、教学策略与教学活动设计、教学媒体的选择和分析、具体的教学流程图（见附录 10）。

2. 多媒体教学课件

多媒体教学课件，是专门为教学活动开展而设计的各种计算机应用软件，是文本、图形、图像、声音和动画等的集合体。目前，人们通常用 PowerPoint、Flash、FrontPage 等多媒体编辑软件作为基本的技术平台来开发课件。与传统教学相比较，课件的使用在为学生创造交互式学习环境的同时，能有效改善教学效果和提升教学质量。课件可以由教师自己制作，也可以是商品化软件，制作的软件不一定很精美，但一定要符合教学的需要，符合学习者的特征，具有教育性和科学性及较强的实用性。

3. 学生作品规范/范例

学生作品范例就是为便于学生了解学习成果的形式和要求，教师设计、制作的学生作品参考范例。教师在提供范例同时要强调只是为学生完成学习作品提供一个参考，是对学生的一个启发，要鼓励学生创新而不是“框”住学生的思想。

4. 学习参考资源

学习参考资源是围绕教学开展收集和整理的资源，这些资源不仅包括教师收集到的供老师教学备课用的资源，也包括学生在学习过程中完成的各种作品。收集到的资源需按照教育资源建设技术规范的要求进行整理，便于资源建设和资源共享，延长资源的生命力，增加资源的利用率，提高资源的利用价值。

5. 活动过程模板

根据学习内容和学习活动设计的需要，学生在学习过程中可能需要填写一些调查表、实验报告、记录单、活动评价表等。教师要事先准备好这些学习记录表单的样例，使学生在学习过程中直接利用表单模板填写，这样有助于学生将主要精力集中在学习任务本身，提高学习的效率。当然，在开展研究性学习的过程中，由于任务的多样性以及个性化，有些记录表单无法预先设计的，教师可以鼓励学生自行设计。

6. 活动过程评价量表

在教学活动展开中所采用的评价方法（对参与活动的学生的观察评价、问卷调查等）、评价的对象（学习的差异、情感差异、信息处理能力差异等）、评价量表、评价数据、对评价数据的统计和分析。一般在课堂教学展开中，包括对教学活动展开过程中学生的表现（主要是课堂参与、协作学习过程中对小组的贡献、完成任务的情况、学习过程的态度与兴趣）、学生的作品等进行评价的具体项目及标准，这些量表包括课堂观察表、学生互评表、自评表、教师评分表等。

知识卡片

什么是评价量规?

量规专家海蒂·古德瑞齐将它定义为“为一项工作列出标准的评分工具”。我国教育技术专家祝智庭教授则将它定义为“一种结构性的等级量化评价工具”。

评价量规的设计步骤

1. 要根据教学目标和学生的水平来设计结构分量

教学目标不同，量规的结构分量也应不同。

例如，在评价学生的电子作品时，通常从作品的选题、内容、组织、技术、资源利用等方面考虑；而在评价学生的课堂参与性时，又会从学生的出勤率、回答问题情况、作业完成情况、小组合作情况等方面考虑。

2. 根据教学目标的侧重点确定各结构分量的权重

对量规中各结构分量的权重（分数）进行合理的设置不但可以帮助有效的评价，还可以引导学生把握好努力的方向，起到目标导向的作用。结构分量的权重设计与教学目标的侧重点有直接的关系。

以电子作品的评价为例，如果教师的主要目的是教会学生学习制作电子作品的有关技术，那么就应该给技术、资源利用等结构分量赋予较高的权重；如果教师的主要目的是为了让学生通过电子作品展示自己的调查报告，那么就应该给选题、内容、组织等结构分量赋予较高的权重。

3. 用具体的、可操作性的描述语言清楚地说明量规中的每一部分

在对量规的各结构分量进行解释时，应使用具体的、可操作性的描述语言，而避免使用抽象的概念性的语言。

如在评价学生的信息收集能力时，如果标准是“学生具有很好的信息收集能力”，则此标准形同虚设；而如果标准是“从多种电子和非电子的渠道收集信息，并正确地标明了出处”，则标准就明确得多。后者所具有的可操作性，正是量规最可宝贵的特质之一。

（1）同一部分必须出现在每个量规水平里。例如，如果水平 1 中涉及“信息收集”项，则水平 2、3、4 也应该包括此项。

（2）量规水平必须尽可能接近等距离。例如，水平 1 和 2 间的距离应当和水平 3 和 4 间的距离相等。

量规的形式并不是固定不变的。有的量规没有采用表格的形式，而是用项目符号为引领标明各项标准，也有的量规中给出了所要求的最高标准（优），而并不写明其他（中、差等）标准。

教师技术之家提供的量规生成器：

http://teachers.teach-nology.com/web tools/rubrics

量规之星（Rubistar）的量规生成器：

http://rubistar.4teachers.org

实践活动：设计你的信息化教学方案

（1）利用搜索引擎查找与自己所学专业相关的基础教育学科领域，请选择并确定自己将要开展教学设计的主题。

（2）结合你所选定的主题，按附录提供的“信息化教学方案模版”（见附录 10）设计你的方案。

（3）进行训练项目 10 的训练，将设计完成信息化教学设计的成果保存在你的文件夹里。

项目 2　体验探究性学习模式

所谓信息化教学模式，是指技术支持的教学活动结构和教学方式。尽管模式的变革有多种走向，但在特定的情境下，存在相对适当的选择。综合来看，从接受型向探究性模式的转变，是当前国内外教学模式变革的基调。

在本活动的学习中，通过研读两个不同学科的探究性学习案例，感受探究性学习的特点，理解探究性学习的概念及内涵，概括探究性学习活动的步骤和内容。

第一步：请仔细研读下面的案例：

小学数学《分数的初步认识》教学设计案例见附录 11。

小学语文《圆明园的毁灭》教学设计案例见附录 12。

第二步：小组讨论

以小组形式开展讨论，根据下面表格中的提示对两个案例进行分析，把小组讨论的结果填写在表 7-3 中。

表 7-3 探究性学习案例分析

关键要素	探究性学习
教学目标是什么	
学生的学习方式有何特点	
学生学习过程和方法有何特点	
教学评价的特点	
教学过程中师生关系	

从案例分析结果可以看出，探究性学习是提出问题、解决问题的学习活动过程，学生通过自主、探究、协作的学习，获得知识，同时发展了思维能力。

一、探究性学习模式概念

探究性学习也称探究型学习或探究式学习。探究性学习模式是指在教学过程中，要求学生在教师指导下，通过以“自主、探究、合作”为特征的学习方式对当前教学内容中的主要知识点进行自主学习、深入探究并进行小组合作交流，从而较好地达到课程标准中关于认知目标与情感目标要求的一种教学模式。其中认知目标涉及与学科相关知识、概念、原理与能力的掌握；情感目标则涉及思想感情与道德品质的培养。

2001 年以来实施的《基础教育课程改革纲要（试行）》提出在大力推进信息技术在教学过程中的普遍应用，转变学生学习方式，倡导“自主、探究、合作”的学习方式，逐步改变传统教学中以教师、课堂和课本为中心的局面。探究性学习模式正是在这样的背景下逐渐形成并发展起来的。

二、探究性学习的目标

探究性学习是通过学生尝试对问题解决的过程，来获取知识、提升能力、形成价值观的学习方式，强调对所学知识、技能的实际运用，注重学习的过程和学生的实践与体验。因此，需要注重以下几项具体目标。

1. 获得亲身参与研究探索的体验，培养创新思维

探究性学习强调学生通过自主参与类似于科学研究的学习活动，获得亲身体验，逐步形成善于质疑、乐于探究、勤于动手、努力求知的积极态度，产生积极情感，激发他们探索、创新的欲望。

2. 培养发现问题和解决问题的能力，掌握科学研究方法

探究性学习通常围绕一个需要解决的实际问题展开。在学习的过程中，通过引导和鼓励学生自主地发现和提出问题，设计解决问题的方案，收集和分析资料，调查研究，得出结论并进行成果交流活动，引导学生应用已有的知识与经验，学习和掌握一些科学的研究方法，培养发现问题和解决问题的能力。

3. 培养收集、分析和利用信息的能力，提高信息素养

探究性学习是一个开放的学习过程。在学习中，培养学生围绕研究主题主动收集、加工处理和利用信息的能力是非常重要的。通过探究性学习，要帮助学生学会利用多种有效手段、通过多种途径获取信息，学会整理与归纳信息，学会判断和识别信息的价值，并恰当的利用信息，以培养收集、分析和利用信息的能力。

4. 学会分享与合作，培养团队精神

合作的意识和能力，是现代人所应具备的基本素质。探究性学习的开展将努力创设有利于人际沟通与合作的教育环境，使学生学会交流和分享研究的信息、创意及成果，发展乐于合作的团队精神。

5. 培养科学态度和科学道德，塑造品质高尚的人

在探究性学习的过程中，学生要认真、踏实地探究，实事求是地获得结论，尊重他人的想法和成果，养成严谨、求实的科学态度和不断追求的进取精神，磨练不怕吃苦、勇于克服困难的意志品质。

6. 培养对社会的责任心和使命感，形成积极的人生态度

在探究性学习的过程中，通过社会实践和调查研究，学生要深入了解科学对于自然、社会与人类的意义与价值，学会关心国家和社会的进步，学会关注人类与环境和谐发展，形成积极的人生态度。

三、探究性学习模式的主要环节

探究性学习模式不仅可以较深入地达到对知识技能的理解与掌握，更有利于创新思维与创新能力的形成与发展，即有利于创新人才的培养。在此过程中，能否取得成就的关键是，学生在学习过程中的主体地位是否能得到比较充分的体现，同时还需要有教师方面的引导、帮助与支持。换句话说，探究性学习模式的成功实施涉及两个方面——既要充分体现学生在学习过程中的主体地位，又要重视发挥教师在教学过程中的主导作用。离开其中的任何一方，探究性学习都不可能有良好效果。

1. 创设情境

探究性学习模式总是围绕课程中的某个知识点而展开。这个知识点非选自社会生活中的现实问题，也不是由学生自由选择而产生的，而是由教师根据教学目标的要求和教学内容来确定。一旦确定了这个教学出发点或者说学习对象后，教师就要通过问题、任务等多种形式，使用适宜的教学手段来创设与此学习对象相关的学习情境，激发学生的兴趣，引导学生进入目标知识点的学习。

2. 启发思考

学习对象确定后，为了使探究式学习切实取得成效，需要在探究之前向全班学生提出若干富有启发性、能引起学生深入思考、并与当前学习对象密切相关的问题，以便全班学生带着这些问题去探究。这一环节至关重要，所提出的问题是否具有启发性、是否能引起学生的深入思考，这是探究性学习是否能取得效果乃至成败的关键。这类问题要由教师提出。

3. 组织探究

开展探究是整个活动的核心过程，探究的过程是学生根据所确定的探究思路，进行调查、实验、资料收集、访问、考察等各种探究活动，最终将问题予以解决，并得出探究结果的过程，在这一探究活动过程中，所开展的活动类型丰富，在进行学习活动设计的时候，教师可以根据问题的性质和探究的程度选择与之相适应的活动类型。在实施过程中要处理好教师、学生、学习资源几者之间的关系。教师起到引导、支持的作用，学生要充分发挥学习的主动性与积极性，学习资源要成为学生探究的认知工具。在不同的学科，所使用的认知工具有所差异。人文学科往往可以通过让学生上网查找资料来达到促进学生自主探究的目的，这些资料能起到认知工具的作用；而在数理学科中则可以使用能发挥认知工具作用的软件，如仿真物理、化学实验室、中学物理作图工具等。

4. 协作交流

探究性教学模式因为采用“自主、探究、合作”的学习方式，所以在教学过程中特别强调学生的自主学习和自主探究，以及在此基础上实施的小组合作学习活动。教学目标的实现主要靠学生个人的自主探究和学习小组的合作学习活动来完成。本环节是与前面的自主探究环节紧密相连的。学生只有在经过了认真的自主探究、积极思考后，才可能进入高质量的协作交流阶段。也就是说，协作交流一定要建立在自主探究的基础之上，才能为学生提供思路交流、观点碰撞、成果分享的平台。教师在此过程中要起到组织、协调、引导的作用。

5. 评价总结提高

教学评价是以教学目标为依据的。依据培养目标，在探究性学习中，学习过程是以学生为中心，而学习活动往往是真实任务为驱动的，最后的学习结果往往是电子作品、调查报告、观察心得等。对探究结果的展示和交流，实际上也是探究过程的一种活动方式，探究性学习评价注重发挥学生的主体作用，并更加关注学生的学习过程。为了更合理的评价探究性学习，借助评价工具对探究性学习过程进行评价尤为重要。目前，比较常见的过程评价工具有量规、电子学档、概念图、学习契约以及评价表等。教师可以是独自或与学生讨论共同准备好这些评价工具，在活动的进行的适当时机（一般在活动进行前）提供给学生。

教师引导学生对问题进行回答与总结，对学习成果进行分析归纳，并可联系实际，对当前知识点进行深化、迁移与提高。

四、WebQuest 模式的探究性学习

网络探究，是探究学习活动的一种具体形式。它主要依托互联网的强大信息资源优势来训练学习者的探究能力。在网络探究中，学习者可以最大限度地利用网络资源，并在发掘互联网信息的同时促进高阶思维能力发展。为了方便教师教学，国内外一些研究者专门开发了一些设计模板，不同程度受到教师的重视和青睐。如 Webquest、MiniQuest，“拾荒式搜索（Scavenger Hunts）”等。下面重点介绍在中小学教师中比较流行的模式——WebQuest。

教学案例

地震研究

适用于小学高年级至初中中学《科学》学科

设计者：吴向东　武汉大学附属小学

摘自 http://www.being.org.cn/webquest/earthquake/index.htm#top

导言：

地震带给人类的损失是巨大的。1556 年陕西关中地区发生的 8 级大地震，伤亡 80 余万人；1976 年唐山的 7.8 级地震，死亡 24 万多人，整个城市变为废墟；1999 年我国台湾地区南投县集集镇发生的 7.6 级大地震，死伤 1 万多人。1949 年以来，100 多次破坏性地震袭击了 22 个省市区，其中东部地区涉及 14 个省份，造成 27 万余人丧生，占全国各类灾害死亡人数的 54%，地震成灾面积达 30 多万平方公里，房屋倒塌 700 多万间。地震的破坏力如此之大，使各个国家都非常重视对它的研究。现在请你以一个科学家、政府工作人员或社区工作人员的身份，对地震进行研究，并写出一个有价值的研究报告来，引起政府相关部门或研究机构的重视，为人民做贡献。

任务：

有关地震的研究涉及很多方面，如果一个人去做会比较困难。你们可以几个人一起自由组合为一个小组，每位小组成员以不同的角色，如作为科学家、作为政府工作人员或者作为社区工作人员，分别对地震进行研究，最后用自己的语言形成一个统一的研究报告。为了使你的报告更容易让别人看懂，请多用图片和动画来表达报告内容。如果研究报告中有动画文件，建议用 PowerPoint 或 FrontPage 等工具来完成制作。

（1）作为科学家，你的研究将为政府工作人员和社区工作人员的研究提供依据，请注意多与他们交流，告诉他们你的研究进展。你的研究任务是：弄清地震的成因，关注研究地震的科学方法；地震预报技术以及它的可靠程度；结合本地区地质情况，研究发生地震的可能性。

（2）作为政府工作人员，你的任务是研究房屋建筑的抗震标准和建筑抗震的法规，以及执法措施。你的研究成果可以减少甚至避免人员伤亡，因为人员伤亡大多是由于房屋的破坏引起的。

（3）作为社区工作人员，你的任务是搜集并总结地震防护和灾难救护的知识经验，向社区群众宣传并组织演练。你的工作直接关系到灾难发生时，居民们是否有能力保护自己和救护他人。

资源：

综合网站	1. 中国地震科技网 http://www.eq-csi.ac.cn 2. 北京市地震局 http://www.bjdzj.gov.cn 3. 佛山防震减灾网 http://www.fskw.gov.cn/earthquake/foshan/ 4. 地震模拟展馆 http://www.kepu.net/gb/earth/quake/ 5. 地震知识 http://www.cpus.gov.cn/zlg/dz/dz1.htm 6. 变脸的大地 http://www.gl.ntu.edu.tw/lab_liutk/921/921.htm 7. 纪念唐山大地震 25 周年 http://dailynews.sina.com.cn/z/tsquake/ 8. 921 台湾地区集集地震 http://www.naphm.ntu.edu.tw/921/921index.htm
地震的成因与预测	1. 全球重大地震目录（-2150 ~ 2002） http://210.72.124.4/ngdccat.html 2. 地震信息 http://dzsm.diy.163.com/dzxx.htm 3. 地震成因与分布 http://news.yn.cninfo.net/yunnan/kejiao/2001/2001-10/2001-10-28/1004266171_2/ 4. 地震成因 http://61.153.234.30/web/hyjy/teacher/syxxxjs/dz/new_page_6.htm 5. 台湾地区 921 集集大地震地貌变化 http://www.csrsr.ncu.edu.tw/newsite/921.htm 6. 地震专家解释台湾地震成因 http://dailynews.sina.com.cn/china/1999-9-22/16612.html 7. 中国地震局分析预报中心 http://www.seis.ac.cn/index.htm 8. 人类能预测地震吗 http://www.sdinfo.net.cn/zhishi/zaihai/a99931.htm
关于湖北武汉的地震资料	1. 湖北地震信息网 http://www.eq-hb.ac.cn 2. 湖北省地震历史记录 http://www.eq-hb.ac.cn/fz2.htm 3. 武汉向东南漂移 http://www.morningpost.com.cn/company/morningpost/A/011028d2.htm 4. 台湾地区发生地震武汉高楼“有感觉” http://www.cnhubei.com/aa/ca53869.htm
有关地震的法律法规	1. 中华人民共和国防震减灾法 http://www.shanweisti.net.cn/earthquake/dzb-p.htm 2. 法制办就《地震安全性评价管理条例》答问 http://law.china.com/zh_cn/yjdt/lf/10001656/20011127/10157982.html 3. 湖北省工程建设场地地震安全性评价管理办法 http://www.eq-hb.ac.cn/fz1.htm
社区工作	1. 湖北省防震减灾宣传教育提纲 http://www.eq-hb.ac.cn/fz3.htm 2. 地震模拟展馆 http://www.kepu.net/gb/earth/quake/ 3. 纪念唐山大地震 25 周年 http://dailynews.sina.com.cn/z/tsquake/ 4. 台湾地区 921 集集地震 http://www.naphm.ntu.edu.tw/921/921index.htm

如果这些资料还不能满足你研究的需要，建议你到下面的搜索网站查询：

www.baidu.com 可以搜索关于地震的 Flash 动画

search.sina.com.cn 可以搜索到许多关于地震的图片

www.google.com

cn.yahoo.com

dir.sohu.com

为了尽快搜索到更准确的信息，建议用下列关键词词组查询：

地震 成因　地震预报　地震 分布　地震 法律 法规　地震 减灾 救护　地震 抗震

过程：

各小组成员首先进行角色分配，明确各自的任务，约定联系方式，便于随时交流。

说服父母，取得他们的支持和帮助，别忘了感谢他们为你所做的一切。

在准备上网收集资料前，先在电脑里新建一个文件夹，把你即将搜集到的有用资料都放入这个文件夹中。再打开一个你熟悉的图文处理软件，如Word等，把它作为一个记录本。

当在网上找到对你的研究有价值的文字和图片时，把它们复制、粘贴到这个图文处理软件中，以便写报告时引用。对于网上下载的动画，最好单独放到这个文件夹中。

时常核对一下你的研究任务所需的资料是否齐备、证据是否正确充分。收集资料的工作做好了，撰写研究报告时就会更顺利。

小组讨论交流，形成统一的研究报告。特别注意的是，要能提出你自己的见解和意见。

班级交流。在交流过程中，对别人的报告要认真听、多思考，提出有价值的质疑，在争论中完善对地震的认识。

下面是针对不同的角色所做的一些提示，供你研究时参考。

1. 科学家

➢ 了解地震时发生的现象，如震动持续的时间、次数、声音，地震后地貌的改变，由此推断地球内部可能出现了什么情况？

➢ 地震现象的类比实验：用力把一个小枯树枝折断，这时你所听到什么？手有什么感觉？

➢ 研究地层运动，地震与地层运动的关系。

➢ 查阅本地区地层情况，做出是否有可能发生地震的分析。

➢ 地震预报技术发展状况，我国在这方面的研究。

➢ 用搜集到的图片和动画来制作有说服力的报告。

2. 政府工作人员

➢ 搜集资料，在地震中什么样的建筑最易损坏，什么样的建筑不易损坏。

➢ 建筑物抗震标准和法律法规的制定情况，执行情况。

➢ 你的见解。

3. 社区工作人员

➢ 统计地震发生频率、死亡人数、财产损失情况等。

➢ 搜集整理地震灾害预防与自救的知识经验。

➢ 如何向居民宣传地震救护知识。

➢ 在居民区、社区和学校开展地震灾难救护演练的计划。

评价：

请根据下面的评价表，对自己的情况做自评、小组评或老师评，以改进自己的研究工作。

评价内容	很好	还行	要努力
参与讨论	充分理解主题，有观点	对主题有些理解，问到时才表示观点	不理解主题，问到时也说不出观点
分工合作完成任务	明确自己和小组的任务，善于合作	对自己和小组的任务有些不太清楚，时常要人提醒	感到不知道要做什么，如何去做，也没有主动地去问同伴
搜集资料的丰富准确性	资料丰富，包括大量的重要事实和科学证据	搜集了一些资料，但证据不多，还缺少一些重要的事实	资料少，很难完成任务
问题的解释与证据的引用	对问题的解释有根有据，证据的引用正确，突出主题	对问题的解释不太清晰，证据的引用还不能清晰地突出主题	对主题的解释不清晰，缺乏证据
报告撰写	文字通顺，图片和动画能很好地表达主题	文字表达还需要修改，图片和动画不多、或者没能突出主题	文字表达不清，图片动画太少，主题不突出
提出的见解	提出的见解有创见，有说服力	提出了见解，但说服力不够	没能提出自己的见解

结论：

通过这个研究活动，你将发现关于地震的研究是多么复杂，而这些研究成果对于我们自己将是多么重要，科学能够帮助我们更好地应对地震灾害。同时你将体会到如何以科学的方法去研究问题，以及证据对于我们研究的重要性。

扩展：

为了积累更多的经验，请继续深入研究有关台湾地震的各个方面的问题，并形成研究报告。

我国台湾地区地震的网上资料非常丰富，但大多是繁体字，如果你在阅读时感到困难，请下载 NJWIN Internet Viewer 南极星中日韩阅读平台软件来解决。

推荐搜索网站：cn.yahoo.com　　关键词：中国台湾地区地震

案例分析

请研读 WebQuest《地震研究》，和你的小组成员一起分析 WebQuest 方案中的各个组成部分，以及每个组成部分的设计要点，将讨论结果填写在表 7-4 中。

表 7-4　WebQuest 的组成部分和设计要点

组成部分	设计要点

1. WebQuest 的起源

WebQuest 是美国圣地亚哥州立大学的伯尼·道格（Bernie. Dodge）和汤姆·马奇（Tom. March）创立，于 1995 年开发的一种课程计划。由于该课程计划和网络密切相关，他们将其命名为“WebQuest”。“Web”是“网络”的意思，“Quest”是“寻求”、“调查”的意思。在这类课程计划中，呈现给学生的是一个特定的假想情景或一项任务，通过是一个需要解决的问题或是一个需要完成的项目，并要求他们通过对信息的分析和综合应用来得出创造性的解决方案。

在这以后，许多教师开始编写自己的 WebQuest，并开始在工作室和课堂中展开 WebQuest 的教学实践，借助电子邮件，方便了 WebQuest 使用者和编写者之间的联系，交流使用心得，探讨探究的结果问题。因此，WebQuest 网站在因特网上如雨后春笋般不断涌现，并越来越受到教师和学生的喜爱。

目前全球已有数以千计的教师建立了自己的 WebQuest 课程网页，并在课堂教学中广泛开展了实践。

在圣地亚哥州立大学网站（http://edweb.sdsu.edu/），可以找到大批优秀课例和培训资料，从小学 3 年级直到大学预科，学科涵盖了科学、技术、数学、艺术与音乐、商业与经济、英语与语言、卫生与健康、社会研究、生活技艺等。网站日均单击率达到 1700 次以上。此外，万维网上还有许多其他的 WebQuest 网站和课例“橱窗”。

2. WebQuest 的形式

WebQuest（网络探究）课程是一种以探究为取向的学习活动，是一种基于因特网资源的课程单元式探究性学习的模式。在国际上已被看作一种规范化的网络探究学习方法，特别适合多学科综合学习。为了更好地帮助学生提高学习效率，相对于收集信息而言，WebQuest 关注的重点是信息的使用，用来支持学生在“分析、综合和评价”级别上的思考。

简单地说，WebQuest 是利用因特网资源的授课计划或者是课程单元。WebQuest 是一个以调查研究为导向的学习活动，在这个活动中，部分或者所有能够让学习者进行交互的信息都是来自因特网的资源，有些甚至还提供了录像参考资料。

WebQuest 的目的是让学习者更好地使用时间，意在使用信息，而不仅仅是收集信息，并帮助学习者分析、综合和评价。WebQuest 有两种学习方式：一种是短期 WebQuest；另一种是较长期 WebQuest。

（1）短期 WebQuest。短期 WebQuest 探究学习指的是 1 ~ 3 课时单元的学习，其主要目标是知识的获取和整合。在学习结束后，学生能够获得大量有用的新信息，并获得探究体验和感受。

（2）长期 WebQues。长期 WebQuest 探究学习的学习目标是扩展和提炼知识，时间在一周到一个月之间。经过这个阶段，学习者深入地分析、改造知识，学会分析某一主题的深入知识，学会将知识进行转换和迁移，并且要求他们通过创设一些供他人在线或离线方式交流的作品证明自己理解了这些知识。

3. WebQuest 的主要组成部分

为了使学习者明确学习目标，在网上充分利用时间，避免漫无目的地任意冲浪，每个 WebQuest 都经过了精心设计。它赋予学习者以明确的方向，给学习者一个有趣且可行的任务，并提供必须的、能够指导他们完成任务的资源，而且还告诉他们未来的评价方式，以及概括和进一步拓展课程的方式。无论是短期 WebQuest，还是较长期 WebQuest，一般都由简介、任务、过程、资源、评价和结论共 6 个模板组成，其中每一个模块都自成一体，设计者可以通过改变各模块来实现不同的学习目标。

（1）简介（引言或情境）。WebQuest 简介部分包括两个方面目的：第一，让学习者明确将要学习的是什么；第二，通过各种方式提高学习者的学习兴趣。为了达到这两方面目标，应该使主题达到以下要求：

- 与学习者过去的经验相关；
- 与学习者未来的目标相关；
- 具有吸引力，看起来有趣；
- 因为其全球性影响而极具重要性；
- 因为急切需要解决而紧迫；
- 因为学习者将进行角色扮演或者有一些产出而好玩。

（2）任务。WebQuest 的任务模块对学习者通过练习将完成的所有事情作了描述。其形式可能是一个 PowerPoint 演示，也可能是一个能够对特定的主题进行解释的口头陈述。

与其他网络课程的区别就在于它有一个切实可行的、能够完成的且具有吸引力的任务。这种任务通常是成人工作或生活中所发生事件的微缩版本。完成 WebQuest 的任务，并不仅仅是让学生回答问题，而是要求学生通过更高级的思维技能来解决问题或作出决策，这些高级思维技能包括创造性、分析、综合、判断和问题解决等。

（3）过程。在 WebQuest 的过程模块中，教师将完成任务的过程分解成循序渐进的若干步骤，并就每个步骤向学习者提出了短小而清晰的建议，其中包括将总任务分成若干子任务的策略，对每个学习者要扮演的角色或者所要采用的视角进行描绘等。教师还能够在这个模块中为学习和交互过程提供指导，如怎样开展一个头脑风暴会议。

（4）资源。学生使用的所有链接都由设计者预先设定是 WebQuest 区别与其他网络活动的又一特征，所以，也可以这样说，相对于信息的搜索，WebQuest 更侧重于信息的使用。但是，非常值得注意的是，可以提供给学生的资源并不仅仅局限于网上的发现，它还可以包括一个与远距离专家的音频会议、一个与不远的教师的视频会议，一个录像带，一份评价报告的精装本、教科书、录音带，以及与他人面对面的访谈。由于这些资源是预先选定的，而且还包含有明确的指针，所以，学习者在网络空间将不再因迷失方向而完全漫无边际地漂流。通常，明智的做法是将资源清单分成几个部分。一部分资源在课堂上让每个学生学习，另一部分则可以由扮演某一特定角色或持某一特殊观点的学习者阅读。通过这种给予学习者不同数据资源的方式，不仅增强了群体之间的合作和依靠，同时也培养了学习者相互学习的意识。

（5）评价。WebQuest 通常采用评价测评表来考察学生作品的不同方面。评价人员既可以是教师，也可以是家长或同学。另外，根据学习者学习任务的不同，评价测评表的形式也表现为书面作业、多媒体创建、网页和其他类型。

（6）结论。WebQuest 的结论部分为总结学习内容和经验、鼓励对整个学习过程进行反思，以及对学习成果进行拓展和推广提供了一个机会，它的另一个作用是为教师提供可以在整个课堂讨论中使用的问题。虽然，结论部分算不上是一个很关键的部分，但是它为这个活动画上完美的句号。

4. WebQuest 的五项基本原则

WebQuest 的五项基本原则：可以用单词“FOCUS”来表示：

F——找出精彩的网站（Find great sites）；

O——有效地组织你的学习者和学习资源（Orchestrate your learners and resources）；

C——要求学生思考（Challenge your learners to think）；

U——选用媒体（Use the medium）；

S——为高水平的学习期望搭建脚手架（Scaffold high expectations）。

（1）寻找优秀网站。所采用网站的质量是判断 WebQuest 好坏的一项重要指标，判断依据主要有学习者的年龄、WebQuest 的主题、期望的学习活动等。人们可以根据可读性、是否能引起学习者兴趣、是否不同于学生学校生活的来源等因素来查找合适的网站。

（2）有效地组织学习者和学习资源。有时学习资源会很缺乏，但只要能组织好现有的资源一样可以设计出优秀的 WebQuest。

① 组织学习资源：如果我们没有足够的电脑，可以采取可能的措施来弥补。

若只能作演示，教师就可用一台电脑来引导全班的讨论，控制课堂节奏。

若硬件条件有限，可以按 1∶10 的比例设置学习工作站让学习者轮流使用。

若上网条件有限，把离线的活动尽可能安排在其他时间，最大限度地发挥网络功能。

若无法让学生上网，教师可以把相关网站内容先下载下来，供学生离线测览。

② 组织学习者：设计一个优秀的 WebQuest 同时也就是一个如何组织好学习者的问题。成功的 WebQuest 离不开和谐的小组合作学习环境。和谐的合作学习环境包括以下几个关键属性。

角色互赖：学习者能认识到没有伙伴就不会有成功。

积极互动：学习者能把学习任务当成自己的真实任务来完成。

责任分工：小组对完成整个任务负责，每个小组成员对任务中的部分负责。

人际关系：学习者要了解如何相互合作，处理好小组成员之间关系。

协作过程：在小组学习过程中如何穿插提高小组学习效能的交流活动。

（3）挑战学习者思维。标准化考试强化的是学习者记忆背诵的惰性知识，学习者的思考是简单的意义解释、概述总结。在 WebQuest 中可采取以下措施来引导学习者思考，促进学习者高阶思维能力发展。

挑战性任务：给学习者分配一项具有挑战性的任务，这些任务要求学习者不仅仅是能“复述”而且能进行问题解决、创新、设计和判断等水平层面上的学习活动。

活动设计：学习者为完成一个真实任务，要根据参与者的不同背景分配不同角色，并设计出可操作的实施方案。

新闻写作：WebQuest 可以以一个新闻活动为主题，学习者扮演记者的角色，亲身采写新闻报道或模拟日记。

主题辩论：通过社会生活中的真实事件让学习者展开辩论，用辩论把学习者组织起来，不同观点的学习者互相陈述自己的理由并竭力说服他人。学习者可以学会从多个角度来看待问题。如针对环保问题，分别扮演环保人士、伐木工人、媒体人。

（4）选用媒体。充分运用媒体的 WebQuest 不是只用简单的书面方式就能表现出来。选用媒体时需注意以下要点。

人：互联网有哪些特性呢？首先我们要认识到互联网不仅仅是计算机的网络，它更是人的网络。除了能找到有趣的、适合的网页供学习者阅读之外，还可以找到大量共享的专家智慧资源。你可以通过 BBS、E-mail 来与专家或其他地区的学习者进行信息交流。

交流：互联网的另一个特性就是交流能够被记录，并用作学习的资源。学习者发表的想法、意见会被其他人修正、推敲甚至责难，进而启发学习者的思路，帮助学习者澄清自己的想法。在 WebQuest 中添加页面让其他学习者来粘贴意见，并邀请校外其他成员参与到学习活动中。这一切都将使交流变得更通畅。

合理选择：网络是一个多媒体的环境。在网页中合理使用视频、音频能够增加学习者对内容的理解，网页变得不像精美的杂志，而更像电视了。若页面中毫无教育意义的多媒体内容多，反而会分散学习者力。

（5）支持学习者达成高水平学习期望。通过 WebQuest 可以让学习者去做一些平常他们不敢想象的事情，条件是必须帮助他们搭建“脚手架”。如让学生尝试分析、解决黄土高原缺水的问题，教师就要事先提供黄土高原的地理地貌网站、地质专家评述、当地政府网站等支撑信息。

WebQuest 中存在 3 类“脚手架”：接收支架、转换支架、输出支架。

接收支架：面对网络，学习者接触到海量的资源信息。如果没有充分准备，在课堂上将会无所适从。接收支架能指导学习者如何根据给定资源和已有知识开展学习活动。具体的接收支架实例有：观察指导、会晤技巧、在线辞典等。

转换支架：在 WebQuest 中学习者将读到的东西进行精细加工、转变为新的形式。学习者在这些活动过程中，需要转换支架的帮助，常见的转换支架/活动有：比较、对照、归纳、总结、集体讨论、推理和决策。

输出支架：WebQuest 通常要求学习者创建一些他们以前从来没有实现过的东西。在教学活动中可以用模板、写作向导、多媒体和组件作为学习任务的输出支架。

通过为学习者做部分工作，可以帮助学习者超越其以前已经具备的能力水平。随着时间的推移，学习者能逐渐内化这些学习内容，自主地完成这些任务。

5. WebQuest 学习方案的设计

设计 WebQuest 是一个从简单、熟悉到复杂、陌生的过程。这意味着从单学科的短周期 WebQuest 开始，逐渐上升到长周期的跨学科活动。

（1）确定一个探究性学习的主题。

（2）为主题中设计学习任务。

（3）准备学习资源。

根据所选主题，准备基于网络的探究性学习所需要的学习资源。

（4）使用模板或者网络编辑器制作与学生和其他老师交流的课程。

（5）设计评价量规。

（6）设计和开发出完整的基于网络的课程。

至此，WebQuest 的设计就大功告成了。需要指出的是，在这一过程中，最困难的部分是选择任务，最耗时的部分是设计过程。

为方便设计一个 WebQuest 探究性学习设计方案，可以按表 7-5 的模板进行填写，将各项要求具体化，即可完成 WebQuest 学习方案的设计。

表 7-5　　WebQuest 学习方案的设计模板

WebQuest 主题
学科： 年级： 1. 介绍（导言） 此处是对要进行“探究”的基本问题的简要描述。教师可向学生简要介绍这个主题的相关情况。可以是： • 为学生了解学习的主题提供一些背景资料，使他们对学习主题产生兴趣； • 如果学习主题是关于某地的，则应提供一些总体介绍、一张照片、音频文件； • 如果是关于某人的，则应提供这个人的背景资料； • 如果是提出一些相反的观点，则需简要介绍这些观点。 2. 任务 对学生要做的事情进行描述。教师应清晰明了地将学习目标，即学生行为的最终结果是什么告诉学生。可以是： • 一系列必须解答的问题； • 对每个问题提出自己的解决对策； • 对某些存在争议问题（事件）阐述自己对观点或立场； • 完成有创意的作品等。 3. 资源 给学生提供完成任务的资源清单，引导他们访问你提供的网址、印刷材料或多媒体课件中的视频、音频资源。 对每个相关资源进行简单描述，以便学生知道自己通过访问这些资源可以获得什么。 4. 过程 介绍学习者完成任务应遵循的步骤。这一部分是探究学习的关键所在。这些步骤一定要简明清晰。 5. 评价 设计评价量规来评价学生学习成果。让学生清楚地了解评价他们学习的评分标准；提供在线评价标准的链接，让他们事先知道有哪些评价标准和解释成绩的计算方法。 6. 结论 写上一两句简短的话，概述一下通过完成这个 WebQuest 将获得或学到什么。

6. WebQuest 学习网站的制作

WebQuest 学习网站是支持探究性学习模式的一个主题学习网站，是提供给学生进行基于网络资源探究的一个平台。要成功开发出一个 WebQuest 学习网站，必须要在 WebQuest 学习方案设计基础上，进一步按网站开发的方法来设计和开发 WebQuest 学习网站。WebQuest 学习网站设计与开发一般包括：确定学习主题、设计 WebQuest 学习方案、网站结构设计、网站文件夹设计、网站链接设计、网站界面设计、网站制作、网站发布等步骤。

WebQuest 主题学习网站从内容上看，主要是为学生提供一个学案，包括探究的主题、任务分解、支架和资源等，为教师提供一个教学指南，它并不提供具体的与探究的主题相关的结构化或扩展性的知识。从网站结构上说，它相对比较固定，包括的是学案设计中的引言、任务、过程、资源、评价、结论和讨论区等模块以及教师教学指南中的各模块。

WebQuest 学习网站有单页和多页两种类型。单页 WebQuest 就是把 WebQuest 各个模块的内容写在一个页面中；多页则把 WebQuest 各个模块单独地存放于一个页面上，整个网站由多个互相链接在一起的页面构成。一般来说，如果一个 WebQuest 学案的内容较少，教学指南的内容也很少，就可以采用单页方式，如果每个模块的内容都比较丰富，一般采取多页方式制作网站。

由于 WebQuest 的内容和结构的稳定性特征，决定了 WebQuest 学习网站的开发，并不需要采取像其他网站一样的开发模式，更多的是采用基于 WebQuest 模板的开发模式。惟存教育网站（http://www.being.org.cn/webquest/）提供了多种 WebQuest 模板，下面我们在分析不同 WebQuest 网站模板内容与结构的基础上，通过实例说明如何制作一个 WebQuest 学习网站。

（1）“上下框架式－单页教学指南”模板。该模板采用上下框架形式的页面布局，教学指南由单个页面构成，所有有关教学指南内容均位于一个页面中。

① 网页及文件夹说明。

根文件夹/pic/	该文件夹放置所有 html 文档中的图片文件
根文件夹/	
index.htm	本网络主题探究学习单元的首页
t-index.htm	教学指南页
top.htm	学习活动模块导航页
ttop.htm	教学指南模块导航页
introduction.htm	学习活动——引言
task.htm	学习活动——任务
process.htm	学习活动——过程
evaluation.htm	学习活动——评价
conclusion.htm	学习活动——结论
forums.htm	关于论坛使用的说明文档
readme.txt	使用说明

② 网站结构说明。依据“上下框架式－单页教学指南”模板建立的网站结构，如图 7-1 所示。所有页面单向链接于主页上。

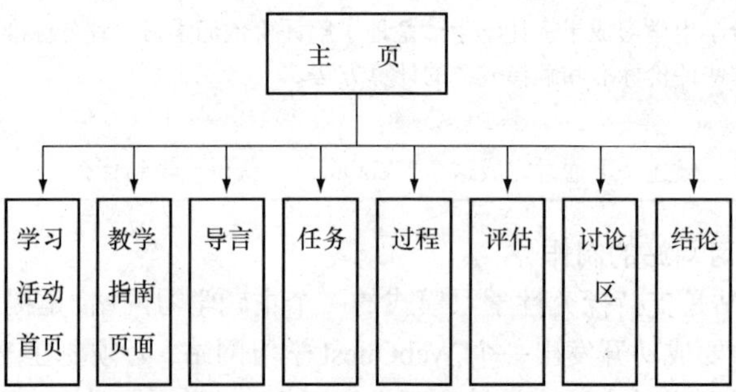

图 7-1　网站结构

③ “上下框架式－单页教学指南”学习网站界面。

图 7-2 是上下框架式模板主页界面，主页面的文件名为 index.htm，由上下两帧的框架构成，框架上面一帧中包含了 top.htm 导航页面，下面一帧中包含了 main.htm 页面。图 7-3 是教学指南页面，教学指南由单一页面构成，文件名为 t-index.htm，通过包含技术将 ttop.htm 页面包含其中。

图 7-2　学习活动首页

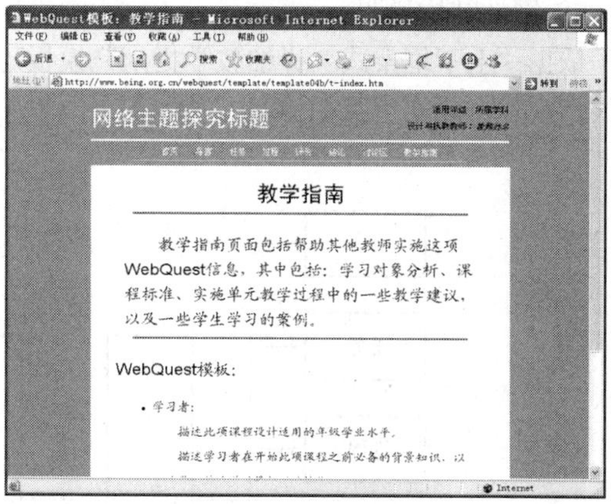

图 7-3　教学指南页面

（2）“上下框架式－详细教学指南”模板。该模板采用上下框架形式的页面布局，教学指南由多个页面构成，教学指南内容包括引言、学习者、课程标准、过程、资源、评价、结论等。

① 文件夹及网页说明。

根文件夹/s	该文件夹放置学习活动模块的所有 html 文档
/s/spic	该文件夹放置学习活动模块所有 html 文档中的图片文件
/t	该文件夹放置教学指南模块的所有 html 文档
/t/tpic	该文件夹放置教学指南模块所有 html 文档中的图片文件
根文件夹/index.htm	本网络主题探究学习单元的首页
	学习活动模块的首页，由/s/main.htm 和/s/top.htm 构成
/t-index.htm	本网络主题探究学习单元教学指南模块的首页
	教学指南模块的首页，由/t/t-main.htm 和/t/t-top.htm 构成

/s/main.htm	学习活动模块标题、版权信息
top.htm	学习活动模块导航页
introduction.htm	学习活动——引言
task.htm	学习活动——任务
process.htm	学习活动——过程
evaluation.htm	学习活动——评价
conclusion.htm	学习活动——结论
forums.htm	关于论坛使用的说明文档

/t/t-main.htm	教学指南块面标题、版权信息
t-top.htm	教学指南块面导航页
t-introduction.htm	教学指南——引言
t-learners.htm	教学指南——学习者
t-standards.htm	教学指南——课程标准
t-process.htm	教学指南——过程
t-resources.htm	教学指南——资源
t-evaluation.htm	教学指南——评价
t-conclusion.htm	教学指南——结论

② 网站结构说明。

依据“上下框架式－详细教学指南”模板建立的网站结构，如图 7-4 所示。学习活动首页和教学指南首页能实现互相访问，其他各页面单向链接于学习活动首页或教学指南首页上。

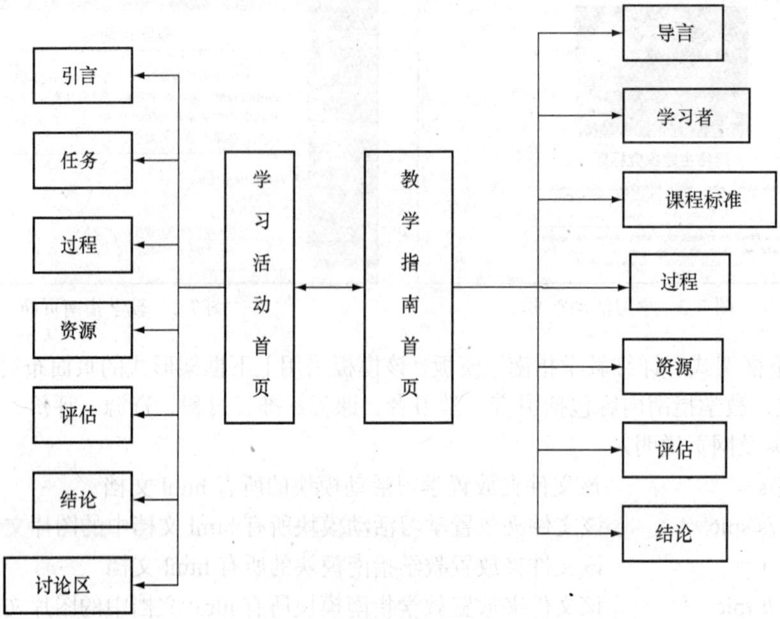

图 7-4　网站结构

③“上下框架式－详细教学指南”学习网站界面。图 7-5 是上下框架式模板主页界面，主页面的文件名为 index.htm，由上下两帧的框架构成，框架上面一帧中包含了 top.htm 导航页面，下面一帧中包含了 main.htm 页面。图 7-6 所示为上下框架式模板教学指南主界面，主页面的文件名为 t-index.htm，由上下两帧的框架构成，框架上面一帧中包含了 ttop.htm 导航页面，下面一帧中包含了 t-main.htm 页面。

图 7-5　学习活动首页

图 7-6　教学指南首页

（3）“左右框架式－单页教学指南”模板。该模板采用左右框架形式的页面布局，教学指南由单个页面构成，所有有关教学指南内容均位于一个页面中。网页及文件夹、网站结构与“上下框架式－单页教学指南”基本相同，只是学习活动模块的导航页面文件名由 top.htm 变为 left.htm，教学活动模块中的导航页面文件名由 ttop.htm 变为 tleft.htm。

“左右框架式－单页教学指南”学习网站主界面如图 7-7 所示，主页面的文件名为 index.htm，由左右两帧的框架构成，框架左面一帧中包含了 left.htm 导航页面，右面一帧中包含了 main.htm 页面。图 7-8 所示为教学指南页面，教学指南由单一页面构成，文件名为 t-index.htm。通过包含技术将 tleft.htm 页面包含其中。

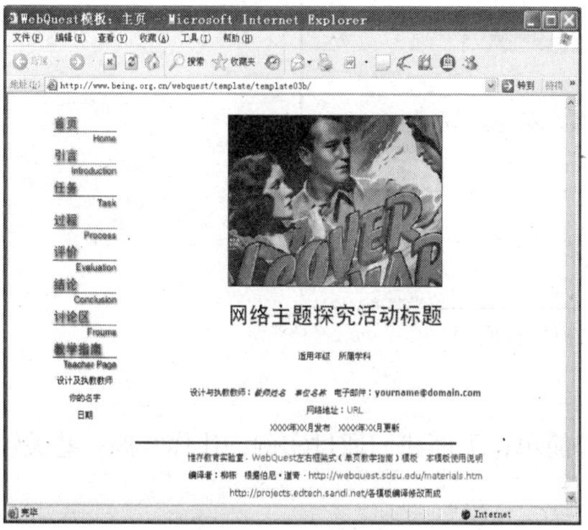

图 7-7 学习活动首页

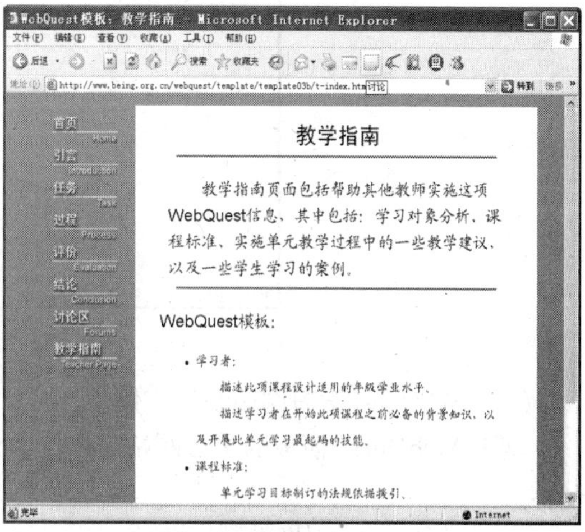

图 7-8 教学指南首页

（4）“左右框架式－详细教学指南”模板。该模板采用左右框架形式的页面布局，教学指南由多个页面构成，有关教学指南内容包括引言、学习者、课程标准、过程、资源、评价、结论等。网页及文件夹、网站结构与“上下框架式－详细教学指南”基本相同，只是学习活动模块的导航页面文件名由 top.htm 改为 left.htm，教学活动模块中的导航页面文件名由 ttop.htm 改为 t-left.htm。

“左右框架式－详细教学指南”学习网站界面如图 7-9 所示，主页面的文件名为 index.htm，由左右两帧的框架构成，框架左边一帧中包含了 left.htm 导航页面，右边一帧中包含了 main.htm 页面。图 7-10 所示为左右框架式模板教学指南主界面，主页面的文件名为 t-index.htm，由左右两帧的框架构成，框架左边一帧中包含了 t-leaft.htm 导航页面，右边一帧中包含了 t-main.htm 页面。

图 7-9 学习活动首页

图 7-10 教学指南首页

（5）“单页”模板。该模板将所有的内容集中于一页，由单个 html 文件构成。相对于多页模式，更加简单，没有超级链接，通过书签实现页面内容各部分的跳转。“单页”模式的 WebQuest 学习网站界面如图 7-11 所示。

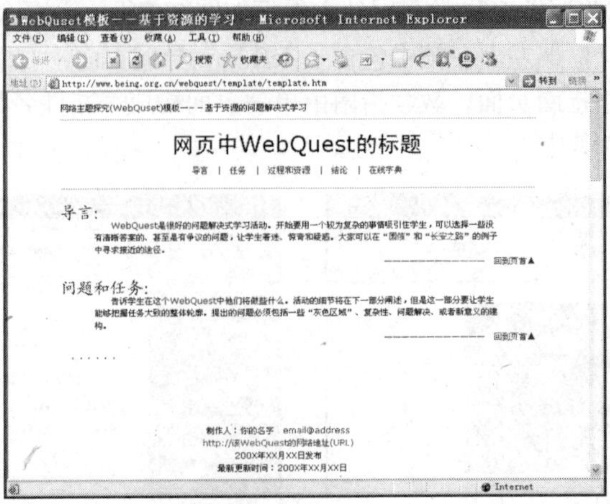

图 7-11　单页模板页面

（6）WebQuest 学习网站制作实例。

基于 WebQuest 模板的学习网站制作技术十分简单，下面我们通过实例，让你掌握一些关键技术。

① WebQuest 学习网站制作准备。

制作一个 WebQuest 学习网站，必须准备：

- 经过详细设计的 WebQuest 学习方案和为教师撰写的教学指南，存储于 Word 文档中。本案例中探究主题是来自高中美术《清明上河图》一课，将从画商、画家以及历史学家的角度对《清明上河图》进行探究。学案中包含引言、任务、资源、过程、评价等模块。教学指南模块中包括引言、学习者分析、过程、资源、新课标、评价、结论等。
- 准备好与 WebQuest 主题相关的图片或动画素材，如清明上河图。
- 选择一种 WebQuest 设计模板，如“左右框架式－详细教学指南”模板，并下载模板文件（下载网址：http://www.being.org.cn），存于硬盘上。本实例中将模板文件存于 D 盘的根目录下，并将文件夹更名为“清明上河图”，网站的文件夹结构和页面文件的说明见上文“左右框架式－详细教学指南”模板部分的内容。

在实际操作中也可以将模板文件存于你的文件夹下，并根据你的选题更名。

② 选择网站制作工具。网站制作工具软件层出不穷，而 Macromedia 公司推出的 Dreamweaver 则是其中的佼佼者。该软件是一款专业的网页制作工具，它不仅可以制作网页，而且为设计和开发站点提供了友好的操作平台，集网页制作与网站管理于一身。利用 Dreamweaver 中的可视化编辑功能，可以快速地创建页面而无需编写任何代码。不过，如果你更喜欢用手工直接编码，Dreamweaver 还包括许多与编码相关的工具和功能。本实例使用的软件是 Dreamweaver MX 2004。

③ 制作步骤。

第一步：在 Dreamweaver 中建立站点。在 Dreamweaver 主菜单中单击“站点”/“管理站点”出现管理站点对话框，在该对话框中单击“新建”/“站点”出现如图 7-12 所示的站点定义界面。在“高级”标签界面中，更改其站点名称为

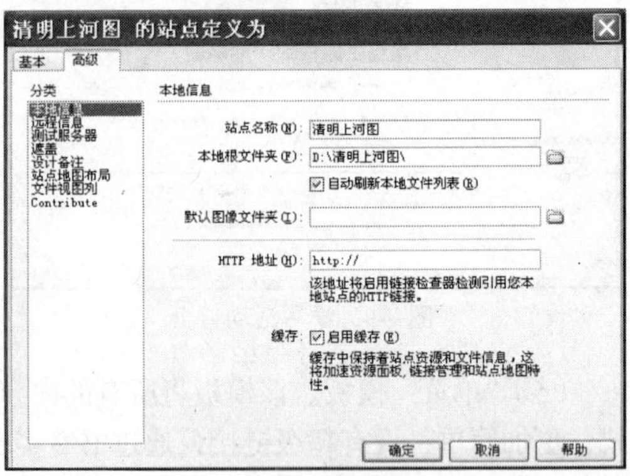

图 7-12　站点定义

“清明上河图”，本地根文件夹指向“D:\清明上河图”，单击“确定”按钮，完成站点建立。

第二步：双击站点中的 index.htm 文件，在 Dreamweaver 设计视图中，对页面中的图片、文字进行替换，包括删除原页面中的图片，插入清明上河图图片，删除原页面中的“网络主题探究活动标题”、“教师姓名”、“单位名称”、电子邮件中的地址等占位符，并将自己的探究活动的主题及相关信息替换进去。同样的方法对教学指南主页 t-index.htm 进行编辑。编辑后保存。

第三步：分别双击\s 文件夹（学习活动文件夹）下的“introduction.htm”、“task.htm”、“process.htm”、“evaluation.htm”、“conclusion.htm”等页面文件，将学案中对应的引言、任务、过程、评价、结论等模块的内容从 Word 文档中复制粘贴过来，将原模板中的文字覆盖掉。每个页面编辑后保存。

第四步：分别双击\t 文件夹（教学活动文件夹）下的“t-introduction.htm”、“t-learners.htm”、“t-process.htm”、“t-resources.htm”、“t-standards.htm”、“t-evaluation.htm”、“t-conclusion.htm”等页面文件，将教师指南中对应引言、学习者分析、过程、资源、课程标准、评价、结论等部分的内容从 Word 文档中复制粘贴过来，将原模板中的文字覆盖掉。每个页面编辑后保存。

④ 浏览与修改。制作好所有页面后，双击“清明上河图”文件夹下的 index.htm 文件，浏览 WebQuest 学习网站，对存在的错误，继续在 Dreamweaver 中进行编辑修改。本案例中学习活动主界面如图 7-13 所示。

图 7-13 《清明上河图》学习活动首页

（7）WebQuest 学习网站评价。为了较明确地评价 WebQuest 网站的内容及制作技术，结合 WebQuest 学习网站的评价量规（见附录 13）进行评价。如果一个 WebQuest 网页的内容或制作技术看上去在两个量值之间，那么按照你的感觉在量值之间选定一个中间值。通过自我或者小组互评，对 WebQuest 学案设计及网站制作提供反馈，进行进一步地修改和完善。

实践活动：设计一个 WebQuest 学习网站

（1）请选择一个与自己学科背景相关的主题，设计一个 WebQuest 学习方案。

（2）在“惟存教育”网站的“网络探究”模块中（http://www.being.org.cn/webquest/）下载 WebQuest 学习网站的设计模板。

（3）进行训练项目 12 训练，根据你所选定的主题，结合 WebQuest 学习网站的设计模板完成你的探究学习网站。

（4）将你设计的学习方案和完成的 WebQuest 网站在小组或班级里相互展示，同伴之间根据

WebQuest 学习网站评价量规（见附录 13）进行相互评价。

项目 3　领悟基于项目学习模式

案例分析

请研读项目计划书《明月千里共婵娟》（见附录 14），和你的小组成员一起分析基于项目学习的有何特点，并将讨论结果填写在表 7-6 中。

表 7-6　基于项目学习的特点

分析要素	特　点
学习目标	
学习内容	
学习策略	
学习活动	
学习成果	

一、基于项目学习的定义

项目一般是指在特定时间内，为了实现与显示相关联的特定目标，把需要解决的问题分解为一系列相互联系的任务，以便群体间可以相互合作，并有效组织和利用相关资源，从而创造出的特定产品或提供服务，包括物质产品、创意、简报、发明或建议等多种形式。

把项目及项目管理的理念应用于教学中。从现实社会或实际生活中的问题出发，让学生扮演特定的社会角色，通过调查、观察、探究、交流、展示、分享等方式，运用学科的基本概念和原理，并借助多种资源，在一定的时间内解决一系列相互关联的问题。这种学习方式称为基于项目的学习（Project-Based Learning，简称 PBL）。

基于项目的学习是一种以学生为中心的教学模式。学生从真实世界中的基本问题出发，围绕复杂的、来自真实情境的主题，在精心设计任务、活动的基础之上，以小组方式进行长时期的开放性探究，并将学习结果以作品的形式表现出来，最终达到知识建构与自身能力提高。

ISTE（International Society for Technology in Education，国际教育技术协会）的 Dave Moursund 从项目学习的构成要素出发，将基于项目的学习定义为在真实的学习环境中，教师帮助学生通过合作学习、协作探究完成开放性任务的过程。开放性指学生对任务具有一定程度的选择权，任务涉及的知识通常是跨学科的(interdisciplinary)，任务的完成具有一定的时间跨度。学生是活动的主体，以团队的形式围绕主题，利用信息进行探究性学习。教师作为促进者、设计者和指导者，为学生提供资源和建议。

20 世纪八九十年代，基于项目的学习在西方一些发达国家尤其是美国活跃起来，一直到现在，许多大、中、小学都在积极倡导和应用基于项目的学习这种学习模式。目前，基于项目的学习在国外的应用很多，是一种很受推崇的学习模式。在美国，基于项目的学习是其开展研究性学习的主要学习模式之一。有很多的应用实例，其中有不少关注技术在项目学习中的应用，协助教师开展基于项目的学习的支持工具，例如在线工具（网站：http://pblcheeldist.4teachers.org）或相关机构。例如华盛顿州的布鲁斯 · 坎贝尔的学习中心，在学习中心，学生的学习都是围绕项目来进行的。在学年之初，学生罗列出他们想要学习的主题，教师根据学生筛选出的主题进行分析，并根据学区的特点和可利用的资源情况，再选择符合学生兴趣的主题。主题单元通常要跨越 4 ~ 6 周的时间，涵盖的主题包括“世界各地的艺术”、“太空的事物”、“我们的星球”、“古代的文明”等。上午开始是一个简短的讲座，随后对活动中所涉及的主题进行讨论，然后分组进行活动。每小组大约为四人，主题活动持续时间为 20 ~ 30 分钟。了解当天的主题涉及的知识、技能以及各种能力的要求。

教师的任务是为学生提供各种介绍性的材料，然后将这些材料放到各个小组中，以便让每个学生在参与各个项目时探索、发现学习任务中所蕴含的内容，并与教师所提供的材料进行积极的互动。在结束学习任务时，全班同学可以聚到一起，分享在学习中心学到的知识、技能或制作出的产品。学生在学习中心的动力来自教师为他们所设定的学习任务，他们必须自己学会发现问题、提出观点、正确使用研究的材料，并运用自己所提出的观点构建新的知识。

二、基于项目学习的特点

基于项目学习包含了 4 个基本要素：问题情境、探究活动、协商讨论、认知工具。从项目学习的教学活动的组织过程和形式来看，PBL 由研究者、专家学者和教师整合课程单元，配合学生生活中的实际问题，提出专题作为学生小组合作学习的活动内容。学生以研究专题为基础，参与专题探究、协作交流、成果设计等活动过程。

其的特点主要表现在以下几个方面。

1. 强调以学习者为中心，以小组协作的形式进行学习

基于项目学习体现了建构主义学习理论中以学习者为中心的核心思想。它强调学生亲身参与实践活动，在活动中发现知识、理解应用，而不是被动地接受知识、机械地记忆。活动过程中强调协作，相关学科教师、学生、有关部门机构组成一个“学习共同体”，为完成任务而共同努力，成员之间是一种密切合作的关系。借助团队的力量和智慧，共同协商完成项目研究活动。

2. 项目涉及跨学科的知识，并融合了真实的生活情境

基于项目学习有一个特定的项目主题，项目涉及的知识不仅仅来源于单一学科，而是整合了多学科，体现了知识统整的思想。这样有利于学生形成清晰的知识结构，有机地将各个学科的知识联系起来。项目学习还突出了知识具有情境性、复杂性的特点，将专题知识与学生生活建立联系，有助于知识的学以致用，实现知识的有效迁移。

3. 项目探究具有一定的时间跨度，非单学时完成

项目学习是以专题为核心所有教学活动和学习活动都贯穿在专题探究的过程中。因此，它并非单个学时可以完成，而是具有一定的时间跨度。这与传统的课堂教学是有显著区别的。

4. 强调活动的实践性

项目学习不注重对学生进行纯学术性的书本知识的传授，而是让学生自己学会围绕该主题展开实践探究。学生在实践中体验、学习，在实践中提高获取信息、加工信息和处理信息的能力。在活动过程中，学生使用各种认知工具和信息资源来陈述他们的观点，支持他们的学习。

5. 成果是一系列与项目相关的作品

项目教学最终产生一系列与专题相关的作品，它们是由学生以小组的形式设计和创作的。它们既是专题研究的结果，又是学习评价的依据。学生在展示、汇报作品的过程中，使知识更具条理性、结构化。教师、学生个体和小组分别对作品进行评价，反思学习过程，评判学习结果。

三、基于项目学习的设计与实施

1. 项目的设计原则

（1）目标性原则。设计的项目和任务应紧紧围绕着教学目标，既含有学生已有的知识和技能，

又涵盖将要学习的新知识和技能。

（2）可行性原则。保证学生在有限的时间内经过自主和协作学习能够完成任务。

（3）趣味性原则。设计的项目和任务如果能引起学生的兴趣，将会大大激起学生的求知欲望。

（4）实用性原则。设计的项目要结合其他学科，要与实际生活、生产及当前科研实际紧密联系起来。

（5）开放性原则。给学生充分发挥创造、发展和想象的空间，并使学生能举一反三，触类旁通。

2. 项目的基本要素

（1）学习内容。基于项目学习的主要内容是现实生活和真实情境中表现出来的各种复杂的、非预测性的、多学科知识交叉的问题。

（2）学习小组（共同体）。学习共同体是由学习者和助学者（教师、技术人员以及其他辅导者等）所组成的团体，在这个团体中他们共享学习资源，最终完成一定的学习任务，成员之间通过交流与有效地协作相互影响、相互促进，最终实现学习者个人和团体的共同提高。

（3）活动。基于项目学习的活动主要是指学生采用一定的技术工具和方法（如调查）解决所面临的问题所采取的探究行动。

（4）情境。情境是指支持学生进行项目学习的环境，这种情境既可以是物质实体的学习环境，也可以是借助信息技术条件所形成的虚拟环境。远程协作学习项目需要网络学习环境作为支持。

（5）作品。基于项目的学习强调在活动结束阶段生成一个或一系列作品。作品包括无形作品与有形作品两大类。

3. 项目设计要点

（1）项目任务设计。在 PBL 中，项目是 PBL 的核心，所有的学习都是围绕项目展开的，项目提供了学习的方向、学习的动机和学习的应用。因此，创设适宜的项目主题是决定整个 PBL 教学过程能否成功的首要因素。

① 项目任务的难度要适中。

② 项目任务具有一定程度的真实性。

③ 项目任务的解决应该是复杂的、结构不良的。

④ 项目以课程内容为依托，与课程目标紧密联系。

（2）活动设计。在设计项目的主要活动时，就要考虑如何可视化地描述整个项目包含的所有工作，可以采用泡泡图（bubble diagram）、流程图（flow chart）或者故事板（storyboard）的形式，为项目制订进度表，并确定以下主要的里程碑、任务和其他重要活动的预计日期。图 7-14 所示为《蝌蚪的发育》项目学习小组制定的活动计划。

① 清晰的学习策略与步骤。

② 详细的活动时间表。

③ 充足的学习时间。

④ 阶段性成果的交流与发表。

⑤ 记录反思与日志。

（3）网络资源与环境。

① 项目学习支持资源：包括相关课件和网络资源链接等。

② 项目学习支持平台。包括项目信息发布平台：用来发布项目计划、项目团队活动、项目成果等；还可以建立通信交流平台：如 BBS（论坛）、博客、Wiki 等加强信息的交流和分享。

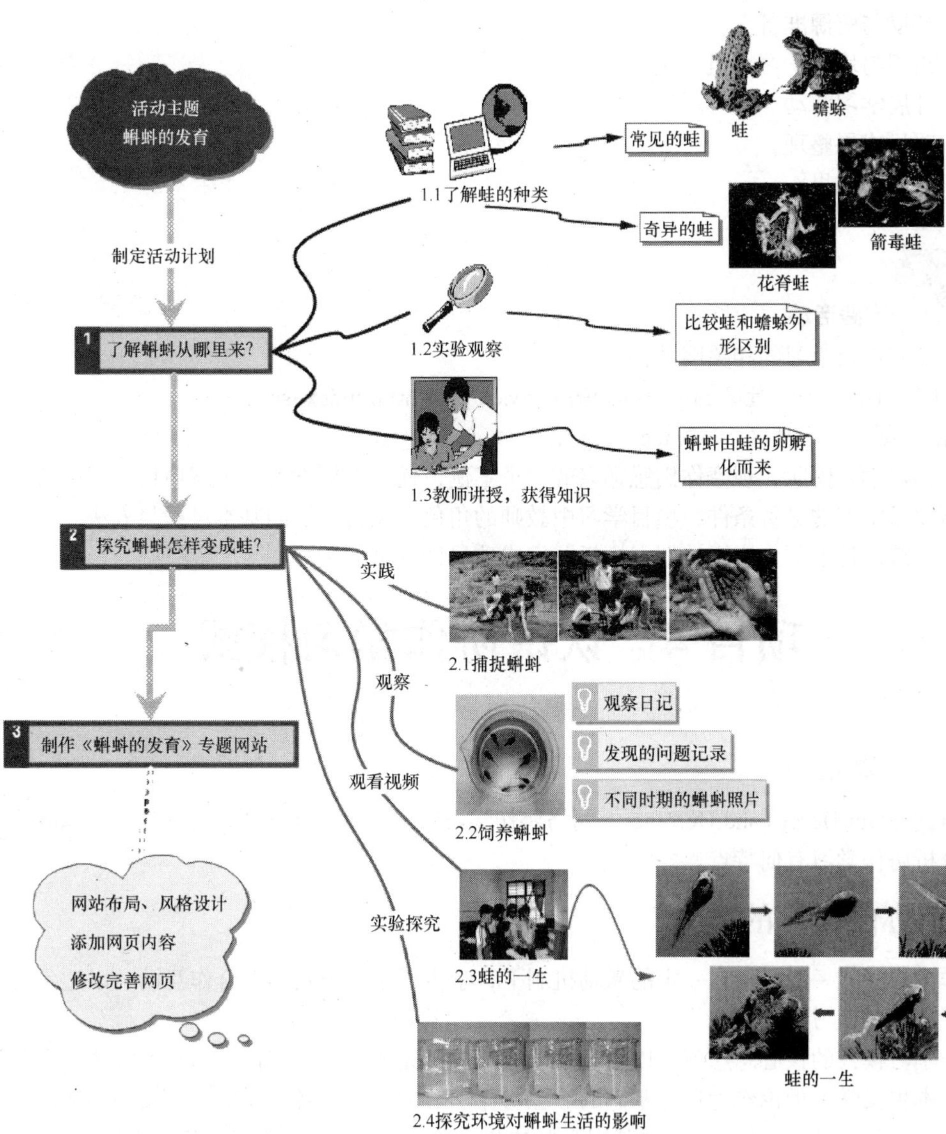

图 7-14　项目活动计划设计图示

（4）项目评价设计。项目学习不再通过传统的试卷方式进行评价，而是采用了更真实的评价方法。在项目中，随着学生从事问题解决性的活动，教学目的不仅仅是知识的学习，还密切关注学生如何应用知识和技能，这就要求我们能够对学生的表现作出评价，包括评价学生的高级思维和必要技能，评价学生做出高品质项目作品的工作，还要能够评价学生所采用的规范的探究方法。通过探究活动，学生将课程知识内容与建构有用知识的过程方法结合起来。

在 PBL 中，学习评价的出发点应当是促进学习者个人和小组的进步，培养学习者的高阶能力（如问题解决、批判性思维、团队协作等），而非单纯判断学习者成绩的高低。学习评价包括 3 方面的内容：学生自主学习的能力、完成任务的能力以及小组协作能力。

4. 项目学习的实施过程

（1）编写项目计划书。

（2）组织学习团队。

（3）明确主题和任务。

（4）环境与资源准备。

（5）组织与培训学习小组。

（6）开展学习活动。

（7）项目成果整理。

（8）评价与反思。

实践活动

（1）访问项目学习的相关网站：

“基于项目的学习”社区 http://pbl.cbern.gov.cn/pbl/portal/index.jsp

“特酷”项目学习社区 www.tecol.org.cn

（2）创建学习团队，观摩你们感兴趣的一个案例，通过案例学习，了解项目学习的特点、结构，开展项目学习的必备条件，项目学习中教师的角色，项目开展的基本过程与方法。

（3）下载设计模版，应用计划书模板，完成项目计划书的撰写。

项目 4　认识协作学习模式

案例分析

请研读《Our Heroes and Heroines》网络协作学习教学设计方案（见附录 15），和你的小组成员一起分析协作学习有何特点。

一、协作学习的概念

协作学习模式一般是指在一定的激励机制下，学生以小组形式参与合作互助，以达到特定的学习目标的一种学习模式。

协作学习模式的核心思想就是以小组的形式去共同完成某一特定任务，它是以建构主义学习理论和人本主义学习理论作为理论基础的。在协作学习中，学习者借助他人（教师和学友）的帮助，实现学习者之间的双向互动，并利用必要的共享学习资料，进行意义建构以掌握事物的性质、规律以及事物之间的内在联系。小组协作活动中的个体（学生）可以将其在学习过程中探索、发现的信息和学习材料与小组中的其他成员共享，甚至可以同其他组或全班同学共享。在此过程中，学生之间为了达到小组学习目标，个体之间可以采用对话、商讨、争论等形式对问题进行充分论证，以期获得达到学习目标的最佳途径。学生学习中的协作活动有利于发展学生个体的思维能力、增强学生个体之间的沟通能力以及对学生个体之间差异的包容能力。此外，协作学习对提高学生的学习业绩、形成学生的批判性思维与创新性思维、对待学习内容与学校的乐观态度、小组个体之间及其与社会成员的交流沟通能力、自尊心与个体间相互尊重关系的处理等都有明显的积极作用。协作学习强调学习者的创造性、自主性和互动性，可以采用的策略有小组分工、小组游戏竞赛法、共同学习、小组调查等。

二、协作学习的基本要素

协作学习目前已经成为一种学习模式，在传统的班级授课和信息技术学习环境中得到了广泛的应用。协作学习策略与模式已成为跨越各个年级、课程内容和学习层次的主要学习方式，在这种方式下，学生感受到同学之间不再是竞争的对手，而是促进学习的帮助者。协作学习使得学生的学习活动更加生动、活泼和丰富多彩。皮亚杰指出，协作学习在儿童认知发展建构中是一种主要的方式。皮亚杰的理论同其他流行的学习理论在强调协作重要性方面是一致的（如 Vygotsky 1978，Fox & Karen，Thomas & Funaro 1990）。皮亚杰认为不同个体之间的相互作用活动应该是平等的，如成人与儿童之间、教师与学生之间的活动。开始时儿童或学生的活动可能是受控制的，但当他们具备了一定的背景知识后，与成人或教师之间的平等协商、对话、讨论将更有利于他们形成良好的认知结构并加深对认知内容的认识。

协作学习模式通常由 4 个基本要素组成，即协作小组、成员、辅导教师和协作学习环境。

1. 协作小组

协作小组是协作学习模式的基本组成部分，小组划分方式的不同，将直接影响到协作学习的效果。通常情况下，协作小组中的人数不要太多，一般以 2～4 人为宜。

2. 成员

成员是指学习者，按照一定的策略分派到各协作小组中。人员的分派依据许多因素，如学习者的学习成绩、知识结构、认知能力、认知风格、认知方式等，一般采用互补的形式有利于提高协作学习的效果。如学习成绩好的学生和成绩差的学生搭配，可有利于差生的转化，并促进优生在辅导差生的过程中实现对知识的融会贯通；认知方式不同的学生互相搭配，有利于发挥不同认知类型学生的优势，从而促进学生认知风格的“相互强化”。协作学习成员不限于学生，也可能是由计算机扮演的学习伙伴。

3. 辅导教师

辅导教师在协作学习模式中并非可有可无，因为有辅导教师存在，协作学习的组织、学习者对学习目标的实现效率、协作学习的效果等都可以得到有效控制和保证。协作学习对辅导教师提出了更高的要求，即要求辅导教师具有新型的教育思想和教育观念，由传统的以“教”为中心转到以“学”为中心，同时还要实现二者的最优结合。

4. 协作学习环境

协作学习是在一定环境中进行的，主要包括协作学习的组织环境、空间环境、硬件环境和资源环境。组织环境是指协作学习成员的组织结构，包括小组的划分、小组成员功能的分配等。空间环境是指协作学习的场所，如班级课堂、互联网环境等。硬件环境指协作学习所使用的硬件条件，如计算机支持的协作学习、基于互联网的协作学习等。资源环境是指协作学习所利用的资源，如虚拟图书馆、互联网等。

三、协作学习的基本模式

在实施协作学习过程中，进行分组、选择方式、根据任务和方式来安排小组成员之间的协作模式是一个彼此决定，相互限制的过程，按照协作学习活动的组织形式来划分，协作学习的基本模式主要有 7 种，分别是竞争、辩论、合作、问题解决、伙伴、设计和角色扮演。

1. 竞争

竞争性模式是指两个或更多的协作者针对同一学习内容或学习情境进行学习。辅导教师根据学习目标与学习内容，对学习任务进行分解，由不同的学习者“单独”完成，看谁先达到教学目标的要求。在各自的学习过程中，学习者可以看到竞争对手所处的状态和自己所处的状态，可以及时根据自己和对方的状态调整竞争学习的策略。辅导教师对学习者的任务完成情况进行评论，其他学习者也可以对其发表意见。各自任务完成后，就意味着总任务的完成。竞争性模式有利于激发学生的学习积极性与主动性，但易造成因竞争而导致协作难以进行的结果。因此让学习者明确各自任务完成对保证总目标实现的意义非常重大，即学习者是在竞争与协作中完成学习任务的。

竞争可在小组内进行，也可以在小组间进行。

2. 辩论

辩论性模式让学习者针对某一问题发表各自不同的观点，展开辩论。辩论的进行可以由对立的双方各自论述自己的观点，然后针对异方的观点进行辩驳。最后由中立者对双方的观点进行裁决，观点论证充分的一方获胜。也可以不确定正反双方，而是由不同小组或成员叙述自己的观点，然后相互之间展开辩论，最终能说服各方的小组或成员获胜。辩论可在组内进行，也可在组间进行。辩论模式可以加深学生对问题的理解和掌握，有利于培养学生质疑的大胆精神和批判性的思维能力。

3. 合作

合作是指根据不同的教学内容，将学生分成若干小组，小组成员共同完成某个学习任务，在任务完成过程中，协作者之间互相配合、相互帮助、相互促进，或者根据学习任务的性质进行分工协作。小组任务的完成是建立在每个组员各自任务完成的基础上的，倘若有一个组员不能完成自己的任务，那么小组的任务也就无法顺利完成。因此组员之间的关系是互助合作的，决非竞争对立的。该模式有利于培养学生团结互助的合作精神。

4. 问题解决

问题解决模式是一种综合性较强的协作式教学模式，需要首先确定问题。问题的种类多种多样，其来源也不相同。一般根据学生所学学科与其兴趣确定。问题解决过程中可以采取多种方式，如竞争、合作、辩论等。问题解决过程中，协作者需要借助虚拟图书馆或互联网查阅资料，为问题解决提供材料与依据。问题解决的最终成果可以是报告、展示或论文，也可以通过汇报的形式。问题解决是协作学习的一种综合性学习模式，它对于培养学生的各种高级认知活动和问题解决与处理能力具有明显的作用。

5. 伙伴

指协作者之间为了完成某项学习任务而结成的伙伴关系。伙伴之间可以对共同关心的问题展开讨论与协商，并从对方那里获得问题解决的思路与灵感。学习伙伴之间的关系一般比较融洽，但也可能会为某个问题的解决产生争论，并在争论中达成共识，进而促进问题解决。协作学习伙伴可以是学生，但也可以由计算机充当。由计算机充当的学习伙伴需要人工智能的支持，即根据一定的策略，由计算机模拟的学习伙伴对学习者的学习状态进行判断，对学习者提出问题或为问题提供答案。智能化程度高的协作学习系统可以具有多种不同类型的虚拟学习伙伴，学习者可以自由选择或由计算机根据学习者的特征动态确定学习伙伴。

6. 设计

它是基于学习者综合能力培养和面向过程的协作学习模式。由辅导教师给定设计主题，该主题强调学习者对相关知识的运用能力，如问题解决过程设计、科学实验设计、基于知识的创新设计等。在设计主题的解决过程中，学习者充分运用已掌握知识，相互之间进行分工、协作，共同完成设计主题。它有利于提高学生的知识综合运用能力，有利于培养学生的创造性思维和实践能力。

7. 角色扮演

该种模式通过让学生扮演不同的角色，通过角色扮演，学习者对问题的理解将会有新的体会。角色扮演的成功不仅可以使枯燥乏味的知识变得有趣，可以激发学习者掌握知识的兴趣与积极性，学生从亲身的体验和感受中加深了对内容的理解，将会增加学习者的成就感和责任感。

四、网络协作学习

1. 网络协作的定义

网络协作学习是指利用计算机网络以及多媒体等相关技术，由多个学习者针对同一学习内容彼此交互和协作，以达到对教学内容比较深刻理解与掌握的过程。

2. 网络协作学习的类型

（1）按照协作学习的时间组织来划分。

① 异步式。异步式是指进行协作学习的双方是在不同时间、不同地点的条件下进行同一任务的协商学习。异步式协作学习可通过邮件列表、E-mail、BBS、新闻组等工具实现。这种方式可使教师和学生、学生和学生之间进行异步对话，并以此来实现彼此的协商与讨论。

② 同步式。同步式则是指处于不同地域的学习者可以在同一参与时间进行实时的交流与协作。例如通过聊天室、NetMeeting 就可以实现超空间的交流。这种实时的沟通更能促进学习者学习的深度，满足学习者内心的归属感、认同感，激发学习者强烈的求知欲望。

（2）按照协作学习利用的网络工具来划分。

① 借助网络通信工具。

② 借助网络协作学习平台。

（3）按照开展协作学习的地域性来划分。

① 集中环境下的协作学习。是指处于同一地理位置的学生以小组的形式，围绕同一主题，通过网络搜索与主题相关的信息资源，通过网络通信工具与组内成员或组间成员进行交流讨论，通过信息加工工具形成小组作品，教师组织各个小组评议作品，以达到学生对知识的意义建构的目的。

② 分散环境的协作学习。是指处于不同地理位置，如在不同国度、不同地区、不同城市、不同学校的学生以小组或团队的形式围绕同一主题，借助网络搜索、下载与主题相关的信息资料，借助网络通信功能进行协商学习，交流讨论，然后建立各自的网页，大家定期浏览并相互评比。

3. 网络协作学习的特点

相对于传统条件下的协作学习，网络协作学习具有下面的特点。

（1）突破时空限制。协作学习者的学习伙伴可以是同班同学，也可能是不同学校、地区的学习伙伴，甚至是老师、专家等不同类型的人。协作圈里会产生各种形式的交互，使学生获得不同程度、不同形式的参与经验，这有助于学习者之间进行更为有效的信息组织，以提高沟通效率、提升交互质量。网络使学习突破学校束缚，成为社会大环境下的学习，极大地促进了社会化学习和学习化社会，也使终身学习成为可能。

（2）全面展现问题情景。创设问题情景，进行问题解决学习，能激发学生参与思维、发现探索，促进积极的意义建构，获得高级智力技能和认知策略。网络协作学习环境易于向协作小组展现问题的全面，尤其能够说明一些生活经验、思维想像领域相距甚远的问题，如医学上的复杂病例，这在传统教室环境下是无法做到的。

（3）交互的可控性。在传统教室环境下进行协作学习，经常会遇到教师角色由协作变成主控的情况。在网络协作环境中，协作的建立是由计算机相关技术搭建的协作平台实现的，教师和学生不能脱离此平台实现学习目标，因此保证了协作的稳定，控制权的合理分配。

（4）学习者分组方式更为灵活/多样。在协作学习中学生的分组是一种灵活的机制，可以以个人为单位、以两人结对为单位、以小组为单位、全体活动等，而且这种分组可以是变化的，特别是在学习的不同时期，必须使用不同的分组，才能最大限度地提高学习者学习的效率。计算机网络就使得协作学习中的分组更为方便、灵活、多样。学习者不仅可以在班集体内自由地进行组合，而且必要的时候还可以与网络上的其他学习者协作交流；学习者还可依据学习任务及时调整与协作伙伴的关系，选择、调换不同的学习伙伴。

（5）简化复杂低层的工作。由于计算机技术的支持，协作学习过程中所遇到的类似言语信息记忆、资料分类、冗繁的数据计算、作图等复杂的低层工作均得以简化，使学生集中精力用于分析、决策、探索、检测和评价等高级认知活动。

（6）丰富的网络资源。数据库技术、网络技术、人工智能技术等各种现代化的先进技术手段使网络协作环境拥有丰富的资源。各种方法和策略的支持使得协作学习者既因为面临各种挑战而保持着高度的热情和求知欲，又不会因为困难重重而陷入窘境。

4. 网络协作学习的教学设计

（1）确立网络协作学习的目标。网络协作学习的目标是系统性的，一般将协作学习的总体目标分解为许多子目标。子目标与具体的学习内容密切相关，子目标的确定及解决对总体目标的实现至关重要。

（2）分析学习者的特征。分析学习者的特征时，一般考虑以下几个因素：年龄、性别、兴趣爱好、学习能力、学习风格和学习动机等。

（3）选择网络协作学习的内容。协作学习伙伴共同面对不同类型的学习任务。学习者面临的学习任务主要分为 3 类：概念学习、问题解决和设计。

（4）设计网络协作学习主题。确定协作学习主题对开展整个协作学习具有重要意义。因此，主题的选择与确定至关重要。主题定得过高，超过学生的学习能力，学生难以圆满完成就会挫伤其求知欲，打消其积极性。主题定得过低，又达不到锻炼学生学习能力的目的。

（5）确定网络小组的基本结构。协作小组的划分通常采用以下两种方法：一种是依据学习者的学习风格、认知水平进行分组，另一种是依据学习者的兴趣、爱好分组。前者是在教师指导下进行划分组别，带有一定的强制性。后者是学生自愿结合。

（6）创设网络协作学习环境。网络协作学习环境是指利用互联网络，让在不同时空的学习者，通过进行协作对话（Collaborative Dialog）方式完成特定的学习任务的一种网络计算机辅助远程教学系统。

（7）准备网络协作学习资源。在资源设计中应该遵循以下几个原则：①信息量要足够，且与所要学习的内容密切相关；②资源结构要合理，要有一定的广度和深度，同时要具有层次性，以便满足不同程度学生的需要；③资源的表现形式要多样（文本、图形、动画、录像、案例等）；④要便于检索和查找。

（8）策划网络协作学习活动。网络协作学习活动的设计是协作学习的主要组成部分。网络协作学习活动设计包括教学活动序列设计、活动内容设计和活动开展形式设计。协作学习活动主要围绕学习内容开展，并根据学习内容采用不同的活动方式。建构主义的教学模式，如“支架式教学”、“抛锚式教学”、“随机进入教学”、“情境式教学”等也可以应用到设计网络协作学习活动中。

5. 网络协作学习模式设计流程

以多媒体和网络为代表的信息技术的飞速发展，为协作学习带来新的契机，使得基于网络的协作式教学成为现实。基于网络的协作式教学模式是指利用计算机网络以及多媒体等相关技术，创造协作学习的环境，由教师与学生、学生与学生针对同一学习内容彼此进行交互和合作，以达到对教学内容比较深刻的理解与掌握的过程。基于网络的协作学习模式的基本流程如图 7-15 所示。

总体来说，网络协作学习教学设计应注意：在网络学习目标与学习评价、网络学习小组的建立、网络信息资源的设计、重视对问题情境的创设、教师角色的扮演、对协作过程的引导与组织 6 个方面的合理设计。

随着信息技术和网络技术的不断发展，信息化教学已成为学习、工作和生活中一个必要的组成部分，技术支持的教学活动结构和教学方式也越来越多样化，除了上面介绍的探究性学习、基于项目学习和协作学习外，比较常见信息化教学模式还有：基于问题的学习、基于案例的学习、基于资源的学习、基于电子学档的学习、认知工具（如思维导图）、个性化学习、个别授导、操练与练习、教学测试、教学模拟、教学游戏、智能导师、微型世界、实验室、情景化学习、虚拟学伴、虚拟学社、协同实验室、计算机支持讲授、虚拟教室等。但是各种模式之间也不是相互隔绝，教师应根据不同的教学目标、任务和教学环境，设计不同的教学活动以培养发展学习者适应信息/知识时代所强调的素质。

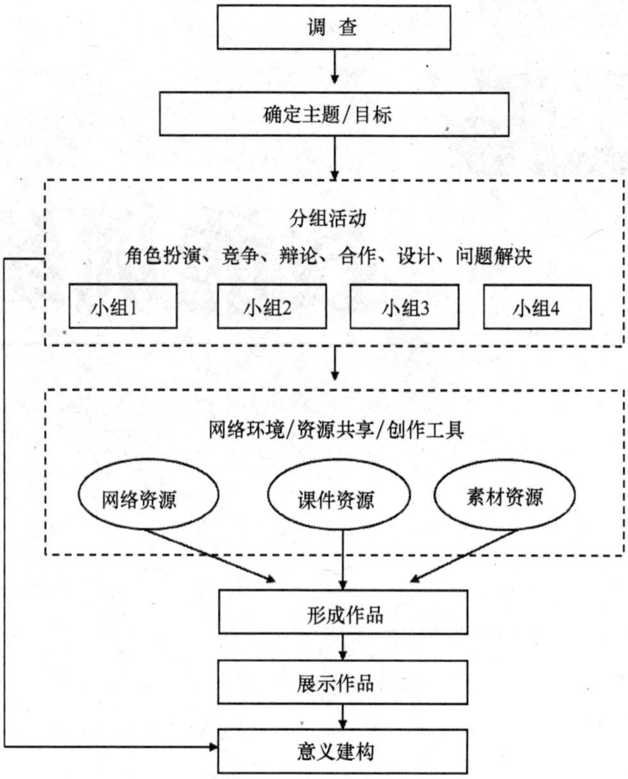

图 7-15　网络协作学习模式的基本流程图

实践活动

通过上面学习，对于信息化环境下的教学设计有一定的了解，请结合你的所学专业，分析一下还有哪些信息化教学模式比较适合你的学科学习，将你的分析结果保存在你的文件夹中。

第四篇

技能训练篇

模块 8 教育技术技能训练项目

项目 1　数字图像资源的获取、处理及应用

【训练目的】

1. 了解数字图像资源的常用格式
2. 学会数字图像资源获取的一般方法
3. 能够对数字图像资源进行简单的加工处理
4. 学会在多媒体课件、主题学习网站制作中应用数字图像的方法

【训练环境】

1. 能够连接 Internet 互联网的多媒体计算机
2. 每小组配置数码照相机、扫描仪各一台
3. PhotoShop、Snagit、Microsoft PowerPoint、Macromedia DreamWeaver 等软件以及扫描仪、数码相机驱动程序

【训练内容】

1. 数字图像资源的检索与下载
2. 数字图像资源的获取
3. 数字图像资源的处理
4. 数字图像资源的应用

【训练任务】

运用本实验中学习的数字图像获取与处理技术，制作一个自己所选择的教学设计方案相关教学课件的主界面，并运用于课件或网站中。要求做到：

（1）根据课件教学主题的要求，设计好课件主界面的大小、主色调、图案及所需要的图像和文字素材等；

（2）采取多种图像素材获取方法获取图像素材，并利用 Photoshop 软件对获取的素材进行合成与处理，达到图像合成自然、主题突出、色彩和谐的视觉效果，并符合所选课程主题要求；

（3）将图片运用于 PowerPoint 或 Dreamweaver 制作的课件或网站中。

《现代教育技术》课程训练报告

项目名称	数字图像资源的获取、处理与应用	训练地点		训练日期	
姓名		班级		成绩	
训练目的					
训练设备					
训练任务					

任务一、比较 bmp 文件和 jpg 文件存储容量

要求：将一个 bmp 格式的图像文件，转换为中等质量的 jpg 格式文件（可在 photoshop 软件中进行转换），记录其前后存储尺寸，并说明其变化情况。

bmp 文件大小：　　　KB

jpg 文件大小：　　　KB

并从大小和质量两个方面说明其变化情况：

任务二、图片素材的加工：课件封面制作

1. 课件封面设计思路

课文选自：________________

教学对象：________________

总体设计思路（注：从素材选取、整体色调、布局、关键内容的突出等方面与教学内容、学习者特征、教学媒体特性、教学理念关系的角度阐述设计思路）

2. 所使用的软件及版本________________

3. 主要制作步骤

步骤一：

步骤二：

任务三、图片素材的应用 图片运用于 ppt 文件中的效果图（截图并粘贴在下面）：
小　结（体会）
*在本次实验中你学到了什么？主要收获有哪些？ *在完成本次实验中的任务时你遇到了哪些较难解决的问题？你是如何解决的？ *写出自己对本次实验的建议或意见，以供教师参考，改进教学。
教师评语
教师签名：　　　批改日期：　　年　月　日

项目 2　数字音频资源的获取、处理及应用

【训练目的】

1. 了解数字音频资源的常用格式
2. 学会数字音频资源的获取方法
3. 能够对数字音频资源进行简单的加工处理
4. 学会在多媒体课件、主题学习网站中使用数字音频资源的方法

【训练环境】

1. 能够连接 Internet 的多媒体计算机
2. 话筒、耳机
3. 录音机、Cool Edit、Microsoft PowerPoint、Macromedia DreamWeaver 等软件

【训练内容】

1. 数字音频资源的获取
2. 数字图像资源的处理
3. 数字图像资源的应用

【训练任务】

运用本实验中学习的数字音频获取与处理技术，制作自己课件中所需的音频资源，并运用于课件或网站中。要求做到：

（1）根据课程教学内容表达的要求，设计好相应的音频资源，如配音、音效或背景音乐等；

（2）采取多种音频素材获取方法获取音频素材（网络下载、自己录制或音频片段截取）；

（3）通过话筒录制一段语音信号作为解说词并保存，为录制的解说词配背景音乐并作相应处理，制作出一段完整的带背景音乐的解说词，使其符合课件需要；

（4）将音频运用于 PowerPoint 或 Dreamweaver 制作的课件或网站中。

《现代教育技术》课程训练报告

<table>
<tr><td>项目名称</td><td>数字音频资源的获取、处理与应用</td><td>训练地点</td><td></td><td>训练日期</td><td></td></tr>
<tr><td>姓名</td><td></td><td>班级</td><td></td><td>成绩</td><td></td></tr>
<tr><td>训练目的</td><td colspan="5"></td></tr>
<tr><td>训练设备</td><td colspan="5"></td></tr>
<tr><td colspan="6">训练任务</td></tr>
<tr><td colspan="6">任务一、比较 wav 文件和 mp3 文件存储容量
要求：将一个 wav 格式的声音文件，转换为 mp3 文件，记录其前后存储容量，并说明其变化情况。
wav 文件大小：
mp3 文件大小：
大小和音质变化情况说明：

任务二、声音片段截取
要求：从网络上下载一个音频文件，运用声音处理软件截取一段音频，保存为 t1.mp3
主要操作步骤：

任务三、声音录制与处理
要求：使用声音软件录制自己的一段声音，要求采样率 44100，声道立体声，采样精度 16 位，然后进行如下操作：
（1）加上回音；
（2）选择一个有原唱和伴奏的声音文件，去除原唱，将伴奏用于下一步配音；
（3）给自己的声音加上伴奏；
（4）将录音头尾空白部分删除；
（5）做淡入与淡去处理；
结果保存为 t2.mp3。</td></tr>
</table>

<table>
<tr><td>主要操作步骤是：

任务四、声音文件使用
要求：从网上下载或自己制作声音文件，经过处理后，运用到 ppt 中。

将声音插入到 ppt 文件中的步骤：</td></tr>
<tr><td>小　结（体会）</td></tr>
<tr><td>*在本次实验中你学到了什么？主要收获有哪些？

*在完成本次实验中的任务时你遇到了哪些较难解决的问题？你是如何解决的？

*写出自己对本次实验的建议或意见，以供教师参考，改进教学。</td></tr>
<tr><td>教师评语</td></tr>
<tr><td>

教师签名：　　　　　批改日期：　　年　　月　　日</td></tr>
</table>

项目 3　视频资源的获取、处理及应用

【训练目的】

1. 了解视频资源的常用格式
2. 学会数字视频资源获取的一般方法
3. 能够对数字视频资源进行简单的加工处理
4. 学会在多媒体课件中应用数字视频资源

【训练环境】

1. 能够连接 Internet 的多媒体计算机
2. 绘声绘影、Microsoft PowerPoint、Windows movie maker（windows live）、格式工厂等软件

【训练内容】

1. 视频资源的获取
2. 视频资源的制作
3. 视频资源的应用

【训练任务】

运用学习到的视频资源获取与制作技术，制作自己课件中所需的视频资源，并运用于课件或

网站中。要求做到：

（1）根据课程教学内容表达的要求，设计好相应的视频资源；

（2）采取多种视频素材获取方法获取视频素材；

（3）用会声会影软件对获取的素材进行处理，使其符合课件需要；

（4）将下载或制作的视频转化为 PowerPoint 或 Dreamweaver 支持的格式；

（5）将视频运用于 PowerPoint 或 Dreamweaver 制作的课件或网站中。

《现代教育技术》课程训练报告

项目名称	视频资源的获取、处理与应用	训练地点		训练日期	
姓名		班级		成绩	
训练目的					
训练设备					
训练任务					
任务：视频处理 要求：使用绘声绘影软件（或者 Windows live 影音制作软件），制作一小段视频。要求：加上片头字幕；剥离原视频素材中的声音；素材之间加上转场效果；加上音乐配音；要求以 mpg 格式输出，存盘名“v1.mpg”，简要说明制作步骤。					
小　结（体会）					
*在本次实验中你学到了什么？主要收获有哪些？ *在完成本次实验中的任务时你遇到了哪些较难解决的问题？你是如何解决的？ *写出自己对本次实验的建议或意见，以供教师参考，改进教学。					
教师评语					
教师签名：　　　批改日期：　　年　　月　　日					

项目 4　动画资源的获取、处理及应用

【训练目的】

1. 了解动画形成的基本原理
2. 了解动画资源的常用格式

3. 学会动画资源的获取方法
4. 能够制作简单的动画资源
5. 学会在多媒体课件、主题学习网站中使用动画资源的方法

【训练环境】

1. 能够连接 Internet 的多媒体计算机
2. Macromedia Flash、SWiSHmax 、Microsoft PowerPoint、Macromedia DreamWeaver 等软件

【训练内容】

1. 动画资源的获取
2. 动画资源的制作
3. 动画资源的应用

【训练任务】

运用本实验中学习的动画资源获取与制作技术，制作自己课件中所需的动画资源，并运用于课件或网站中。要求做到：

（1）根据课程教学内容表达的要求，设计好相应的动画资源；

（2）采取多种动画素材获取方法获取动画素材（网络下载、采用 Flash 制作）；

（3）动画教学资源能很好地表达教学内容，运动效果设计合理，运动速度适合教学要求，演示效果清晰自然；

（4）将动画运用于 PowerPoint 或 DreamWeaver 制作的课件或网站中。

《现代教育技术》课程训练报告

项目名称	动画资源的获取、处理与应用	训练地点		训练日期	
姓名		班级		成绩	
训练目的					
训练设备					
训练任务					
任务一、动画资源获取 要求：从网络上下载一个 Flash 动画文件，并保存起来。 主要操作步骤： 任务二、动画文件使用 要求：从网上下载或自己制作动画文件，经过处理后，运用到 ppt 中。 将动画插入 ppt 文件中的步骤：					

小　结（体会）
*在本次实验中你学到了什么？主要收获有哪些？ *在完成本次实验中的任务时你遇到了哪些较难解决的问题？你是如何解决的？ *写出自己对本次实验的建议或意见，以供教师参考，改进教学。
教师评语
教师签名：　　　　批改日期：　　年　月　日

项目5　投影器的使用

【训练目的】

1. 能说出投影器的基本构造和工作原理
2. 学会投影器的正确使用方法
3. 能够对投影器进行一般的维护和简单故障的排除

【训练环境】

1. 投影器
2. 银幕、投影教材、空白胶片、投影书写笔等

【训练内容】

1. 熟悉投影器的各操作部件的名称、作用
2. 利用投影器放映投影教材
3. 利用空白胶片在书写台上书写

【训练任务】

（1）认清投影器的各个功能按键和旋钮，熟记它们的名称和作用；

（2）利用投影放映投影教材，在投影中总结出影像的大小、上下左右位置、正反、清晰度、

亮度变化的调节规律；

（3）把空白胶片放置在投影器载物台上进行书写，边操作各部件边观察银幕上的影像，熟练掌握其正确的使用方法。

《现代教育技术》课程训练报告

项目名称	投影器的使用	训练地点		训练日期	
姓名		班级		成绩	
训练目的					
训练设备					
训练任务					
任务一、说出投影器的各种开关、装置的名称与用途。 **任务二、按步开机，并调整光幅的高低和大小。** **任务三、正确放映各类投影片，保证画面清晰，不出现色边。** **任务四、在投影器载物台上书写文字，要求字体大小合适、工整。** **任务五、切换灯泡开关，换上预备灯泡。**					
小　结（体会）					
*在本次实验中你学到了什么？主要收获有哪些？ *在完成本次实验中的任务时你遇到了哪些较难解决的问题？你是如何解决的？ *写出自己对本次实验的建议或意见，以供教师参考，改进教学。					
教师评语					
教师签名：　　　批改日期：　　　年　　月　　日					

项目 6　视频展示台的使用

【训练目的】

1. 能说出视频展示台的结构和工作原理
2. 掌握视频展示台的正确使用方法
3. 熟悉视频展示台的基本维护方法

【训练环境】

1. 视频展示台、电视机或监视器
2. 连接线、演示材料（图片、投影片、小型物体等）

【训练内容】

1. 熟悉视频展示台的外部各装置的名称和作用
2. 利用视频展示台展示非透明图片和透明投影片，并根据需要进行各种效果的调整

【训练任务】

（1）认识视频展示台各开关、按键，全面了解各操作部件的名称和作用。

（2）用连接线正确连接视频展示台与电视机或监视器。

（3）利用视频展示台展示非透明图片或书本。

（4）利用视频展示台展示透明投影片。

《现代教育技术》课程训练报告

项目名称	视频展示台的使用	训练地点		训练日期	
姓名		班级		成绩	
训练目的					
训练设备					
训练任务					
任务一、写出视频展示台的各种开关、按键的名称与用途。					
任务二、用连接线连接视频展示台的 VGA OUT 接口接至监视器或者用 AV 线连接展示台的 VIDEO OUT 接口接至电视机的 VIDEO IN 接口。					
任务三、利用视频展示台展示图片、书本、投影片等资料，能根据展示资料的特性，选择正确的布光方法，并在视频展示台上进行聚焦使获取影像清晰、缩放改变摄取范围、使正像负像互转、调整色调、冻结画面、同屏对比等操作。					

小　结（体会）
*在本次实验中你学到了什么？主要收获有哪些？ *在完成本次实验中的任务时你遇到了哪些较难解决的问题？你是如何解决的？ *写出自己对本次实验的建议或意见，以供教师参考，改进教学。
教师评语
教师签名：　　　　　批改日期：　　年　　月　　日

项目 7　数码照相机的使用

【训练目的】

1. 掌握数码照相机的工作原理，了解数码照相机各部分的功能
2. 掌握数码相机的正确使用方法，能根据拍摄主题的需要设置拍摄模式、感光度等参数
3. 掌握合理的用光和构图拍摄技巧，能恰当的表现主体
4. 掌握将数码照相机的照片传送至计算机的方法

【训练环境】

1. 变焦数码照相机
2. 电池、充电器、信号传输线、计算机

【训练内容】

1. 熟悉数码照相机各个按钮的名称和作用，并学会正确的操作方法
2. 根据照片主题的需要，通过菜单选择设定测光模式、闪光拍摄方式、聚焦、感光度、白平衡等参数
3. 根据任务要求和计划，利用数码照相机拍摄所需的照片，并把照片传输到计算机

【训练任务】

请自选一个摄影专题，以小组协作形式完成一个电子相册作品。

活动方式：

（1）小组讨论，确定本组所要表达的主题及实现方案。

（2）拍摄所需照片，拍摄要注意规范操作并做必要记录。

（3）对照片进行必要处理 ，整合出一个主题突出、均衡美观的电子相册作品。

（4）完成任务后，进行小组汇报。汇报的主要内容为：作品主题、设计思想、各成员所作的贡献、主要的收获等。

《现代教育技术》课程训练报告

<table>
<tr><td>项目名称</td><td>数码照相机的使用</td><td>训练地点</td><td></td><td>训练日期</td><td></td></tr>
<tr><td>姓名</td><td></td><td>班级</td><td></td><td>成绩</td><td></td></tr>
<tr><td>训练目的</td><td colspan="5"></td></tr>
<tr><td>训练设备</td><td colspan="5"></td></tr>
<tr><td colspan="6">训练任务</td></tr>
</table>

任务一、小组讨论，根据项目任务目标和自己小组所选定的项目题目，集体制订项目任务实施计划，确定工作步骤和程序，并填写项目活动计划表。

项目活动计划表

________________项目计划书

项目小组成员：________________________________

项目题目：________________________________

拟完成的任务：________________________________

收集的资料：

需要收集的资料	收集资料的方法

计划要用的资源

资源名称	资源类型	资源途径	资源具体位置

要拍摄地点或人物：

项目任务时间表与分工：

项目任务名称	成员	完成时间

预期成果：

教师签名：

学生签名：

任务二、小组实地考察，参观了解自己所要拍摄的对象。展开调查、访谈、查阅资料等，收集信息和资料，分析对象的特色，并提出拍摄方案，配合文字资料在小组内进行交流。小组敲定最终方案。通过翻阅资料、上网搜索、专题学习网站等学习相关的拍摄技巧。

任务三、小组成员根据主题需要拍摄所需照片。

任务四、制作电子作品。

任务五、小组成果交流，介绍自己小组的设计思路、设计方法、设计特色、拍摄过程以及项目完成过程中的经验和体会。

小　结（体会）
*在本次实验中你学到了什么？主要收获有哪些？ *在完成本次实验中的任务时你遇到了哪些较难解决的问题？你是如何解决的？ *写出自己对本次实验的建议或意见，以供教师参考，改进教学。
教师评语
教师签名：　　　　批改日期：　　年　　月　　日

项目 8　多媒体教学系统的使用

【训练目的】

1. 了解多媒体教室系统的类型和功能
2. 掌握多媒体教室系统中主要设备的使用
3. 掌握多媒体教室系统的使用

【训练环境】

分组实验，每小组设备要求：

1. 多媒体计算机一台
2. 多媒体设备控制系统
3. 多媒体投影机及投影屏幕
4. 视频展示台
5. 录像机、DVD 影碟机
6. 功放机、音频卡座、话筒、音箱
7. VGA、AV 等连接线

【训练内容】

1. 多媒体教室系统中主要设备的使用
2. 多媒体教室系统的使用

【训练任务】

以小组协作方式，按下列要求完成实验任务：

（1）画出实验中所用的多媒体教室系统的组成结构图，根据结构图选择连接线正确连接多媒体教室系统中的各个媒体设备；

（2）在多媒体设备集中控制系统的控制面板上把来自不同媒体输入设备播放的信号切换到投影屏幕上；

（3）学会展示台、投影仪的使用调节。

【训练报告】

训练完成后，完成下面报告。

《现代教育技术》课程训练报告

项目名称	多媒体教学系统的使用	训练地点		训练日期	
姓名		班级		成绩	
训练目的					
训练设备					
训练任务					

任务、多媒体教学系统的组成和设备的使用

1. 请以控制台为中心，画出组成多媒体教学系统中各设备的信号输入与输出原理图。

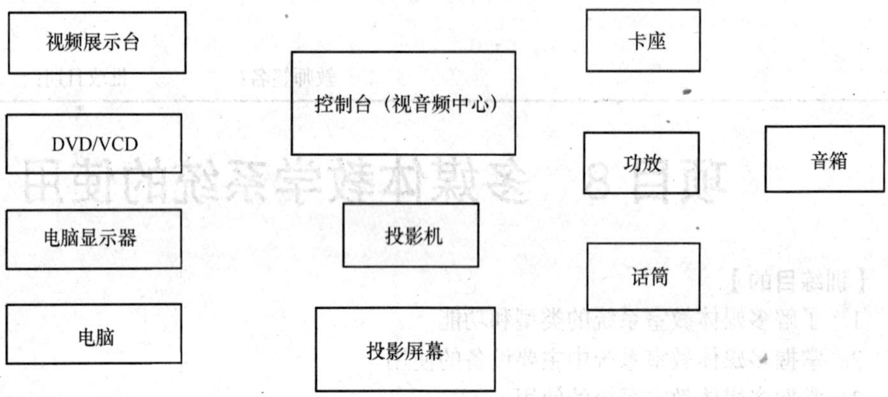

图例：

2. 多媒体教学系统中控制台的使用。

下图是多媒体教学系统的“控制台”平面图，用文字表述下列问题的操作方法或步骤。

问题 1. 写出在屏幕上展示台式电脑信号，需要的操作是：________________。

问题 2. 如果需要投影出 DVD 中的视频和音频信号，需要的操作是：__________。

问题 3. 如果将视频展台的内容投影到屏幕上，需要的操作是：____________。

问题 4. 现在屏幕上展示的是台式机的内容，如果需要展示笔记本电脑中的内容，需要的操作是：________________。

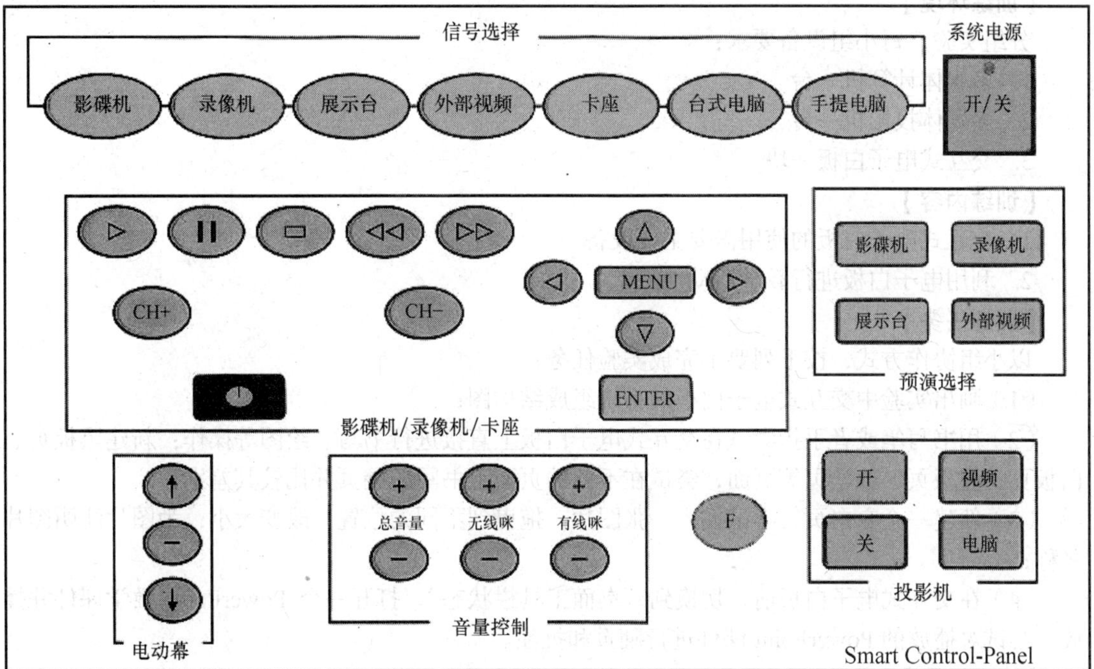

小　结（体会）
*在本次实验中你学到了什么？主要收获有哪些？ *在完成本次实验中的任务时你遇到了哪些较难解决的问题？你是如何解决的？ *写出自己对本次实验的建议或意见，以供教师参考，改进教学。
教师评语
教师签名：　　　　批改日期：　　年　　月　　日

项目 9　交互式电子白板的使用

【训练目的】

1. 了解交互式电子白板的系统组成和功能
2. 掌握交互式电子白板的具体使用
3. 学会制作交互式电子白板课件
4. 练习使用自制的交互式电子白板课件

【训练环境】

分组实验，每小组设备要求：

1. 多媒体计算机一台
2. 多媒体投影机一台
3. 交互式电子白板一块

【训练内容】

1. 交互式电子白板的使用需要主要设备
2. 利用电子白板进行教学活动

【训练任务】

以小组协作方式，按下列要求完成实验任务：

（1）画出实验中交互式电子白板的系统组成结构图；

（2）用书写笔或者手指尝试在交互式电子白板上直接进行书写、绘图等操作：新建黑板页、白板页、蓝板页、教学页等页面，尝试在不同的页面上书写、翻页并比较其差别；

（3）新建一个空白页，尝试插入一张图片，拖曳到不同的位置，改变大小，为图片注明图片名称；

（4）在交互式电子白板前，切换到“桌面工具栏状态”，打开一个 PowerPoint 教学课件并播放，尝试对播放的 PowerPoint 课件进行翻页和批注。

【训练报告】

训练完成后，完成下面报告。

《现代教育技术》课程训练报告

项目名称	交互式电子白板的使用	训练地点		训练日期	
姓名		班级		成绩	
训练目的					
训练设备					
训练任务					
任务、电子白板的使用 1. 画出交互式电子白板的系统构成与信号传输原理图 2. 比较交互式电子白板与投影屏幕、黑板的特点，并结合自己将来所教学科，举例说明运用它的哪些功能来提高教学效果与交互性？你认为电子白板还有哪些不足？ 3. 你设计的白板课件的课题（知识点）是什么？在你的设计中，白板主要起到怎样的作用？请简单描述一下白板课件的使用。					

（四）终身学习

1. 具有不断学习新知识和新技术以完善自身素质结构的意识与态度。
2. 具有利用教育技术进行终身学习以实现专业发展与个人发展的意识与态度。

二、知识与技能

（一）基本知识

1. 了解教育技术基本概念。
2. 理解教育技术的主要理论基础。
3. 掌握教育技术理论的基本内容。
4. 了解基本的教育技术研究方法。

（二）基本技能

1. 掌握信息检索、加工与利用的方法。
2. 掌握常见教学媒体选择与开发的方法。
3. 掌握教学系统设计的一般方法。
4. 掌握教学资源管理、教学过程管理和项目管理的方法。
5. 掌握教学媒体、教学资源、教学过程与教学效果的评价方法。

三、应用与创新

（一）教学设计与实施

1. 能够正确地描述教学目标、分析教学内容，并能根据学生特点和教学条件设计有效的教学活动。
2. 积极开展信息技术与课程的整合，探索信息技术与课程整合的有效途径。
3. 能为学生提供各种运用技术进行实践的机会，并进行有针对性的指导。
4. 能应用技术开展对学生的评价和对教学过程的评价。

（二）教学支持与管理

1. 能够收集、甄别、整合、应用与学科相关的教学资源以优化教学环境。
2. 能在教学中对教学资源进行有效管理。
3. 能在教学中对学习活动进行有效管理。
4. 能在教学中对教学过程进行有效管理。

（三）科研与发展

1. 能结合学科教学进行教育技术应用的研究。
2. 能针对学科教学中教育技术应用的效果进行研究。
3. 能充分利用信息技术学习业务知识，发展自身的业务能力。

（四）合作与交流

1. 能利用技术与学生就学习进行交流。
2. 能利用技术与家长就学生情况进行交流。
3. 能利用技术与同事在教学和科研方面广泛开展合作与交流。
4. 能利用技术与教育管理人员就教育管理工作进行沟通。
5. 能利用技术与技术人员在教学资源的设计、选择与开发等方面进行合作与交流。
6. 能利用技术与学科专家、教育技术专家就教育技术的应用进行交流与合作。

四、社会责任

（一）公平利用

努力使不同性别、不同经济状况的学生在学习资源的利用上享有均等的机会。

（二）有效应用

努力使不同背景、不同性格和能力的学生均能利用学习资源得到良好发展。

（三）健康使用

促进学生正确地使用学习资源，以营造良好的学习环境。

（四）规范行为

能向学生示范并传授与技术利用有关的法律法规知识和伦理道德观念。

第二部分　管理人员教育技术能力标准

一、意识与态度

（一）重要性的认识

1. 能够认识到教育技术的有效应用对于推进教育信息化、促进教育改革和实施国家课程标准的重要作用。
2. 能够认识到教育技术能力是教师专业素质的必要组成部分。
3. 能够认识到教育技术的有效应用对于优化教学过程、培养创新型人才的重要作用。

（二）应用意识

1. 具有推动在管理中应用教育技术的意识。
2. 具有推动在教学中开展信息技术与课程整合、促进教育教学改革研究的意识。
3. 具有支持教师运用教育技术不断丰富学习资源的意识。
4. 具有密切关注新技术的价值并不断挖掘其教育应用潜力的意识。

（三）评价与反思

1. 具有促进对教学资源的利用进行评价与反思的意识。
2. 具有促进对教学过程进行评价与反思的意识。
3. 具有促进对教学效果与效率进行评价与反思的意识。
4. 具有对教学管理的效果进行评价与反思的意识。

（四）终身学习

1. 具有不断学习新知识和新技术以提高自身管理水平的意识与态度。
2. 具有利用教育技术进行终身学习以实现管理能力与个人素质不断提高的意识与态度。
3. 具有利用教育技术为教师创造终身学习环境的意识与态度。

二、知识与技能

（一）基本知识

1. 了解教育思想、观念和教育技术的发展趋势。
2. 了解教育技术的基本概念和应用范畴。
3. 了解教育技术的基本理论。
4. 掌握绩效技术、知识管理和课程开发的基本知识。

（二）基本技能

1. 掌握信息检索、加工与利用的方法。
2. 掌握资源管理、过程管理和项目管理的方法。
3. 掌握教学媒体、教学资源、教学过程与教学效果的评价方法。
4. 掌握课程规划、设计、开发、实施与评价的方法。

三、应用与创新

（一）决策与规划

1. 制订并实施教育技术应用计划以及应用技术来促进教育教学改革的条例与法规。
2. 能够根据地区特点和实际教育状况，宏观调配学习资源，规划和设计教育系统。
3. 能够有效应用信息技术和统计数据辅助决策过程。

（二）组织与运用

1. 能组织与协调各种资源，保证教育技术应用计划的贯彻和执行。
2. 能组织与协调各种资源，促进信息化学习环境的创建。
3. 能组织与协调各种资源，支持信息化的教学活动。
4. 能运用技术辅助教学组织和教学实施。

（三）评估与发展

1. 能使用多种方法对教师和管理人员的教育技术应用效果进行评价。
2. 能运用技术辅助对管理体制和运行机制进行评价。
3. 能采取多种措施推动技术体系的不断改进，支持技术的周期性更新。
4. 能充分利用技术手段为教师、学生和管理者的发展提供更多机会。
5. 能充分运用技术改善教育教学条件，并为教师提供教育技术培训的机会。

（四）合作与交流

1. 能利用技术与教学人员就教学工作进行交流。
2. 能利用技术与技术人员就学习支持与服务进行交流。
3. 能利用技术与家长及学生就学生发展与成长进行交流。
4. 能利用技术与同事就管理工作进行合作与交流。

四、社会责任

（一）公平利用

能够在管理制度上保障所有的教师和学生均能利用学习资源得到良好发展。

（二）有效应用

1. 能够促进学习资源的应用潜能得到最大化的发挥。
2. 能够促进技术应用达到预期效果。

（三）安全使用

1. 能确保技术环境的安全性。
2. 能提高技术应用的安全性。

（四）规范行为

1. 努力加强信息道德的宣传与教育。
2. 努力规范技术应用的行为与言论。
3. 具有技术环境下知识产权保护的意识，并能够以实际行动维护这种知识产权。

第三部分　技术人员教育技术能力标准

一、意识与态度

（一）重要性的认识

1. 能够认识到教育技术的有效应用对于推进教育信息化、促进教育改革和实施国家课程标准的重要作用。
2. 能够认识到教育技术应用能力是教师专业素质的重要组成部分。
3. 能够认识到教育技术的有效应用对于优化教学过程、培养创新型人才的重要作用。

（二）应用意识

1. 具有研究与推进信息技术与课程整合的意识。
2. 具有利用技术不断优化学习资源和学习环境的意识。
3. 具有积极辅助与支持教学人员和管理人员应用教育技术的意识。
4. 具有不断尝试应用新技术并探索其应用潜力的意识。

（三）评价与反思

1. 具有对技术及应用方案进行选择和评价的意识。
2. 具有对技术开发进行评价与反思的意识。
3. 具有对技术支持进行评价与反思的意识。
4. 具有对教学资源管理进行评价与反思的意识。

（四）终身学习

1. 具有积极学习新知识与新技术以提高业务水平的意识。
2. 具有利用教育技术进行终身学习以不断提高个人素质的意识。

二、知识与技能

（一）基本知识

1. 了解教育思想、观念和技术的发展趋势。
2. 了解教育技术的基本概念和应用范畴。
3. 掌握现代教学媒体特别是计算机与网络通信的原理与应用。

（二）基本技能

1. 掌握信息检索、加工与利用的方法。
2. 了解教学系统设计与开发的方法。
3. 掌握教学媒体的设计与开发的技术。
4. 掌握教学媒体的维护与管理的方法。
5. 掌握学习资源维护与管理的方法。
6. 掌握对教学媒体、学习资源的评价方法。

三、应用与创新

（一）设计与开发

1. 参与本单位教育信息化建设方案的整体规划与设计。
2. 能够设计与开发本单位的信息化学习环境。

3. 能够收集、整理已有学习资源并设计与开发符合教学需要的学习资源。

（二）应用与管理

1. 能够为教学人员的教学和科研工作提供技术支持与服务。
2. 能够为管理人员的管理和评估工作提供技术支持与服务。
3. 能够对学习资源与学习环境的使用进行有效的管理与维护。

（三）评估与发展

1. 能够对学习资源和学习环境的开发与应用效果进行评估，并提出发展建议。
2. 能够对自身的技术服务和管理工作进行评估，并反省自身的技术服务和业务水平。
3. 能够参与本校教师教育技术应用效果的评估工作，并提出发展建议。
4. 能够参与制定本校教师教育技术培训方案并实施。

（四）合作与交流

1. 能利用技术与教师就教育技术在教学中的应用效果进行交流。
2. 能利用技术与管理人员进行交流。
3. 能利用技术与学生及家长进行交流。
4. 能利用技术与同行及技术专家进行交流。

四、社会责任

（一）公平利用

能够通过有效的统筹安排保障所有的教师和学生均能利用学习资源得到良好发展。

（二）有效应用

1. 能不断加强信息资源的管理。
2. 能不断提高教育技术应用的有效性。

（三）安全使用

1. 努力提高技术应用环境的信息安全。
2. 能为教师和学生提供安全、可靠的技术服务。

（四）规范行为

1. 努力加强技术环境下信息资源的规范管理。
2. 努力规范技术应用的行为方式。

附录5 中小学教学人员（初级）教育技术能力培训大纲

一、编制和使用说明

1. 本大纲依据《中小学教师教育技术能力标准（试行）》中对教学人员教育技术能力的要求编制。

2. 本大纲是教育技术领域的研究成果，注重继承我国优良的传统教学思想，借鉴国外先进的教学理念，参考了国外开发的教育技术标准和我国教育技术组织研制《中国教育技术标准》的有益经验。

3. 大纲的编制力求体现素质教育的思想，适应基础教育课程改革的需要，以“任务驱动、强调活动、强调参与”为指导原则，把基于现有教学媒体环境的教学设计作为主要任务，采取模块化设计的方式安排培训内容。在每一模块中，目标和任务是培训的基本要求，教学活动建议和教学活动举例作为对基本要求的解释或补充。

4. 在大纲指导下开展培训的过程，是教师体验和交流学生学习的过程，是分析、总结、改进教师日常教学的过程。需要处理好在活动中体验与知识之间的关系，理论与实践之间的关系。需要重视中小学教师成人学习的特点和个性差异，强调中小学教师教育技术应用能力的形成和发挥，真正使学习过程成为帮助教师利用技术改善教学，提高教学能力的过程，促使其养成应用技术的习惯。

5. 大纲规定培训总课时约为50学时。

二、培训目标

经过初级教育技术能力培训的中小学教学人员，在知识与技能、过程与方法、情感与态度方面应达到以下具体要求：

（一）知识与能力

1. 掌握教育技术的基本概念、意义及其作用。
2. 了解信息技术与学科教学整合的基本概念。
3. 掌握教学设计的过程及其关键环节。
4. 掌握媒体的特点，了解各类媒体对教与学的支持作用。
5. 学会运用技术进行教学形成性评价、总结性评价。

（二）过程与方法

1. 完成一节课或一个教学单元/主题的教学设计，实施或展示、研讨教学。
2. 掌握分析演示型教学媒体特点的方法，提高在实际教学中的应用能力。

3. 学会运用文字编辑软件编制常用教学文档，运用网络工具搜集教学资源，运用多媒体工具对文本、图片、声音、动画等资源进行简单的加工处理，运用简单的课件制作工具或网页制作工具整合教学资源。

4. 能够使用常用的形成性评价、总结性评价的量规和方法设计课堂教学评价活动。

（三）情感与态度

1. 消除教学中应用信息技术的畏惧心理，形成对教育技术促进教学的认同。

2. 形成把教学技术与教学实践紧密联系的积极性和主动性。

3. 形成对资源信息的正确认识和初步的选择、处理和加工能力，建立知识产权保护意识。

4. 了解技术对社会、对学生发展的重要影响，树立在教学中运用技术的使命感。

三、培训的成果形式

1. 每个学员完成的一节课或一个教学单元/主题的教学设计方案（包括文稿、资源、评价和过程记录等）；

2. 每个学员学习过程中形成的作业文件夹（包括教学设计、资源收集与加工、反思日志等）；

3. 每个小组集体研究过程中形成的记录文档（包括讨论记录、小组作品和交流文稿等）。

以上成果作为评定教师学习过程的形成性考试成绩的依据。

四、培训模块指南

模块 1　开始培训的准备（4 学时）

（一）目标

1. 了解此次培训的主要模块、过程、方法，需要完成的任务及应取得的成果。

2. 了解教师与学员、学员之间的交流方式，利用技术建立课上和课下的多种交流渠道，体验正确交流方式的重要性，为后续模块的学习做好准备。

3. 掌握教育技术的基本概念、意义及作用。

4. 形成学习小组，在小组活动中体验协作学习的过程；在对个人活动、小组活动评价与反思的过程中形成反思的意识。

（二）任务

1. 互相认识，形成融洽的师生、生生关系；

2. 介绍培训模块、方式和最终学员需要提交的成果的形式；

3. 检查和准备每个人的软硬件设备；

4. 建立个人文件夹。

（三）教学活动建议

1. 本模块对于保障整个培训课程的顺利实施具有导向性作用，要注意观察学员，引导他们从心理、方法和技术上做好各种准备。

2. 组织学员相互认识，让学员尝试利用技术进行课堂和课外的交流，体验各种交流方式的不同。

3. 要努力使学员理解培训的方式、成果要求、评价形式等，并达成共识。个别学员的困惑或不同见解可以在全班范围内适当组织讨论，重在参与和体验，不要简单地给出结论。

4. 要充分利用学员已有经验，重视学员独特体验，使学员形成自己的观点。

（四）教学活动举例

1. 师生互动 1（相互介绍 + 讨论）

（1）培训教师与受训学员的自我介绍与相互认识。

（2）了解培训的方式及主要内容模块，了解培训的评价方法。

（3）了解利用技术手段进行交流的重要性及方式。

2. 师生互动 2（案例观摩 + 阅读 + 讲解 + 讨论）

（1）案例观摩。

（2）介绍教育技术的基本概念、意义及作用。

（3）进一步了解新课程标准所采用的教育观及学生发展观对教育技术运用的影响。

3. 自主活动 1（操作 + 思考）

（1）检查培训中用到的相关软硬件。

（2）建立作业文件夹，检查作品档案袋。

（3）建立自己的电子邮箱，留存教师、学员的电子邮箱地址，尝试与教师及学员进行交流。

（4）思考自己的选题，用电子文档记录下来，存入自己的作业文件夹（作品档案袋）中。

4. 小组活动（共享 + 讨论）

（1）形成学习小组，为小组命名，组织组内交流、共享、互帮互助。

（2）在小组内介绍自己的选题意向，并征询小组成员的意见，记录小组成员对自己选题的建议。

（3）完成此次小组活动记录文档。

5. 自主活动 2（评价 + 反思）

（1）参考提供的小组活动评价模板、小组活动中的个人行为评价模板，评价此次培训中的小组活动及个人活动。

（2）反思本模块的培训，填写培训日志。

模块 2　编写教学设计方案（4 学时）

（一）目标

1. 掌握教学设计的定义及其作用。

2. 掌握教学设计方法的一般过程及关键环节。

3. 运用教学设计方法初步完成一份教学设计方案。

（二）任务

1. 反思自己以前的教学设计实践。

2. 观摩所提供的教学设计方案，结合教学设计方法分析其优缺点。

3. 参照本模块中提供的教学设计方案模板完成所选内容的教学设计方案。

（三）教学活动建议

1. 本模块强调案例研讨对学员教学设计实践的启发效果，通过案例的比较分析，理解学习教学设计的作用以及学习理论、教学理论对教学设计方法和实践的指导作用，不要纠缠概念。

2. 重视学员对自己经验的反思，鼓励学员以开放的心态与同学分享自己的经验和感受，通过正反案例，使学员在处理已有经验和新知识、自己的理解和他人的经验等交织的过程中，加深对教学设计方法的理解。

3. 重视对各种教学策略的体验。在体验中，帮助学员理解和掌握各种教学策略的概念和方法。

4. 为学员提供教学设计实践的便利条件，包括评价的参考标准以及活动过程模板，但要引导学员突破模板的束缚，鼓励创造性地运用过程模板。

（四）教学活动举例

1. 师生互动（阅读 + 讲解 + 讨论）

（1）教学设计的定义及其作用。

（2）观摩教学设计案例。

（3）教学设计方法的一般过程。

（4）教学设计方法的关键环节。

2. 自主活动1

（1）反思自己以前的教学设计实践，填写反思记录文档。

（2）分析教学设计案例的优缺点，填写案例分析表。

（3）阅读本模块中提供的教学设计方案模板，选择适用于自己选题的模板。

（4）基于教学设计方案模板，初步完成选题的教学设计方案。

3. 小组活动

（1）在小组内共享反思记录表，讨论后概括教学设计方法的特点及注意事项，形成一份小组作品。

（2）参考本模块提供的小组作品评价模板，评价小组作品。

（3）在小组内介绍各自的教学设计方案，征询小组成员的意见，记录小组成员对自己选题的建议。

4. 自主活动2

（1）基于小组成员的反馈意见、参考教学设计方法的特点及注意事项，思考并修改自己的教学设计方案。

（2）将修改后的教学设计方案保存在自己的作业文件夹中。

（3）反思此次培训活动，填写培训日志。

模块3　教学媒体的选择（4学时）

（一）目标

1. 掌握各类教学媒体在学科教学中运用的特点。

2. 结合案例了解各类媒体对教师教学和学生学习的支持作用。

3. 分析演示型教学媒体的特点，选择所用的教学媒体并分析其运用形式。

（二）任务

1. 概括出各类教学媒体在本学科教学中运用的特点。

2. 观摩所提供的教学案例，分析案例中各类媒体对教师教学和学生学习的支持方式。

3. 用文字编辑软件中的表格或电子表格软件列出所选择的演示型教学媒体，并分析其运用形式。

（三）教学活动建议

1. 本模块旨在建立技术是帮助学与教的工具的正确媒体观，强调不同媒体的不同教学特性和使用范围，要发挥媒体的综合优势，强调合理运用，不盲目追求技术的先进性。

2. 要强调动手实践，要求学员在操作体验的过程中，结合教学的实际情况总结教学媒体的应用特点及其对教学的支持方式。

3. 通过对正反案例的对比分析，使学员从不同角度理解媒体的运用特性，在案例分析的过程中掌握媒体选择的原则。

4. 要鼓励学员根据自己所概括的媒体选择原则，对自己和小组成员所制订的媒体应用表进行评价、讨论，以增强他们的反思能力和分享意识。

（四）教学活动举例

1. 师生互动（阅读＋案例观摩＋讲解＋讨论）

（1）各类教学媒体的特点。

（2）案例观摩，掌握分析案例中媒体对教/学的支持作用的方法。

2. 自主活动1

（1）基于以上学习，概括出各类教学媒体在本学科教学中的运用形式及特点，对在教学中所能用到的媒体加以标注，填写媒体在学科教学中的运用记录表。

（2）观摩学科案例，分析案例中媒体对教师教学和学生学习的支持方式，填写媒体运用分析表。

3. 小组活动

（1）在小组内共享自主活动中的第一项，讨论后概括出媒体在本学科教学中的运用方式及特点，形成一份小组作品。

（2）在小组内共享媒体在学科中的运用记录表，讨论后概括出媒体在本学科教学中的运用方式及特点，形成一份小组作品。

（3）在小组内共享媒体运用分析表，讨论并形成一份小组作品。

（4）与小组成员讨论，如何在自己的选题中运用演示型教学媒体。

4. 自主活动 2

（1）基于以上的活动，用文字编辑软件中的表格或电子表格软件，列出在自己的教学设计中所选择的演示型教学媒体及其运用的方式，将此表格添加到上一模块完成的教学设计方案中，并将修改后的文档保存在自己的作业文件夹中。

（2）将小组活动中形成的两份小组作品整理成电子文档，保存在自己的作业文件夹中。

（3）反思此次培训活动，填写培训日志。

模块 4　教学资源的收集与整合（一）（2 学时）

（一）目标

1. 了解教学/学习资源在教育中的地位与作用。

2. 掌握常见教育资源的类型及运用策略，掌握选择教学资源的基本原则和实施策略。

3. 了解资源与媒体的联系与区别。

（二）任务

1. 列出能为本学科教学所用的资源类型、工具及其运用策略。

2. 基于自己的教学设计或选题，选择所要使用的各类资源。

（三）教学活动建议

1. 注重使学员形成正确的资源观。要明确教学资源不仅要支持教，更重要的是支持学；要注重多种教学资源的运用，既要重视数字化教学资源的建设，也要重视其他渠道的资源利用。

2. 重视正反案例的对比分析，注意既要采用同一学科不同应用形态的教学资源运用案例，也要采用同一应用形态的教学资源在不同学科、不同教学内容的案例，使学员多角度、多层次理解教学资源的运用特性和应用原则。

3. 要鼓励学员根据自己所概括的教学资源应用原则及其注意事项，对自己和小组成员所制定的教学资源应用表进行评价、讨论，以增强他们的应用反思能力和分享意识。

（四）教学活动举例

1. 师生互动 1（思考 + 讨论）

（1）有哪些形式的资源可为教育教学所用。

（2）不同类型资源的作用有什么不同，如何才能综合其优势。

2. 师生互动 2（思考 + 阅读 + 讲解 + 讨论）

（1）教学资源应用于教学过程的优秀案例观摩。

（2）教学/学习资源在教育中的地位与作用。

（3）常见教育资源的类型与运用策略。

（4）选择教学资源的基本原则和实施策略。

3. 自主活动 1

（1）列出在你所教学科中所用资源的类型、工具。

（2）列出你在运用各类资源、工具时的策略。

（3）列出资源在运用过程中要注意的问题。

4. 小组活动

（1）在小组内共享上述三项内容，讨论后形成一份小组学习作品，并在全班内共享。

（2）参考本模块提供的作品评价模板与小组活动评价模板，评价小组作品。

5. 自主活动 2

（1）基于以上的小组活动，思考在选题规定的教学活动中所要使用的资源与媒体，用文字编辑软件中的表格或电子表格软件列出并说明运用的形式，将文档保存在自己的作业文件夹中。

（2）反思此次培训活动，填写培训日志。

模块 5　教学资源的收集与整合（二）——信息技术技能（8 学时）

（一）目标

1. 掌握收集教学资源的方法。

2. 能够对收集的文本、图片、声音、动画等资源素材进行简单的加工与处理。

（二）任务

1. 运用收集资源的方法，基于自己的教学设计，选择、收集所要使用的各类资源。

2. 运用文字处理工具对收集的文本资源素材进行简单的加工处理。

3. 运用图片处理工具对收集的图片资源进行截取和改变大小、亮度等简单的加工处理。

4. 运用音频处理工具对收集的声音资源进行截取、增补、去噪音等简单的加工处理。

5. 运用网络下载工具将动画下载到本地机，并插到自己的文本中。

（三）教学活动建议

1. 增强学员积累资源的意识和能力，引导学员注重平时资源的积累，包括收藏优秀网址、素材库以及平时浏览网页时收集一些好的素材，分类存放以备教学之用。

2. 注意分享中小学教师已有收集资源的体验，使学员从中掌握资源收集的小技巧，提高资源检索、下载的效率。

3. 通过案例使学员理解不同格式素材的质量和教学特征，掌握基本的分辨能力和恰当选取素材的能力。

4. 突出素材处理工具常用、实用的使用功能，注意不同学科的不同需求。既要教会学员掌握一些基本的工具、使用技巧，更要重视引导学员学会运用软件工具的帮助功能，学会上网搜索常用软件工具等，力求知识迁移和自我提高。

5. 鼓励学员根据自己所概括的教学资源的应用特性，对自己和小组成员所收集的教学资源进行评价、讨论，以增强他们的反思能力和分享意识。

（四）教学活动举例

1. 师生互动 1（思考 + 讨论）

（1）在日常教学中有哪些收集资源的方法？

（2）在学科教学中，常用的资源类型有哪些，各类资源的教学运用效果如何？

2. 师生互动 2（思考 + 讨论 + 阅读 + 操作）

（1）观摩收集各种类型的教学资源的案例，分析案例中所包含的资源类型。

（2）收集资源的方法。

（3）介绍资源收集的常用软件。

（4）运用各类简单的多媒体加工与处理软件，对收集的各类资源素材进行简单加工处理。

3. 自主活动 1

（1）基于以上的学习活动，思考在选题规定的教学活动中所要使用的资源类型，用文字编辑软件中的表格或电子表格软件列出并说明运用的形式，将文档保存在自己的作业文件夹中。

（2）基于自己的选题，参考教材附录中提供的搜索引擎、资源站点、学科网站，收集教学设计中所要使用的资源素材。

（3）记下本学科比较好的资源网站地址，并添加到收藏夹中。

（4）利用相关的资源加工与处理工具，对收集到的资源素材进行简单的加工处理，使之更好地应用于学科教学。

4. 小组活动

（1）利用本模块中提供的资源站点评价量表，完成对某一学科站点或资源站点的评价。

（2）在小组内、全班内共享好的学科教学站点、优秀资源站点。

（3）在小组内展示处理过的各类资源，征询小组成员的意见。

5. 自主活动 2

（1）基于小组成员的反馈意见，优化修改自己的资源素材。

（2）将修改后的资源素材保存在自己的作业文件夹中。

（3）反思此次培训活动，填写培训日志。

模块 6　教学资源的收集与整合（三）——信息技术技能（10 学时）

（一）目标

1. 了解教学资源的呈现类型，了解教学资源呈现的设计方法。

2. 掌握运用简单的课件制作工具，开发与整合教学资源的方法。

3. 了解运用简单的网页编辑工具，开发与整合教学资源的方法。

（二）任务

1. 基于自己的教学设计，设计教学资源的呈现方式。

2. 利用演示文稿设计工具开发与整合教学资源。

3. 观摩并分析如何利用网页设计工具开发与整合教学资源。

（三）教学活动建议

1. 通过案例分析使学员理解不同呈现方式的资源对教学的支持方式的不同，并能够分析自己的教学需求以及教学资源对具体教学环节的支持方式。

2. 要使学员树立合理运用资源的意识，力求能以简单的技术实现必需的教学功能。

3. 开发工具的教学中，要尊重学员的意愿和已有基础，以教学功能的实现为目标，不严格规定使用哪一种软件，但可以建议学员使用通用性的软件，以便共享资源。

4. 促使学员形成记录学习过程的意识，建议他们把学习中碰到的问题、心得随时记录在自己的作业文件夹中，关注学习过程的自我反馈和自我指导。

5. 学员开发教学资源课件的过程中，既要重视对学员的个别化指导，更要强调学员之间的合作和互帮互助意识的培养，重视应用自我评价、小组评价以及教师对小组团队集体评价。

6. 在强调学员自主探究、开发教学资源课件的前提下，为学员提供必需的自主学习资源，同时要重视对具体操作方法的指导，教学上采用“由扶到放”的策略，重视变式练习的应用。

7. 鼓励学员根据自己所讨论、制订的教学资源评价标准，对自己和小组成员所设计、开发的教学资源课件进行评价、讨论，以增强他们的反思能力和分享意识。

（四）教学活动举例

1. 师生互动（案例观摩 + 阅读 + 讲解 + 操作）

（1）观摩各种呈现类型的教学资源案例，分析教学资源呈现的设计方法。

（2）运用简单的课件制作工具对教学资源进行开发与整合的操作方法。

（3）观摩并分析简单的网页编辑工具开发与整合教学资源的操作方法。

2. 自主活动 1

（1）基于学员的教学设计选题，完成对教学资源结构的设计，记录在文档中。

（2）利用相关资源开发与整合技术（简单的课件制作工具、简单的网页编辑工具）完成教学资源。

3. 小组活动

（1）参考资源评价的方法，在小组内讨论资源收集与开发的注意事项，讨论确定资源评价的量规。

（2）在小组内展示各自的教学资源，并征询小组其他成员的意见。

（3）以小组活动的方法评价每一位成员的教学资源。

4. 自主活动 2

（1）基于小组成员的反馈意见，优化修改自己的资源。

（2）将修改后的教学资源保存在自己的作业文件夹中。

（3）反思此次培训活动，填写培训日志。

模块 7 形成完整的教学设计成果（2 学时）

（一）目标

1. 了解形成性评价与总结性评价的作用，初步掌握设计形成性评价与总结性评价的方式或方法。

2. 能够对教学设计方案及教学用资源进行反思与改进。

（二）任务

1. 设计选题中的形成性评价与总结性评价的方式或方法。

2. 整理培训过程积累的学习结果。

3. 修改教学设计方案及教学用资源。

（三）教学活动建议

1. 重视学员在以往教学实践中应用评价理念和方法的经验，强调通过分享理解各类评价的概念及其作用。

2. 重视评价案例的资源建设。通过案例的研讨、分析，使学员正确认识形成性评价促教、促学的作用，积累本学科在形成性评价实施方面的优秀经验。

3. 鼓励学员对自己在培训过程中的表现进行反思，理解形成性评价对教学的启发，掌握将形成性评价与教学活动相结合的方法。

4. 通过分享和反思，促使学员明确教学设计和教学资源之间的关系，进一步理解正确的资源观。

（四）教学活动举例

1. 师生互动（案例观摩 + 讲解 + 讨论）

（1）观摩教学设计成果的完整案例。

（2）了解形成性评价在教学中的作用。

（3）了解总结性评价的作用。

（4）介绍常用的形成性评价、总结性评价的设计方式与方法。

2. 自主活动 1

（1）参考案例中形成性评价的内容，在选题中制定出形成性评价的方法或方式，添加到教学设计方案中。

（2）参考案例中总结性评价的内容，在选题中制定出总结性评价的方法或方式，添加到教学设计方案中。

（3）整理前面各个培训模块中积累的个人学习成果材料。

（4）优化教学资源、修改完善教学设计方案。

（5）将完成的内容保存在自己的作业文件夹（作品档案袋）中。

3. 小组活动

（1）小组内展示各自的教学设计成果（重点是教学设计方案、教学资源），并听取成员的反馈意见。

（2）以小组活动的方法评价每一位成员的教学资源。

4. 自主活动 2

（1）基于小组成员的反馈意见，优化修改自己的教学设计成果，并保存在自己的作业文件夹中。

（2）反思此次培训活动，填写培训日志。

模块 8　单元/主题的教学设计（7 学时）

（一）目标

1. 结合自己所教学科和具体的媒体环境，掌握教学单元/主题的教学设计。

2. 掌握单元/主题教学所需教学资源的收集、整理与开发的方法。

3. 能够对单元/主题的教学设计方案及教学用资源进行反思与修改。

（二）任务

1. 完成单元/主题教学设计方案。

2. 初步完成单元/主题所需教学资源的收集、整理与开发（如果课时不够，完成资源框架即可）。

（三）教学活动建议

1. 重视案例资源的建设，强调通过案例观摩与研讨，使学员理解单元/主题教学设计的概念、作用以及与一节课设计的不同之处。

2. 关注培训后的应用情况，增强学员积极应用的意识，既要使他们能够正确认识现有条件可能存在的困难，更重要的是帮助他们提高分析困难中的有利因素，选择恰当的应对策略的能力。

3. 为学员提供充分的学习支持，包括主题/单元设计参考列表、设计模板等，同时也要引导学员突破参考列表、设计模板的束缚，鼓励创造性地运用。

4. 主题/单元教学设计完整成果的完成需要比较长的时间。要注重学员对主题/单元教学设计的理解和体验，强调对方法的指导，要求完成教学设计方案，但不对成果做过高的要求。

5. 要鼓励学员根据自己所理解的主题/单元教学设计要求，对自己和小组成员所完成的主题/单元教学设计进行评价、讨论，以增强他们的反思能力和分享意识。

（四）教学活动举例

1. 师生互动（案例观摩 + 讲解 + 讨论）

（1）观摩单元/主题教学设计成果的完整案例。

（2）了解单元/主题教学设计过程中的注意事项。

2. 自主活动 1

（1）完成单元/主题教学设计方案。

（2）单元/主题所需教学资源的收集、整理与开发。

3. 小组活动

小组内展示各自的教学设计成果，并听取成员的反馈意见。

4. 自主活动 2

（1）基于小组成员的反馈意见，优化修改自己的教学设计成果，并保存在自己的作业文件夹中。

（2）反思此次培训活动，填写培训日志。

模块9 教学设计的实施与评价反思（5学时）

（一）目标

1. 了解评价的一般方法。

2. 掌握教学设计实施的评价方法。

3. 在教学设计实施与展示的过程中，建立教学设计与教学实践紧密联系的意识，并以此形成将所学的方法运用到今后的教学工作中的意识。

（二）任务

1. 在小组内展示自己的教学设计成果，基于组员反馈意见加以修改。

2. 在全班试讲、展示教学设计成果，分析讨论该成果的优点及需要改进之处。

（三）教学活动建议

1. 要充分尊重和发挥学员在教学设计成果评价方面的经验和体会，通过研讨了解教学设计成果形成性评价的方法及特点，理解教学设计成果评价对教学设计本身、教学实施的意义。

2. 在展示和评价之前、之中，注重应用一些提高活动参与度的策略，并使学员理解并掌握这些策略。帮助学员合理评价他人，既强调欣赏他人，善于发现他人的优点，又要中肯地提出合理化建议。

3. 体验和理解从设计到实施的关系，掌握根据教学进程的变化进行教学实施调控的一些基本策略。

4. 发挥技术在教学设计成果评价、数据收集、数据统计、结果保存等方面的优势，培养学员使用技术开展形成性评价的初步意识和基本能力。

5. 注意利用所学知识更好地完成说课，提高说课能力。

（四）教学活动举例

1. 师生互动1（思考+讨论）

在技术条件尚不具备时，有哪些策略或方法可在教学中有效地运用教育技术？

2. 师生互动2（思考+阅读+讲解+讨论）

（1）评价案例分析。

（2）评价的一般方法。

（3）教学设计实施的评价方法。

3. 小组活动

（1）在小组内学员每人展示一节信息技术与学科教学整合课的教学设计方案和教学资源，组内成员给出评价及修改意见。

（2）基于组内成员给出的修改意见，修改自己的教学设计成果。

（3）在全班内，以说课、试讲的方式展示教学设计成果。

（4）在小组内，分析所展示的教学设计成果的优点，并指出其有待修改之处。

4. 自主活动

（1）将自己的作业文件夹压缩打包后提交，将作品档案袋所有材料整理后提交。

（2）反思此次培训活动，填写培训日志。

模块10 培训的总结与提高（2学时）

（一）目标

1. 总结和巩固教学成果；

2. 分享学习经验，形成长期坚持在运用中学习的情感和态度。

（二）活动

1. 检查自己的学习成果、发现问题；

2. 对学习成果进行交流分享；

3. 提出对培训的改进建议，明确今后一段时间的个人学习和应用计划。

（三）教学活动建议

1. 运用在信息环境下涉及伦理道德问题的案例，使学员意识到正确对待网络安全和道德问题的重要性，增强学员对网络安全与道德问题的鉴别能力。

2. 采用游戏性活动，使学员能够在完全放松的状态下分享培训体会、困惑以及对培训的建议。

3. 让学员尝试自拟访谈表或调查表，以获取他人的反馈意见，并以开放的心态对待他人的建议。

4. 培训的反思和评价要强调培训全过程，关注培训的理念、方式以及培训过程中出现的问题对教学和个人发展的启示。

5. 学习成果和学习计划都是为了促进知识、技能在教学中的应用以及促进教师的专业化发展。在教学中要增强学员在应用中学习，不断提高自身教师专业发展的意识。

（四）教学活动举例

1. 师生互动（思考 + 阅读 + 讲解 + 讨论）

信息环境下的伦理道德与网络道德。

2. 自主活动 1

（1）检查自己的学习成果。

（2）检查自己在培训的各模块中任务完成情况与存在的问题。

（3）反思整个培训过程，完成反思文档及反思日志。

3. 小组活动

（1）组内讨论、全班共享，如何把此次培训活动中学到的知识和技能运用到今后的工作中。

（2）列出你仍有的困惑，与小组成员、培训教师进一步讨论、交流。

（3）听取小组成员、培训教师对自己本次培训的评价，吸取有益建议。

4. 自主活动 2

（1）思考如何利用各种技术手段、工具和方法，有效地获取本校管理人员、技术人员的反馈意见及相关的数据资料，反思自己在接受培训、实践过程中的表现。

（2）结合自己心中尚存的困惑，制订一个自己今后学习的计划。

（3）评价本次培训活动，提出培训意见。

附录6 所罗门（B.A.Soloman）学习风格测量表

一、自测问卷

1. 为了较好地理解某些事物，我首先（　　）。
   （a）试试看　　（b）深思熟虑
2. 我办事喜欢（　　）。
   （a）讲究实际　　（b）标新立异
3. 当我回想以前做过的事，我的脑海中大多会出现（　　）。
   （a）一幅画面　　（b）一些话语
4. 我往往会（　　）。
   （a）明了事物的细节但不明其总体结构
   （b）明了事物的总体结构但不明其细节
5. 在学习某些东西时，我不禁会（　　）。
   （a）谈论它　　（b）思考它
6. 如何我是一名教师，我比较喜欢教（　　）。
   （a）关于事实和实际情况的课程　　（b）关于思想和理论方面的课程
7. 我比较偏爱的获取新信息的媒体是（　　）。
   （a）图画、图解、图形及图象　　（b）书面指导和言语信息
8. 一旦我了解了（　　）。
   （a）事物的所有部分，我就能把握其整体
   （b）事物的整体，我就知道其构成部分
9. 在学习小组中遇到难题时，我通常会（　　）。
   （a）挺身而出，畅所欲言　　（b）往后退让，倾听意见
10. 我发现比较容易学习的是（　　）。
   （a）事实性内容　　（b）概念性内容
11. 在阅读一本带有许多插图的书时，我一般会（　　）。
   （a）仔细观察插图　　（b）集中注意文字
12. 当我解决数学题时，我常常（　　）。
   （a）思考如何一步一步求解　　（b）先看解答，然后设法得出解题步骤
13. 在我修课的班级中，（　　）。

(a) 我通常结识许多同学　　(b) 我认识的同学寥寥无几

14. 在阅读非小说类作品时，我偏爱（　　）。
(a) 那些能告诉我新事实和教我怎么做的东西
(b) 那些能启发我思考的东西

15. 我喜欢的教师是（　　）。
(a) 在黑板上画许多图解的人　　(b) 花许多时间讲解的人

16. 当我在分析故事或小说时，（　　）。
(a) 我想到各种情节并试图把他们结合起来去构想主题
(b) 当我读完时只知道主题是什么，然后我得回头去寻找有关情节

17. 当我做家庭作业时，我比较喜欢（　　）。
(a) 一开始就立即做解答　　(b) 首先设法理解题意

18. 我比较喜欢（　　）。
(a) 确定性的想法　　(b) 推论性的想法

19. 我记得最牢是（　　）。
(a) 看到的东西　　(b) 听到的东西

20. 我特别喜欢教师（　　）。
(a) 向我条理分明地呈示材料
(b) 先给我一个概貌，再将材料与其他论题相联系

21. 我喜欢（　　）。
(a) 在小组中学习　　(b) 独自学习

22. 我更喜欢被认为是（　　）。
(a) 对工作细节很仔细　　(b) 对工作很有创造力

23. 当要我到一个新的地方去时，我喜欢（　　）。
(a) 要一幅地图　　(b) 要书面指南

24. 我学习时（　　）。
(a) 总是按部就班，我相信只要努力，终有所得
(b) 我有时完全糊涂，然后恍然大悟

25. 我办事时喜欢（　　）。
(a) 试试看　　(b) 想好再做

26. 当我阅读趣闻时，我喜欢作者（　　）。
(a) 以开门见山的方式叙述　　(b) 以新颖有趣的方式叙述

27. 当我在上课时看到一幅图，我通常会清晰地记着（　　）。
(a) 那幅图　　(b) 教师对那幅图的解说

28. 当我思考一大段信息资料时，我通常（　　）。
(a) 注意细节而忽视概貌　　(b) 先了解概貌而后深入细节

29. 我最容易记住（　　）。
(a) 我做过的事　　(b) 我想过的许多事

30. 当我执行一项任务是，我喜欢（　　）。
(a) 掌握一种方法　　(b) 想出多种方法

31. 当有人向我展示资料时，我喜欢（　　）。
(a) 图表　　(b) 概括其结果的文字

32. 当我写文章时，我通常（　　）。

（a）先思考和着手写文章的开头，然后循序渐进
（b）先思考和写作文章的不同部分，然后加以整理

33. 当我必须参加小组合作课题时，我要（　　）。
（a）大家首先"集思广益"，人人贡献主意
（b）各人分头思考，然后集中起来比较各种想法

34. 当我要赞扬他人时，我说他是（　　）。
（a）很敏感的。　　（b）想象力丰富的

35. 当我在聚会时与人见过面，我通常会记得（　　）。
（a）他们的模样　　（b）他们的自我介绍

36. 当我学习新的科目时，我喜欢（　　）。
（a）全力以赴，尽量学得多学得好
（b）试图建立该科目与其他有关科目的联系

37. 我通常被他人认为是（　　）。
（a）外向的　　（b）保守的

38. 我喜欢的课程内容主要是（　　）。
（a）具体材料（事实、数据）　　（b）抽象材料（概念、理论）

39. 在娱乐方面，我喜欢（　　）。
（a）看电视　　（b）看书

40. 有些教师讲课时先给出一个提纲，这种提纲对我（　　）。
（a）有所帮助。　　（b）很有帮助

41. 我认为只给合作的群体打一个分数的想法（　　）。
（a）吸引我　　（b）不吸引我

42. 当我长时间地从事计算工作时（　　）。
（a）我喜欢重复我的步骤并仔细地检查我的工作
（b）我认为检查工作非常无聊，我是在逼迫自己这么干

43. 我能画下我去过的地方（　　）。
（a）很容易且相当精确　　（b）很困难且没有许多细节

44. 当在小组中解决问题时，我更可能是（　　）。
（a）思考解决问题的步骤
（b）思考可能的结果及其在更广泛的领域内的应用

二、所罗门学习风格分析表

（1）在表中适当的地方填上"1"（例如你第 3 题的答案为 a，则在第 3 题的 a 栏填上"1"；如果你第 15 题的答案为 b，在第 15 题的 b 栏填上"1"）

活跃型/沉思型			感悟型/直觉型			视觉型/言语型			序列型/综合型		
问题	a	b	问题	a	b	问题	a	b	问题	a	b
1			2			3			4		
5			6			7			8		
9			10			11			12		
13			14			15			16		
17			18			19			20		

续表

活跃型/沉思型			感悟型/直觉型			视觉型/言语型			序列型/综合型		
问题	a	b	问题	a	b	问题	a	b	问题	a	b
21			22			23			24		
25			26			27			28		
29			30			31			32		
33			34			35			36		
37			38			39			40		
41			42			43			44		
合计	a	b	合计	a	b	合计	a	b	合计	a	b

（较大数-较小数）+较大数的字母

活跃型/沉思型	感悟型/直觉型	视觉型/言语型	序列型/综合型

（2）计算每一列总数并将其填在总计栏内。

（3）这 4 个量表中，每一种均用较大的总数减去较小的总数，记下差值（1 到 11）和字母（a 或 b）。例如在“活跃型／沉思型”中，你有 4 个“a”和 7 个“b”，你就在那一栏的最后一行写上“3b”（3=7-4，并且因为选 b 的要比选 a 的多）；又如若你在“感悟型／直觉型”中，你有 8 个“a”和 3 个“b”，则在最后一栏记上“5a”。

每一种量表的取值可能为 11a、9a、7a、5a、3a、a、11b、9b、7b、5b、3b、b 中的一种。其中字母代表学习风格的类型不同，数字代表程度的差异。若得到字母“a”，表示属于前者学习风格，且“a”前的系数越大，表明程度越强烈；若得到字母“b”，表示属于后者学习风格，且“b”前的系数越大，同样表明程度越强烈。例如，在活跃型/沉思型量表中得到“9a”，表明测试者属于活跃型的学习风格，且程度很强烈；如果得到“5b”，则表明测试者属于沉思型的学习风格，且程度一般。在视觉型/言语型量表中得到“a”，表明测试者属于视觉型的学习风格，且程度非常弱；如果得到“3b”，则表明测试者属于言语型的学习风格，且程度较弱。

三、各种学习风格特征

1. 活跃型与沉思型

活跃型学习者倾向于通过积极地做一些事——讨论或应用或解释给别人听来掌握信息。而沉思型学习者更喜欢首先安静地思考问题。活跃型学习者比倾向于独立工作的沉思型学习者更喜欢集体工作。

2. 感悟型与直觉型

感悟型学习者喜欢学习事实，而直觉型学习者倾向于发现某种可能性和事物间的关系。感悟型的不喜欢复杂情况和突发情况，而直觉型的喜欢革新不喜欢重复。感悟型的比直觉型的更痛恨测试一些在课堂里没有明确讲解过的内容。感悟型的对细节很有耐心，很擅长记忆事实和做一些现成的工作。直觉型的更擅长于掌握新概念，比感悟型的更能理解抽象的数学公式。感悟型的比直觉型的更实际和仔细，而直觉型的又比感悟型的工作得更快更具有创新性。感悟型的不喜欢与现实生活没有明显联系的课程；直觉型的不喜欢那些包括许多需要记忆和进行常规计算的课程。

3. 视觉型与言语型

视觉型学习者很擅长记住他们所看到的东西，如图片、图表、流程图、图像、影片和演示中的内容，言语型学习者更擅长从文字的和口头的解释中获取信息。当通过视觉和听觉同时呈现信息时，每个人都能获得更多的信息。

4. 序列型与综合型

序列型学习者习惯按线性步骤理解问题，每一步都合乎逻辑地紧跟前一步。综合型学习者习惯大步学习，吸收没有任何联系的随意的材料，然后突然获得它。序列型学习者倾向于按部就班地寻找答案；综合型学习者或许能更快地解决复杂问题或者一旦他们抓住了主要部分就用新奇的方式将它们组合起来，但他们却很难解释清楚他们是如何工作的。

附录7 教学设计方案评价量表

学科		年级·课题		课时	
设计者姓名		所属学校			

评价项目	评价标准			得分
选题（5分）	好（4~5分）	中（2~3分）	差（1分）	
	选题适于信息技术与课程的整合，能激发学生的兴趣；具有现实意义和价值	选题比较能体现技术的优势，能激发学生的学习兴趣；具有一定的价值	选题不能体现技术优势，没有现实意义和价值	
课程概述（5分）	好（4~5分）	中（2~3分）	差（1分）	
	简洁、内容丰富，激发读者进一步阅读的兴趣	对课程进行概述	陈述不力，繁琐	
教学目标（15分）	好（4~5分）	中（2~3分）	差（1分）	
	教学目标明确、具体、符合课程标准（教学大纲）的要求，切合学生实际；各知识点的学习目标层次合理，分类准确，描述语句具有可测量性；密切结合学科特点，注意情感目标的建立	对学习目标进行了界定，一些目标符合课程标准的要求，基本符合学生实际情况；各知识点的学习目标层级基本合理，分类基本准确，描述语句基本具有可测量性；能基本结合学科特点，建立情感目标	学习目标不明确或与学习主题相关性不大，不能适应不同学习者的要求；各知识点的学习目标层次不合理，分类不准确，描述语句不具有可测量性；没有结合学科特点，而且没有建立情感目标	
学习者特征分析（5分）	好（4~5分）	中（2~3分）	差（1分）	
	详细列出学生的认知特征、起点水平和情感态度准备情况、信息技术技能等	列出部分学生的特征信息	信息表述不清楚或缺少许多	
教学策略选择与活动设计（30分）	好（24~30分）	中（15~23分）	差（1~14分）	
	教学策略既能发挥教师主导作用又能体现学生主体地位，能够成功实现教学目标；根据学科特点、教学内容和学生特征选择合适的教学模式；遵照认知规律选择教学方法，注意到多种教学方法的优化组合；各知识点的教学过程结构类型与所选择的教学方法配套，整节课的教学过程结构自然流畅，组织合理	教学策略既能发挥教师主导作用又能体现学生主体地位，能够较好实现教学目标；教学模式基本符合学科特点、教学内容和学习者的特征；综合运用多种教学策略，能基本上做到优化组合，多法配合；整节课的教学过程结构基本流畅，组织基本合理	不能很好地体现学生的主体，不能有效落实教学目标或多个目标不能落实；教学模式不符合学科特点、教学内容和学习者的特征；综合运用多种教学策略，不能做到优化组合，多法配合；整节课的教学过程结构不流畅，组织不合理	

续表

资源、工具设计（10分）	好（8～10分）	中（5～7分）	差（1～4分）	
	资源能促进教学；综合多种媒体的优势，有效应用信息技术	技术运用效果较好，部分环节技术的优势并不明显	滥用技术，资源和工具的运用不恰当，不能发挥必需的作用	
形成性测试（5分）	好（4～5分）	中（2～3分）	差（1分）	
	形成性测试中，大部分同学反应积极，回答问题踊跃；回答问题正确率高达90%以上；课外作业完成顺利，单元测验合格率在95%以上	形成性测试中，一部分同学反应积极并能踊跃回答问题；而且回答问题正确率达75%以上；课外作业能基本完成，单元测试合格率在80%以上	大部分同学反应不积极，回答问题不踊跃，错误率较高，完成课外作业有一定的难度，单元测试合格率较低	
评价（5分）	好（4～5分）	中（2～3分）	差（1分）	
	有明确的评价标准，合理的练习，注重形成性评价，提供了评价工具；针对不同的评价结果提供及时的反馈；根据不同的评价信息，明确提出矫正教学行为的方法	有比较明确的评价标准，有一定的练习，比较注重形成性评价，提供了一些评价工具；针对不同的评价结果能提供一些反馈，同时还能提出一些矫正教学行为的方法	评价标准不明确，只注重知识的考核，没有提供评价工具；同时针对不同的评价结果不能提供及时的反馈和矫正教学行为的方法	
创新性（10分）	好（8～10分）	中（5～7分）	差（1～4分）	
	教法上有创新，能激发学生的兴趣； 既能发挥教师的主导作用，又能体现学生的主体地位；体现新理念、新方法和新技术的有效应用	教法有一定创新性，能激发学生兴趣； 既比较符合学生年龄特征，体现学生主体地位，又能基本发挥教师的主导作用；能基本体现新理念、新方法和新技术的有效应用	教法上一般，重在知识传授； 很少关注学生高级思维能力和学习的培养；在新理念、新方法和新技术的有效应用方面没有体现	
可实施性（5分）	好（4～5分）	中（2～3分）	差（1分）	
	方案简单可实施，对教学环境和技术的要求不高，可复制性较强	方案比较简单，对其他教师有参考性，但其他教师需要作一些修改才能实施	方案对环境和技术的要求较高，其他教师需要作较大的改动才能实施	
规范性（5分）	好（4～5分）	中（2～3分）	差（1分）	
	规范，所有环节一致	比较规范，缺少一些设计过程，个别环节上有一些不一致的情况	格式随意，各环节各自独立，不能体现整体性	
总得分				
评语： 签名：				

附录8 教师教学评价量表

姓名		学校	授课班级				备注
学科	时间	评课人	等级（分值）				
课题							
A指标	B指标	C评价指标	优	良	中	差	
教学设计（25）	教学目标（10）	1. 符合学科课程标准和教材的要求及学生实际。 2. 明确、合理、具体、可操作性强。	9～10	8	6～7	3～5	
	教学内容（15）	1. 知识结构合理，突出重点、兴趣点，难易适度。 2. 融入学生经验之中，联系学生生活和社会实际，适时适量拓展。 3. 正确把握学科的知识、思想和方法，注重教学资源的开发与整合。	14～15	12～13	9～11	5～8	
教学实施（55）	教学过程（15）	1. 根据学科特点创设有助于师生对话、沟通的教学情境，营造民主、和谐、互动、开放的学习氛围，激发学习兴趣。 2. 引导学生主动、合作学习，组织多种形式探究、讨论、交流等活动，培养发现和解决问题的能力。 3. 激活学生思维，能大胆质疑问难，发表不同意见，以学生问题为出发点，形成动态生成的教学过程。	14～15	12～13	9～11	5～8	
	教学方法（15）	1. 寓学法指导于教学之中，寓德育于教学内容之中。善于鼓励学生，点评适宜。 2. 根据教学实际科学运用教学方法，充分体现学科特点，做到因材施教。 3. 现代教育技术应用适时适度，实验科学、准确、熟练。	14～15	12～13	9～11	5～8	
	学生活动（15）	1. 参与态度：热情高，主动参与，自主学习意识强。 2. 参与广度：全班不同层面的学生参与学习的全过程，有充分参与的时空和有效的合作。 3. 参与深度：学习内容，感受体验由浅入深，学生能提出有意义的问题和新的见解。	14～15	12～13	9～11	5～8	

续表

<table>
<tr><td>姓 名</td><td colspan="2"></td><td>学 校</td><td colspan="2"></td><td>授课班级</td><td colspan="3"></td><td rowspan="4">备注</td></tr>
<tr><td>学 科</td><td></td><td>时 间</td><td></td><td>评课人</td><td></td><td colspan="4" rowspan="2">等级（分值）</td></tr>
<tr><td>课 题</td><td colspan="5"></td></tr>
<tr><td>A 指标</td><td>B 指标</td><td colspan="4">C 评价指标</td><td>优</td><td>良</td><td>中</td><td>差</td></tr>
<tr><td rowspan="2">教学实施（55）</td><td rowspan="2">教师素养（10）</td><td colspan="4" rowspan="2">1. 有较强的组织协调能力、应变能力和即时评价能力，有教改创新精神，有良好独特的教学风格。
2. 语言生动、准确，教态亲切有感染力，板书规范。</td><td>9～10</td><td>8</td><td>6～7</td><td>3～5</td><td rowspan="2"></td></tr>
<tr><td></td><td></td><td></td><td></td></tr>
<tr><td rowspan="2">教学效果（20）</td><td rowspan="2">三维目标达成度（20）</td><td colspan="4" rowspan="2">1. 绝大多数学生学习积极主动，获得的知识扎实。
2. 在学会学习和解决问题过程中形成一定的能力和方法。
3. 学生的情感、态度、价值观都得到相应的发展。</td><td>18～20</td><td>16～17</td><td>12～15</td><td>6～11</td><td rowspan="2"></td></tr>
<tr><td></td><td></td><td></td><td></td></tr>
<tr><td rowspan="2">简评</td><td colspan="8" rowspan="2">写教学特点：</td><td>合计</td><td></td></tr>
<tr><td>等级</td><td></td></tr>
</table>

注：各项累计得分 90 分以上为优，80～89 分为良，60～79 分为中，60 分以下为差。本量表作为课堂教学评价参考依据，鉴于班级或学生的条件不同，评价时应酌情考虑，降低标准，在相对比较下确定等级。

使用说明：

课堂教学评价量表的作用，在于通过评价指标的导向及评价结果的反馈，为广大教师及教学管理人员和教科研员提供改进教学、提高教学质量的决策参考依据，从而激励教师提高教学水平和质量，促进学生全面发展。本评价量表主要用于对日常课堂教学的评价。

1. 评课前，评课人和被评教师认真阅读课堂教学评价量表，熟悉评价指标要点及评价权重，做到心中有数。

2. 评课前，评课人一般要对被评教师的教案进行阅读，初步分析。

3. 评课人在评课过程中，根据评价指标要点和相应的分值及时作好听课记录和评分。

4. 被评教师根据评价指标进行自我评价，并就教学条件、教学设计、教学实施、教学效果等方面作简要说明。

5. 评课人按照评定等级办法，根据自评的分数结合学生反馈的意见和教师自我评价等，评定等级，再写出简要的、有针对性的评语。但必要时评课人可按自评的分数评定等级，写出评语。

6. 一人评课可以根据听课实况，按等级评定办法给出恰当的分值及相应的等级。多人评课，则采用多数人总的平均分再定相应的等级，或者以多数评价者确定的等级为依据，再通过评价组集体评议确定等级。

附录9 教学设计表模板1

课程名称________ 设计者________ 单位（学校）________________ 授课班级

<table>
<tr><td>章节名称</td><td colspan="4"></td><td>学时</td><td></td></tr>
<tr><td>教学目标</td><td colspan="6">课程标准：
本节（课）教学目标：
知识和能力：
过程和方法：
情感态度和价值观：</td></tr>
<tr><td>学生特征</td><td colspan="6"></td></tr>
<tr><td rowspan="2">学习目标描述</td><td>知识点编号</td><td>学习目标</td><td colspan="4">具体描述语句</td></tr>
<tr><td></td><td></td><td colspan="4"></td></tr>
<tr><td>项目</td><td colspan="2">内容</td><td colspan="4">解决措施</td></tr>
<tr><td>教学重点</td><td colspan="2"></td><td colspan="4"></td></tr>
<tr><td>教学难点</td><td colspan="2"></td><td colspan="4"></td></tr>
</table>

续表

<table>
<tr><td rowspan="3">教学媒体（资源）的选择</td><td>知识点编　号</td><td>学习目标</td><td>媒体类型</td><td>媒体内容要点</td><td>教学作用</td><td>使用方式</td><td>所 得 结 论</td><td>占用时间</td><td>媒体来源</td></tr>
<tr><td></td><td></td><td></td><td></td><td></td><td></td><td></td><td></td><td></td></tr>
<tr><td colspan="9">① 媒体在教学中的作用分为：A. 提供事实，建立经验；B. 创设情境，引发动机；C. 举例验证，建立概念；D. 提供示范，正确操作；E. 呈现过程，形成表象；F. 演绎原理，启发思维；G. 设难置疑，引起思辨；H. 展示事例，开阔视野；I. 欣赏审美，陶冶情操；J. 归纳总结，复习巩固；K. 自定义。
② 媒体的使用方式包括：A. 设疑—播放—讲解；B. 设疑—播放—讨论；C. 讲解—播放—概括；D. 讲解—播放—举例；E. 播放—提问—讲解；F. 播放—讨论—总结；G. 边播放、边讲解；H. 边播放、边议论；I. 学习者自己操作媒体进行学习；J. 自定义。</td></tr>
<tr><td rowspan="2">板书设计</td><td colspan="4"></td><td colspan="5"></td></tr>
<tr><td colspan="4"></td><td colspan="5"></td></tr>
</table>

续表

课堂教学过程结构的设计	教学模式：　　　　教学过程结构：  教学内容和教师的活动　　媒体的应　用　　学生的活　动　　教师进行逻辑判断

续表

<table>
<tr><td rowspan="2">形
成
性
练
习</td><td>知识点
编　号</td><td>学习
目标</td><td>练　习　题　目　内　容</td></tr>
<tr><td></td><td></td><td></td></tr>
<tr><td>形
成
性
评
价</td><td colspan="3"></td></tr>
<tr><td>教
学
反
思</td><td colspan="3">需要时填写，内容较多时可另加附页。</td></tr>
</table>

教学设计表模板 2

<table>
<tr><td colspan="6">教 学 设 计 表
学科：________ 授课年级：________ 学校：______________ 教师姓名：__________</td></tr>
<tr><td>章节名称</td><td colspan="3"></td><td>计划学时</td><td></td></tr>
<tr><td>学习内容分析</td><td colspan="5"></td></tr>
<tr><td>学习者分析</td><td colspan="5"></td></tr>
<tr><td rowspan="3">教学目标</td><td colspan="5">知识与技能</td></tr>
<tr><td colspan="5">过程与方法</td></tr>
<tr><td colspan="5">情感态度与价值观</td></tr>
<tr><td>教学重点及解决措施</td><td colspan="5"></td></tr>
<tr><td>教学难点及解决措施</td><td colspan="5"></td></tr>
<tr><td colspan="6">媒体与资源</td></tr>
<tr><td>知识点</td><td>学习水平</td><td>媒体内容与形式</td><td colspan="2">使用方式</td><td>使用效果</td></tr>
<tr><td></td><td></td><td></td><td colspan="2"></td><td></td></tr>
<tr><td></td><td></td><td></td><td colspan="2"></td><td></td></tr>
<tr><td colspan="6">教学过程</td></tr>
<tr><td>教学环节</td><td>教学内容</td><td>所用时间</td><td>教师活动</td><td>学生活动</td><td>设计意图</td></tr>
<tr><td></td><td></td><td></td><td></td><td></td><td></td></tr>
<tr><td></td><td></td><td></td><td></td><td></td><td></td></tr>
<tr><td></td><td></td><td></td><td></td><td></td><td></td></tr>
<tr><td>课堂教学流程图</td><td colspan="5"></td></tr>
<tr><td>教学反思</td><td colspan="5"></td></tr>
<tr><td>修改建议</td><td colspan="5"></td></tr>
</table>

结合你对教学设计的想法，可以对教案模板进行修改，以便更符合你教案内容。

附录 10
信息化教学方案模板

单元主题：

<table>
<tr><td colspan="6">单元标题</td></tr>
<tr><td>设计者</td><td></td><td>所属学科</td><td></td><td>适用年级/学段</td><td></td></tr>
<tr><td colspan="6">课程标准（本单元所针对的课程标准或内容大纲）</td></tr>
<tr><td colspan="6"></td></tr>
<tr><td colspan="6">学习目标</td></tr>
<tr><td colspan="6"></td></tr>
<tr><td colspan="6">相关的 21 世纪技能</td></tr>
<tr><td colspan="6"></td></tr>
<tr><td colspan="6">单元概览</td></tr>
<tr><td rowspan="3">框架问题</td><td>基本问题</td><td colspan="4"></td></tr>
<tr><td>单元问题</td><td colspan="4"></td></tr>
<tr><td>内容问题</td><td colspan="4"></td></tr>
<tr><td colspan="2">单元概述</td><td colspan="4"></td></tr>
<tr><td colspan="2">关键词</td><td colspan="4"></td></tr>
<tr><td colspan="6">过程（教学或学习过程）</td></tr>
<tr><td colspan="6"></td></tr>
<tr><td colspan="6">预计时间（如，45 分钟、4 小时、一年等）</td></tr>
<tr><td colspan="6"></td></tr>
<tr><td colspan="6">前需技能（学生在开始此单元前必须掌握的知识或技能）</td></tr>
<tr><td colspan="6"></td></tr>
<tr><td colspan="6">本单元所需材料和资源</td></tr>
</table>

续表

<table>
<tr><td>印刷资料</td><td></td></tr>
<tr><td>辅助材料</td><td></td></tr>
<tr><td>网络资源</td><td></td></tr>
<tr><td>其他</td><td></td></tr>
<tr><td colspan="2">评价工具（请将制作完成的评价工具名称列在这里，并设置链接，以便指向相应的文件）</td></tr>
<tr><td>对演示文稿</td><td></td></tr>
<tr><td>其他评价</td><td></td></tr>
<tr><td colspan="2">为个别化教学所作的调整</td></tr>
<tr><td>需要帮助的学生</td><td></td></tr>
<tr><td>高材生</td><td></td></tr>
</table>

附录 11 《分数的初步认识》教学设计

2011年11月17日

学校	南昌市右营街小学 吉安县固江中心小学	教师姓名	付刚 刘萍
学科	小学数学	教授年级	三年级
课的名称	分数的初步认识	知识点	几分之一
教学目标	1. 使学生结合具体情境初步认识几分之一，能用实际操作的结果表示几分之一，并学会运用直观的方法比较这类分数的大小 2. 使学生认识分数各部分的名称，能正确读、写几分之一这样的简单分数 3. 结合观察、操作、比较等数学活动，引导学生学会和同伴交流数学思考的结果，获得积极的情感体验 4. 使学生体会数学来自生活实际的需要，感受数学与生活的联系，进一步产生对数学的好奇心和兴趣		
教学重点难点	认识几分之一		
学习者分析（起始技能）	分数的知识是学生第一次接触，是在整数认识的基础上进行的教学的，是数的概念的一次扩展。对学生来说，理解分数的意义有一定的困难。而加强动手操作可以更好地帮助学生掌握概念，理解概念		
主要技术工具及教学资源	多媒体课件、直尺、练习纸		
教学流程			

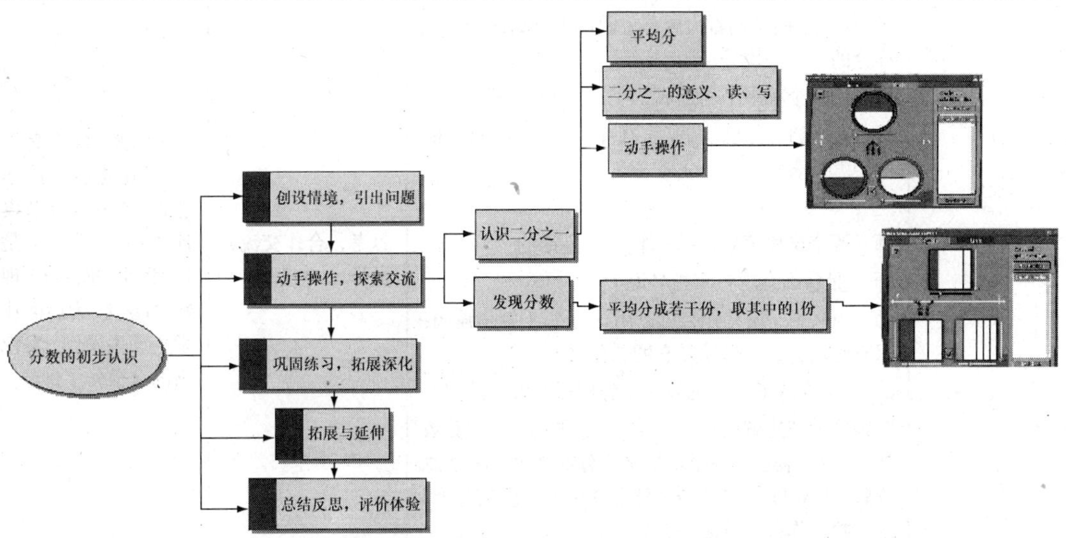

续表

<table>
<tr><td>学校</td><td colspan="2">南昌市右营街小学
吉安县固江中心小学</td><td>教师姓名</td><td>付刚
刘萍</td></tr>
<tr><td>学科</td><td colspan="2">小学数学</td><td>教授年级</td><td>三年级</td></tr>
<tr><td>课的名称</td><td colspan="2">分数的初步认识</td><td>知识点</td><td>几分之一</td></tr>
<tr><td>教学环节</td><td>教师活动</td><td colspan="2">学生活动</td><td>设计意图</td></tr>
<tr><td>一、创设情境，引出问题</td><td>讲述：老师想问同学们一个问题，在生活中，你分过东西吗？看来同学们都有分东西的经历，现在，老师想请你们帮我分分东西。请看大屏幕
1. （课件出示 6 个苹果和 3 个盘子）从屏幕上你知道了什么？你能提出什么数学问题？难能解答？你是怎样分的？我们把这种称为什么分法？
2. （课件出示 4 个苹果和 2 个盘子）师：4 个苹果平均分装在 2 个盘子里，每盘装几个？用击掌的方法告诉老师好不好？
师：预备——开始　　生：（拍手击掌）
3. （出示 1 个苹果和 2 个盘子）
师：把 1 个苹果平均装在 2 个盘子里，每盘装几个？
师：预备——开始（教师应观察学生的表情，灵活处理）
师：怎么不拍了？
生 1：半个。
师：用我们以前学的数能表示吗？
生 2：不能。
师：那么，用一个什么样的数来表示呢？这就是我们今天要认识的一个新朋友——分数。
揭示课题：分数的初步认识</td><td colspan="2">根据老师出示的问题进行思考，回答，操作</td><td>创设学生所熟悉并感兴趣的现实情境，激发学生的兴趣，让学生以饱满的热情投入到探究之中</td></tr>
<tr><td>二、动手操作，探索交流</td><td>（一）认识二分之一（ ）
1. 师：请同学们看大屏幕（课件）电脑博士是怎样分的？（平均分）
师：把这个苹果平均分成了——（生：2 份）
师：这样的一分也就是——（生：一半），这样的一半怎样表示呢？
（生：　）
师：两个半块苹果，哪一半是 ，是谁的？
师： 是什么意思？（指名说）
师：想一想，还有什么可以用 表示？（教师强调：只有平均分，每份才是它的二分之一。）
2. 大家弄清了“ ”的意义，怎样写？怎么读呢？
教师边示范边解读：“——”表示平均分，叫分数线，“2”表示把一个苹果平均分成 2 份，表示总份数，叫分母，“1”表示任取其中的 1 份叫分子，这个数读作：二分之一。</td><td colspan="2">思考，合作交流，操作</td><td>（一）动手操作是学生必须具备的数学能力。在这个环节设计“折一折”，就是让学生进一步理解 的意义，为后面让学生动手操作，发现新的分数作了铺垫</td></tr>
</table>

续表

	3. 动手操作。 (1)从小组组长那儿领取不同的图形，试着折出它的，并用斜线画出来 (2)小组交流讨论：拿的是什么图形？是怎样得到这个图形的 的？哪部分是这个图形的？ (3)汇报成果 (4)你知道了什么？发现了什么？ (二)发现分数 刚才，小精灵悄悄的给我提了一个建议，让我们比一比，赛一赛，看谁能利用手中的材料，发现一个新的分数。(把学生的作品在黑板上展示出来，并让学生把发现的分数写下来) (1)展示作品 (2)交流成果：这个分数，你是怎么发现的？(与众不同的折法，教师不仅要给予鼓励，还可以用学生的名字命名为“××折法”。) 同学们发现了这么多分数，都是把一个物体平均分成若干份，任取其中的1份，就是几分之一		(二)充分调动学生学习的积极性，给学生提供充足的从事数学活动的机会，激发创新动力，在动手实践、交流讨论中探究新知，理解并掌握分数的意义，培养学生的探究能力和探究意识
三、巩固练习，拓展深化	1. P93 做一做： (1)填一填。(2)组内交流，你是怎样想的？ 2. P96 2： (1)让学生仔细观察思考：涂色部分的表示方法对吗？为什么？ (2)你在操作过程中想到了什么？	动手练习，实际应用	既引导学生有条理地思考和表达，培养学生的逻辑思维能力，又引导学生通过小组合作参与数学学习活动，共同分享学习成果
四、拓展与延伸	我们今天认识了这么多的分数，其实，只要你留心，生活中处处有分数。把你知道的告诉大家好吗？	联系实际	多层次的练习，帮助学生巩固新知，活跃思维。伴随着学生情感参与的开放题“找身边的分数”，调动了学生学习的积极性和主动性，再次激起思维高潮，让学生获得愉悦的情感体验
五、总结反思，评价体验	这节课你们有哪些收获？还有什么疑问？	梳理知识并用语言表达	帮助学生梳理知识，反思自己的学习过程，领会学习方法，获得数学学习的经验
课后教学反思			

附录 12

《圆明园的毁灭》教学设计方案

学校	江苏省常州市武进区南夏墅中心小学	教师姓名	周 勇 周小芬
学科	人教版第九册语文	教授年级	五年级
课的名称	圆明园的毁灭	学时	2 学时
教学目标 认知目标	1. 了解圆明园的昔日辉煌、毁灭过程，体会作者是怎样围绕中心服务的 2. 理解重点词语，有感情地朗读课文		
教学目标 情感目标	使学生了解圆明园的毁灭是祖国文化史上和世界文化史上不可估量的损失，是我国近代屈辱历史的见证，从而唤起学生捍卫祖国神圣尊严的责任感		
教学目标 过程目标	培养学生的归纳抽象能力和网上获取信息、整理、加工信息的能力		
教材分析	这篇课文讲述了圆明园当年的辉煌景观和它的毁灭，表达了作者对祖国灿烂文化的热爱和对侵略者强盗行径的仇恨。围绕这一中心，作者着重写了两个方面内容，一是圆明园的宏伟壮观和它所收藏的大量无价之宝，突出了它是"园林艺术的精华，建筑艺术的瑰宝"；二是强盗们肆意毁坏圆明园的罪行，激起了人们对侵略者的无比仇恨。通过美与丑、善与恶的对比，学生潜移默化地体验到了近代史教育和爱国主义教育，更进一步认识到：侵略者之所以胆敢如此为非作歹，是因为清政府的腐败无能，从而激发学生不忘国耻，振兴中华的责任感和使命感		
重点或难点	理解课文中重点词语和句子的深刻含义，体会圆明园的建造和毁灭反映着祖国的强盛与衰败，进一步激发学生振兴中华的责任感和使命感		
学习者分析（起始技能）	学生是学习的主体，是意义建构的主动者。该年龄阶段的学生对新鲜事物注意力持久，并已初步掌握了上网浏览、上网搜索信息的能力。同时，从心理学角度上看，他们在一种新的学习环境下，利用一种全新的学习方式，学习的积极性较高，他们善于探索，敢于质疑，敢于创新，因此在网络环境下实施教学对学生真正意义上的建构将起着积极的作用。 当今学生对圆明园知之甚少，为学生提供丰富的信息资源，创设好良好的具有人文的网络环境，使其在图、文、声、像等信息的刺激下充分感知，从而激发学生振兴中华的责任感		
网络环境设计与创设	本课设计集图、文、音、像等信息于一体，自行设计了一个《圆明园的毁灭》的学习专题网站。 在主页上，我们将课文内容安排在主界面，通过对关键词、句设置各种超级链接，将信息多样化呈现，使学生根据自身需求，采用多样的学习方式获取各种与课文内容吻合的图文声像信息，或读、或听……一切都在自读、自悟、自冶中完成。这样的环境真正体现出网络资源的多媒体化。 在网页的结构上，我们设计了以下几大块： 名园概貌：概括地介绍圆明园的总体面貌。 名园风光：通过圆明园四十景，西洋建筑等栏目，为学生提供丰富的信息资源，让学生感受圆明园的至真至善的美。		

续表

历史文物：提供了青铜礼器、名人书画、奇珍异宝、遗珍一瞥。采用图文并茂的方式，让学生感受到圆明园夕日的辉煌。

名园浩劫：通过安排英法联军犯下滔天罪行的视频信息和圆明园的断壁残垣的记实图片，让学生在一种至丑至恶的情景中产生强烈振动，迅速投入到一种极度激昂悲愤的情绪中，体会强盗们的贪婪、疯狂，真正了解到“国弱则人欺”的历史原因，进而将内心的愤怒和伤痛发泄至极点。

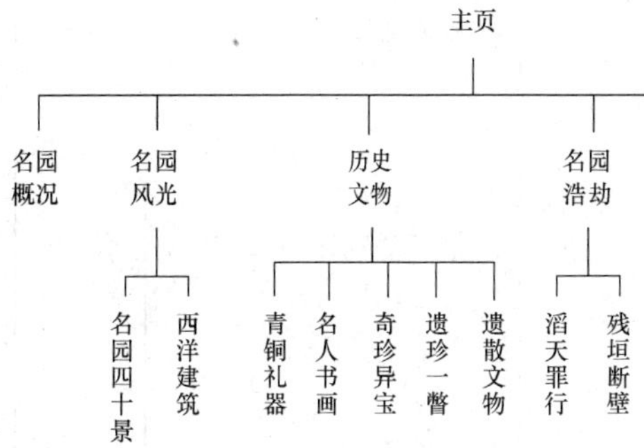

其他学习资源

http://www.ymingy.com

http://www.yuanmingyuanpark.com

教学流程

1. 创设情境。在学生汇报交流课前了解到的有关圆明园的情况的基础上，播放《火烧圆明园》的片段，创设情景，铺设好情感场，使学生在音、形、像等多元信息的刺激下，思想上产生强烈振动，迅速投入到与课文内容相应的一种激昂悲愤的情绪中。正由于这种情感内驱力的作用与影响，学生此时定会产生一种强烈的学习需求与学习动机。

2. 创设问题情景。质疑问难，由学生自主发现问题，教师帮助梳理，最后确定为本课堂的三大学习主题，这样充分发挥了学生学习的自主能动性。

3. 确定选题。教师帮助学生把提出的问题归纳成三大学习主题，同学们根据自己的兴趣选择性地围绕一个问题作为学习的中心内容，开展研究性学习。

4. 自主学习：教师向学生提供解决该问题的线索（如推荐获取有关的信息资料的相关网址），让学生在信息的获取加工中发展学生自主的学习能力（包括确定完成学习任务所需要的知识清单、获取有关信息与资料的能力、利用和评价有关信息与资料的能力等）。

5. 协作学习。让学生自己组合，就解决某一问题进行学习合作，上网搜索，他们之间通过相互讨论、交流，发现问题，寻求解决问题的途径，产生意义建构。

6. 合作交流。学生利用 PowerPoint 自主地对信息进行加工与重组后，通过广播，实现学习成果交流。

最后，把学生的学习感受用一句经典言语概括，通过网上留言展示。使学生从网上获取的信息和从课堂实践中获得的信息与他们的学习活动产生互动，激发学生的创新思维，培养学生的创新能力。

教学流程	环境设计	教师行为	学生行为	组织形式	设计意图
创设情景激发动机	在学生汇报交流课前了解到的有关圆明园的情况的基础上，播放《火	1. 师运用声情并茂的语言同步解说。 2. 就是这样一座享有“人间天堂”美称的万园之园却于1860	1. 生汇报交流课前通过各种方式了解到的圆明园的情况。 2. 看片段，情感体验。 3. 问一问:学生质疑：圆	学生个体活动，师生互动	1. 创设情景，铺设好情感场。通过播放《火烧圆明园》的片段，在音、形、像等多元信息的刺激下，学生在思想

续表

	烧圆明园》的片段	年化为一片灰烬。看了这段录像，你们最想说些什么？问些什么？ 3. 师帮助学生归纳三大学习主题	明园为什么会被毁灭？为什么说它是园林艺术的瑰宝、建筑艺术的精华？为什么说它是世界上最大的博物馆、艺术馆？ 4. 学生带着问题，进入学习情境		上产生强烈振动，迅速投入到与课文内容相应的一种激昂悲愤的情绪中。正由于这种情感内驱力的作用与影响，学生此时定会产生一种强烈的学习需求与学习动机。 2. 创设问题情景。质疑问难，由学生自主发现问题，教师帮助梳理，最后确定为本课堂的三大学习主题，这样充分发挥了学生学习的自主能动性。同时又为学生意义建构夯实了基础。真正体现了“以人为本”，“学由疑开始”，“以学定教”，真正把课堂还给学生。——获取信息的主动性和积极性
网上学习自主探究	提供网络资源 网上自主学习	1. （教师提供网址http://www.ymydhm.net（自制学习网））同学们，在网上有课文内容。请大家先认真阅读课文，想一想课文是如何围绕三大问题来写《圆明园的毁灭》的。 2. 在三大问题中，对哪个问题最感兴趣，可以从课文中找出相关段落细细地读，并通过网络去探究这个问题。 3. 及时了解学生学习情况，适时引导学生进行学习，并提供适当帮助和指导，对学生学习中碰到的问题，作个别辅导	1. 学生认真阅读网上的课文。 2. 在学习目标的指引下，选择感兴趣的问题并阅读相关的课文段落，充分利用圆明园网页课件，通过超级链接等方式大量搜索图文、声响资料，转入不同的知识点进行自主探究性学习。 3. 学生自主搜索资料，对重点知识作好复制、粘帖或笔记，积极思考自己的学习主题。 4. 遇到问题，通过网络，询问老师	学生个体活动，师生、生生互动	教师课前集音、像、图、文与一体，精心设计信息量大的《圆明园》网页课件，提供好学习背景资料和各类感性材料。使学生能通过网页，通文路，感其情，晓其心。 网络可以为研究性学习提供充足的信息和自由的环境，这为学习者主动建构知识提供充足的信息源。创设一个以学为中心的建构主义学习环境。 利用网络资源，学习者可以不受时空限制，根据自己的学习兴趣与需要，在网上查询文字、图形、影像等信息，为进一步建构学习者新的认知结构和知识系统奠定基石。——信息的搜索、筛选过程

续表

网上学习协同探究	小组互助协同学习	1. 为了更深入地剖析问题，我们下面可以分组学习。并选择你们最感兴趣的地方组合一下，可以制作成演示文稿，待会儿，请同学们用自己喜欢的方式来交流你探究的成果。（可用 PowerPoint 来组合你最感兴趣的文字、图片等，制作图文并茂的交流词） 2. 教师根据学生的要求，参与小组学习，共同准备交流汇报的图文稿、解说词	1. 议一议：自由组合，围绕共同问题协作学习，同时收集问题，组织讨论、交流，各抒己见，最后整理，准备向全班汇报。（学生在此可利用复制、粘贴等方法自制演示文稿。） 2. 小组之间充分交流，听取学生对学生的评价，及时修改、完善自己的探究成果	学生个体活动，师生、生生互动	利用网上资源进行自主探究和协同学习，展开小组讨论，集体汇报交流，着重体现了学生对问题深入全面的理解，语言表达能力的加强，思维条理性的提高，同时，也使学生学会了合作，提高了协作学习的能力。在这个环节中，学生间也相互分享各自的学习成果，达到自我教育、相互学习的目的。——设计协作学习环境。其目的是为了在个人自主学习的基础上，通过小组讨论、协商，以进一步完善和深化对主题的意义建构。（利用演示文稿，实际上是将搜索到的信息进行加工、编码、存储以及对原有经验进行改组，从而进一步建构学习者新的认知结构和知识系统。）——信息的加工、改组、存储过程
汇报交流深化提高	争当导游感悟辉煌	同学们，老师发现你们都很认真，积极。我相信你们在互助学习的协作环境下，一定找到了问题的答案，甚至还发现了新的问题，新的体会。下面我们共同来汇报交流一下各自的探究成果。 1. 教师作为其中的一员参与交流，除对交流起组织作用外，还对交流作点评、导拨，以保证交流的正确性和有效性。 2. 适时根据学生要求将有代表性的学生学习结果屏幕广播。并提醒其他同学将有疑问的地方可随时询问。（当好学生的服务员） 3. 圆明园汇各地风景名胜于一体，集中国文化与艺术于一	（议一议）： 1. 可以以同一研究主题为切入口，根据各自的兴趣，选择进入不同的专题链接对问题展开交流、讨论。 2. 小组派代表或采用语言表达等形式并辅助屏幕广播，图文并茂地作介绍。或由学生利用制作好的演示文稿，组织解说词，并作介绍。 3. 学生结合课文内容以及网上的大量资料充分发表意见。（1）品词。抓重点字词：通过“众星拱月”、“金碧辉煌”“玲珑剔透”等的链接感悟、“园林艺术的瑰宝”、“建筑艺术的精华”、“是最大的博物馆、艺术馆”。 （2）赏句学生戴上耳机自读自听，从优美语句、段落中的欣赏中想象美。 （3）演示学生通过自己制	学生个体活动，小组交流，师生、生生互动	教师角色的定位：组织者、导航者、协作者。教师无疑是情感的驱动者，而信息传递是驱动情感的首要媒介。在此创设这一会话情景，一方面是营造一个相互学习，相互得益，相互启发，展示自我的环境，更重要的是使学生充分利用网络提供的信息资源，将搜索到的信息进行整理、组合、再加工，真正完成知识的意义建构。——信息的编码、存储过程。以图释词，从部分到整体，从形象到抽象，展示生疑——释疑的训练过程。使这万园之园美至极点，学生情至极点。为下文“被毁”架好至真至美的情感场

续表

		身，作为中国人的你，当你看到这些，你想说些什么？ 4. 老师用富有情感的语言作小结。	作的文稿，配以声情并茂的介绍，移情于景，寓情于语…… 夸一夸：学生畅所欲言，赞叹圆明园的美，钦佩古代劳动人民高超的建筑才能，萌生一种强烈的民族自豪感。		
汇报交流深化提高	播放被毁录像渲染反差	1. （师用声情并茂的语言作过渡）同学们，圆明园是一个奇迹，是一个神话，可就是这样一座具有传奇色彩的皇家园林……却在1860年10月18日毁于一炬，圆明园为什么会毁灭呢？ 2. 引导感情朗读	读一读 1. 学生思想上形成强烈反差，心理上产生极大的不平衡，怒火中生，愤言不止。学生满怀愤怒汇报网上学习结果。（1）看录像，痛诉英法联军。（2）读课文，表达愤怒之情。（3）讲背景，叹息旧中国的无能为力 2. 感情朗读（极度仇恨）	学生个体活动，师生、生生互动	网络上提供的《火烧圆明园》的录像、故事、诗词以及图片等资料，不仅是对课文内容的补充和贯通，而且有利于学生在学习中进一步发现问题、解决问题。学生通过大范围的探究，不仅体会到强盗们的贪婪、疯狂，而且了解“国弱则人欺”的历史原因，进而将内心的愤怒和伤痛发泄至极点
发表感受拓展延伸	网上交流升华情感	1. 假如你现在就站在已成一片废墟的圆明园前，想象着昔日的辉煌和灿烂，你一定会有很多话要说，请在留言板上留下来。 2. 师同时进入“网上留言”。 3. 在学生交流的基础上，根据留言板上的话题，开辟“网上论坛”。 4. 布置课后作业	说一说、写一写： 1. 学生进入网上留言板，进行在线发言交流。 2. 学生个人留言完成后，认真阅读思考老师和同学的留言。 3. 作业：选择留言板上你喜欢的话题，课后用自己喜欢的方式收集资料，展开“网上论坛”	师生、生生互动	通过网上在线交流，学生可以畅所欲言，一吐为快，把学生的情感推向高潮。开辟“网上论坛”，延伸课文内容，让学生运用已有信息释疑、解疑，提高搜索筛选整理信息的能力，养成自觉地在信息海洋中学习研究的习惯，从而激活创新思维，进一步培养探索新知的兴趣
课后教学反思					

设计特色：

1. 本网络环境设计集图、文、音、像等信息于一体，自行设计了一个《圆明园的毁灭》的学习专题网站。在主页上，我们将课文内容安排在主界面，通过对关键词、句设置各种超级链接，将信息多样化呈现，使网络资源真正体现出多媒体化。同时充分利用网络现有资源，拓展信息空间，为学生创设了一个信息量大、且具有人文色彩的自由、开放的学习环境，使学生在至真至美、至恶至丑的对比中掀起情感波澜，在自读自悟中增强学生振兴中华的责任感和使命感。

2. 本方案创设了多种多样的、多层面、多维度的师生、生生沟通情境和沟通关系，不仅为《圆明园的毁灭》提供了一个网络，而且在整个教学活动中形成了学生与学生之间，教师与学生群体之间，学生与学生群体之间的多重的网状关系。

3. 彻底转变教师—媒体—学生的模式。教师的角色表现为教学的设计者、学习的引导者、品质的示范者、学生的师长、引路人和朋友。教师通过所组织、设置的网络教学环境更大地激发学生的学习动力，促进学生的学习兴趣；通过指导，使学生善于建构自己的学习活动，使学习活动得以不断改进。

大大改变学生学习行为。通过网络教学使学生在学习行为上具有主动性，互动性，创造性。让学生从网络广泛的、海量的信息源中选择他们所需要的学习资源，并按照他们各自所好自行设计学习成果，通过广播展示，使学生个性充分张扬，从而产生一种成就感，进一步激发他们的学习兴趣和学习的主动性。

4. 体现了“有效教学的理念与策略”，从课前了解圆明园—课堂探究圆明园—课后反思圆明园（网上论坛），形成了教与学的系统整合，关注了学生自主学习可持续发展性。

附录 13 WebQuest 学习网站评价量规

项目	开始	发展中	完成	自评或小组互评得分
总体审美（仅仅评价 WebQuest 的网页，外部链接资源不在此评价范围之内）				
总体视觉要求	0 分 ○ 网页上图片元素很少或者几乎没有。 ○ 在布局与排版上没有变化 ○ 颜色花哨、或者排版变化过多导致浏览者难以辨认	2 分 ○ 有一些图片元素，但并不一定有助于学习者对概念、思想和相互关系的理解。在字体、字号、色彩和布局方面有一些变化	4 分 ○ 适当的、符合主题要求的图片元素被用来建立视觉的联系，帮助学习者加深对概念、思想以及相互关系的理解。在字体选择、以及字号、色彩的差别方面运用得当，有一致性	
导航与翻页	0 分 ○ 完成课程学习的过程容易使人混淆，并且不符合人们的习惯。网页不容易被找到，返回的路径不清晰	2 分 ○ 只有很少的几个地方会让学习者迷失路径，找不到下一个网页在哪里	4 分 ○ 导航清晰无缝，学习者总是非常清晰地知道学习过程的各个块面，并清晰知道如何到达那里	
物理方面	0 分 ○ 超过 5 个断裂的链接，或者错误的链接、丢失的图片、糟糕的表格尺寸、错别字和语法错误	1 分 ○ 有一些断裂的链接，或者错误的链接、丢失的图片、糟糕的表格尺寸、错别字和语法错误	2 分 ○ 没有物理方面的问题	
导言或情景				
动机激发效用	0 分 ○ 导言仅仅是纯粹的事实，在学习者的切身性和社会重大价值方面没有诉求	1 分 ○ 导言在某种程度上和学习者的兴趣、利益关联起来了，或者描述了一个引人注目的问题	2 分 ○ 导言通过和学习者的兴趣、目标相关联，或者通过生动地描述了一个引人注目的问题，从而能够使学习者吸引到课程学习中来	
认知发展效用	0 分 ○ 导言没有为学习者即将面临的学习任务做好准备，或者没有建筑在学习者已有的学习经验基础上	1 分 ○ 导言涉及了一些学习者已经掌握的知识，并预先展示了将要展开的课程学习范围	2 分 ○ 导言建立在学习者已有知识的基础之上，并预先展示了将要展开的课程学习范围。通过预示课程内容有效帮助学习者做好学习准备	

续表

项目	开始	发展中	完成	自评或小组互评得分
任务（任务是学习者为了达成目标而努力的最终结果，而不是具体步骤）				
任务和课程标准的关联	0分 ○ 任务和课程标准无关	2分 ○ 任务的提出参考了课程标准，但是没有清晰地将学习者可能知道的与可能做到的联系起来，以期实现标准所要求的达成度	4分 ○ 任务的提出参考了课程标准，清晰地将学习者可能知道的与可能做到的联系起来，以其实现标准所要求的达成度	
任务涉及的认知活动水平	0分 ○ 任务仅仅要求学习者简单的理解、或者复述有关网页中的信息，回答一些事实性的问题	3分 ○ 任务是可执行的，但在对学习者生活的重要性方面有局限。任务要求学习者分析信息，或者来自不同来源的信息组织在一起	6分 ○ 任务是可执行的、令人着迷的，由此产生的思维活动超越了死记硬背。任务要求学习者综合多种来源的信息、或者承担一个社会角色，或者超越呈现数据并作出归纳，或者创造性地设计制作一个产品	
过程（一步一步地描绘了学习者怎样来完成他的任务）				
清晰度	0分 ○ 步骤陈述不清晰，学习者从中无法知道应该做什么	2分 ○ 给出了一些指导，但是缺少了一些信息。学习者可能会有些疑惑不解	4分 ○ 清晰陈述了每一个步骤。绝大部分学习者将准确了解他们处在过程中的哪一步，并准确了解他们下一步将做些什么	
支架搭建	0分 ○ 过程中缺乏学习者获取完成任务所需知识的策略和组织工具。 ○活动很少具有相互之间的关联性和意义，或者对完成任务没有意义	3分 ○ 嵌入过程中的策略和组织工具不足以保证所有的学习者完成任务所需的知识。 ○ 某些活动和任务的完成之间没有明确的关联	6分 ○ 过程为不同进入水平的学习者提供了相应的、获取完成任务所需知识的策略和组织工具。 ○ 设计的活动与促使学习者从基础知识走向高水平的思维发展清晰地关联在一起。 ○建立了用以评估学习者理解掌握程度的核查项目	
丰富性	0分 ○ 很少的几步，没有独立的角色可供分派	1分 ○ 有一些可分离的任务和角色，更多的复杂性活动	2分 ○ 不同的角色帮助学习者理解不同视角的观点，或者共同分担完成任务的责任	
资源（注：你应该评价网页中链接的所有资源，即便他们在不同于过程模块的其他模块中也应该注出那些能够运用、应该运用诸如书、视频和其他离线资源的地方。）				

续表

项目	开始	发展中	完成	自评或小组互评得分
资源数量	0 分 ○ 提供资源不够学习者完成任务所需。 或者 ○ 在一个合理的时间段内，为学习者提供了太多要看的资源	2 分 ○ 在资源和学习者完成任务所需信息之间有一些联系。有一些资源长期没有更新	4 分 ○ 在资源和学习者完成任务所需信息之间的联系清晰而有意义。每一个资源都有它的重要性	
资源品质	0 分 ○ 资源十分平常，他们所包含的信息在教室和百科全书中都能找到	2 分 ○ 一些资源带来了我们通常在教室里面无法找到的信息	4 分 ○ 资源很好地体现了网络的及时性、多样性。 ○多样化的资源提供了意味深长的信息，供学习者深入思考所用	
评价				
标准的清晰度	0 分 ○ 没有描述成功的标准	3 分 ○ 成功的标准部分地被描述了	6 分 ○ 清晰地用量规形式陈述了成功的标准。这些标准包含了品质与数量方面的描述。 ○ 评价工具清晰地测量了为了完成任务学生必须知道什么，以及能够做些什么	
总得分				

注：填写到实验报告中的自评或小组评价的成绩计算=总得分 × 100。

附录 14 中国与联合国儿童基金会技术启迪智慧学习项目计划书

明月千里共婵娟

设计者：

王晓波、沈郁雯、陶玲娟、许文玉、张玲珑、龙高艳、巢丹、张志山、马莉、郭桂红

一、项目概述

1. 开展年级：四年级
2. 学科：科学、美术、语文、数学、信息技术
3. 简介：

阳春三月的一个下午，我和孩子们在校园里植树。孩子们高兴的谈论着喜欢的话题。有一个孩子突然问“老师，为什么白天还可以看见月亮呢？”我抬头一看，孩子说得没错，月亮真的挂在天空。可是由于我平日里也没有留意过这个现象，无法给孩子一个确切的答案。我决定和孩子们一起去观察探究，打开我和孩子们心中的疑团。

我们月牙儿团队想通过这个项目，让两地不同年龄段的学生在老师的引领下去观察、去发现月有阴晴圆缺的奥秘。在这个活动过程中提高学生的科学观察力，培养学生从小就能发现、探索并解决问题的能力。让学生从科学知识里获得快乐。

二、学习团队

1. 教　师

王晓波：科学老师　　江苏省常州市武进区湖塘桥中心小学教育集团北校区
沈郁雯：科学老师　　江苏省常州市武进区湖塘桥中心小学教育集团南校区
陶玲娟：语文老师　　江苏省常州市武进区湖塘桥中心小学教育集团北校区
许文玉：语文老师　　江苏省常州市武进区湖塘桥中心小学教育集团北校区
张玲珑：美术老师　　江苏省常州市武进区湖塘桥中心小学教育集团北校区
巢　丹：美术老师　　江苏省常州市武进区湖塘桥中心小学教育集团北校区
龙高艳：信息老师　　江苏省常州市武进区湖塘桥中心小学教育集团北校区

张志山：校　　长　　宁夏固原市原州区清河镇高红小学
马　莉：语文老师　　宁夏固原市原州区清河镇高红小学
郭桂红：语文老师　　宁夏固原市原州区清河镇高红小学

2. 学　生

湖塘桥中心小学（北校区四年级）：吴敏瑄、壮星怡、杨炎、万浩诚　严震旦
湖塘桥中心小学（南校区五年级）：何圆圆、纪晓雯、侯博涵、吴钦、毛政、吴宗震
高红小学（四年级）：王谦、陈雪、彭伟、马凯、张强、李凯文、张娅娣

三、学习目标与任务

1. 教学目标分析

认知目标：了解月亮形状变化的规律，掌握一些基本的科学知识。

能力目标：提高学生的科学观察力，培养学生以观察为起点，以现象为抓手，以分析为重点，培养学生发现问题、探索并解决问题的能力。

情感与价值观：培养学生学科学、爱科学的兴趣，激发学生的求知欲，并从中获得学习的成就感和乐趣。

信息素养：培养学生收集、整理、归纳信息的能力。

2. 学习任务

两地学生组成活动小组，合作完成以下任务。

活动 1：赏月。观察并记录一天的月亮位置的变化，通过观察、比较，分析月亮位置的变化，了解月亮从哪里升起来。

活动 2：观月。观察并记录一月的月亮形状的变化，通过观察、比较，分析月相变化的原因。

活动 3：画月。通过一个月对月亮形状变化的观察活动，启发学生对月亮展开丰富的联想，以“星月遐思”为题，写幻想作文、画幻想绘本画。

活动 4：颂月。通过走访社区等途径，了解当地月亮文化，开展颂月活动。

活动 5：制作项目报告，将完成的结果进行整合，制作一份项目报告。

四、学习过程

项目学习活动过程（概念图）：

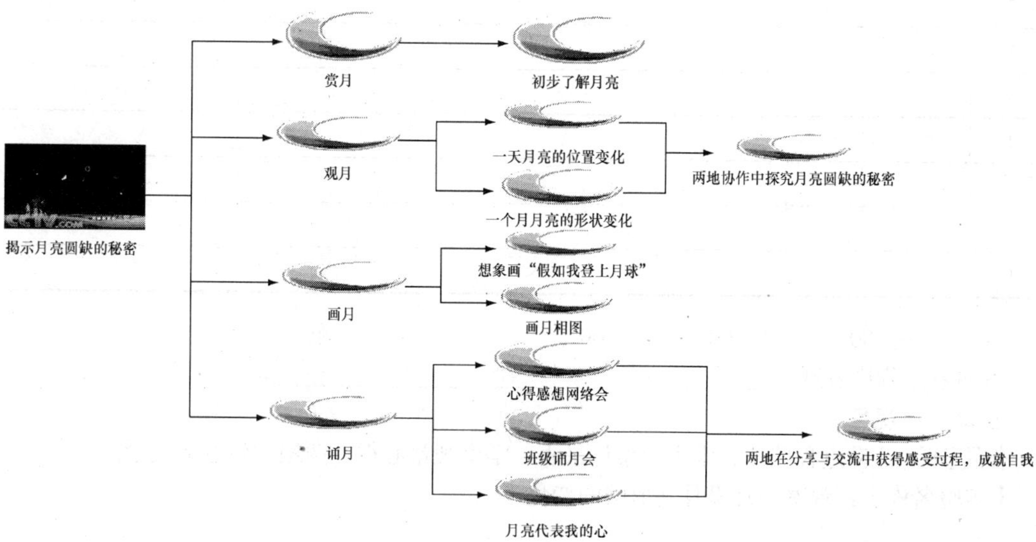

活动一：赏月

作品呈现：学生实验记录、学生实验结果、实验过程照片、实验用品图片、学生心得、师生交流记录。

【实验名称】：观察一天中月亮位置的变化

【观察时间】：两地晚上8点、9点、10点

【观察地点】：在校园里找一处平整、没有遮挡的地方作为测量地点。预先在测量点设立一个固定的圆点，用喷漆或石灰粉标记出来。

【观察内容】：观测并记录月亮的位置。记录月亮的高度位置和观测时间，每隔一小时记录一次，至少连续记录三次。

【实验准备】：

1. 两地学生先选择确定观察地点，并利用指南针确定观察方向，面朝北方观察；
2. 观察记录纸；
3. 调试后同样时间的手表；
4. 通讯设备一套。

【实验过程】：

1. 在8点、9点、10点三个时间点观察天空中的月亮位置；
2. 学生在时间点到达固定观测点，抬头仰望星空直至看到月亮；
3. 学生身体朝向月亮所在方向，伸直手臂与肩齐平；
4. 规定一个拳头的距离是记录纸上的一格的月亮的高度；
5. 学生实验，通过累加拳头的方式，测量出月亮所在高度；
6. 并且同时利用参照物的方式，发现月亮位置，方位的变化；
7. 把观察与测量好的数据记录下来。
8. 连续观测、记录一周。

月亮位置观察记录表

公历日期___________ 农历日期___________ 记录人___________

9	
8	
7	
6	
5	
4	
3	
2	
1	

西　20：00　21：00　22：00　东

在观察过程中发现__________________________________。

活动二：观月

作品呈现：活动过程照片、学生观察记录表、学生观察心得、两地学生通话记录。

【实验名称】：观察一月里月亮形状的变化

【观察时间】：从时间 5 月 14 日（农历四月初一）开始，每天晚上的 8 点观察并记录月亮的形状。

【观察地点】：在校园里找一处平整、没有遮挡的地方作为测量地点。预先在测量点设立一个固定的圆点，用喷漆或石灰粉标记出来。每天固定地点观测。

【观察内容】：每天定时定点观察并记录月亮的形状，连续观察记录一个月。

月亮形状变化观察表

导语：

亲爱的同学们，从今天开始，我们将对月亮的形状进行为期一个月的观察，同时还要做好记录。记录观察当天的日期（注意：是农历日期哦）和天气情况，并且把你所观察到的月亮形状画下来。记住了，这是一场毅力赛跑，能坚持一个月观察和记录的同学就是胜利者！

月亮形状变化观察表　　　　记录人：

农历日期　天气	农历日期　天气	农历日期　天气
农历日期　天气	农历日期　天气	农历日期　天气
农历日期　天气	农历日期　天气	农历日期　天气
农历日期　天气	农历日期　天气	农历日期　天气
农历日期　天气	农历日期　天气	农历日期　天气
农历日期　天气	农历日期　天气	农历日期　天气
农历日期　天气	农历日期　天气	农历日期　天气
农历日期　天气	农历日期　天气	农历日期　天气
农历日期　天气	农历日期　天气	农历日期　天气
农历日期　天气	农历日期　天气	农历日期　天气

活动三：画月

作品呈现：书画作品、照片、图文小报展、制成多媒体课件播放

【活动意义】：通过画月相图的活动，培养学生的实践能力、创新能力、操作能力和自学能力，以及对宇宙探索的兴趣，并且发挥了学生的主动性。

活动四：诵月

作品呈现：观察日记、活动照片配诗文、有配乐朗读。

【活动意义】：在观察月亮的同时，自然而然的喜欢上月亮，用自己喜欢的方式表达自己对月亮的喜爱之情。更进一步探究月亮的奥秘。可以写一写自己观察到的月亮的文章，也可以吟咏古人赞美月亮的诗文，配上自己喜欢的音乐。

【活动地点】：在两校孩子各自的学校。

【活动工具】：照相机、记录纸、笔、电话。

【活动过程】：

1. 活动照片配诗文。具体做法：收集孩子平时观察月亮、记录资料的照片，并配上诗文展示。

2. 开展诵月会。具体活动：先让孩子用作文、诗歌的形式描写月亮，然后通过配乐朗诵孩子们的作品。

3. 月亮代表我的心。具体活动过程：两校学生自己动手制作精美的卡片，写上对对方的祝福语，希望能在同一片蓝天下幸福生活，快乐学习。把卡片寄给对方，以表祝福。

五、学习工具与环境

1. 远程协作学习平台：http://www.tecol.org.cn
2. 概念图工具：Inspiration
3. 作品制作工具：PowerPoint

六、项目时间表

时间		教师活动	学生活动	目标
第一阶段	4.28～5.2	准备学习方案、学生分组，发布方案	建立学生团队，在教师指导下认识对方，开始交流，明确学习任务、学习方式	
第二阶段	5.3～5.9	组织完成活动一“赏月”部分的观察和记录，并通过电话和网络交流准备工作，观测情况，讨论观测过程中发现的问题	在教师指导下完成活动一“赏月”的观察和记录，并分析观察结果，归纳总结。与对方学校网络交流，讨论观察过程中发现的问题	
第三阶段	5.14～6.12	组织完成活动二“观月”以及该部分的网络交流活动的准备工作。结束活动二、三、四部分的工作	在教师指导下能够完成活动二、三、四部分的任务。整理分析实验结果，网络交流，总结	
第四阶段	6.14～6.19	活动材料整理，活动作品制作指导，并汇集	针对完成的活动制作相关作品	

七、学习评价

本项目学习活动的评估会以小组进行评价，活动一占 20%，活动二占 40%，活动三占 10%，

活动四占 20%，而小组的整体合作表现则占 10%。评估会以以下的评分准则来进行评价：

评价量表 1：任务完成情况评价

		起点水平 1	有进步 2	掌握水平 3	成为范例 4	得分
活动一 40%	观察					
	记录					
	分析					
活动二 20%	观察					
	记录					
	分析					
活动三 20%	主题构思					
	色彩效果					
活动四 10%	主题构思					
	文法语句					
	文章内涵					
小组的整体表现 10%	合作					
	分工					
总分 100%						

评价量表 2：自我评价

知识建构	1. 通过网上协作学习，试写出新建构的知识。（1～5 项）
沟通	2. 试写出你曾对组员提出的意见。（1～5 项）
协作	3. 试列出你曾替别人解决问题的有效方案。（1～5 项）
个人学习	4. 试写出你分辨重要信息的方法。（1～5 项）
价值观/态度	5. 试写出现阶段以远程学习项目的体现或见解。

评估量表 3：小组成员互评表

编号	题目	成员 1	成员 2	成员 3	成员 4
1	在大部分时间里他（她）踊跃参与，表现积极。				
2	他（她）的意见总是对我很有帮助。				
3	他（她）经常鼓励/督促小组其他成员积极参与协作。				
4	他（她）能够按时完成应该做的那份工作和学习任务。				
5	我对他（她）的表现满意。				
6	他（她）对小组的贡献突出。				
7	如果还有机会我非常愿意与她（他）再分到一组。				
8	对他（她）总体上是喜欢的。				

本方案获得第一届全球华人探究学习创新应用大会实践案例一等奖。

附录 15

《Our Heroes and Heroines》网络协作学习教学设计方案

学校：广州市番禺区东城小学　姓名：冯意珍　日期：2003 年 11 月

一、学习目标与学习内容说明
1. 学习目标描述（包括目标语言描述）
（1）语言知识目标： ① 进一步巩固本单元的单词和句型，并能熟练运用句型于情景交际中。 ② 能正确理解描述偶像所表达的简单信息。 （2）语言技能目标： ① 网络创设的虚拟情景下，能自编描述偶像的对话及正确在电脑中输入语言文字信息。 ② 能借助信息工具平台，尝试创造性实践活动。 （3）学习策略目标： ① 积极运用所学的描述偶像用语进行表达和交流。 ② 通过网络资源获取信息，在专题网站自主协作完成任务。 ③ 通过小组交流、组际交流和远程协作交流，培养学生自主探索和协作学习的精神。 （4）情感培养： ① 通过谈论偶像，培养学生热爱祖国、尊重长辈和伟人的情操，并且激发他们珍爱生命，向伟人学习，树立远大理想。 ② 通过网络学习，学会关心别人，欣赏别人，礼貌、主动地与人沟通，培养学生通过交谈获取信息的本领和良好的社会交往能力。 （5）文化意识目标： 通过远程协作交流，扩展学生的外国文化背景知识，如国外生活习俗、交往禁忌等，培养初步的跨国文化交际能力。
2. 学习内容说明
这是一节关于小学英语“Our Big Family”专题网络协作式教学模式的实验课，它是围绕“Heroes and Heroines”（偶像）这个话题而展开的英语技能训练课。通过本单元第一课时的学习，学生学会了有关描述偶像外貌特征的用语，初步掌握了对人物外貌特征的表达。本节课为了进一步提高学生的语言实践能力，巩固上一课时的有关知识，要求学生学会综合运用所学的知识、技能完成指定的任务（Task）——“用英语谈论自己的偶像”，让学生在完成任务的过程中，提高运用语言交际的能力。

续表

<table>
<tr><td colspan="5">二、学习者特征分析</td></tr>
<tr><td colspan="5">我所教的班是网络实验班，该班学生进行网络实验已一年了，他们从一年级就学习计算机课程，已掌握电脑打字、上网、编辑图片及文字和发送电子邮件等操作方法，有一定的计算机操作能力。本节课主要是让学生利用信息化学习环境和资源，借助多媒体计算机网络建立虚拟学习环境，围绕“Heroes and Heroines”这个主题进行“谈论英雄偶像”的课堂活动，综合训练学生的听、说、读、写能力，把信息技术和英语学科的知识结合起来进行语言实践活动，从而培养学生不断求索的创新精神和提高学生自主探索的实践能力。</td></tr>
<tr><td colspan="5">三、学习环境类型与学习资源设计</td></tr>
<tr><td colspan="5">1. 学习环境类型
与 Internet 相连的网络教室</td></tr>
<tr><td colspan="5">2. 学习资源类型
Our Big Family 专题学习网站</td></tr>
<tr><td colspan="5">3. 学习资源内容简要说明</td></tr>
<tr><td colspan="5">在创设情景这个环节使用网站中的“你我歌谣”中的小诗和歌曲，让学生明确围绕学习主题“偶像”，完成“选择谈论最崇拜的偶像”、“网上设计描述一个偶像”和“实现远程协作交流”三个任务。然后学生根据自己的实际情况自由单击网站资源库中的“小小词库”、“句型小站”和“课文园地”进行自主学习。在协作学习这个环节，各小组根据网站提供“小组协作流程图”进行小组分工协作学习，选看动画自编对话，并进行角色扮演。学生还可以在提供的网站中搜索资料，然后用 PowerPoint 完成自己的偶像人物设计作品。完成作品后学生分别把作品 E-mail 给好朋友。最后指导学生分组实现远程协作视频交流，与异地小朋友或外国小朋友围绕“偶像”主题进行沟通交流；而部分学生则在网站论坛发表专题学习心得、体会，这样打破了信息资源的时空界限，极大地拓宽了教学空间，而且提高了学生综合运用语言进行交际的能力。</td></tr>
<tr><td colspan="5">四、任务驱动下协作学习活动安排</td></tr>
<tr><td rowspan="5">任务</td><td>名称</td><td>类型</td><td>描述</td><td>方式</td></tr>
<tr><td>任务一</td><td>一般任务</td><td>“选择谈论最崇拜的偶像”</td><td></td></tr>
<tr><td>任务二</td><td>挑战性任务</td><td>“网上设计描述一个偶像”</td><td></td></tr>
<tr><td>任务三</td><td>创新性任务</td><td>“实现远程协作视频交流”</td><td></td></tr>
<tr><td>……</td><td></td><td></td><td></td></tr>
<tr><td rowspan="4">活动</td><td>活动一</td><td>两两交流</td><td>分组选择最崇拜的偶像来谈论</td><td>Pair work（同伴协作）</td></tr>
<tr><td>活动二</td><td>小组交流</td><td>选看动画，小组协作自编对话</td><td>Group work（小组协作）</td></tr>
<tr><td>活动三</td><td>人机交流</td><td>网上设计描述一个偶像</td><td>Computer Practice（人机协作）</td></tr>
<tr><td>活动四</td><td>发邮件</td><td>“E-mail”（通过发邮件，让他人去评价自己的作品，达到与好友或校外人士交流的目的）</td><td>School work （校际协作）</td></tr>
</table>

续表

	活动五	远程协作网络视频交流	学生分组实现远程协作视频交流，与异地小朋友或外国小朋友围绕“偶像”主题沟通交流；而部分学生则在网站论坛发表专题学习心得、体会，从而培养其跨文化交际能力	Long Distance Cooperation（远程协作交流）

五、教学模式的实施

步骤	教师活动	学生活动	评价
（一）创设问题情景	1. 展示电脑课件，读小诗和演唱英文歌 2. 复习提问并板书句型 3. 板书课题，宣讲目标、竞赛规则	1. 看课件读小诗：Who Is Your Friend；唱英文歌：Who Is Your Hero 2. 学生回答问题 3. 明确学习任务，找到目标差，带着问题学习，增强学习动力	1. 创设活动，激情引趣 2. 复习旧知，以旧带新 3. 明确任务，启动思维
（二）利用资源自主学习	1. 学生在网络环境下自主查阅资料，寻求答案，学习 Let's Learn Together 2. 提问检查学生的自学效果	1. 自主查阅资料，借助网络资源进行人机交互学习 Let's Learn Together 2. 学生汇报查找的结果	1. 使枯燥的语言学习变得生动有趣 2. 给学生一个自主学习的空间，变被动学习为主动学习
（三）协作学习互相促进	1. 学生填写“小练笔”。填写有关人物特征的关键词电脑自动生成一篇文章 2. 提供与学习主题相关的资源，指导学生选择最崇拜的偶像来谈论 3. 利用资源，组织学生进行看动画自编对话和角色扮演等协作学习活动 4. 启迪学生思维，指导学生网上设计描述一个偶像，并向好友发电子邮件	1. 学生填写“小练笔”，并大声朗读电脑自动生成后的文章 2. 通过浏览相关的资源，分组选择最喜欢的英雄偶像人物来谈论 3. 在教师的指导下选看动画，自主编对话，并分组进行角色扮演 4. 电脑设计描述一个最崇拜的偶像，并输入文字信息介绍，完成作品后向好友发电子邮件	1. 人机协作，操练所学语言知识 2. 互动教学，增加主动，增强合作 3. 小组协作，互相促进，提高学生运用语言进行交际的能力 4. 培养学生利用资源获取信息、处理信息的能力，培养学生的创新思维
（四）网上评价及时反馈	1. 组织评价作品，引导部分学生在网上以电子邮件形式评价好友的作品 2. 指导学生进行自我评价，及时了解学生的学习情况	1. 展示作品，汇报成果 2. 学生根据实际情况填写自我评价	1. 总结提升，综合运用语言进行交际 2. 自我评价，及时反馈
（五）扩展提高意义建构	1. 指导学生分组围绕主题进行远程协作视频交流和在网站论坛发表专题学习心得、体会 2. 帮助学生梳理所学内容	1. 学生分组与异地小朋友进行远程协作视频交流和在网站论坛发表专题学习心得、体会 2. 总结并归纳所学知识	1. 利用信息创作平台，尝试创造性实践，拓宽教学空间，开发学生的创造潜能 2. 梳理知识，形成知识结构

续表

六、教学流程图

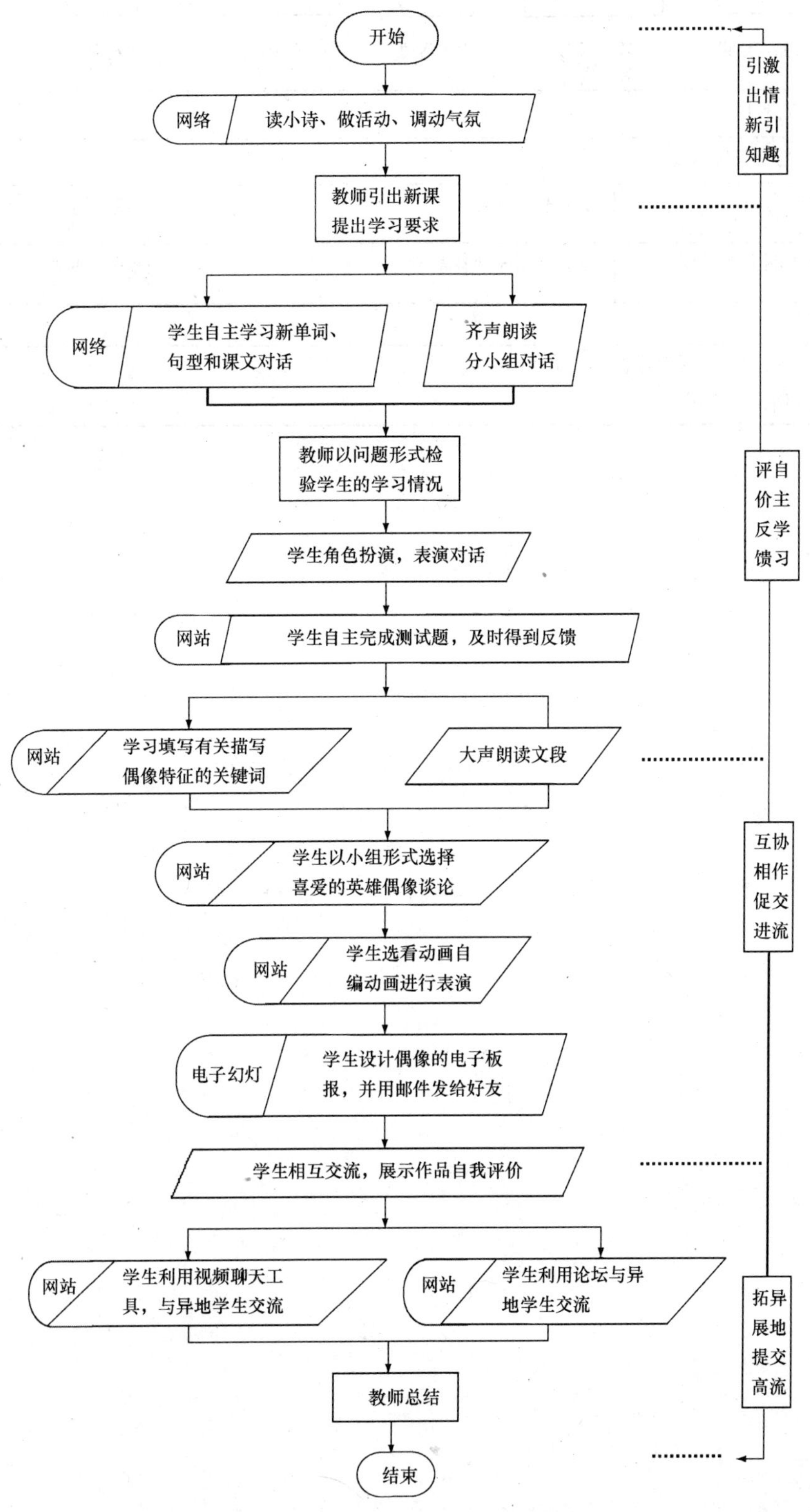
开始
网络
读小诗、做活动、调动气氛
教师引出新课
提出学习要求
网络
学生自主学习新单词、
句型和课文对话
齐声朗读
分小组对话
教师以问题形式检
验学生的学习情况
学生角色扮演，表演对话
网站
学生自主完成测试题，及时得到反馈
网站
学习填写有关描写
偶像特征的关键词
大声朗读文段
网站
学生以小组形式选择
喜爱的英雄偶像谈论
网站
学生选看动画自
编动画进行表演
电子幻灯
学生设计偶像的电子板
报，并用邮件发给好友
学生相互交流，展示作品自我评价
网站
学生利用视频聊天工
具，与异地学生交流
网站
学生利用论坛与异
地学生交流
教师总结
结束
引出新知
激情引趣
自主学习
评价反馈
协作交流
互相促进
异地交流
拓展提高

续表

<table>
<tr><td>图符说明</td><td colspan="2">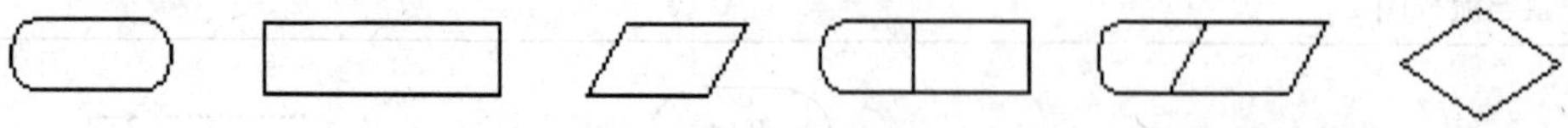
开始、结束　教师活动、教学内容　学生活动　网络应用　学生利用网络学习　判断</td></tr>
<tr><td colspan="3">七、学习评价设计</td></tr>
<tr><td colspan="3">1. 测试形式与工具（打√）</td></tr>
<tr><td>（1）堂上提问</td><td>（2）书面练习</td><td>（3）达标测试</td></tr>
<tr><td>（4）学生自主网上测试√</td><td>（5）合作完成作品√</td><td>（6）其他</td></tr>
<tr><td colspan="3">2. 测试内容</td></tr>
<tr><td colspan="3">（1）在网站论坛发表专题学习心得、体会；
（2）总结并归纳所学知识。</td></tr>
</table>

参考文献

[1] 黄映玲，江朝进. 现在教育技术技能训练教程[M]. 广州：华南理工大学出版社，2005.

[2] 黄映玲，陈丽霞，黄丹. 现代教育技术教程[M]. 广州：华南理工大学出版社，2009.

[3] 李克东. 现代教育技术基础[M]. 上海：华东师范大学出版社，2002.

[4] J. M. 斯伯克特，M. D. 迈瑞尔，J. G. 迈里恩波著. 教育传播语技术研究手册[M]. 罗黎辉等. 上海：华东师范大学出版社，2012.

[5] 布卢姆等编. 教育目标分类学·第一分册：认知领域[M]. 罗黎辉等译. 上海：华东师范大学出版社，1986.

[6] 何克抗等. 教学系统设计[M]. 北京：高等教育出版社，2006.

[7] 乌美娜. 教学设计[M]. 北京：高等教育出版社，1994.

[8] 胡来林. 现代教育技术——面向信息化的教师专业发展[M]. 北京：电子工业出版社，2007.

[9] 孙启美. 现代教育技术与学习模式[M]. 北京：科学出版社，2010.

[10] 斯马德井等著. 教学技术与媒体（第八版）[M]. 郭文革译. 北京：高等教育出版社，2008.

[11] 张卫平，唐伟，周志翔，周静谦. 教学媒体概论[M]. 昆明：云南大学出版社，2005.

[12] （美）迈耶著. 多媒体学习[M]. 牛勇，邱香译. 北京：商务印书馆，2006.

[13] 余胜泉. 教学软件设计指导手册[M]. 北京：清华大学出版社，2011.

[14] 李兆君. 现代教育技术[M]. 北京：高等教育出版社，2004.

[15] 谢幼如等. 多媒体教学软件设计[M]. 北京：电子工业出版社，1999.

[16] 张剑平. 现代教育技术——理论与应用[M]. 北京：高等教育出版社，2003.

[17] 黄河明. 现代教育技术[M]. 北京：高等教育出版社，2004.

[18] 李龙，刘雍潜. 教育技术领域范畴与标准的研究[M]. 北京：中国物资出版社，2004.

[19] 中国教育技术协会主编. 中国教育技术标准及设备实用手册[M]. 北京：中国物资出版社，2004.

[20] 罗明东，和学仁. 教育技术学基础——现代教学理论与信息技术整合的探索[M]. 北京：科学出版社，2007.

[21] 张玲. 现代教育技术[M]. 西安：陕西师范大学出版社，2011.

[22] 冯奕兢. 现代教育技术训练与评价[M]. 北京：高等教育出版社，2003.

[23] 薛庆文. 现代教育技术[M]. 北京：科学出版社，2007.

[24] 祝智庭. 现代教育技术——走向信息化教育[M]. 北京：教育科学出版社，2002.

[25] 单从凯，赵通海. 现代教育技术应用指南[M]. 北京：北京理工大学出版社，2011.

[26] 任友群，胡航，顾小清. 教师教育信息化的理论与实践[M]. 上海：华东师范大学出版社，2009.

[27] 哀同庆，高宇. 现代教育技术学[M]. 合肥：安徽人民出版社，2009.

[28] 乔立梅，张佳丛. 多媒体课件理论与实践[M]. 北京：清华大学出版社，2011.

[29] 黄德群，霍彤. 现代教育技术[M]. 北京：中国原子能出版社，2011.

[30] 惟存教育网 http://www.being.org.cn.

[31] 柳栋. 如何撰写网络主题探究学习的活动方案. 惟存教育网 http://www.being.org.cn/webquest/ teacher/hdw/index.hth

[32] 信息化教学模式及其案例分析．http://cs.gzedu.com/jiaoshijixu/2011/xbn_bd/w_jxmsjal/kcjj.html

[33] 北京大学教育技术参考手册．http://202.152.185.86/moodlenew/courseinfo/red/

[34] 广东省中小学教师教育技术能力建设项目中级培训．http://zj.gddec.net/

[35] 伯尼・道奇．FOCUS——撰写 webquest 的五项原则．柳栋译.惟存教育网 http://www.being.org. cn/webquest/focus.hth

[36] 基于项目的学习社区 http://pbl.cbern.gov.cn/pbl/portal/index.jsp

[37] “特酷”项目学习社区 http://www.tecol.org.cn/useraspx/index.aspx

[38] http://jpkc.gdou.com/Jyjs/Chapter/Study/500008.html?SessionID=10028

[39] 美国教育技术十佳应用典范 http://www.etsupport.net/?p=3677

[40] 国外教师信息技术应用能力标准综述[J]．中小学信息技术教育，2005(6).

[41] 焦建利，钟洪蕊．技术—教学法—内容知识（TPACK）研究议题及其进展[J]．远程教育杂志，2010（1）.